国家社科基金研究课题
项目批准号 04BZJ011

# 南亚伊斯兰现代进程

刘曙雄 晏琼英 雷武铃 王 旭 王 希 荣 鹰 著

## 图书在版编目(CIP)数据

南亚伊斯兰现代进程/刘曙雄等著. —北京：北京大学出版社,2013.12
ISBN 978-7-301-21763-4

Ⅰ.①南… Ⅱ.①刘… Ⅲ.①伊斯兰教—宗教文化—研究—南亚 ②伊斯兰国家—现代化研究—南亚 Ⅳ.①B968②D735

中国版本图书馆 CIP 数据核字(2012)第 300938 号

| | |
|---|---|
| 书　　　名： | 南亚伊斯兰现代进程 |
| 著作责任者： | 刘曙雄　等著 |
| 责 任 编 辑： | 朱丽娜 |
| 标 准 书 号： | ISBN 978-7-301-21763-4/B·1093 |
| 出 版 发 行： | 北京大学出版社 |
| 地　　　址： | 北京市海淀区成府路 205 号　100871 |
| 网　　　址： | http://www.pup.cn　新浪官方微博:@北京大学出版社 |
| 电 子 信 箱： | zpup@pup.cn |
| 电　　　话： | 邮购部 62752015　发行部 62750672　编辑部 62759634 |
| | 出版部 62754962 |
| 印 　刷 　者： | 三河市博文印刷厂 |
| 经 　销 　者： | 新华书店 |
| | 650 毫米×980 毫米　16 开本　18.75 印张　290 千字 |
| | 2013 年 12 月第 1 版　2013 年 12 月第 1 次印刷 |
| 定　　　价： | 46.00 元 |

未经许可,不得以任何方式复制或抄袭本书之部分或全部内容。
版权所有,侵权必究
举报电话: 010－62752024　电子信箱: fd@pup.pku.edu.cn

# 目 录

导言 …………………………………………………………… 1

## 第一章 伊斯兰文化在南亚的传播与发展 ……………………… 6
### 第一节 伊斯兰文化在南亚的传播 ………………………… 6
一、伊斯兰文化传入南亚 ………………………………… 6
二、奠定南亚伊斯兰文化根基 …………………………… 12
### 第二节 南亚近现代伊斯兰思想文化 ……………………… 18
一、南亚近现代伊斯兰思想及其特点 …………………… 18
二、伊斯兰现代主义和现代伊斯兰主义 ………………… 23

## 第二章 南亚伊斯兰现代进程的先驱：赛义德·艾哈迈德·汗 … 31
### 第一节 政治思想 …………………………………………… 33
一、与英属印度政府合作 ………………………………… 34
二、参与型政治思想的萌芽 ……………………………… 35
三、强调分区选举制 ……………………………………… 37
四、提出"两个民族"理论 ……………………………… 40
### 第二节 教育思想 …………………………………………… 44
一、倡导西式教育 ………………………………………… 46
二、阿里格尔运动 ………………………………………… 49
三、表达政治诉求 ………………………………………… 53
### 第三节 宗教和社会改革思想 ……………………………… 56
一、迎接西方的挑战 ……………………………………… 56
二、重新诠释《古兰经》 ………………………………… 59
三、理性在伊斯兰教中的地位 …………………………… 67

四、对教法具体问题的再解释 …………………………… 76

**第三章　南亚穆斯林宗教哲学家：穆罕默德·伊克巴尔** ……… 81
　第一节　认识论 …………………………………………………… 82
　　一、发展观念下的知识 …………………………………… 83
　　二、知识的含义及其神圣性 ……………………………… 85
　　三、作为知识的宗教 ……………………………………… 88
　第二节　存在论 …………………………………………………… 89
　　一、统合的意图 …………………………………………… 89
　　二、物质的存在和人的存在 ……………………………… 91
　　三、生命和意识的存在 …………………………………… 94
　　四、创造者与全能者 ……………………………………… 96
　第三节　社会实践论 …………………………………………… 100
　　一、伊斯兰历史文化精神 ………………………………… 100
　　二、宗教民族主义 ………………………………………… 105
　　三、创制论思想 …………………………………………… 107

**第四章　现代伊斯兰主义思想家：艾布·艾阿拉·毛杜迪** …… 113
　第一节　确立现代伊斯兰主义思想 …………………………… 113
　　一、早期经历和思想基础 ………………………………… 113
　　二、社会思想变革 ………………………………………… 116
　　三、政治变革思想 ………………………………………… 118
　第二节　伊斯兰国家理论与形态 ……………………………… 124
　　一、国家理论溯源 ………………………………………… 125
　　二、国家基本原则 ………………………………………… 127
　　二、国家政治制度 ………………………………………… 133
　第三节　圣战观念与变革理论 ………………………………… 137
　　一、圣战观念溯源 ………………………………………… 138
　　二、圣战观念内涵 ………………………………………… 143

三、非暴力变革理论 …………………………………………… 148
　第四节　伊斯兰促进会 …………………………………………… 152
　　一、伊斯兰促进会的历史 ………………………………………… 152
　　二、伊斯兰促进会的纲领和组织 ………………………………… 156
　　三、现代政治中的伊斯兰促进会 ………………………………… 161

**第五章　南亚现代穆斯林政治家：穆罕默德·阿里·真纳** ……… 165
　第一节　谋求印度自治的思想和实践 …………………………… 168
　　一、思想源流 ……………………………………………………… 168
　　二、合作共处 ……………………………………………………… 173
　　三、社会改革 ……………………………………………………… 185
　第二节　传统束缚与现代冲击下的抉择 ………………………… 190
　　一、与甘地思想的分歧及其根源 ………………………………… 190
　　二、适合印度国情的代议制度 …………………………………… 201
　　三、对教派主义的回应 …………………………………………… 210
　第三节　奠定现代民族国家的基础 ……………………………… 219
　　一、建国理论及蓝图 ……………………………………………… 219
　　二、治国理念 ……………………………………………………… 228
　　三、影响与缺失 …………………………………………………… 236

**第六章　伊斯兰教对南亚现代政治的影响** ……………………… 243
　第一节　印度民族独立运动中的伊斯兰教 ……………………… 243
　　一、穆斯林分离运动 ……………………………………………… 243
　　二、建立穆斯林家园 ……………………………………………… 248
　　三、宗教的作用和产生的问题 …………………………………… 252
　第二节　伊斯兰教和南亚国家建构 ……………………………… 254
　　一、巴基斯坦建国进程 …………………………………………… 255
　　二、印度世俗主义政策 …………………………………………… 266
　　三、印度穆斯林的选择 …………………………………………… 270

第三节　伊斯兰教和南亚地区政治 ………………… 272
一、从王公统治到自决运动 …………………………… 272
二、克什米尔问题的演变 ……………………………… 276
三、印巴关系和克什米尔前景 ………………………… 282
参考文献 …………………………………………………… 287
后记 ………………………………………………………… 291

# 导　言

"南亚伊斯兰现代进程"是一项区域性宗教文化和社会历史进程相结合的研究。其所涉及的地区"南亚",主要是印度和1947年"印巴分治"之后的巴基斯坦,也包括1972年从巴基斯坦分离的孟加拉国。印度穆斯林占总人口的13.4%,约1.54亿;巴基斯坦总人口为1.7亿,穆斯林占总人口的97%,约1.57亿;孟加拉国总人口1.47亿,穆斯林占总人口的88%,约1.27亿。穆斯林人口在南亚这3个主要国家为4.38亿,占世界穆斯林总人口近30%。[①]本研究的重点是伊斯兰教和伊斯兰思想文化在上述地域自身的演进、变化和发展,以及对社会发展尤其是政治发展的影响和关联。

印度是一个多种文化融合在一起的国度。古代吠陀教、婆罗门教、佛教、耆那教和印度教文化是印度的本土文化,多种宗教文化虽各成体系,但亦相互消融、传承影响。经过对传统宗教的改革,公元9世纪以后,终于形成了以印度教文化为主体的印度文化。公元8世纪起伊斯兰教传入印度,带来了一种新的文化。长期的历史演进过程中,伊斯兰教一方面接受了当地文化的影响,另一方面又给当地文化施以影响,经过与本土文化的碰撞和融合,在印度形成了独具特色的印度伊斯兰文化。印巴分治以后,印度的伊斯兰文化载体既部分地留存于印度之内,又部分地从印度本土抽生出来,演变为一种区域性文化——南亚伊斯兰文化。

在南亚伊斯兰区域文化形成和发展的诸多因素中,就伊斯兰教本身而言,它存有一种内在的驱动机制,这种机制导源于内核文化;它与其他文化碰撞交融,产生嬗变和发展,而后形成的是外缘文化。区域文化虽具有相对独立的形态,但仍是从属于内核文化的一种外缘文化。[②]

---

[①] 据美国 *The World Fact Book* 2008《世界各国概况》提供的统计数据。
[②] 见盛邦和:《内核与外缘——中日文化论》,上海:学林出版社,1988年。作者在研究文化结构基础上,对多重文化结构提出处在中心地区的文化为"内核文化",环绕在"中心"外围的文化为"外缘文化"的理论设想。

阿拉伯半岛是伊斯兰教的发源地，成为世界各伊斯兰文化区域的内核，而中亚伊斯兰文化、西亚伊斯兰文化、南亚伊斯兰文化、东南亚伊斯兰文化等都环绕在这个内核的外围，构成内核的外缘。从结构上分析，外缘文化是二重的，有的甚至是多重的。南亚伊斯兰文化呈现的结构偏向于多重结构，它在形成过程中既受到源自阿拉伯半岛的文化浪潮的冲击，也曾受到波斯文化浪潮的冲击。以冲击的强度而言，波斯文化的冲击更大、更直接。当波斯文化冲击印度的时候，波斯文化本身已经成为阿拉伯—伊斯兰文化的外缘文化了，所以，来自西亚伊斯兰文化的冲击才是形成印度伊斯兰文化的直接因素，其影响因子较大。这一点可以从构成一种文化的主要成分上得到证明。比如说，乌尔都语、普什图语、俾路支语等受到的主要是波斯语的影响，而不是阿拉伯语的影响。阿拉伯语对乌尔都语的影响是间接的，巴基斯坦信德省地区的信德语在公元 8 世纪受到来自阿拉伯文化的直接冲击，直接受到阿拉伯语的影响多一些。

内核文化具有"自生性"特点，具有强大的"持守"功能；而外缘文化的最大特点是"复合性"，因而具有强大的"再造"功能。因此，在南亚，伊斯兰文化传入后不仅未能被本土文化同化，而且能够充分发挥它的再造功能，吸收异文化的养分，这不仅包括印度的本土文化的养分，也包括后来传入印度的西方文化的养分，在文化更新方面迈出的步伐比内核文化更快。甚至还可以说，在多重结构的外缘文化里，小的单元文化比上一级单元文化迈出的步伐也更快捷一些。这也符合物理学原理，物体离重心越远，引力就越小，因而自由度就越大。距离内核文化越远的外缘文化，张力也越大。南亚伊斯兰文化具有的这一特点和功能，也是这一外缘文化能够在长期的历史进程中得以生存和不断发展的原因。这种力量和张力，我们可以从南亚伊斯兰现代社会和政治进程的回顾中看到它的存在和作用。

肇始于1857年印度民族大起义的南亚伊斯兰现代进程，到 20 世纪末为止可以分为三个阶段：第一阶段是穆斯林启蒙运动时期，从 1857 年至 1906 年。印度民族大起义失败后，以赛义德·艾哈迈德·汗（Sayyid Ahmad Khan，1817—1898）为首的印度穆斯林怀着强烈的危机意识，开始了一场旨在改善自己社会地位和经济状况的思想启蒙运动。第二阶段为"印度穆斯林觉醒"时期，从 1906 年至 1947 年。1906 年 12 月印度"穆斯林联盟"的成立，标志着穆斯林迈出了在印度政治舞台上应该拥有一席之地的关键性步伐。穆斯林联盟提出并强化"印度穆斯林"这一概念，并以此作为在印度国内获取更多社会权益和更多政治地位,甚至构建一个独立国家的符号。他们举起伊斯兰教和乌尔都语两面旗帜,从理论上和实践中为印度穆斯林群体寻找归属。在穆斯林联盟的激进领导者心目中,印度国家民族主义逐渐淡漠,而宗教民族主义的意识却不断凸显,进而提出了"两个民族"理论。1940年3月23日,全印穆斯林联盟拉合尔会议通过了《巴基斯坦决议》。第三个阶段是巴基斯坦独立和建国时期,从1947年至今。根据英国政府提出的"蒙巴顿方案",印度实行了"印巴分治",巴基斯坦成为一个独立的政治实体。1956年3月23日,巴基斯坦通过新宪法,国名改为巴基斯坦伊斯兰共和国。1971年2月,在第三次印巴战争的炮火之中东巴基斯坦宣布独立,1972年1月定国名为孟加拉人民共和国。

影响和支配这一个半世纪南亚社会历史进程的因素是多方面的,如文化源流、社会思潮、英国殖民统治策略、印度国大党的政策、外部的政治气候、国内各主要群体的社会、经济地位等等,就印度穆斯林群体而言,其中最重要的当属思想文化方面的因素。也就是说,发生在这一时期的社会思潮、宗教运动、变革社会的新思想和新观念在外部力量的推动下起到了主导和引领的作用。

所谓外部力量即来自西方的现代思想和意识。英国殖民者在对印度进行殖民统治的同时,也给印度社会带来了现代西方思想,推动了包括穆斯林社会在内的整个印度社会的现代化进程,印度教教徒和穆斯林纷纷从各自不同的角度思考、阐述印度社会现代化发展的方向。1857年后,面对西方强势的政治和文化影响以及印度教群体不断增强的势力,以赛义德·艾哈迈德·汗为代表的印度穆斯林启蒙运动思想家提出,穆斯林应当学习西方先进的科学技术和思想,改造穆斯林社会,以适应现代化发展的要求。穆斯林联盟的领导者穆罕默德·阿里·真纳(Mohammad Ali Jinnah,1876—1948)等接受了他的伊斯兰现代主义思想,提出了建立一个世俗的现代穆斯林国家的主张。他们领导穆斯林取得了独立运动的胜利,建立了巴基斯坦。同样是面对当时穆斯林社会的危机,艾布·艾阿拉·毛杜迪(Abul Ala Mawdudi,1903—1979)却从另一角度提出了解决的方法。毛杜迪认为,穆斯林社会衰落的根本原因是穆斯林对于伊斯兰教信仰的淡漠。因此要彻底解决穆斯林社会在现代化进程中的危机,必须回归《古兰经》和圣训,复兴伊斯兰教的信仰,根据创制的原则对《古兰经》和圣训重新加以解释和补充,以解决现代伊斯兰社会中的一切问题,全面恢复伊斯兰教制度。

穆罕默德·伊克巴尔(Muhammad Iqbal,1877—1938)处于艾哈迈德·汗和毛迪杜之间,居于一个承前启后的位置。就在伊克巴尔出生的1877年,艾哈迈德·汗建立起了第一所穆斯林近代教育类型的阿里格尔学院,旨在培养既掌握传统文化又具备西方科学知识的新一代穆斯林知识分子。这种西式教育当时还受到了保守的宗教学者的反对,而伊克巴尔正是艾哈迈德·汗教育理念的成果:既接受了传统伊斯兰文化教育又受到了西方现代教育。伊克巴尔晚年重病期间,计划撰写《伊斯兰法律思想重建》,他为此邀请毛迪杜作他的秘书,但只是停留在准备阶段而未能写出。而此后尤其是巴基斯坦立国后,毛迪杜一生致力于探讨伊斯兰国家制度与法律的建设,探讨如何把伊斯兰教义与现代国家的实际运行的需求结合起来,制定既符合伊斯兰原则又切合现代国家发展的制度和法规。他们之间可谓薪火相传。

伊克巴尔与艾哈迈德·汗和毛迪杜之间的不同之处也是非常明显的。艾哈迈德·汗是一个社会活动家、教育家、启蒙运动鼓动者和宣传家。他直接面对的是穆斯林内部极端的、完全拒斥西方现代科学教育的保守派。他要倡导的是新的开放的观念。因此,他办教育,办报纸杂志,进行宣传教育,制造影响以改变穆斯林的传统观念,进而改造社会。对于艾哈迈德·汗来说,目标是明确的,就是实行开放的西方式教育,培养活跃的社会精神生活,投身现代历史潮流之中。因此,艾哈迈德·汗的问题主要是实践问题。毛杜迪也很明确,他办杂志,组织社会团体或参与政党活动,宣传自己的思想和主张,以此来影响穆斯林。巴基斯坦国家建立后,新的政治生活已经开始,毛杜迪思考和实践的是如何参与这一新的政治进程。他考虑的也是国家实际层面的问题,即法律和制度建设问题。伊克巴尔是一位诗人和宗教哲学家,他的思想基点在于,一方面他参与到实际的政治活动中,比如担任省立法会议员,担任穆斯林联盟(拉合尔)主席,提出建立独立的穆斯林政治实体的主张;但另一方面,他的思想又并不是针对解决当下现实社会问题的具体方案。他立足于印度实际,但立志于为伊斯兰世界的复兴奠定一个认识的基础,思想的基础,一个根本出发点。他的理想是,不仅印度的穆斯林可以在此基础上发展,整个伊斯兰世界都能从中获得指导。他认为就像现代西方社会的发展是建立在康德以来的西方近代思想基础上一样,新的伊斯兰文明的复兴,也应该要有一个思想基础。而他致力于思考和探索这个基础。他的哲学家气质和诗人气质使得他的思想有一种更纯粹的色彩。他的思想给南亚伊斯兰现代进程提供了一个新的维度,增加了丰富性和厚重感,具有某种对印度地域及其历史阶段的超越性。真纳自20世纪初登上政治舞台,他的政治思想与实践对南亚现代历史进程起到了重大的影响作用。他早年参加印度国大党,致力于通过宪政改革实现印度自治,为印度教教徒与穆斯林的团结做出了重要贡献。由于复杂历史原因,真纳无法实现他的早期理想,因而不得不调整自己的观念与目标以维护印度穆斯林权益。作为全印穆斯林联盟的重要领导人,他致力于为印度穆斯林建立一个新的国家。他的政治思想与实践既体现了对以民主政治为代表的西方现代文化的接受与批判,又体现了对伊斯兰教文化的独特认同。他对于复兴伊斯兰教在南亚的统治并无热情,而是力图寻求建立伊斯兰世界与现代性之间的联系,以促进南亚穆斯林的发展。因此,伊斯兰教虽然作为巴基斯坦的国教拥有不可动摇的地位,但至今巴基斯坦还是一个政教分离的联邦制国家。真纳的建国与治国理念对他逝世后的巴基斯坦,乃至当今巴基斯坦的发展仍然起着重要的指导性作用。

因此,展开对南亚伊斯兰进程中最具代表性的人物艾哈迈德·汗、伊克巴尔、毛杜迪和真纳的研究,客观地表述和分析他们的思想和理论,透视他们的宗教改革思想形成的时代因素、区域文化因素以及他们作为伊斯兰世界著名人物的个人因素,是研究南亚伊斯兰现代进程的一条重要的路径。伴随着他们的思想和理论的发展,在历史的层面上,我们着眼于揭示他们在南亚社会历史进程中和思想流变等方面发挥的作用;在现实的层面上,着重揭示南亚地区伊斯兰教和伊斯兰文化对本地区社会生活和政治发展产生的影响。

# 第一章 伊斯兰文化在南亚的传播与发展

## 第一节 伊斯兰文化在南亚的传播

伊斯兰教创立后,阿拉伯人继续与印度保持着贸易往来。至公元8世纪,印度南部沿海地区出现了阿拉伯移民,他们与当地居民友好相处,把伊斯兰教信仰和阿拉伯半岛的生活习俗带到了南亚次大陆,开始了伊斯兰文化在南亚的传播。公元711年,倭马亚王朝将领穆罕默德·本·卡西姆(693—715)率阿拉伯军队自巴士拉沿海路攻入印度,占领信德,向北征服了木尔坦。信德和旁遮普地区成为穆斯林在南亚传播伊斯兰教最早的区域。11世纪初,位于印度西北方向信奉伊斯兰教的突厥人入侵印度。迈哈姆德①的军队从1001年至1025年的24年间不断地征伐印度。13世纪初,穆斯林在印度建立德里苏丹国,并统治了320年。莫卧儿王朝创建于1526年,历时3个多世纪,至英国直接统治印度宣告结束。从公元8世纪到16世纪,大量穆斯林在不同时期从不同路线进入南亚次大陆,经过长时期的融合与缓慢的同化,伊斯兰文化在印度扎下根基,莫卧儿王朝建立后,伊斯兰化基本完成,并开启了印度近代历史的进程。

### 一、伊斯兰文化传入南亚

1. 伊斯兰教广泛传播

伊斯兰教创立后至公元8世纪初,少量的阿拉伯人从海路来到印度,印度人开始接触阿拉伯-伊斯兰文化。此后,武力征服是伊斯兰教进入印度的主要形式。阿拉伯穆斯林最早入侵印度,他们的入侵也把伊斯兰教和阿拉伯-伊斯兰文化带到了印度。然而,从印度西北方向入侵的突厥穆

---

① 迈哈姆德(Mahmud,970—1030)即马茂德,伽色尼王朝第一个独立的君主,997年至1030年在位。

斯林才是从根本上改变印度命运的力量。伽色尼王朝的迈哈姆德攻占了旁遮普,将印度富庶的粮仓划入自己的疆域;他的军队还深入印度的腹地,捣毁印度教庙宇,掳掠珠宝珍品;他还曾两度进攻克什米尔,在拉合尔建立王宫,派遣副王摄政并最终促成13世纪初穆斯林王朝——德里苏丹国在印度的建立和此后延续了3个多世纪的统治。迈哈姆德的入侵从西北方向打开了印度的大门,把伊斯兰教和伊斯兰文化传播到南亚次大陆。

1206年至1526年,德里苏丹国经历了奴隶王朝、卡尔吉王朝、图格鲁克王朝、赛义德王朝和洛迪王朝等穆斯林当权的统治。穆斯林在德里建立了巩固的政权后便逐步向南推进。在卡尔吉王朝(1296—1316)时期,苏丹阿拉·乌德·丁·卡尔吉派遣手下名将马立克·卡夫尔南征,于1310年全面吞并和控制了德干①地区。此前,在西北部和旁遮普地区定居的突厥人,也就是苏丹迈哈姆德在11世纪最初的四分之一的时期里攻打过印度腹地后留在印度西北部的人,其中一个称为古尔查拉的穆斯林部落攻占过德干,但这个部落没有取得巩固的统治。一方面他们面临地方势力的强烈反抗,另一方面他们内部为争夺统领权相互厮杀,因此,直至13世纪初的两个世纪内,德干地区由于战乱一直处于不稳定的局面之中。马立克·卡夫尔控制德干后,在北方通行的乌尔都语和伊斯兰文化被带到德干并在该地区传播开来。卡尔吉的军队同时还占领了德干以西的古吉拉特地区即印度中部的西海岸平原地区,使德干和古吉拉特连成一片,横贯印度中部。卡尔吉苏丹对被占领的古吉拉特和德干地区的行政管理进行改革,将这一地区划分为几百个小的行政区,从北方为每个小区域派去一名突厥官员,负责税收和行政管理,为中央王朝军队提供给养。

14世纪,德里苏丹国进入了图格鲁克王朝时期(1325—1351)。穆罕默德·图格鲁克是一名专制但也开明的君主,他以德取士,不分印度教教徒或穆斯林,凡是有才能的皆委以重任。同时,他还采取一些重要步骤治理国家。为加强税赋管理明令诸侯向中央申报土地数量和收入;在恒河和朱木拿河流域富饶地区增加税收;设立农业大臣,扩大农垦面积。他在位时做出的最重要的决策是迁都,将首都从德里迁往德干的德瓦吉里,并将德瓦吉里改名为达腊巴德(财富之地)。图格鲁克迁都的原因有多方面的考虑,从行政管理上看,德瓦吉里处于印度的中央。从安全上看,新都

---

① "德干"在印地语里是南方的意思,即印度的南部地区。

7

远离西北边境，容易避开蒙古入侵者的侵扰。从经济上看，可以就近利用南印度的资源。从文化上看，可以向南部传播伊斯兰教和伊斯兰文化。迁都是强制性的，从1326年至1335年前后经历了9年时间。虽然迁都最终没有成功，但是打通了德干和古吉拉特与北部地区的交通，不仅加强了北部和中南部地区的经济贸易和社会往来，对伊斯兰文化的传播和发展也起到了重要的作用。

德里苏丹国建立之前，伊斯兰教就开始传播到印度东北部地区。东北部地区是印度佛教最后留存的地区。1197年和1202年至1203年，突厥穆斯林攻击了比哈尔和孟加拉地区，迫使大批佛教徒纷纷皈依伊斯兰教。孟加拉苏丹国建立于1336年，此后有大批低种姓的印度教教徒由于不堪忍受封建主的压迫和歧视而改宗伊斯兰教。这一时期，印度的其他一些地区也建立了穆斯林地方政权，如江普尔苏丹国和古吉拉特苏丹国等。

2. 伊斯兰教传播的诸多因素

信奉伊斯兰教的阿拉伯人以及中亚、西亚的穆斯林之所以能以武力叩开印度的大门，进而征服了一个幅员如此辽阔的大国，这与印度当时的社会和文化背景有着密切的关系。从8世纪开始，北印度小国林立，战乱不断，印度社会呈现一种分裂局面。到8世纪晚期，在北印度和印度中部形成了普罗蒂诃罗、帕拉和拉喜特拉库特（Rashtrakutas，又译拉什特拉库塔，8世纪至9世纪德干地区的主要势力）等三个王朝。三个国家互相争雄、相互征战，既破坏了北印度的经济，也削弱了各个王国的力量。至10世纪末，北印度三雄争霸局面以三败俱伤而告终。比起北印度来，南印度分裂得愈加细碎。长期无休止的内战使全印度陷入兵尽财穷之境，不但没有一个王朝有能力统一全印度，更谈不上有能力抵御外族入侵。这就为外部势力的入侵打开了大门。

在印度社会，种姓制度不仅仅是划分宗教内等级的制度，而且成为服务于封建压迫的工具。低等种姓受到深沉的压迫和歧视，当他们接受到伊斯兰教宣扬的人人平等的思想时更容易产生冲破种姓制度约束的愿望。这也是当伊斯兰教传入印度各地时，得到低等种姓民众的普遍认可，从而接受新宗教，甚至皈依新宗教的重要原因。在文化方面，10世纪前后，承载印度古老文明的梵文开始衰落，代之而来的是各地方语种的蓬勃兴起。如印度北方的印地语、乌尔都语、旁遮普语等逐渐成熟，成为人们社会交往的必需工具。众多现代语言的同时兴起，不仅导致社会文化活动的地区化,也进一步增强了政治和经济活动的地区化倾向。印度社会比过去更加失去了凝聚力,当一种新的文化传入时,它不大可能遭遇整体性的抵御。在宗教方面,11世纪始于南印度的虔诚派运动其思想主张与伊斯兰教苏非派亦有相通之处。虔诚派主张所有虔信者不论属于哪一种姓,在神的面前一律平等。当虔诚派运动自南印度传入北印度后,便进一步融入了伊斯兰教苏非派"虔信真主"和"在真主面前人人平等"等教义。而这不仅增强了本土文化与外来文化的交融,又有助于苏非思想的更广泛的传播。

伊斯兰文化传入印度的过程中,统治者主要运用武力手段,攻击和征服印度的领地,扩大统治的疆域,强制推行伊斯兰教。穆斯林统治者率领军队的入侵成为传播伊斯兰教的主要途径,而伊斯兰教上层乌里玛和以苏非为代表的伊斯兰传教者则是一种辅助的力量。这两股力量的共同作用使得伊斯兰教最终传入了印度,而后一种力量在传播伊斯兰文化方面所起到的作用更为重要,其意义更为深远。

从8世纪到德里苏丹国初期,印度大部分穆斯林是外来阿拉伯人和突厥穆斯林及其后裔,"外族穆斯林社团,除旁遮普地区外,人数有限,改宗与同化是个缓慢的历史过程,持续数世纪之久;大部分印度穆斯林是在公元13—15世纪改信伊斯兰教的本地居民"。[①]推动印度人改宗的力量来自乌里玛和苏非。乌里玛意为"有知识者",是伊斯兰宗教学者的总称。在逊尼派中,乌里玛没有严密的组织,主要以其学识和虔诚获得威望,往往自称为伊斯兰教监护人、正宗信仰的弘扬者、捍卫者。[②]最初进入印度的伊斯兰教信徒均为逊尼派,因此作为伊斯兰教正统派维护者的乌里玛,希望在印度按照伊斯兰教教法的原则建立彻底的伊斯兰教政权。他们认为印度人都是"异教徒",对待印度教教徒的态度甚为极端,反对统治者吸收印度人参与国家事务,更反对统治者为了政治需要对印度人采取缓和政策。由于乌里玛所奉行的是宗教压迫政策,因而他们在促使当地人改宗伊斯兰教方面所发挥的作用是有限的。与乌里玛在上层社会发挥的作用相比,苏非传教者在民间传播伊斯兰教义的活动影响更为深远,他们为促进当地人改宗伊斯兰教和伊斯兰教扎根印度发挥了重要的作用。

苏非派是伊斯兰教内的一种思想主张,并非严格意义上的宗教派别。

---

① 金宜久主编:《伊斯兰教史》,中国社会科学出版社,1990年,第383页。
② 参见金宜久主编:《伊斯兰教辞典》,第532页"乌里玛"词条,上海辞书出版社,1997年。

它是随着阿拉伯帝国对外征战的胜利,伊斯兰社会出现阶级分化,下层虔诚信徒对统治者严重不满而产生的一种思潮。苏非主义吸引有大批信仰者和拥护者,成为一支社会力量。苏非们专注的问题是穆斯林品行的修养,追求的是超凡脱俗、净化灵魂、返璞归真,最后实现与真主合一的最高境界,因而也称作伊斯兰教神秘主义。苏非最初出现于8世纪中叶,12世纪中叶出现了较为成熟的苏非教团。

来到印度的苏非的主要活动并不是传播和实践苏非神秘主义,而是以伊斯兰教教徒身份传播伊斯兰教。这是因为苏非来到印度之后,他们面临的首要矛盾并不是伊斯兰教内部的教派之争,而是要努力在印度这个全新的社会和文化环境中生存下来并且能够得到发展。由于他们面对的是与他们信仰完全不同的异教者,苏非只能选择先传播和阐释伊斯教基本教义。也正因为如此,来到印度的苏非在传播伊斯兰教这一根本目的上与正统乌里玛取得了一致,也与穆斯林统治阶级取得了一致,因而印度苏非为伊斯兰统治在印度的确立起了极大的促进作用。苏非们传教的方式是多种多样的,主要有建道堂、办学校、云游、布道等。他们接触的人群也很广泛,既有中下层民众,又有上层统治者和贵族;既有印度教教徒,又有佛教徒和其他宗教信徒。苏非们克己、守贫和慷慨的品性,所宣传的平等对待一切人的思想,以及他们倡导的对神的神秘的爱,为许多低种姓印度人和一部分追求建立公正社会的印度教教徒所欢迎,对印度社会产生了重大的影响,并使得很多印度教教徒纷纷改宗伊斯兰教。其中苏非大师们及主要教团所起的表率作用更是引人注目。

胡奇维利(1009—1078,一说1072)是早期进入印度并定居的最著名和最具影响力的苏非。他于11世纪40年代前后来到拉合尔,一住就是30多年,直到去世。在此期间,他以自己的学识和人格魅力,在当地群众中传播伊斯兰教义,用穆斯林施舍的财物赈济穷人。胡奇维利坚持一神论,坚持遵守伊斯兰教法,强调神爱,肯定神智,竭力排除与正统教义相抵触的观点和信条,使印度苏非派在产生之初接受的就是一种能见容于正统派教义的神学思想,同时也奠定了印度苏非派在以后的发展中与伊斯兰教正统派和上层统治者关系的基调。许多印度教教徒和佛教徒受其影响皈依了伊斯兰教。皈依者中主要是下层群众,也有一些上层人物。以胡奇维利为首的著名苏非大师进入印度以后,他们在那些征服过的土地上传播伊斯兰教,用伊斯兰教平等博爱的思想影响和感化印度人,起到了安抚被征服民族的作用。

# 第一章 伊斯兰文化在南亚的传播与发展

德里苏丹国的建立标志着伊斯兰教被确立为国教，因而实现印度的伊斯兰化便成为了穆斯林统治者选定的目标。他们在对印度的征伐中一方面采用武力迫使当地人改宗伊斯兰教，另一方面，对穆斯林和印度教教徒在税收和法律地位上实行区别对待，通过捣毁寺庙、限制其他宗教信徒的宗教活动等手段迫使他们改宗。与此同时，穆斯林还到处大兴土木，修建清真寺或在被毁坏的印度教寺庙的基础上改建清真寺。宗教压迫和对抗是这一时期印度社会的主要特征。此时苏非们在缓和宗教矛盾，从而为更深入广泛地传播和扩展伊斯兰教的影响发挥的作用更为奏效。

不同时期进入印度的苏非遍及全印，形成一股强大的社会力量。他们反对伊斯兰教正统派乌里玛的宗教专制，鄙视他们对统治者的阿谀奉承，宣传平等博爱的思想，在缓和宗教压迫，促进印度教教徒和穆斯林相互接近方面发挥了重要作用。这时期苏非们的主要活动方式有宗教旅行、建立修道院、创建苏非教团、传教、修炼、著书立说。教团的建立标志着苏非的活动从独立的个体向群体化发展，同时其组织也逐步趋于完善，有利于有计划的开展传教活动。德里苏丹时期主要有 4 大教团，按进入印度的时间顺序分别是，契什提教团、苏哈拉瓦迪教团、卡迪利亚教团和纳克西班迪教团，其中最活跃的是契什提教团和苏哈拉瓦迪教团。苏哈拉瓦迪教团公开支持苏丹，帮助苏丹化解与被统治者的矛盾。契什提教团虽远离苏丹和朝政，但他们宣扬的忍耐、安贫、克己的思想在民众中产生了极大的影响。该教团还把印度教中传统的"萨玛"仪式引入到伊斯兰教的"齐克尔"仪式中，促进了印度教和伊斯兰教的文化融合。在他们的传教过程中，常有印度教瑜伽派教徒与之共同探讨神秘主义问题，促进了伊斯兰文化与印度本土文化的交流。在苏非们的努力下，许多印度教教徒接受了伊斯兰教，穆斯林的队伍得到了扩大。这种情形吸引了中亚和西亚更多的苏非来到印度，进一步壮大了印度苏非的力量。

德里苏丹国时期众多印度民众改宗伊斯兰教的原因是多方面的。首先，德里苏丹甫一建国便宣布奉伊斯兰教为国教，虽然允许非伊斯兰宗教力量存在，但实行的却是歧视性宗教政策。如对非穆斯林征收额外的人头税，在土地税、工商业税等方面对穆斯林与非穆斯林区别对待，改宗还成为担任中、高级官职的条件等等。这不但确保了穆斯林的特权地位，同时也形成了一种改宗驱动力。非穆斯林为了获得与穆斯林相当的权利不得不改宗。其次，伊斯兰教社会没有种姓制。伊斯兰教进入印度的时候，正是印度种姓制处于强化的阶段。对于饱受压迫和歧视的低等种姓来说，苏非们宣传的伊斯兰教的众生平等思想无疑是一种巨大的诱惑。这使得大批低种姓的印度教教徒纷纷改信伊斯兰教。再次，印度教上层包括王公贵族为了保住自己的原有地位和既得利益，同时为了跻身于伊斯兰统治的上层社会，也大批改宗。此外，早期伊斯兰教传入印度的时候，正是印度佛教衰微的时期。穆斯林对东印度的入侵使得佛教丧失了最后的立足点。佛教衰落以后，大批佛教徒因为无法再重新回到印度教，而选择了加入伊斯兰教。

伊斯兰教传入印度的影响是巨大的，不但为伊斯兰教在印度的发展打下了基础，而且促进了伊斯兰文化和印度文化的相互融合与交流。在宗教上，苏非派思想对后期帕克蒂运动产生了巨大影响。艺术上，印度的宗教祭祀音乐和民间音乐丰富了苏非的宗教仪式活动。这一时期的建筑虽然是以中亚的伊斯兰风格为主，但是也受到印度传统建筑风格的影响，如德里库沃迪-伊斯兰清真寺和库特布尖塔。江普尔王国的阿塔拉清真寺和孟加拉王国的阿迪纳清真寺采用的是印度教神庙的结构。有的建筑属于纯伊斯兰风格，有的则混合了印度、突厥、埃及和伊朗的风格。语言文学方面，产生了以阿拉伯语和波斯语字体书写的乌尔都语，乌尔都语不仅流行于印度北部，随着伊斯兰教的传播，乌尔都语也流传到了印度的中部、西海岸和南部地区。乌尔都语文学在印度中南部德干地区获得了更大的发展，形成了乌尔都语文学史上的第一个繁荣时期。

**二、奠定南亚伊斯兰文化根基**

莫卧儿王朝建立之前，穆斯林统治者力求使伊斯兰教在印度立稳脚跟。莫卧儿王朝建立后，实行中央集权的政治体制，采用宽容的宗教政策，调和宗教矛盾，大力扩大疆域，重视发展经济和开展对外贸易，在阿克巴尔统治的后期到奥朗则布统治的前期，帝国进入鼎盛时期。以德里、亚格拉和拉合尔等城市为中心的印度北方和以海得拉巴、阿默达巴德等城市为中心的中南部德干和古吉拉特地区，伊斯兰文化已经成为社会主流文化。同时伊斯兰文化与印度教文化和睦相处、互相融合。同这些地区相比，伊斯兰教传入克什米尔地区较晚，伊斯兰文化发展也较为迟缓。克什米尔地区伊斯兰教的传播和发展具有自己的特点。

1. 莫卧儿王朝伊斯兰文化

历时 320 年的德里苏丹王国在扎希鲁丁·穆罕默德·巴布尔

## 第一章 伊斯兰文化在南亚的传播与发展

（1526—1530年在位）的入侵下灭亡了。巴布尔16世纪初首次从开伯尔山口向印度发动进攻，深入到了印度的腹地，后班师返回喀布尔。经过多次试探性的入侵后，巴布尔终于在1526年打败了德里苏丹易卜拉欣·洛迪，进入德里，登上了印度斯坦皇帝的宝座。由于他的蒙古族血统，他把自己在印度开创的帝国称为"莫卧儿"，即阿拉伯语或波斯语里的"蒙古"一词。1530年胡马雍继承莫卧儿王位，这既是一个庞大的帝国，又是一个各方面都亟待整顿的帝国。胡马雍面临的是一个他的三个兄弟觊觎王位、宫廷中的贵族谋反、地方势力的掣肘和阿富汗人的进犯等危及王权的艰难局势。在惨淡经营10年之后，他终于失掉了莫卧儿帝国，逃离印度，开始了15年的流亡生活。胡马雍在中亚一带重整旗鼓后，1555年初毅然起兵收复王国，并获得了成功。1556年，年仅14岁的贾拉尔·乌德·丁·穆罕默德·阿克巴尔（1555—1605年在位）在大臣贝拉姆·汗的辅佐下继承王位。贝拉姆·汗摄政4年，为莫卧儿王朝统治的延续和稳固发挥了关键作用。阿克巴尔亲政后，顺利地度过了威胁他政权安全的多次危机。他统一政令，制定了十分宽容的宗教政策，包括允许各种宗教的信徒建造寺院，自由传教；允许被迫改宗伊斯兰教的人恢复原来的信仰等实际内容。他创立的"神圣信仰"集伊斯兰教、印度教、佛教、耆那教、祆教和基督教于一体，对调和各种宗教之间的矛盾起到了积极作用。他从法律上规定寡妇可以改嫁，规定婚姻的最低年龄限制。重新确定帝国的行政区划，向各省派驻财政官员。这些改革措施保证了莫卧儿帝国巩固统治，推动了印度社会经济的向前发展。贾汗吉尔（1605—1627年在位）和沙贾汗（1627—1658年在位）时期政权巩固，莫卧儿帝国到达了繁荣的顶点。莫卧儿帝国在奥朗则布（1658—1707年在位）时期开始衰落，内战频仍和外敌入侵加速了帝国的灭亡和外国殖民统治的确立。

莫卧儿王朝时期伊斯兰文化获得了前所未有的发展。莫卧儿王朝的艺术延续了德里苏丹国时期伊斯兰文化和印度本土文化融合的风格。阿克巴尔的宗教融合政策，进一步加快了伊斯兰文化与印度本土文化融合的进程，也为印度伊斯兰艺术的发展开辟了道路。莫卧儿著名的建筑有亚格拉红堡、德里大清真寺、拉合尔皇家清真寺、夏里玛花园和法塔赫布尔西格里（胜利之城）等，后者是一处融合伊斯兰教和印度教、耆那教的装置艺术的独特建筑。纯白色的泰姬陵壮丽无比，造型完美，与陵前水池中的倒影互相辉映，被誉为世界七大奇观之一。莫卧儿细密画基本上属于宫廷艺术，而拉其普特细密画的题材多取自印度史诗和神话，两者互相影响,同为印度艺术瑰宝。

波斯语是莫卧儿王朝的宫廷语言,这一时期的文学有了更快的发展。首先,当朝的帝王都爱好诗歌,巴布尔爱好文学,擅长写突厥语诗歌,编有诗集。胡马雍一生征战,但仍然对诗歌有着强烈的兴趣,编有《胡马雍诗集》。阿克巴尔酷爱文学和波斯诗歌,贾汗吉尔的波斯语自传《贾汗吉尔本纪》是一部有着丰富史料的文献。帝王对诗歌的褒奖使宫廷里聚集了最优秀的诗人,阿克巴尔时期政通人和的局面以及宫廷善待文人的政策传出疆外,许多诗人从伊朗来到印度,他们的创作反映了莫卧儿王朝思想开放和经济繁荣的特点。

2. 巴赫马尼亚王朝伊斯兰文化

15世纪末,在远离莫卧儿王朝中央政权的中南部地区,巴赫马尼亚王朝开始解体,相继建立了阿迪尔(比贾普尔地区)、古杜卜(戈尔贡达地区)、白利德(皮特尔地区)、尼扎姆(阿默达巴德地区)和阿马德(巴拉尔地区)等5个王国。这一地区也称为德干地区,中心城市有海得拉巴、达腊巴德和阿默达巴德等。

伊斯兰文化在德干地区已经成为社会的主流文化。关于戈尔贡达地区的社会经济状况,英国人威廉·米思伍德的游记《17世纪初的戈尔贡达》一书中有详尽的描述。威廉·米思伍德17世纪30年代来到德干,在这里居住了两三年。书里写道:"戈尔贡达的气候适宜,四季常青,盛产水果,一年收获多季。人们在这块肥沃的土地上过着幸福的生活,所有的物品都很便宜。因为生活宽裕,人们喜欢盖起漂亮的住宅,除王宫外还有一些房屋也使用宝石和金质材料。王后拥有的珠宝如此之多,以至印度其他王国的王后们都望尘莫及。戈尔贡达居住着逊尼派和什叶派两派的信徒,什叶派信徒占多数。""由于印度教婆罗门擅长计算,所以在王宫里有关计算事务方面的职位皆由那些婆罗门担任。这里已经有了商业,对外贸易往来很活跃,尤其是布匹贸易,……手工业者和工匠形成了一个个小群体,有铁匠、洗衣工、鞋匠、清扫工和卖牛奶的。清扫工被认为是不可接触者。"[①]王公贵族和封建主的生活很奢华,他们居住在阔绰的宅院,外出时乘坐轿子,随员前呼后拥。古杜卜王国的人口稠密,比起北方城市来毫不逊色。据威廉·米思伍德说,海得拉巴当时有民居20万间,按两人

---

① 转引自瓦希德·古莱西主编:《巴印穆斯林文学史》第6卷,巴基斯坦旁遮普大学出版社,1971年,第404页。

一间计算应该有40万人。①戈尔贡达地区民风朴素,很少发生偷盗、抢劫和谋杀,实行一夫一妻制。穆斯林人口占大多数,男子个头高大,着紧袖上衣和宽口裤,女子穿的上衣很短,露着肚子,有时甚至露着胸脯,有披头巾的习惯。婚礼热闹非凡,人们支起帷幔,装饰彩灯,开怀畅饮,载歌载舞。讲故事不仅是王宫的活动,也是大众娱乐方式之一。从这些叙述中可以看到,戈尔贡达形成的伊斯兰文化环境不同于阿拉伯和波斯的伊斯兰文化,而是融入了印度教文化,体现了伊斯兰文化在印度王国林立、封闭自守的社会中传播的历史特征。

比贾普尔社会稳定,吸引了大批的文人、工匠、手工业者、雕刻师、画家、书法家和歌手的到来,形成了一个和谐的文化艺术环境,文人学士具有很高的社会地位和优越的生活条件。比贾普尔的绘画艺术中的人体绘画已经达到了很高的水平,现存于英国大不列颠博物馆的绘画比起莫卧儿王朝的绘画来更注重在写实的基础上表现诗意和浪漫。这里修建有漂亮的建筑,如菲尔赫宫、阿南德宫。前者为穆斯林的名字,后者是印度教教徒的名字。这些宫殿的名称透露着伊斯兰文化和印度教文化和谐相处的气息。

在16世纪后的德干地区,乌尔都语已经成为这里唯一的地区间通用语言,同时也取代了波斯语成为宫廷语言,还作为一种文学语言,用它进行文学创作的诗人和学者获得了用波斯语创作的诗人和学者同样的尊敬。德干时期的乌尔都语文学具有两个重要的价值,一是体现了文学为传播伊斯兰教和伊斯兰文化服务的功用,二是宣扬伊斯兰文化与印度本土文化的融合。《钱达尔巴丹与迈哈亚尔》是比贾普尔地区第一首爱情叙事诗,描写一个印度教公主与一个穆斯林商人之子的爱情故事,以印度教女子为穆斯林青年殉情告终。阿萨杜拉·瓦杰希于1635年创作了乌尔都语文学史上优秀的韵体散文作品《全味》。作品既大量使用了阿拉伯语和波斯语的成语、格言和谚语,也运用了大量的印度古典成语、谚语、习语、格言和民谣。味是印度美学思想里的一个独有的概念,它最早涉及印度的艺术、舞蹈、音乐和雕塑,继而引入文学,味论则是印度古代反映艺术和文学规律的基本理论。《全味》的创作受到印度教文化传统的深刻影响。

---

① 转引自瓦希德·古莱西主编:《巴印穆斯林文学史》第6卷,巴基斯坦旁遮普大学出版社,1971年,第408页。

3. 克什米尔地区伊斯兰教的传播与发展

克什米尔地区与伊斯兰教的最初接触始于 11 世纪初迈哈姆德对克什米尔的两次征服行动,但这两次进攻都被克什米尔险要的地形和坚固的要塞所阻挡。13 世纪末,伊斯兰教在克什米尔周边的中亚和印度西北部地区影响力日益扩大。原来归属克什米尔的周边小国逐步摆脱了克什米尔王公的控制,他们或者被阿拉伯人控制或吞并,或者其国民大多改信了伊斯兰教。克什米尔国对周边穆斯林国家实行友好政策,推动了伊斯兰文化和当地文化的交融。随着来自中亚和西亚的穆斯林商人、占卜者等与克什米尔人交往的增加,他们中的许多人开始在克什米尔定居,使克什米尔穆斯林人口不断增长,伊斯兰文化的影响不断扩大。14 世纪,信奉佛教的瑞恩查纳王公改宗伊斯兰教。他的改宗标志着伊斯兰教从此获得了克什米尔上层统治者的认可和支持,是伊斯兰教在克什米尔正式传播的开始。但是,瑞恩查纳改宗伊斯兰教并没有改变克什米尔以印度教为主导的政治和社会文化。真正促使伊斯兰教广为传播,把克什米尔从一个印度教文化为主体的王国逐步变成穆斯林王国,并促使民众广泛接受伊斯兰教的,是苏非教团的传教和克什米尔的"瑞西运动"。"瑞西"(Rishi)是克什米尔语,源自梵语,意思就是苏非。苏非和瑞西的不同之处在于,苏非来自中亚各地,而瑞西则出生在克什米尔。因此可以说,"瑞西运动"就是克什米尔本土的苏非运动。谢赫·努尔丁是克什米尔"瑞西运动"的创始人。他出生于斯利那加,其父深受苏非教团的影响,他本人从小接受伊斯兰教育。到 15 世纪末,穆斯林在克什米尔地区已占多数。克什米尔地区建立起了穆斯林组织机构,修建了为数众多的清真寺和穆斯林学校。进入 16 世纪苏丹王朝统治的后期,伊斯兰教经过近 3 个世纪的传播,终于取代印度教,成为克什米尔的主流文化。梵语不再是克什米尔的宫廷语言,取而代之的是波斯语;《古兰经》取代了《吠陀》,成为克什米尔人思想的源泉。①

16 世纪后期,阿克巴尔大帝征服了克什米尔,翻开了克什米尔历史新的一页。莫卧儿王朝控制克什米尔后,在斯利那加设立总督直接管辖。克什米尔打破了与世隔绝的状态,再次成为连接中亚和南亚贸易和交通的枢纽。阿克巴尔推行的宗教政策也在克什米尔得到实施,取消了对非

---

① Muhammad Ashraf Wani, *Islam in Kashmir* (14th—16th Century), Srinagar, Oriental Publishing House, 2004, pp. 206—216.

第一章　伊斯兰文化在南亚的传播与发展

穆斯林歧视性的人头税,尊重印度教教徒的信仰自由,修复了印度教神庙。与此同时,伊斯兰教也继续得到发展。1699年,克什米尔富商伊莎巴里从比贾普尔请来先知默罕默德的圣发,供奉在哈兹拉特巴尔清真寺,使克什米尔成立伊斯兰圣物崇拜的中心。①而印度教教徒的地位也同时得到了改善。由于克什米尔婆罗门受教育程度高,后来又掌握了莫卧儿王朝的宫廷语言波斯语,他们可以在政府部门任职,主要负责税收工作。

伊斯兰教在克什米尔近3个世纪的传播与发展历程,是克什米尔民众大规模改宗伊斯兰教的过程,也是伊斯兰文化与当地文化相互交融与影响并逐步本地化的过程。伊斯兰教在克什米尔的传播能够以相对和平与渐进的方式进行,是由伊斯兰教本身以及克什米尔独特的政治、社会、文化背景决定的。

首先,伊斯兰教代表了当时先进的文化思想和理念。克什米尔开始大规模改宗伊斯兰教时期,正是伊斯兰教政治和文化影响在世界处于顶峰时期。伊斯兰文化在哲学、文学、法律以及科技等各方面都处在领先地位,许多著名的哲学家、数学家、天文学家以及诗人都来自波斯和中亚地区。伊斯兰文化因而成为克什米尔王公贵族争相仿效和推崇的文化。伊斯兰教在克什米尔的传播,不仅带来了先进的文化思想,而且把养蚕、丝织、地毯编织、枪炮制造等先进的工艺和技术引入克什米尔,推动了克什米尔经济社会发展。②

克什米尔内部尖锐的社会矛盾是伊斯兰教能够大规模传播的第二个原因。从11世纪开始,克什米尔社会矛盾开始激化。不同部族之间和印度教婆罗门和刹帝利之间因为争权夺利而矛盾重重。加上遭受自然灾害,经济发展受损,国王地位岌岌可危。在克什米尔周边地区,随着阿富汗和北印度落入阿拉伯和突厥人手中,伽色尼王国一直对克什米尔虎视眈眈,多次派兵侵扰克什米尔。克什米尔国王为抵御外敌入侵,组建骑兵,只好重用善于骑射的穆斯林,并不断增赋加税,甚至婆罗门也不能幸免。这更加剧了内部的不满和矛盾。改变统治者的呼声日益高涨,为新的穆斯林统治者的上台提供了基础。由于克什米尔部族社会的特点,一旦部族首领改宗了伊斯兰教,所有部落都会信奉新的宗教。因此,克什米

---

① Mohannand I. Khan: *History of Srinagar*, 1846—1947, *A Study in Social-Cultural Change*, Srinagar, Aamir Publication, 1978, pp. 13—15
② *Islam in Kashmir*, pp. 198—202

尔民众在苏丹王朝时期大批改宗伊斯兰教就理所当然了。[①]

第三,伊斯兰教在克什米尔的传播受到统治阶级的大力支持,是以自上而下的方式进行的。苏非对伊斯兰教在克什米尔的传播发挥了重要作用,不过促使大量民众改宗伊斯兰教,推动克什米尔伊斯兰化却是"瑞西运动"的功劳。"瑞西"讲的是克什米尔当地语言,而不是宫廷语言波斯语,使其更加平民化,更易为克什米尔民众接受。"瑞西运动"不仅缩短了伊斯兰教与克什米尔普通民众的距离,而且推动了两种文化的交融。这也是克什米尔从印度教文化改宗伊斯兰文化的过程相对和平,没有带来动荡和冲突,反而丰富了克什米尔的社会文化的重要原因。

第四,印度教文化的衰败,对民众失去吸引力,也是伊斯兰教能在克什米尔大规模和平传播的另一个重要原因。到15世纪,苏非传教士在克什米尔的影响力进一步增加。此时的印度教也因为内部派别林立,争斗不已,更加没落。再加上伊斯兰教宣扬平等和正义,比起印度教来更具有强烈的感召力,也一定程度上减少了民众接受伊斯兰教的难度。

## 第二节　南亚近现代伊斯兰思想文化

### 一、南亚近现代伊斯兰思想及其特点

1. 多重思想文化背景

封闭的东方从近代以来就不断受到西方列强炮舰的轰击,从17世纪起南亚伊斯兰世界也开始面临危机。由于历史发展的不平衡,近现代伊斯兰世界的思想和理念的推进也是不平衡的。然而,就伊斯兰世界整体而言,19世纪中叶,现代化已经成为一股不可阻挡的历史潮流。西方的意识形态、生活方式、伦理规范和价值观念对伊斯兰教传统形成了巨大的冲击和严峻的挑战。面对这些挑战,伊斯兰世界先后出现了很多思潮,如传统主义、新传统主义、复兴主义、泛伊斯兰主义、伊斯兰现代主义、伊斯兰民族主义、伊斯兰社会主义、伊斯兰世俗主义等。将这些主义归纳起来,可以分为三类:传统主义、现代主义和世俗主义。

传统主义认为,面对穆斯林社会危机,应该从伊斯兰教本身去寻找出路,而不是要引进西方的思想和制度。伊斯兰既是一种宗教,也是一种完美的制度,回归伊斯兰教传统可以解决现实中面临的一切问题。18世

---

[①] *Islam in Kashmir*, pp.135—140

纪,在阿拉伯半岛中部首先出现了主张恢复伊斯兰教正统信仰的瓦哈比运动。其代表人物是穆罕默德·伊本·阿布杜·瓦哈布(1703—1792)。这场运动的主旨是回归《古兰经》,抛弃一切在中世纪时期融入伊斯兰教的哲学、神学和神秘主义传统。阿布杜·瓦哈布把早期的穆斯林乌玛[①]作为效仿的范例,否定后来穆斯林社会的一切变化。他抨击苏非主义,立志恢复先知时代的纯正信仰。瓦哈布成为近代伊斯兰复兴运动的先驱,他提出的回归伊斯兰教的复古主张成为伊斯兰传统主义的核心思想。

现代主义则认为伊斯兰世界观念落后、封闭保守是造成伊斯兰国家被侵略和受奴役的根本原因。他们批判保守的宗教学者乌里玛坚持盲目的"效仿"原则和复古主义,主张对伊斯兰教进行改革,吸取西方社会一切有价值的科学技术和文化知识,适应社会的现代化要求。他们充分肯定伊斯兰传统中理性和科学的地位,强调伊斯兰化与现代性,理性与启示是协调一致的。与17—18世纪的宗教复兴运动相比,尽管同样是希望复兴和改革,但是现代主义者不是只单纯地希望回归以前的信仰和实践。他们更加强调重新解释和再创造伊斯兰的原则和理念,从而形成对西方的政治、科学和文化挑战的回应。

同时,大多数现代主义者将复兴伊斯兰与反对殖民主义的斗争相结合,他们最终的目标是实现民族独立。19世纪流行于伊斯兰世界的泛伊斯兰主义,具有强烈的反抗殖民主义色彩。提出泛伊斯兰主义的是哲马鲁丁·阿富汗尼(1839—1897),他主张世界各国的穆斯林应该团结起来,建立一个超国家形态的联盟,抵抗西方的侵略。其行动目标反映了伊斯兰世界被压迫民族的正当要求,也是伊斯兰现代主义者面对西方挑战、维护自身利益的一种回应。

伊斯兰现代主义的出发点和基本目的在于维护伊斯兰教的思想文化基础,并不是去限制和削弱它。而恰恰在这个问题上,伊斯兰世界的世俗主义者持有完全相反的态度。他们不仅仅反对传统主义和以复古为目标的各种思潮,而是从根本上颠覆了传统主义思想的基础。阿里·拉兹克(1888—1966)认为,古代伊斯兰哈里发制度是一种世俗的政治体制,不具有宗教的神圣性,因此主张把伊斯兰教与政府和政权分开,即实行政教分离。[②] 1923年,凯末尔·阿塔图克(1881—1938)在土耳其建立共和政府

---

[①] 乌玛是阿拉伯文 Umma 的音译,原意为"民族"。
[②] 参见金宜久主编:《伊斯兰教文化150问》,北京:东方出版社,2006年,第260页。

后正式宣布废除哈里发制度,实行世俗主义国家制度。在伊斯兰世界虽属于个别情形,但世俗主义作为一种激进的现代主义主张,其意义仍然是不可忽视的。20世纪中叶,伊朗现代主义思想家阿里·沙利亚提(1933—1977)进而质疑神权统治和精神权威,表现出改造伊斯兰教意识形态的强烈愿望,显示了世俗主义仍具有顽强的活力。

2. 南亚穆斯林近现代主流意识

在18世纪以后的南亚,上述伊斯兰世界的各种思潮都可以找到呼应和反响。几乎与兴起于阿拉伯半岛的瓦哈比运动同时,印度的一批传统的穆斯林宗教学者也提出回归伊斯兰教原旨教义,复兴正统伊斯兰教信仰,全面恢复伊斯兰教的各项制度,其中,代表人物是沙·瓦利乌拉(1703—1762)。瓦利乌拉生活的时代,莫卧儿帝国走向衰落,行将解体,印度的穆斯林陷入了严重的生存危机。瓦利乌拉试图从推动宗教改革入手,使穆斯林首先摆脱信仰危机,从而推动社会改革,解决穆斯林的生存危机。他主张恢复伊斯兰教的原旨教义,强化伊斯兰教法,消除教派分歧,增进穆斯林教团的统一,从而在伊斯兰教基础上建立一个正义的社会。其子阿齐兹(1746—1823)秉承瓦利乌拉的宗教和社会思想,在印度沦为英国殖民地时,发动穆斯林进行圣战,成为圣战者运动的奠基人。

印度最终未能逃脱沦为殖民地的命运。1857年,印度爆发了反抗殖民主义统治的民族大起义。起义虽然遭到失败,但它动摇了殖民统治的根基。殖民当局也总结叛乱的原因,他们一方面对印度民族主义力量做出适当让步,同时也利用印度社会的民族和宗教矛盾削弱反抗的力量。由于殖民统治者实施分而治之的策略,印度穆斯林受到了更为沉重的打击。自莫卧儿王朝衰落和解体以来,印度穆斯林失去了曾经拥有的辉煌和荣耀,印度教的复兴使他们愈加感到失落。他们还看到,代表基督教文化的殖民统治秩序在律法、教育、社会福利等方面显示出比穆斯林社会更大的优越性。

面对严峻的现实,印度穆斯林给予了回应,产生了以赛义德·艾哈迈德·汗为代表的伊斯兰现代主义和以艾布·艾阿拉·毛杜迪为代表的现代伊斯兰主义。

为改善穆斯林的政治地位和经济状况,以赛义德·艾哈迈德·汗为首的印度穆斯林精英发动了一场思想启蒙运动。启蒙运动的领导者们兴办教育,建立文学社和科学社,创办倡导改革的报刊,向穆斯林介绍西方的政治、经济、哲学、历史和科学技术。提倡文化人士用乌尔都语写作,以

## 第一章 伊斯兰文化在南亚的传播与发展

便广大下层群众能直接阅读和掌握西方先进的思想和科学。推行伊斯兰教改革,主张伊斯兰内各教派相互尊重、平等相处,取消多妻制、保护妇女的权益。他们呼吁穆斯林和印度教教徒之间建立和睦友好的关系。对英印政府采取合作的态度,希望缓和因抗英起义而变得紧张的关系。

殖民主义冲击了印度的封建社会结构,促进了资本主义因素的形成。印度穆斯林启蒙运动顺势而起,不仅释放了因印度教再度崛起所带来的心理压力,也顺应了西方现代思想文化冲刷东方的历史潮流,还呼应了伊斯兰世界的文化复兴运动和已经开启的探索伊斯兰现代化的历史进程。

穆罕默德·伊克巴尔是印度穆斯林诗人、哲学家,他一生都为复兴伊斯兰和改变印度穆斯林的命运不懈地探索,创立了以"自我"和"非我"为理论支点的哲学体系。他继承了艾哈迈德·汗"两个民族"理论,并最先提出了在印度建立一个伊斯兰国家的主张。比起其他现代主义思想家来,伊克巴尔更强调伊斯兰曾经拥有的辉煌历史,从而使穆斯林重新意识到尽管他们现在是弱小的,但是他们曾经有多么强大,不但建立了巨大的伊斯兰帝国,并且创造了在科学、医药和哲学方面取得辉煌成就的伊斯兰文明。从而唤起穆斯林的自豪感,实现穆斯林群体的整合和团结,以此应对西方殖民统治的政治和文化挑战。

艾哈迈德·汗和伊克巴尔在南亚伊斯兰现代进程中发挥的作用如同哲马鲁丁·阿富汗尼和穆罕默德·阿卜杜在中东现代主义进程中发挥的作用一样。虽然他们的思想各自都有鲜明的特色,但是他们都强调伊斯兰是一种能动的、进步的宗教知识。他们探寻穆斯林衰弱的原因,强调宗教与理性和科学的兼容性。支持他们的基本信念有,其一,穆斯林从9世纪到13世纪科学和科学精神的大发展是《古兰经》所坚持的主张:人应该研究宇宙,因为宇宙是安拉的造物,探索宇宙的奥秘能够取悦安拉。其二,在中世纪后期,穆斯林世界中这一探索精神消退,因此穆斯林社会停滞不前,并且走向了衰落。第三,西方从伊斯兰世界获得了科学知识并且予以深化,因此西方文明繁荣昌盛,甚至成为伊斯兰世界的主宰者。第四,穆斯林应当再次向现在的西方学习科学,以重现往昔的辉煌。

南亚伊斯兰现代主义又可以分为两种倾向,一种是以学习西方为手段,以达到振兴伊斯兰教为目的;另一种倾向是不但学习西方先进的科学技术,而且赞同和吸收西方的价值和思想体系。后一种倾向接近世俗主义。赛义德·艾哈迈德·汗和穆罕默德·伊克巴尔虽然都秉持现代主义思想,但是他们对于西方思想文化的态度却是不尽相同的。赛义德·艾哈迈德·汗寻求的是一条连接西方现代思想文化与伊斯兰的道路。他对西方,尤其是英国,是亲近的。伊克巴尔则试图从伊斯兰文化遗产中寻求能够拯救现代穆斯林社会的方法,通过重新发现传统的原则和价值来重建伊斯兰教。他对西方,尤其是现代西方的社会制度和价值观念,是批判的。他们两人的共同之处在于,要探索一条从根本上拯救印度穆斯林的道路。这可以从赛义德·艾哈迈德·汗提出"两个民族"理论到伊克巴尔提出在印度西北部地区建立一个穆斯林国家的主张得到印证。

这样一条道路在印度"穆斯林联盟"的领导者穆罕默德·阿里·真纳的领导下得以成功构筑,印度穆斯林终于在1947年建立了巴基斯坦国。真纳是一个秉持世俗主义思想的政治家。他赞同和接受西方的价值观念和思想体系,赞成政教分离,要求以西方现代国家为模式建立现代的伊斯兰国家。真纳认为世俗的国家政治应该与个人信仰分开,他在巴基斯坦立法会议的第一次演讲中就曾宣称,巴基斯坦将成为一个世俗的共和国,而不是一个伊斯兰教神权国家。

在南亚伊斯兰现代进程中,针对印度穆斯林面临的社会危机,毛杜迪却从另一角度提出了解决的方法。毛杜迪认为,穆斯林社会衰落的根本原因是穆斯林对于伊斯兰教信仰的淡漠。因此要彻底解决穆斯林社会在现代化进程中的危机,必须回归《古兰经》和圣训,复兴伊斯兰教的信仰,根据创制的原则对《古兰经》和圣训重新加以解释和补充,以解决现代伊斯兰社会中的一切问题,全面恢复伊斯兰教制度。1941年他创立了伊斯兰促进会,并任该会终身主席。

3. 南亚近现代伊斯兰思想文化特点

纵观南亚近现代伊斯兰思想及其倾向,有如下一些特点:

第一,南亚近现代伊斯兰思想家在对待伊斯兰教传统的态度上都表现得富有灵活性和适应性。阿拉伯半岛兴起的"瓦哈比"运动主张"回到《古兰经》去",恢复伊斯兰教的原旨教义,强化伊斯兰教在社会生活中地位,一切遵循《古兰经》的规定。而在南亚次大陆不管是复兴主义者还是伊斯兰现代主义者,尽管最终的解决方案不完全一样,但都反对一味盲从《古兰经》和教法。南亚伊斯兰复兴主义先驱瓦利乌拉提出了重开"创制"之门,直接影响了后来的伊斯兰现代主义者对《古兰经》作出更多样的阐释。这些新的阐释对于推动本地区的宗教和社会改革发挥了巨大的作用,对伊斯兰现代思想文化运动产生了重大影响。伊斯兰现代主义者更是通过对传统伊斯兰教义的重新认识,获得了源源不断的理论基础和精神支持。

第二，南亚穆斯林在现代化进程中所面对的不仅仅是殖民主义者，同时还要面对一个占社会绝大多数的印度教群体。这与其他穆斯林殖民地国家与殖民统治者之间比较单一的关系要复杂的很多。南亚穆斯林与印度教教徒的关系发生了变化，这种变化必然要影响印度穆斯林社会与殖民统治者的关系。因此在寻求政治独立的过程中，一方面南亚穆斯林对殖民统治者时而对抗，时而依从。另一方面，殖民统治者采取"分而治之"的策略，对印度穆斯林时而打击，时而利用。印度穆斯林社会的现代进程始终与反帝反殖的斗争结合在一起，其内部的现代化改革既遇到来自殖民统治者的阻挠，又受到另外一方即印度教群体的干扰。

第三，伊斯兰教进入次大陆以后，作为一种异质文化与印度教文化长期共存。印度穆斯林与阿拉伯半岛或西亚的穆斯林相比，他们在文化心理上发生了改变，更容易接受新的思想文化，在新的情况面前也更具有灵活性。为回答社会发展带来的新问题，穆斯林思想家首先需要从传统文化中找到可以利用的资源，在宗教上为革新运动找到理论的依据。自瓦利乌拉强调重开伊斯兰教"创制"之门，有权重新解释《古兰经》和伊斯兰教法之后，现代伊斯兰思想家艾哈迈德·汗、伊克巴尔和毛杜迪都极为注重对《古兰经》作出理性主义的阐释，从而丰富了各自的思想，为宗教和社会的改革提供理论支撑。

第四，南亚现代伊斯兰思想意识形态与现代历史进程保持着紧密的关系，印度穆斯林提出的思想理论多源自危机，并为解决危机服务。进入现代历史时期以来，印度穆斯林始终处于英国殖民统治和强大的印度教群体的双重压力之下，生存是印度穆斯林需要解决的首要问题，也是最根本的问题。严峻的生存处境和强烈的危机意识，推动着印度穆斯林思想家为解决矛盾和摆脱危机提出新的理论，如"两个民族"理论；发动并引领思想文化运动，如穆斯林启蒙运动、阿里格尔运动和巴基斯坦运动等。这些理论和实践形成了高度的统一，为解决一个又一个的现实政治问题服务。

## 二、伊斯兰现代主义和现代伊斯兰主义

伊斯兰现代主义和现代伊斯兰主义是印度穆斯林社会在面对西方殖民主义的威胁下得出的两种不同的现代化思路。这与近现代世界史中其

他一些受压迫民族的情况类似,当时的很多民族在面对西方殖民统治时,也都是从接受西方思想和回归本民族的思想文化传统这两个方面来进行思考,以图应对西方强势文化的挑战,实现本民族的现代化。应该说,在印度伊斯兰现代进程中产生这两种思想有着深刻的历史必然性。

1. 伊斯兰现代主义

如同其他伊斯兰国家或地区都出现了许多现代主义的代表人物一样,南亚地区也出现了重要的思想家,如赛义德·艾哈迈德·汗、伊克巴尔。他们两人因所处的历史阶段不同,所面对的社会现实问题不同,进行了各自不同的思想探索和社会活动。

赛义德·艾哈迈德·汗的一生可以分成三个阶段:第一阶段,1857年印度民族大起义后,穆斯林的境况和英国人对穆斯林的压制排斥政策,唤起赛义德·艾哈迈德·汗关于穆斯林群体的生存危机的意识。第二阶段,1869年到1870年间的英国之行使赛义德·艾哈迈德·汗亲身感受到以英国文明为代表的西方现代文化的优势和强大,唤起赛义德·艾哈迈德·汗推动印度穆斯林现代化的发展意识。第三阶段,1885年印度国大党成立,标志着印度民族独立运动发展到要求政治自治的新阶段,国大党提出的代议制选举制政治主张使赛义德·艾哈迈德·汗产生惧怕穆斯林群体丧失政治权利的危机意识。这三个阶段的危机意识成为赛义德·艾哈迈德·汗作为印度穆斯林领袖所有思想主张和社会活动的动因,由此推动产生的政治、教育和宗教革新方面的一系列主张使其成为印度19世纪后半期的政治舞台上一个鲜明的关键形象。赛义德·艾哈迈德·汗不但是19世纪印度政治生活中穆斯林,尤其是印度穆斯林最重要的代言人,其言其行更为20世纪南亚政治形势的发展埋下伏笔。

他的主要思想基点有三个。第一,与英国政府的合作是印度穆斯林生存和发展的前提。1857年以后,对赛义德·艾哈迈德·汗来说,填平英国统治者和印度人特别是和穆斯林之间的鸿沟,让英国人认识到穆斯林对政府的忠诚成为最迫切的任务。终其一生,赛义德·艾哈迈德·汗都没有摆脱这种穆斯林群体生存危机的意识,也没有放弃加强和巩固穆斯林和英国人之间关系的立场。带着这种民族存亡的危机感,赛义德·艾哈迈德·汗看到英国人的压制政策使得本来就落后、保守的穆斯林群体更加举步维艰。因而他说服统治者相信印度人是衷心接受英国人的统治的。1858年当英国女王在大起义后宣布取消东印度公司的特权,对印度实行直接统治并实行大赦时,赛义德·艾哈迈德·汗在穆拉达巴德带

## 第一章 伊斯兰文化在南亚的传播与发展

领 5000 名穆斯林集会向女王表示效忠,将 1857 年大起义说成是安拉的惩罚,认为英国人是公正的统治者,英国人的统治对印度是最好的。在这样的思想指导下,赛义德·艾哈迈德·汗 1858 年写作了《比基努尔管区叛乱史》和《印度叛乱的原因》。在这两本书里,赛义德·艾哈迈德·汗对 1857 年大起义进行了不同角度的辩解。他的结论是,只有英国统治者才能维持国家的和平、法律和秩序,并且保持印度教教徒和穆斯林的平衡。对于穆斯林与印度教教徒之间的关系,他也作了总结,印度教教徒与穆斯林不可能发展成一个政治的联合体,既然在反英的紧要关头尚不能锻造成一个整体,那么更不可能在和平时期彼此合作。印度教教徒与穆斯林精英的经济、政治利益之争往往会演变为宗教之争。

第二,提出了参与型政治的思想。《印度叛乱的原因》在印度近现代史上拥有特殊的地位。不可否认,赛义德·艾哈迈德·汗完全站在了忠于英国人的立场上。但是,难能可贵的是,虽然印度自治的曙光还极其渺茫,作为一名穆斯林启蒙运动的领导人,赛义德·艾哈迈德·汗发出了让印度人参与管理印度的呼声。这本书一直到 1873 年才以英文版在印度正式发行,赛义德·艾哈迈德·汗在序言中写道:"尽管许多年过去了,但是我的想法没有改变,作为一个印度人的坦诚的观点,我认为我们的政府要统治整个国家,需要的是与这里的人民保持一致而不是只使用刀剑"①。化解英国统治者与印度人民的矛盾,虽然有为巩固殖民统治服务的嫌疑,但是赛义德·艾哈迈德·汗同时也呼吁英国人改变统治政策,渴望建立一种被统治者参与统治的政治关系,希望印度人获得更多自主权。

第三,提出"两个民族"理论。赛义德·艾哈迈德·汗对穆斯林和印度教教徒关系的态度分为两个时期:1857 年至 1884 年是第一个阶段,1885 年至 1898 年是第二个阶段。在第一个阶段,赛义德·艾哈迈德·汗强调由于共同的地域生活和共同的命运,印度穆斯林和印度教教徒是一个民族。"两个民族"理论的提出更多的是出于政治的考虑而不是因为宗教的原因,这是两个群体的精英们权力角逐的结果。"两个民族"理论成为印度宗教民族主义的先声,而宗教民族主义则是文化民族主义的一种特殊形式,也是殖民地国家在政治、经济相对薄弱的情况下争取民族独立,构建政治合法性的需要。

---

① G. F. I. Geaham: *The Life and Work of Sir Syed Ahmed Khan*, Oxford University Press, London, 1974, p. 24.

伊克巴尔一生的活动范围处在印度现代史上波澜壮阔、发生天翻地覆的动荡和变化时期。1857年到1947年的印度历史,一方面可以看成是自主意识的觉醒、成长和成熟的历史,另一方面可以看成是内部分化萌发、扩展、分裂的历史。就前一方面来说,体现的是印度人民与英国殖民统治者之间的矛盾和斗争;就后一方面来说,体现的是印度内部印度教民众与伊斯兰教民众之间为争取各自的权利而产生的矛盾与冲突。这两个方面的矛盾与斗争互相渗透、交织,形成错综复杂的力量推动着印度历史的向前发展。

这一时期,印度出现的具有重大意义的新事物有:英国统治印度的方式发生了一些变化,逐渐有一些印度人进入殖民统治体系中,产生了一批资产阶级活动家和本土官员;扩大了西式教育,培养了一批掌握西方现代文化知识的年青的印度文化精英;印度的民族资本工业得到了较大的发展,壮大了印度的经济实力,使其能提出自己的政治要求和支持民族自主运动;由各种文化改革和教育改革运动发展出一些政党组织,印度的各种政治诉求不再是分散的个人努力,而是在政党的组织和动员下进行,政党活动的组织经验越来越丰富,组织动员民众的能力也越来越强;随着政党组织的兴起和政治活动的活跃,各种政治理想、政治策略和政治利益之间的争鸣也越来越激烈。印度社会的各个方面,从政党组织,到民众意识,到经济能力,都变得比过去强大和成熟,从而最终摆脱了英国的殖民统治,获得了独立。

伊克巴尔接受的是完整的西方教育,这使他能够成为当时印度的知识精英中的一员,能够进入英国殖民统治体系中,拥有较高的地位和社会影响。同时,社会的激荡也使他意识到自己所肩负的责任与义务,积极地投入到社会现实问题的讨论、严肃认真地思考社会的未来发展,特别是作为代表印度弱势群体穆斯林民众的精英,他更有一种特殊的历史使命感与现实紧迫感。

伊克巴尔思想的背景除了印度社会和个人经历之外,还有一个伊斯兰世界的历史与伊斯兰思想史的背景,以及当时国际政治与当时西方政治文化思想背景。伊克巴尔为伊斯兰世界自17世纪后的衰落而痛苦,更为伊斯兰世界自18世纪后一步一步沦为西方殖民地的历史而痛苦。这种痛苦经验中生发的问题是,为什么曾经辉煌灿烂、富有活力的伊斯兰世界,到后来却在西方的侵略与攻击面前如此脆弱无力?怎样才能使伊斯兰世界恢复往日的光荣,焕发出新的生机与活力?这些问题是从阿富汗尼以来所有的伊斯兰现代主义思想家、改革家和知识分子所极力思考与回答的问题,伊克巴尔也不例外。

伊克巴尔的思想发展历程可以分为两个阶段,青年时期和成熟时期。这两者的界限是1910年。他于1908年在伦敦出版的著作《波斯形而上学的发展》,是他青年时期的思想的一个总结。1910年他创作的长诗《怨诉》发表,标志他思想成熟时期的开始,随后,1913年发表长诗《答怨诉》,1915年出版代表作《自我的秘密》,1918年出版《非我的奥秘》,1933年出版《贾维德书》,1934年出版《伊斯兰宗教思想重建》,这些是他思想成熟时期的代表作品。伊克巴尔青年时期的思想和成熟时期的思想有很大的不同,甚至是相反。这种不同表现在两方面,在政治思想方面,青年时期的伊克巴尔是一个印度国家民族主义者,歌颂印度的历史,宣传印度的团结、自由、民族独立和解放。在思想文化方面,力图以西方的观念体系来梳理伊斯兰思想史的发展,使伊斯兰思想的发展在西方的观念体系中得到说明。而成熟时期的伊克巴尔,在政治上是一个宗教民族主义者,致力于维护印度穆斯林的政治权力。在思想文化方面,他强调伊斯兰思想文化的主体性和优越性。在这种优越性的基础上利用西方的方法对传统进行新的阐释。他思想的立足点是不仅为南亚的穆斯林,也为整个伊斯兰世界的复兴而探索新的道路。

2. 现代伊斯兰主义

20世纪,为了应对西方文化和思想的挑战,在近代伊斯兰复兴运动的基础上,伊斯兰世界兴起了一场新的宗教思潮和社会改革运动。这场运动提出应当从《古兰经》和圣训所包含的传统的伊斯兰教思想中寻找解决现代穆斯林社会危机的方法,主张在穆斯林社会全面实施伊斯兰教法,恢复传统的伊斯兰制度。这场运动中产生了一些伊斯兰宗教政治组织,如埃及的穆斯林兄弟会和印度的伊斯兰促进会。它们为实现自己的政治理想不断斗争,在现代伊斯兰社会的政治生活中产生了重要影响。西方部分学者最早借用基督教概念中的"原教旨主义"(Fundamentalism,又译为"基要主义")一词来界定这场运动的性质,并逐渐成为一个通用的术语。学术界一般将这场运动称为伊斯兰原教旨主义运动。

根据《韦氏词典》的解释,"原教旨主义"一词包含了两层含义:1. 20世纪的新教运动,它强调把字面解释的《圣经》作为基督徒生活和基督教教义的基本原则;2. 一种运动或态度,它强调从字面上严格忠实于一系列基本原则。由此可见,在西方语言环境中,"原教旨主义"一词含义的核心是在字面上严格坚持宗教信仰的基本原则。

然而,这场伊斯兰宗教思潮和社会改革运动的情况并非完全与上述解释的"原教旨主义"一样。作为这场运动中重要的思想家,毛杜迪主张一切回归《古兰经》和圣训中传统的伊斯兰教义。而且,他认为,应该根据"创制"的原则对传统的伊斯兰教义重新加以解释和补充,使其能够适应现代伊斯兰社会发展的需要。因此,仅仅使用"原教旨主义"一词来概括这场运动显得不够全面。虽然"原教旨主义"一词本身在汉语中是一个中性的词汇,并不带有任何感情色彩,但是由于西方社会出于政治目的以及对伊斯兰教的误解,将伊斯兰原教旨主义渲染成恐怖主义的代名词。在上世纪70年代末80年代初,一些现代伊斯兰极端主义组织以伊斯兰教和《古兰经》的名义发动了一系列恐怖主义行动。西方舆论把他们也称作伊斯兰原教旨主义,这更加深了人们对于"原教旨主义"一词的成见。现代伊斯兰主义运动的参加者和同情者认为,"伊斯兰原教旨主义"是西方别有用心的叫法,这一称谓含有贬义。他们把自己的这场运动称为"伊斯兰主义运动"、"伊斯兰运动"、"伊斯兰革命"或"伊斯兰复兴"。

在西方学术界,对于"原教旨主义"一词的使用也存在着不同的看法。美国著名的伊斯兰研究和中东问题专家埃斯波西托认为,"'原教旨主义'一词充满了基督徒的先入为主和西方人的成见,同时也暗示一种不曾存在的整体的威胁;更贴切的一般用语是'伊斯兰复兴主义'或'伊斯兰行动主义',它们较少价值判断,并根植于伊斯兰传统之中。……因此,我更愿意谈论伊斯兰复兴主义和伊斯兰行动主义,而不是伊斯兰原教旨主义。"① 因此,在这种情况下,继续沿用西方的伊斯兰原教旨主义的概念无法客观地表述这场运动的性质。

近年来,国内有学者开始使用"现代伊斯兰主义"的称谓。1998年,陈嘉厚在其主编的《现代伊斯兰主义》一书中,根据伊斯兰主义在当代的具体发展情况,对伊斯兰主义进行了划分,把沙特阿拉伯瓦哈比教派的伊斯兰主义称为"传统伊斯兰主义",把以埃及穆斯林兄弟会和南亚伊斯兰促进会为代表的伊斯兰主义称为"现代伊斯兰主义"。他指出,"我们这样做,一是为了较为准确、全面地反映这股宗教政治思潮的性质;二是为了避免在名称上带有倾向性;三是为了避免误解,因为许多人误以为'伊斯

---

① J. L. 埃斯波西托:《伊斯兰威胁——神话还是现实?》(东方晓、曲洪、王建平、杜红译),社会科学文献出版社,1999年,第7—8页。

兰教原教旨主义'就是'伊斯兰恐怖主义',以至于谈'原'色变。"①他以1928年哈桑·班纳在埃及建立穆斯林兄弟会为标志,把这场主张回归伊斯兰传统思想,全面恢复伊斯兰制度的伊斯兰主义运动界定为现代伊斯兰主义运动,同时将毛杜迪视为现代伊斯兰主义运动中重要的理论家。他还明确提出了现代伊斯兰主义运动的政治主张,即"伊斯兰就是政治,是政治伊斯兰,伊斯兰的全面性在于它同时兼有政治和宗教两个职能。伊斯兰反对资本主义、犹太复国主义、民族主义和社会主义,反对西方殖民主义统治和干涉,反对世俗政治体制。当代世界的社会矛盾和社会问题,唯有伊斯兰能够解决,今日人类面临的灾难,唯有伊斯兰能够拯救。因此,必须恢复伊斯兰的政治职能,首先在本国,进而在全世界进行伊斯兰革命,推翻一切世俗政权,建立伊斯兰神权政治,全面实施伊斯兰法,以教治国,以7世纪伊斯兰创教初期的国家和社会为榜样,重建伊斯兰国家和伊斯兰社会"。②

18世纪以来,伊斯兰世界内部四分五裂,陷入重重危机。穆斯林统治者的专制统治走向崩溃,穆斯林社会道德衰退。同时,来自西方资本主义的经济扩张和殖民侵略进一步加速了伊斯兰世界的全面衰落。面对内忧外患,穆斯林渴望延续和发展伊斯兰教原旨精神和传统价值,复兴伊斯兰教和穆斯林社会。伊斯兰世界开始不断出现复兴伊斯兰的社会思潮和社会运动,一直持续到20世纪。毛杜迪是20世纪南亚现代伊斯兰主义思想家,他提出的回归伊斯兰教的复古主张对伊斯兰世界产生了深远的影响。

毛杜迪对伊斯兰思想的阐述构成了现代伊斯兰主义的理论基础。1927年《伊斯兰圣战》一书的发表标志着毛杜迪的现代伊斯兰主义思想正式形成。毛杜迪的现代伊斯兰主义思想历程可以分为四个阶段:思想渊源(1903—1918)、现代伊斯兰主义思想的形成(1918—1927)、伊斯兰社会思想变革阶段(1928—1947)和伊斯兰政治变革思想阶段(1947—1979)。毛杜迪思想体系的核心是恢复真主至上的伊斯兰神权统治。他对《古兰经》和圣训中的内容重新加以阐释,试图证明在现代伊斯兰社会中应用正统伊斯兰教义的合理性。

毛杜迪的伊斯兰国家理论建立在真主主权、先知权威和代治权等伊

---

① 陈嘉厚主编:《现代伊斯兰主义》,经济日报出版社,1998年,第3页。
② 同上书,第40页。

斯兰教政治制度里最基本的原则基础之上,主张在全面实施伊斯兰教法的基础上,通过伊斯兰革命建立伊斯兰教的神权统治。毛杜迪的伊斯兰圣战观念阐述了伊斯兰圣战的含义、目标、性质和形式。他指出,伊斯兰圣战的目标是推翻一切世俗统治,建立伊斯兰教制度,实现社会公正。毛杜迪主张恢复传统的伊斯兰教社会制度,并提出通过自我净化、刑罚法律和预防措施来保障伊斯兰教社会制度。

毛杜迪于1941年建立的伊斯兰促进会是实践其现代伊斯兰主义思想主张的宗教政治组织。伊斯兰促进会的章程和组织结构体现了他的伊斯兰国家理论。在毛杜迪的领导下,伊斯兰促进会经历了从宗教思想理论传播组织向宗教政党的转变,逐渐发展成为南亚最大和最有影响力的伊斯兰教政党。

# 第二章 南亚伊斯兰现代进程的先驱：赛义德·艾哈迈德·汗

　　1857年之前，在奥朗则布去世之后的100多年里，莫卧儿王朝的势力范围在连绵不断的武力攻击下不断缩小，而英国人在德里逐渐占据了越来越重要的军事和法律地位，这些都激起穆斯林内部不同的回应，总而言之，穆斯林已经不可能一成不变地继续原来的生活了。不过1857年印度大起义才是印度穆斯林的历史转折点，在这之后印度穆斯林的处境彻底改变，一方面英国女王代替东印度公司成为印度的直接统治者，另一方面穆斯林被英国人认为是大起义的主导力量，成为英国统治者的特别报复对象。印度穆斯林该如何面对这一前所未有的艰难处境求得生存？又该如何应对由英国殖民统治开启的印度现代进程的冲击而求得发展？就是在这一背景下，赛义德·艾哈迈德·汗作为印度穆斯林重要的教育家、宗教改革家和社会活动家，成为19世纪中后期印度穆斯林启蒙运动的先锋。他对印度穆斯林的现代进程产生了至关重要的作用，在世界穆斯林范围内艾哈迈德·汗也被看作十九世纪后半期，深深影响伊斯兰教思想和政治、并致力于穆斯林现代化的五位杰出的启蒙者之一。

　　艾哈迈德·汗于1817年10月17日出生于莫卧儿王朝一个显赫的贵族家庭，其先祖在沙贾汗统治时期从中亚迁至印度。艾哈迈德·汗的父亲是个虔诚遁世的人，他童年的大部分时光是和母亲在外祖父家度过的。赛义德的外祖父哈迦·法利德精通数学和天文，在莫卧儿王朝得到重用，同时也受到东印度公司一些高级职员的赏识。艾哈迈德·汗在家庭中接受传统的穆斯林教育，学习波斯语，背诵《古兰经》，并且学习阿拉伯语文法以及天文、几何、代数、逻辑学的入门知识，但是从未受过成为宗教人士的专门教育。艾哈迈德·汗一生对宗教的虔诚和对世俗事务的精通都来自家庭和教育背景的影响。

　　艾哈迈德·汗21岁开始在东印度公司任职，他先后在印度北部的一些城市担任东印度公司的地方法庭副法官职务。从1846年调回德里一直到1854年的这段时间，他受到当时德里穆斯林学术圈的影响，对伊斯兰教的传统学术表现出浓厚的兴趣。这段时间他自己写作,同时从波斯语、阿拉伯语翻译、编辑了大量书籍,内容涉及宗教、历史、文学甚至天文、物理,但是这些书籍没有提出什么新观点和新方法。1847年完成的《诸王遗迹》是他的第一本有分量的著作。该书于1854年、1861年分别被翻译成英语和法语出版后,1863年伦敦皇家亚洲学会因为这本书授予艾哈迈德·汗名誉会员的称号。

1855年艾哈迈德·汗调任比基努尔,在这里亲身经历了1857年大起义,大起义中他坚定地站在英国人一边,保护当地英国官员及其家属的安全。1858年到1862年他写了《比基努尔管区叛乱史》、《印度叛乱的原因》、《忠诚的印度穆斯林》和《一个穆斯林对〈圣经〉的注释》(未完)等书。其中《印度叛乱的原因》受到英国当局的高度重视,在印度政治史上也有特殊的地位。1857年大起义是南亚伊斯兰现代化的开端,对艾哈迈德·汗来说也是其人生的分水岭,大起义之后他越来越将自己视为印度穆斯林这个少数群体的代言人。

19世纪60年代,艾哈迈德·汗办了两所中学。他还创建了科学社和英印协会,前者影响更大,将一些重要的西方社会、历史学方面的著作从英语翻译成乌尔都语。1869年艾哈迈德·汗的儿子赛义德·迈哈姆德前往英国剑桥大学学习,艾哈迈德·汗也随同前往。1869年到1870年间他在欧洲共呆了17个月,其间16个月在英国。英国人的政治文化、个人修养深深地触动了他。他走访了剑桥大学、牛津大学,萌发了在印度办一所穆斯林剑桥大学的愿望。在英期间他还完成了《穆罕默德生平论文集》,这是为驳斥英国作家威廉·莫瑞对先知穆罕默德的偏见和曲解所著。

1871年艾哈迈德·汗回国,创办期刊《道德修养》(Tahdhib al-Akhlaq),英文副标题为"穆斯林社会改革者"(The Mohammedan Social Reformer),与此同时他开始筹办一所穆斯林的大学,这是阿里格尔运动的开端。

经多方筹备,1875年阿里格尔中学率先建成。1876年艾哈迈德·汗开始写《〈古兰经〉注释》。艾哈迈德·汗的宗教革新思想遭到伊斯兰教传统学者的猛烈攻击。同年艾哈迈德·汗从政府职位退休,一心投入阿里格尔学校的建设。1877年在艾哈迈德·汗的多方奔走下穆斯林盎格鲁—东方学院(Muhammadan Anglo-Oriental College)成立,1920年升格为阿里格尔大学。这所大学效仿英国的剑桥和牛津大学,很多英国教师被邀请到学校参与授课和管理。阿里格尔大学成为培养20世纪印度穆斯林政治家的摇篮。

1878年印度总督莱顿勋爵邀请艾哈迈德·汗参加印度立法会,其后他对政治的介入越来越深,1882年艾哈迈德·汗成为全印教育委员会成员,1883年他创立了穆斯林市民服务基金会。1886年艾哈迈德·汗主持成立穆斯林教育委员会,与国大党抗衡,同时在勒克瑙发表演讲要求穆斯林不要参加印度国大党的活动。

1887年艾哈迈德·汗获提名成为印度公共事务委员会成员。1888年他在米卢特发表演讲,认为印度国大党对穆斯林利益构成威胁,怀疑印度的国情不能照搬英国的民主制。1888年艾哈迈德·汗在阿里格尔受封爵士,1898年3月27日于82岁高龄的时候去世。

作为伊斯兰世界现代化开端的一位先锋人物和南亚伊斯兰现代进程的先驱,赛义德·艾哈迈德·汗开辟了南亚伊斯兰现代化发展的特殊道路。

## 第一节 政治思想

伊斯兰现代主义重要代表人物法兹鲁·拉赫曼(1911—1988)将进入现代以来,穆斯林世界不同地区伊斯兰教发展的差异归因于:面对欧洲的文化扩张,特定的穆斯林地区和文化是保持了独立还是被占领被统治;作为宗教领袖的乌里玛组织的具体特点以及他们在殖民者入侵前和政府机制的关系;伊斯兰教育的发展程度以及特定地区的具体文化;英国、法国、荷兰等特定殖民国家殖民政策总的特点。① 不过,值得注意的是,穆斯林世界现代进程的开启者往往并不是纯粹的宗教学者,虽然他们也精通伊斯兰传统学术;另外,即便同为英国殖民地,非洲、东南亚和印度的殖民政策也很不相同,比如前两者隶属英国殖民部管辖,而印度隶属英国的印度事务部,在1857年大起义后全印度有三分之二的地方处于英国直接统治下,这种特殊的关系就意味着"西方文化在印度发展方面起过而且可能还要继续起巨大的直接的作用。"②这些具体的因素对理解艾哈迈德·汗的

---

① Fazru Rahman, *Islam and Modernity*, The University of Chicago Press, 1982, p.43.
② 诺尔斯:《英国海外帝国经济史》第一卷,袁缉藩译,上海人民出版社,1966年,第365页。

思想言行有重要意义。

### 一、与英属印度政府合作

1857年艾哈迈德·汗40岁,在这之前,他的身份只是一个拥有大批作品的传统的穆斯林学者和为东印度公司服务了20年的雇员。但是1857年大起义将他推向历史舞台的前台,他也自觉地担当起印度穆斯林领导人的责任。

大起义爆发的时候,艾哈迈德·汗在印度北部城市比基努尔任地方副法官。当起义的浪潮席卷比基努尔时,艾哈迈德·汗坚定地站在英国人一方。他出面与起义的穆斯林领袖纳瓦卜谈判,确保英国官员及其家属的安全。在英国人撤走后,艾哈迈德·汗仍然留在比基努尔负责当地的治安,同时将起义者的动向及时通报英国人。

但是,艾哈迈德·汗不同于其他在大起义中效忠英国人的穆斯林贵族,大起义之后国家和个人的巨大不幸让他满怀忏悔的心情。如果说因为家族和莫卧儿王朝以及东印度公司都有着密切的联系,而让他在莫卧儿王朝的余晖中过着一种恬然自安的生活,那么在看到起义失败后穆斯林受到的巨大打击,他被深深触动了。大起义之后,穆斯林因为恢复昔日帝国的幻想彻底破灭而陷入绝望,变得更加保守封闭,同时英国人采取了疯狂的报复行为——德里原来是个穆斯林人口占多数的拥有十多万人口的城市,现在剩下的穆斯林不到千人,"在城堡和宏伟的清真寺之间,莫卧儿王朝贵族的住宅被夷为平地。沙贾汗壮观的清真寺也被英军占领,英国人在争论是将其摧毁还是改建教堂"。① 在大起义中,莫卧儿王朝的最后一个皇帝被起义军拥立复位而成为号召全印度人民的旗帜,穆斯林在起义中非常活跃,一些地方的穆斯林更是以圣战的口号与英国军队作战。这使得英国人极度的恐慌,在经历了大起义的英国官员和学者发表的言论中充满了关于穆斯林的血腥恐怖的描写,所以英国人一重新控制局势就公开宣布要对穆斯林进行压制和制裁。这种情形在艾哈迈德·汗心中引起的焦灼和不安贯穿了他的后半生,也成为他很多思想行动的根本动因。

---

① Mohamed Abdulla Pasha, *Sir Syed Ahmed Khan His Life and Time*, *A Historical Survey*, Rawalpindi, 1998, p. 40.

几十年以后的一次演讲中,艾哈迈德·汗说道:"人民不会忘记1857年那些悲惨的日子,那个时候我认为我们的国家不可能再得救并恢复往日的尊严。我不忍心看到我们国家的状况。一段日子里我极度沮丧,相信我,巨大的悲痛让我两鬓斑白,迅速苍老。而当我来到穆拉达巴德,那里简直就是一个巨大的死亡和灾难的悼念所。我们国家那些优秀的家庭都不复存在,我的悲痛更深。我甚至起了这样的念头,逃往一个安居之地,不再面对这一切。但是不,我必须分担我的国家的灾难,无论怎样的磨难我都必须去面对去克服,这是我对国家的义务。我决定不离开祖国,并且要将自己献给祖国的事业。"①在大起义的第二年,艾哈迈德·汗在给他的朋友、著名乌尔都语诗人米尔扎·伽立布的信中也说,大起义之后国家的不幸在他的心中激起对国家强烈的爱,他说这是他对祖国之爱的第一课。

带着一种强烈的赎罪情绪,艾哈迈德·汗现实地认识到英国人在大起义中的胜利是依靠绝对领先的技术和军事力量,相信英国人在印度的统治地位不可挑战,这样他就更焦虑英国人将穆斯林作为潜在的敌人进行压制和打击。当时的德里大学是印度穆斯林唯一能够接受到西方教育的场所,在大起义后被关闭。穆斯林本来在政府部门任职的就很少,现在更受到有意的排斥,即便是当时的英国官员威廉·亨特在其《印度穆斯林——注定是反叛者?》一书中也承认即便具备相应资格,穆斯林也会在任职提名时就被拒之于政府门外。因此,对艾哈迈德·汗来说,改变英国统治者对印度人特别是对穆斯林的偏见,让英国人认识到穆斯林对政府的忠诚就成为当务之急。

采取与英国统治者合作的立场,是艾哈迈德·汗诸多富有争议的主张中最为后人所诟病的,但是客观的看,19世纪后半期是西方殖民主义的鼎盛时期,这个时期的南亚次大陆,无论穆斯林还是印度教教徒,都没有人可以设想到英国人会有离开的一天,因此两个群体都希望能够在现存的政治框架下求得发展,对赛义德·艾哈迈德·汗的政治立场要放到这个具体的历史背景下理解。

## 二、参与型政治思想的萌芽

《印度叛乱的原因》由于"对英国人以前的管理模式提出大胆批评并

---

① *The Life and Work of Sir Syed Ahmed Khan*, p.78.

对大起义给予了即便不是辩护也是充分的解释"①而在英国本土的议会引发激烈的讨论(该书艾哈迈德·汗除自己保留一册并送交印度政府一册外,其余全部送给英国议会的议员)。当时的英国外务大臣认为这本书极具煽动性,要求给予作者惩罚。在这本书里,虽然艾哈迈德·汗首先为起义做了辩解,称它不是有预谋的,更不是穆斯林长期策划的反对其他宗教信徒的圣战,但是他指出"1857 年起义是人民长期郁积心中的不满的一个总爆发"②,起义的根本原因在于统治国家的高层委员会中没有任何一个代表印度人观点的委员。他说"大多数人都同意……人民能够在委员会中发出自己的声音不但有利于政府的统治和繁荣,而且事实上也是政府得以巩固的基础"。他说:"(大起义之前)政府根本不知道通过的法律法规中哪些不合适宜之处,政府本来应该却从来没有听取人民对这些问题的意见。人民没有途径表达他们对这些愚蠢措施的抗议,也没有途径公开表明他们的愿望"。

艾哈迈德·汗特别提到政府对宗教的干涉:"所有的印度人,无论是没有受过教育的还是极富教养的,无论地位高低都坚信英国政府有意干涉他们的宗教和他们长期坚持的习俗。"他列举了基督教传教士侵略性的传教方式,教会学校的势力以及政府给予的支持,他说:"全国各地的政府官员都习惯于给予基督教传教士大量资助,目的在于负担他们的开支,支持他们分发书籍,总之用多种途径帮助他们。一些契约官和下级军官也习惯向他们的印度人下属谈论宗教问题,一些人还强迫他们的下属去家里听传教士布道。""以至于一段时间里,没有印度人相信在他们一生中可以保持自己的信仰。"

艾哈迈德·汗还谴责英国人很少与印度大众进行社会交往。"在统治者和被统治者之间缺乏真正的交流,没有共同的生活和彼此接近……"他更清晰地指出:"应该是政府努力赢得人民的友谊而不是相反"。他追溯了莫卧儿王朝阿克巴尔大帝和沙贾汗与印度人的和谐关系,指出:"现在英国人的政府已经存在了一个世纪,然而到目前为止还缺乏对人民的安全感。"

---

① Muhammad Ashraf, *Modern Muslim India and the Birth of Pakistan*(1858—1951), Lahore, 1950, p. 23.

② *The Life and Work of Sir Syed Ahmed Khan*, p. 24(下文所引赛义德·艾哈迈德·汗《印度叛乱的原因》原文均出自上书 26—39 页)。

《印度叛乱的原因》在印度近现代史上拥有特殊的地位。巴基斯坦的学者认为它"体现了一个对现代政治完全不熟悉但是真正继承了莫卧儿治国之道的穆斯林的政治智慧"。是"同时教育英国统治者和印度人民,化解可能导致冲突和误解的因素"①的第一个尝试。不可否认,艾哈迈德·汗写作这本书是完全站在忠于英国人的立场上的。

化解英国统治者与印度人民的矛盾,虽然有为巩固英国统治服务的目的,但是艾哈迈德·汗同时也呼吁英国人改变统治政策,渴望建立一种被统治者参与统治的政治关系,希望印度人获得更多自主和权力。1861年印度议会吸收了3名印度人参加,产生了一个18人的新立法会。而据说国大党的创建者之一休姆先生是从《印度叛乱的原因》受到启发,才产生建立国大党这样一个组织的愿望。②

1857年起义后,民族存亡的危机意识是推动艾哈迈德·汗进行很多活动的动力,艾哈迈德·汗的策略是在效忠政府的前提下发展自己,这可以理解。艾哈迈德·汗这一时期活动的成效在于,"到了19世纪60年代末期,不仅英国人开始感到不应在政治上对穆斯林采取压制的态度,而且相当多的穆斯林也认识到,如果不学习英语,不学习西方技术和科学,他们就摆脱不了落后的状态"③。这是印度穆斯林走向现代化的重要一步。

### 三、强调分区选举制

经过19世纪70年代的发展,印度的资产阶级的力量得到壮大,到了80年代中后期,印度国大党的建立标志着印度民族独立运动已经发展到一个崭新的阶段。虽然国大党在诞生初期并没有提出什么真正有新内容的决议,它仍然和以前的改良派一样强调效忠英国政府。但是国大党的成员来自全国各省,班纳吉主席在致辞中强调国大党的中心使命是:以民族团结的感情代替种姓、宗教信仰和地方偏见的分裂因素,以便使整个印度民族得到进一步发展。这一原则的确立就使国大党"有可能成为广泛

---

① *Modern Muslim India and the Birth of Pakistan* (1858—1951), p.23.

② 阿里格尔学报有这样的记述,休姆先生说:"正是读了赛义德·艾哈迈德·汗先生的《印度叛乱的原因》,我开始感觉到在印度有必要成立一个可以表达公众意见的论坛,最后印度国大党建立了。但是不可思议的事情是赛义德·艾哈迈德·汗第一个反对它。"

③ M.A.拉希姆等:《巴基斯坦简史》第四卷"外国统治和穆斯林民族主义的兴起",四川大学外语系翻译组译,四川人民出版社,1976年,第248页。

容纳各宗教、各社会阶层的真正不带宗教色彩的民族政治组织"[1]。事实上，国大党在印度人民中也具有极大的感召力，正如马德拉斯著名活动家维腊腊加瓦·恰里阿尔所说："我们现在开始认识到，尽管在语言、社会习俗上存在着差别，我们具有了各种因素，使我们真正形成为一个民族"[2]。G·苏·阿叶尔也说："从今以后，我们能够用比以往任何时候都更确定的口吻谈论统一的印度民族，表达民族意见，反映民族期望"[3]。国大党早期活动虽然离国家独立的目标还很远，但却成为传播和培育资产阶级民族主义的中心。

国大党成立之初艾哈迈德·汗保持沉默，但是他内心对国大党宣称代表全印度人民的利益是持怀疑态度的。1886年，在国大党成立的第二年，艾哈迈德·汗组建了伊斯兰教育委员会。这个委员会虽然从成立之初就宣称不介入政治，但是它的目的显然是要转移穆斯林群众对国大党的关注。当看见越来越多的穆斯林群众参加国大党的活动，特别是看到国大党出台的各项决议，艾哈迈德·汗对国大党的反对态度越来越明显，而伊斯兰教育委员会也越来越成为穆斯林政治化的一个集中体现。

1887年12月当国大党在马德拉斯开会时，艾哈迈德·汗组织教育委员会在勒克瑙举行年会，呼吁穆斯林不要参加国大党。他还坚决反对最高立法会成员由选举产生，反对用文官考试制度选拔国家公务员。1887年，在一次集会上，艾哈迈德·汗发表了即兴演讲，提出两个观点："一、如果高级职位的任命需要通过选拔考试，那么它们将统统属于教育起步早的群体，也就是孟加拉人。二、在这个国家实行彻底的民主，就意味着穆斯林总是处于1:4的少数。他说到国大党提议应该选举总督立法会。"他们想复制英国的上议院和下议院，被选出的成员相当于英国下议院的议员。现在让我们想想以这种方式选举的总督立法会。让我们假设，首先我们有普选制，就像在美国，全民投票。也让我们想象，所有的穆斯林投票给一个穆斯林，所有的印度教教徒投票给一个印度教教徒。现在统计穆斯林和印度教教徒所得的选票，很显然，印度教教徒的选票将会四倍于穆斯林，因为他们的人口是穆斯林的四倍。因此，我们可以从数学上推导出将有四张印度教教徒的选票对一张穆斯林的选票。那么怎么保

---

[1] 林承节:《印度民族独立运动的兴起》，北京：北京大学出版社，1984年，第175页。
[2] 转引自林承节:《印度近现代史》，北京：北京大学出版社，1995年，第262页。
[3] 同上。

## 第二章 南亚伊斯兰现代进程的先驱:赛义德·艾哈迈德·汗

证穆斯林的利益?这就像在一个掷色子的赌博中,一个人有四个,而另一个人只有一个。①"艾哈迈德·汗的言论让很多人感到震惊,国大党的创始人之一休姆先生就说:"这纯粹是疯了。"

1888年在米卢特的公共集会上,艾哈迈德·汗的发言成为印度教教徒和穆斯林权力之争的开始。这一年艾哈迈德·汗成立了爱国者联合会。联合会的成员由孟加拉、比哈尔、马德拉斯、孟买、西北边境省、旁遮普的穆斯林和印度教教徒大地主组成。艾哈迈德·汗试图以此使国大党丧失全国代表性的地位,"但是爱国者联合会行动纲领中的地方伊斯兰联合会的色彩越来越重,渐渐地,印度教教徒在其中的作用完全消失,艾哈迈德·汗的这个组织被称为穆斯林党"②。

但是艾哈迈德·汗对国大党的反对还不仅仅是因为其印度教的色彩,更主要的原因是他对国大党提出的民主制度的怀疑和反对,这里暴露了他封建贵族的立场。首先他认为英国人的统治对印度是最好的,而且是要高等的英国人的统治。他说"就算我被任命为印度总督,我也要加强英女王在印度的统治","只有高等的英国人才可以在印度人心中树立起英国人以及他们的政府的威望,只有他们才可以友善地对待印度地主并与之保持良好的关系"。在给国大党主席的回信中他说:"我肯定你们不会愿意让一些平民,即便他们有硕士或学士学位,坐在立法会中对你们行使权力。"③

艾哈迈德·汗反对通过考试选拔各级政府官员不仅仅是因为穆斯林的文化水平普遍较低,还因为他认为这样真正的贵族就会失去优势。艾哈迈德·汗说:"印度高级阶层是不会容忍一些普普通通的人(他们很了解这些人的出生)成为他们的统治者。"④在回复参加了国大党并三次被提名为国大党主席的迪亚博吉的信中,他甚至说道:"如果我们加入孟加拉人的政治运动,我们的民族会受到很大损失,因为我们不想让印度教教徒代替有经人成为我们的统治者。"⑤这暴露了其思想的局限性。

---

① *Modern Muslim India and the Birth of Pakistan*(1858—1951), p. 47.
② Hafeez Malik, *Sir Sayyid Ahmad Khan and Muslim Modernization in India and Pakistan*, Columbia University Press, New York, 1980, p. 212.
③ *Sir Sayyid Ahmad Khan and Muslim Modernization in India and Pakistan*, p. 213.
④ Ibid.
⑤ p. Haroy, *The Muslims of British India*, Cambridge Universitiy Press, p. 130.

**四、提出"两个民族"理论**

民族和民族主义是肇始于西方的现代化过程的产物,也是东方国家现代化的必经阶段。同时"民族主义的成功有赖于特殊的文化和历史环境,它所帮助缔造的民族也是起源于古已有之的高度特殊化的文化遗产和族裔形成的过程中"。① 在印度这样古老而且人种复杂的国度,民族意识的产生是在英国殖民统治时期,殖民主义者没有想到的是,他们来到这块大陆的时候为使自己的殖民统治合理化,按照基督教的体系将印度千差万别的宗教信仰和神灵崇拜统一于一个"印度教"的概念,这个工作最后却成为印度早期民族主义者用来号召群众的有利武器。和几乎所有的东方国家一样,印度的"民族"意识生成更多地依赖于文化层面的内容,而印度民族觉醒早期对宗教符号,特别是印度教符号的过多借用具有鲜明的南亚特色,这也成为"穆斯林民族"产生的直接动因。

同在英国殖民者的统治下,艾哈迈德·汗认为民族主义最自然而合理的维度是不仅捍卫穆斯林群体的利益,而且要与印度教教徒保持友好的关系。但是在艾哈迈德·汗的意识中穆斯林群体的利益始终占第一位。就如哈菲兹·马利克教授所言,艾哈迈德·汗首先是一个穆斯林民族主义者,其次才是一个印度人,这二者的关系对他来说不但不矛盾而且再自然不过。② 因而在感觉到穆斯林群体不能高度参与政治,和印度教教徒平等的地位没有保障时,艾哈迈德·汗因为强烈的危机感而生出的疑惧心理会使他毫不犹豫地选择与印度教教徒对立的立场。

在多次演讲中,面对印度教教徒和穆斯林群众,他将印度教教徒和穆斯林描述为一个民族,他用了"Qawm"这个词,他说:"'Qawm'用来指一个国家的公民,阿富汗不同的种族被认为是一个民族,居住在伊朗的不同种族也被称为伊朗人,英国人信仰不同,观念不同,他们全是一个民族的成员。一句话,从很早的时候开始'Qawm'就用来指称一个国家的公民,不管他们的特征怎样千差万别。"③这种描述是一种很典型的国家民族主义定义。1884 年在拉合尔的印度联合会上,他又说:"'Qawm'一词,我是

---

① 厄内斯特·查尔纳:《民族与民族主义》(韩红译),中央编译出版社,2002 年,第 2 页。
② Christian W. Troll, *Sayyid Ahmad Khan A Reinterpretation of Muslim Theology*, Vikas Publishing House Pvt Ltd, New Delhi, 1976. p.10.
③ *Sir Sayyid Ahmad Khan and Muslim Modernization in India and Pakistan*, p.244.

## 第二章 南亚伊斯兰现代进程的先驱:赛义德·艾哈迈德·汗

指印度教教徒和穆斯林,这是我对这个词的定义。我的观点,不管他们宗教信仰有多大差别,我看不出这有什么关系。我能看到的是我们所有人,不管印度教教徒还是穆斯林,都居住在一块土地上,由同一个统治者管理,有共同的利益,也一起分担祸患,我有种种理由用'印度人'来指称印度的民族主义——因为,这个民族就生活在印度。"① 很显然,在这里艾哈迈德·汗强调的是一种国家民族的观念。

同年艾哈迈德·汗去旁遮普旅行,在那里受到印度教教徒和穆斯林的热烈欢迎,他发表演讲"提倡一种友好合作的精神",在这里他作了那个有名的比喻:"印度好像一个美丽的新娘,印度教教徒和穆斯林就好像新娘的两只美丽的眼睛","任何一只眼睛受到伤害,新娘的美丽就会被破坏"。② 这个比喻也在印度民族独立运动中被印度教教徒和穆斯林作了不同的解读,巴基斯坦学者认为这是艾哈迈德·汗"两个民族"论的发端。

到70年代为止艾哈迈德·汗一直致力于印度教教徒和穆斯林的共同进步,英印协会和卡兹布尔的学校一样都得到印度教教徒和穆斯林两个群体的支持。科学社是由艾哈迈德·汗终生的印度教朋友拉贾·江·卡辛管理。但是1867年当艾哈迈德·汗在贝拿勒斯的时候,"一件事情的发生使他活动的方向发生转变,并且这个转变对南亚次大陆的历史也将发生影响",艾哈迈德·汗的传记作家阿尔塔夫·哈桑·哈里写道:"1867年,贝拿勒斯的一些印度教领导人决定要尽可能的停止使用乌尔都语和波斯语字母,而代之以印地语和天城体字母。"艾哈迈德·汗曾经说,这是他第一次感到印度教教徒和穆斯林发展成为一个民族或者任何人想同时为他们二者服务都是不可能的,因为在他看来,乌尔都语是联系印度教教徒和穆斯林这两个不同信仰群体的唯一纽带。他这样说:"在贝拿勒斯发生印地语和乌尔都语之争的那些日子里,一天,我遇见莎士比亚先生,他那时是地区专员。我和他讨论有关穆斯林教育的一些问题。莎士比亚带着一副惊讶的表情听我说,后来他说,'这是我第一次听见你只谈穆斯林的进步,在这以前,你总是致力于你的国家人民的普遍福利。'我说,'现在我相信这两个民族在任何事情上都将没有可能真诚地共事,目前他们之间还没有公开的敌意,但是由于这些所谓的受过教育的人,(两个民族间的)敌意在未来会迅速增长,一个现在活着的人就会看见。'莎士

---

① *The Life and Work of Sir Syed. Ahmed Khan*, p. 107.
② Ibid., p. 245.

比亚先生马上说,'如果你的预言实现,我会感到很难过。'我说,'我也非常难过,但是我相信这个预言会实现。'"①当科学社的印度教成员鼓动要求用印地语代替乌尔都语出版书籍时,艾哈迈德·汗重复了那个沉重的预言。

艾哈迈德·汗批评国大党要求在印度实现统一的代议制政府的主张时写道:"代议制政府的一个必要条件是投票人必须具备高度的一致性。在一种依靠大多数人而发生作用的政府中,人民必须在民族、宗教、生活方式、习俗、文化历史传统方面没有什么差异……在印度,这些领域中不存在这样的同一性。像这样的国家中引入代议制政府不能产生任何有益的结果。其后果只能干扰这片国土的和平和繁荣……我认为印度国大党所要做的实验对印度所有的民族——尤其是穆斯林,是充满着危险和苦难的,穆斯林是少数,但是至少在传统上他们是高度统一的少数,当他们被大多数压迫的时候,他们是易于拿起刀剑的。"②

参加国大党的穆斯林政治家迪亚博吉给艾哈迈德·汗写信说:"我认为参与要比脱离好,我想对所有的穆斯林说,'在你们赞同的所有事情上和你们的印度教兄弟合作,同时尽你所能的反对那些你认为对你们带有偏见的提议',这样我们才能够推动印度的普遍进步,同时保卫我们自己的利益。"③

1888年1月24日,艾哈迈德·汗回信说:"让居住在印度的不同种姓和不同信仰的人归属于一个民族或者成为一个民族是很困难的。我认为再没有比国大党更不现实的了。""与他们(印度教教徒)竞争,我们永远没有赢的机会。"④

实际上当时的客观情况确实对穆斯林群体很不利,由于英国人对穆斯林打击政策的转变从1875年之后才真正开始,穆斯林的启蒙运动在这时才真正形成声势,所以穆斯林在政治、经济、文化生活的各个方面都要比同期的印度教教徒落后很多。1891年只有0.08%的穆斯林人口掌握英语,而印度教教徒是0.17%;1901年穆斯林中有0.22%的人口掌握英语,同期印度教教徒的比例是0.36%⑤。因此,当英语成为在政府部门任

---

① *Modern Muslim India and the Birth of Pakistan* (1858—1951), p.31.
② 转引自黄心川:《印度近现代哲学》,商务印书馆,1989年,第228页。
③ *The Muslims of British India*, p.129.
④ Ibid.
⑤ *The Muslims of British India*, p.144.

## 第二章 南亚伊斯兰现代进程的先驱:赛义德·艾哈迈德·汗

职的重要指标时,穆斯林的境况是很不乐观的。这样,从政治权利的分配考虑,艾哈迈德·汗对国大党的提议持坚决反对的态度。

而随着印度启蒙运动的深入,到了19世纪80年代,第二代印度启蒙运动领导人"结束了宗教改革的第一阶段,进入第二阶段,就是利用宗教为民族斗争服务"①,这更对处于少数地位的穆斯林产生负面影响。"由于达耶难陀·萨拉斯瓦蒂在孟买发起的圣社运动和班吉姆在孟加拉发起的文学运动把民族主义同印度教结为一体,从19世纪70年代起,在印度教教徒中就滋长了一种强烈的复兴精神,1893年在B·G·提拉克领导下这种精神竟发展成为一种咄咄逼人的印度教民族主义"。② 这是指在这一段时期由于印度教的复兴而出现的宗教自豪感和宗教狂热。

首先是1882年达耶难陀·萨拉斯瓦蒂成立的护牛会"鼓动印度教教徒反对基督徒和伊斯兰教徒,因为他们宰牛"。在这个运动中使用了暴力,造成印度教教徒和穆斯林的多次流血冲突,这个运动"挑起了印度教教徒的反穆斯林情绪,后来成为次大陆印度教教徒——穆斯林冲突的一个主要原因"。③ 与此同时它还让穆斯林贵族和贫苦的穆斯林群众产生了团结的意识。

另外,受到甘地大力推崇的提拉克将宗教发动群众的作用发挥到极致。1893年提拉克在马拉斯特拉发起庆祝象头神节④的活动。象头神节原来就是印度教的传统节日之一,不过不采取公共庆祝的仪式,提拉克把它变成了公共庆祝活动,一年一度,延续数天,内容包括宗教演讲、学术讨论、文娱活动、宗教游行等,发动所有的印度教教徒参加。这样大规模的活动让当地的穆斯林产生紧张感,事实上也发生了印度教教徒和穆斯林的冲突。这样,当时"不同背景的穆斯林群众都被非穆斯林的统治者和兄弟群体的政策和主张激怒。受过英式教育的穆斯林被国大党要求进行选拔考试和选举的提议激怒,同时又对政府在中东和北非的行动感到不满。受过乌尔都语教育的穆斯林为泛印度教情绪所激动,而没有受过教育的穆斯林则被保护母牛行动刺激"⑤。艾哈迈德·汗关注着这一切,他的心

---

① 《印度民族独立运动的兴起》,第269页。
② 《巴基斯坦简史》第四卷,第274页。
③ 同上。
④ 象头神是印度教神话中象征吉祥和财富的象头人身的神,是大神湿婆和雪山神女的儿子。
⑤ *The Muslims of British India*, p.146.

情是沉重的。这更坚定了他捍卫穆斯林群体利益的决心。但是在他去世的前一年,当听说阿里格尔大学的穆斯林学生和印度教学生关于宰牛的问题发生冲突时,他骑马前去制止。在阿里格尔大学校园里禁止宰牛,无论艾哈迈德·汗生前还是死后都一直保持着这个传统。

两个民族论并不能得到伊斯兰或者印度教的神学理论的支持。穆斯林的宗教领袖反对将民族主义和宗教联系在一起来说明其正当性。他们强调民族主义形成的基础是领土而不是宗教。宗教领袖中最明确的表达反对宗教民族主义的是迪奥班迪学派的乌里玛毛拉纳·哈桑·马达尼。印度教中也是一样,不是宗教领袖,而是以 V·D· 萨瓦卡(1883—1966)为首的世俗领导者拥护两个民族理论。

捍卫自己群体的利益几乎成为艾哈迈德·汗的本能,他对印度民族理论的认识雏形在 20 世纪得到伊克巴尔的具体阐释并在真纳领导的穆斯林联盟的推动下成为现实。

## 第二节　教育思想

1869 年,艾哈迈德·汗 52 岁,当时的印度大多数人在这个年龄只是安度余生了,他却和自己的儿子一起踏上英国之旅。那个时代无论印度教教徒还是穆斯林都排斥出海旅行,认为这会有损自己的宗教纯洁,受到"异教徒"的玷污。

1869 年 5 月 4 日至 1870 年 10 月 2 日期间,艾哈迈德·汗在英国伦敦居住了 16 个月,在这期间艾哈迈德·汗得以深入内部了解英国文化中的现代科学教育的价值体系和资本主义经济。

艾哈迈德·汗惊叹伦敦一个普通女仆也受过良好教育,也会给自己订一份半个便士的报纸。在 1870 年 3 月参观了阿汶河大桥后,艾哈迈德·汗将它看作英国中产阶级组织能力、公民意识和技术水平的象征。他说"甚至一个国王也不能建设这样的大桥,但是百姓却能计划、募捐和设计它。当我意识到这座大桥的设计既不是国王的城堡,也不是贵族的宅邸或者某人祖先的陵墓,它只是为公共福利而建,这个民族在我眼中的形象就更高大了。你能想象一个印度人不得不为他的祖国工作时感到多么不满吗?他对待自己的同胞冷漠、自私、满是自我中心和偏见。到底这些英国人是人,还是我们这些自私的家伙?"他更偏激地写道:"不是讨好和谄媚英国人,我确实认为一个印度本土人,无论地位高低,大商人还是小店主，有教养的还是文盲，在教育、修养和正直方面与英国人相比就好像一个肮脏的动物和一个能干、体面的人相比。"不难想象这些惊世骇俗的话语会在他的穆斯林同胞中引起怎样的反应，但实际上艾哈迈德·汗并没有对自己的国家和民族失去信心，正如艾哈迈德·汗在同一封信的下面所指出："如果男人和女人都受到教育，并且能被一种优秀而杰出的精神团结在一起，只要每一个印度人文明化，那么印度就将体现出它自己的诸多优势，即便不能超越，起码也可以赢得与英国平起平坐的地位"。①

艾哈迈德·汗开始反省："我们是多么羞耻，我们认为政府替我们安排孩子的教育是理所当然。我们也指望政府投资建设宗教场所。遗憾，遗憾，一千个遗憾，我们说了几百次、几千次，我们注定要沉沦，我们不配和任何文明人相比。"②

艾哈迈德·汗认为资本主义比印度古老的封建制度优越。他还说："看到英国人个个有教养而敏锐，就会充分认识到印度人特别是穆斯林的风俗和行为是多么糟糕和需要改变。我相信如果具备英国的这种条件，得到英国人的这些知识，伊斯兰的基本信仰会得到加强，这比去麦加朝觐还有益——安拉宽恕我如此断言！"③

从英国人身上体现出来的现代知识、现代意识、现代政治结构的优势使艾哈迈德·汗受到震动和挑战，发出由衷的赞美。但是看到很多西方人对伊斯兰教的误解他又焦灼万分。

艾哈迈德·汗在给朋友的信中写道："我到伦敦后变成了一个真正坚定的穆斯林，我的心作证。"还在印度的时候，艾哈迈德·汗就读到了威廉·莫瑞关于先知穆罕默德的传记。这本书"烧灼着他的心"，他为书中的偏见和不公道的叙述而愤怒，在英国时他给朋友的信中说："他（威廉·莫瑞）的不公正的偏执将我的心撕成碎片，我决心写一部完整的研究作品作为回应，哪怕这会使我在伦敦变成乞丐。"他说："英国人对穆斯林和穆斯林国家的种种认识是很糟糕的，他们带着偏见和不公正的态度写我们的历史，我们的受英语教育的年轻一代将会把这些作为历史事实接受。"④在英国他给国内的朋友写信恳请资助和邮寄书籍。经过几个月的

---

① *The Life and Work of Sir Syed. Ahmed. Khan*, p. 113.
② *Sir Sayyid Ahmad Khan and Muslim Modernization in India and Pakistan*, p. 98.
③ Ibid., p. 99.
④ Ibid., p. 100.

辛勤工作，艾哈迈德·汗查阅了大量的英文、拉丁文、法文和德文资料，还雇用很多人为他翻译。1870年2月，他在英国完成并出版了《穆罕默德生平论文集》。他在这本书里强调"伊斯兰对西班牙的征服以及对世界文化的贡献；叙述了穆斯林与十字军的8次战役；在英国人面前展示穆罕默德的生平及其弟子的真实原貌。"①他还特别关注英国人当中那些对伊斯兰教持相对公正看法的人，他认识了《英雄和英雄崇拜》的作者查理，他自己出资帮助约翰·大卫·瑞伯特出版他的《为穆罕默德和〈古兰经〉辩护》一书，并把它翻译成乌尔都语在印度出版。

英国之行使艾哈迈德·汗受到全方位的挑战，1857年之后他感受到的压力只是印度人和英国人之间统治者与被统治者关系的压力。现在他感受到的是英国人所代表的现代文明的价值体系和物质发展对印度人传统思想和社会的全方位挑战，这种处境也是所有殖民地国家知识分子的共同处境。但是面对与自己的传统文化完全不同的一种异质文化，是接受还是抗拒，不同的人会做出不同的反应。接受就意味着不仅要学习、引进西方的知识和技术，还意味着传统思想观念的变革甚至颠覆，对于一个在传统的伊斯兰教氛围中成长起来的虔诚穆斯林，这是一个巨大的自我改造的过程。特别是在这种过程中如何保持自己的特性，如何保持民族的自信心，更是必须面对的问题。这种发展的危机感使艾哈迈德·汗毫不犹豫地认为必须向西方学习。1870年还在英国的时候他就创办了《道德修养》，呼吁社会改革和民族团结，并且上书英国印度事务大臣，痛陈印度现存的教育制度的弊端。回到印度，艾哈迈德·汗发起了对印度穆斯林影响深远的阿里格尔运动。

### 一、倡导西式教育

按照伊斯兰教的规定，一个穆斯林的启蒙应该从《古兰经》的学习开始。因而穆斯林的教育是从宗教学校开始的。在莫卧儿王朝时期谋取官职的条件就是掌握伊斯兰教传统教义和波斯语，当英国人在印度取得统治地位后波斯语一度仍然是官方语言，这就使得穆斯林一直不愿意去最初由基督教传教士办的西式学校学习。

---

① Isma'il Panipati, ed., *Maqalat-i-Sir Sayyid*, 16 vols., Lahore, Majlis-i-taraqqi-i-adab, 1962—1965, pp. 187—188.

## 第二章 南亚伊斯兰现代进程的先驱:赛义德·艾哈迈德·汗

艾哈迈德·汗发展民族教育的主张从大起义之后就开始了,但是最早他认为只要普及传统教育,穆斯林的地位就可以得到改善。1858年他在穆拉达巴德办的初级中学给学生教授乌尔都语和波斯语,学生学习的内容和他小时受的教育几乎一模一样。

艾哈迈德·汗认为英国人想使印度人现代化,但是在印度推行英语教育是不恰当的,他说英国政府承诺英国人和本地人一律平等,但是"又强调我们学习英语和欧洲的知识"①。他说他从来没有遇见一个人既精通英语还对自己的宗教和语言充满敬意。作为印度穆斯林的精英分子,艾哈迈德·汗对自己文化和传统的继承有着特别的敏感性。

1863年艾哈迈德·汗在卡兹布尔办了一所高级中学。在这里,英语第一次被当作教学的第二语言使用。艾哈迈德·汗也第一次公开提出应该对学生进行英语教学。在一次对学生的演讲中,他从非常务实的角度提出学习英语的重要性:不学习英语就得不到在政府部门任职的机会,现代贸易和国际商业活动离不开英语,国际政治和国际交往离不开英语,不学习英语,当印度从英国人那里得到参与政权的机会时也不能有效的利用。

即便如此,艾哈迈德·汗仍然坚持只有通过母语才能更好地学习现代化的知识,所以他创办科学社,希望将西方的有影响的著作翻译成乌尔都语出版。但是当时的英国当局不太支持科学社。当他组织的英印协会向英国当局呈书要求在印度北部建立一所本国语大学,用乌尔都语教学时,英国人没有同意。与此同时当地的印度教地主也要求所建的地方大学用印地语教学。这样,为了不让印地语代替乌尔都语,艾哈迈德·汗只好选择了英语。

但是,1870年艾哈迈德·汗从英国回到印度后,他的看法已经完全改变了,他这时全力倡导西式教育,包括:英语的学习,通过英语对西方文化的学习,对西方价值观念的接受。

这也是对严峻的客观现实的反应。在19世纪70年代初期,印度穆斯林的地位降至历史最低点,瓦哈比派对英国官员的刺杀行动也层出不穷。当时的英国官员亨特博士受政府之命对东孟加拉的穆斯林状况进行了一个调查,并写出了著名的《印度穆斯林——注定是反叛者?》一书。虽然该书是从英国官方立场出发,但是在书里他指出穆斯林在政府的各个

---

① *Sir Sayyid Ahmad Khan and Muslim Modernization in India and Pakistan*, p.191.

部门所占职位与穆斯林过去的历史以及人口是不成比例的,这是1857年大起义后英国人对穆斯林采取格外严厉的打击政策的结果。首先是从1837年开始,英语取代波斯语成为政府部门和法庭的语言,1857年之后英语更成为选拔政府部门工作人员的唯一用语,加上政府指定职位有意倾向印度教教徒,这样到19世纪70年代在政府教育和管理部门,受过现代教育的印度教教徒中产阶级几乎垄断了所有的位置。

艾哈迈德·汗的思想和行动体现了他一个重要的观念,这个观念可以从如下的表述中看出。"有人认为讨论政治事务是提高我们国家事务的最有效方式。我完全不同意,我认为发展教育才是提高全民素质的唯一途径。目前我们的民族没有比发展教育更迫切的事了。当教育在我们的国家得到有效的推广,我们才可以有充分的条件改变我们落后的状况。"[1]他认为一个没有受过教育的人的思想"就像一块灰色的大理石:没有经过巧匠之手……它的光辉,它美丽的形式,它迷人的色彩就不能被发掘。"同时,他忧虑于严酷的事实:现代技术的复杂结构使得只有训练有素的专业人士才能被雇佣,他忧心自己的穆斯林同胞,"贸易不再是无知的贝都因人的工作。"因此他呼吁同胞致力于获得最好的知识"使他们能够造访遥远的异国……并且扩展贸易,以穆斯林与印度教教徒的名义在伦敦、爱丁堡、都柏林、布鲁塞尔和彼得斯堡建立公司"[2]。

1870年12月艾哈迈德·汗回国以后组织成立了一个委员会,讨论四个问题:明确穆斯林忽视西式教育的原因;分析穆斯林未能利用英国政府提供的教育机会的客观原因;寻找挽救办法,消除穆斯林的反感和政府在穆斯林教育问题上的障碍;向社会征集意见。委员会一共收到30多篇文章。这些文章都指出现代教育的世俗特点是穆斯林反对它的主要原因。穆斯林不愿意接受现代教育的原因是,穆斯林想接受宗教教育;在西式学校中对宗教特别是伊斯兰教的排斥;受现代教育的学生道德丧失,缺乏传统礼节;穆斯林普遍较低的经济地位。所有的文章都强烈地攻击了现代教育的方方面面,不鼓励学生接受现代教育。总结起来根本的原因还是现代教育的世俗性特点使穆斯林不能接受。这一点在建立阿里格尔大学的过程中体现得更为明显,传统的乌里玛坚决反对阿里格尔的办学

---

[1] Mohammad Abdul Mannan, trans., *Selected Lectures of Sir Syed Ahmad*, Vol. 1, Sir Syed Academy, Aligarh Muslim University, 2005, p. 170.

[2] Altaf Hasain Hali, *Hayat-i-Javid*, Lahore, Ainah-i-adab, 1966, p. 117.

方针。

对此艾哈迈德·汗写道:"穆斯林的盲目偏见阻碍了他们吸收西方的教育和科学技术成果。穆斯林社会错误地崇拜那些顽固傲慢的人,他们偏执自大,以为世界上所有的民族都在他们之下,却不知道这个世界上没有一个民族是单靠自己取得进步和精神幸福的"。①

艾哈迈德·汗谈到文明的问题:"文明这个词来自拉丁语中的 civis (citizen)或者 civitas(city),它是表明古代先民进入一种社会结构,从而能够互助生存共同保护自己的生命、财产和个人自由。文明在一般意义上特指欧洲人的进步、教养和人道的特点。他们与北美的野蛮人以及澳大利亚和东非的居民形成鲜明的对照。"②这个定义很明显是受到当时英国自由主义思想的影响。

艾哈迈德·汗还提出在文明进步中发挥关键作用的 5 个因素,认为"富饶的土地,充沛的食物和水,吸引着居民,这是第一个因素",但是又认为这不是绝对的,他列举世界上一些自然条件优越的地方人却懒惰落后,指出欧洲人和印度人创造了辉煌的文明。

艾哈迈德·汗认为,文明发展的第二个因素是民族间的交往。他认为缺乏与外界交流的文明发展到一定阶段就会陷入停滞。而地中海地区的文明兴盛是因为人群之间的交往融合。艾哈迈德·汗认为英国人的文明发展是因为欧洲河运的发达,不但交流物资还交流思想,这些都是民族进一步发展的基础。他认为海洋民族比陆地民族更适合传播文明,他认为"英国人、芬兰人、法国人和美国人都履行了这一高尚的职责"③。

对于乌里玛的攻击,艾哈迈德·汗指出尽管在穆斯林社会早期,学习希腊哲学和科学的穆斯林学生会被宣布为异端,但是"渐渐地,反对的意见屈服了,掌握希腊科学反而可以赢得尊贵的地位"。④

## 二、阿里格尔运动

艾哈迈德·汗 1872 年 7 月代表委员会发表了一个公告,咨询学院应该建在哪里。他就调查的结果撰写了一个报告,说道:"这个机构本身的

---

① *Maqalat-i-Sir Sayyid*, p.340.
② Ibid., p.341.
③ *Sir Sayyid Ahmad Khan and Muslim Modernization in India and Pakistan*, p.177.
④ Ibid., p.179.

性质,即学生应该尽可能的不会被诱惑偏离他们的初衷和目的,即为发展自己的思想、为自己的国家学习,他们不会无所事事,而是沉着冷静,他们的行为和道德应该被提升,这些都要求学院应该是开放的。因此学院不应该设在那些氛围恶劣的大城市,也不应该在生活必需品供应困难的小村庄。我很高兴地选择了阿里格尔作为新大学的校址。我们考虑的另一个问题是其气候宜人……很多人希望在德里建立学院,但是德里是一个除了断壁残垣和无数先哲伟人的陵墓之外一无所有的城市。"[1]众所周知,自1857年大起义后,艾哈迈德·汗就避免回到他的出生地德里,因为在英国人的报复行动后,这里满目疮痍,是艾哈迈德·汗的伤心之地。阿里格尔的另一个优势是阿里格尔的本土贵族与他处不同,数个世纪以来这里的许多穆斯林家庭一直富足而有地位,他们的年轻一代是开明的自由派。而德里当时是保守主义和民族、宗教偏见的核心阵营,因此在那个城市很难推行艾哈迈德·汗的主张,就像伊斯兰教当初很难在麦加传播。

艾哈迈德·汗1873年2月就学院未来的管理和教育体制问题向委员会提交了一个议案,这是他在研究了英国的中学、学院和大学的教育系统之后早就有所准备的。这个议案的一个副本递交到印度政府,如果政府接受了这个议案,委员会就可以从政府基金会得到支持。

艾哈迈德·汗为学院奋斗的日子不亚于一场战役。不管在印度何处,当他结识了一个朋友或者一个支持者,他就要求他们成立基金会的一个分支机构。他自己一次又一次在全印度旅行,每到一处他都发表激动人心的演讲,呼吁人们重视高等教育对穆斯林的意义。

基金会1873年12月21日作出决定,先成立一个初等教育学校,作为未来大学的附属机构。因为在当时,那些旧式学校的捍卫者毛拉们反对的呼声很高,已经对委员会的目标构成威胁。委员会的成员认为消除反对的最好方式就是成立一个学校,作为一个样板以此证明渴望新式教育并不与伊斯兰教的原则相悖。因此,在1875年5月24日,维多利亚女王的生日这一天,这个学校成立了,基金会取得了初步成功。在经过颇多周折之后,大学学院的建筑用地也获得批准。

筹备和创建一所大学最艰巨的部分是募捐。"印度人普遍不习惯为国家事务捐款的机制,尤其是穆斯林。如果没有压力或者来自官方的授

---

[1] *Sir Sayyid Ahmad Khan and Muslim Modernization in India and Pakistan*, p. 491.

## 第二章 南亚伊斯兰现代进程的先驱:赛义德·艾哈迈德·汗

意,募捐是极其困难的。"①艾哈迈德·汗为募捐想尽一切办法,为了得到海得拉巴的统治者穆哈达尔·穆尔克·萨拉尔·江对大学的关注,他找人画了这样一幅画:艾哈迈德·汗站在海岸,迷茫而焦虑,背靠着一棵树。稍远处,萨拉尔和两个朋友站在一起。海上起着风暴,一艘满载着人的船,桅杆已经折断,眼看就要沉没,一些人落入大海就要溺毙。一艘小艇载着几个人正在靠近大船要去打捞落水者,在它的旗帜上写着:"一百万卢比"。艾哈迈德·汗焦虑地说:"不够。"一个天使从天堂来,立在空中,一只手抓着艾哈迈德·汗的手,另一只手指着萨拉尔,对艾哈迈德·汗说:"看那个高贵的人。"这幅画送到萨拉尔处,他被深深打动,当即决定每个月从自己的不动产中捐出 100 卢比,从当地政府财政中捐出 300 卢比,后来又增加到 500 卢比。②

阿里格尔学院 1878 年 2 月 1 号正式授课,有两个系:英语系,课程以英语讲授;东方系,用乌尔都语教授现代科学,用波斯语和阿拉伯语讲授古代文化和学术,英语作为第二语言是学生的必修课。不过,东方系因为学生很少,只存在了很短的时间。

在英语系,学生要参加与阿拉哈巴德大学以及加尔各答大学同样的考试。在东方系关闭后又新增了波斯语、阿拉伯语和梵语课程。每天,学习由听毛拉的讲道开始。听这些讲道对学生是必须的,和学院其他的必修课程同样对待,所有的穆斯林寄宿生要求每天礼拜五次,缺席者会被罚款,斋月也必须封斋。传统派攻击艾哈迈德·汗在阿里格尔学院散布自己的神学思想和他撰写的《〈古兰经〉注释》中的内容。但是这不是事实,学校的任何一门课程都不包含任何艾哈迈德·汗自己写作的内容。后来的学者指出这一矛盾:"在阿里格尔学院的宗教教育是以旧路子进行的,对学生没有任何吸引力,但这可以让学生的父母和群体大众感到满意。到此时(1941 年)宗教教育的实质究竟是什么尚不明确。"③事实上,在艾哈迈德·汗的时代,他不敢想象给学生教授自己的新神学思想,即使到了 20 世纪 70 年代,法兹鲁·拉赫曼担任巴基斯坦最高意识形态研究机构伊斯兰研究所所长时,满怀热情地希望在巴基斯坦进行宗教教育的革新,其结果却是在传统派的压力下离开了祖国,之后一直在美国的大学从事

---

① *Sir Sayyid Ahmad Khan and Muslim Modernization in India and Pakistan*, p.199.
② Ibid., p.207—20.
③ Yusuf Ali, *Modern India and the West*, pp.401—402.

教学和研究。由此可见在穆斯林社会传统的宗教势力是何等的根深蒂固。

除了宗教教育,阿里格尔学院区别于印度其他高等教育机构的还有对学生的性格教育。校长和教授们都住在校内,与学生保持交流和接触,从这里可以看到印度古老的传统,即导师古鲁或谢赫与其弟子那种如同父子关系的言传身教特点。

总之,阿里格尔学院成为当时印度最活跃的一个进行现代教育的机构,而且它虽然是一个穆斯林学院,但是也有印度教教徒和基督徒学生就读,这些学生的宗教信仰不受干预。阿里格尔学院的学生们穿着的学院制服包括一件黑色的土耳其外套,白色的长裤和土耳其式的帽子,他们可以参加丰富的校园活动,如定期的论辩会,也有充分的机会参加体育活动,如板球、曲棍球。除了宗教教育内容之外,这个学院的教员和西化的教学内容确实实现了艾哈迈德·汗建立一所穆斯林的"牛津大学"或"剑桥大学"的愿望。

阿里格尔学院的成效很快就显现出来。1893年按孟加拉省的统计,穆斯林的毕业生人数按照人口比例只占总人数的3.4%,马德拉斯的穆斯林毕业生人数是0.9%,而不是按照人口比例应该达到的6.8%。西北省和奥德省,因为受阿里格尔学院之惠,穆斯林毕业生人数达到毕业生总人数的17.6%,远远超过其所占的11.2%的人口比例。但是艾哈迈德·汗不满足于这个成绩,他终其一生的梦想是:"在我们种植的花园,应该长出这样的大树,它的枝叶可以荫蔽全国,它将带来崭新的能量。学院将发展为大学,学生将来自这个国家的各个角落,他们将拥有开放的思想和良好的品行,自由地进行研究。"①

1920年,印度政府同意阿里格尔学院升格为大学。不管是从政府还是从民间的角度,这是印度第一所真正的本土教育机构。在后来的岁月,它培养了一个新的受教育的穆斯林阶层,他们在英国统治机制下非常活跃,并且成为印度社会剧变的催化剂和巴基斯坦建国的旗手,这被称为阿里格尔运动。

阿里格尔运动成为在穆斯林中广泛传播西式文化和进行教育动员的号手。在很多省份,受到阿里格尔大学的鼓舞,穆斯林建立了地方的组织机构,比如在马德拉斯的"伊斯兰协会"(Anjuman Mufiyd-i-Islam),大法

---

① *Institute Gazette*, Aligarh, February 12, 1887.

官艾哈迈德·汗·阿米尔·阿里1877年在孟加拉成立的"中央穆斯林协会",大法官迪亚博吉在孟买领导的"伊斯兰协会"(Anjuman-i-Islam)。不过,对现代性挑战作出最积极回应的是旁遮普省,首先是1884年在拉合尔成立了"支持伊斯兰协会"(Anjuman Himayat-i-Islam),此外该省还成立了53个协会。纳瓦卜·阿卜杜·拉提夫(1828—1893)在孟加拉成立了"穆斯林文学社",旨在普及初等教育和科学教育。在文学社成立之初,艾哈迈德·汗致信拉提夫,申明自己的爱国理念,再次强调在穆斯林中推广教育的必要性。

### 三、表达政治诉求

穆斯林教育会议成立于1886年,起初名为"穆斯林教育大会"(Muhammadan Educational Congress),它成立的初衷是建立一个组织实体,希望穆斯林能够通过这个组织在英印帝国的政治中发挥作用,表达和推进穆斯林的教育、经济和政治利益诉求以及对穆斯林大众进行政治动员;其次,认识到印度国大党的成立预示着一种竞争的政治氛围已经形成,希望有一个相应的印度穆斯林的组织能够与之抗衡。艾哈迈德·汗自穆斯林教育会议成立一直到1898年去世前,都是该组织的领袖,并且坚定地反对国大党。1887年印度国大党在马德拉斯举行会议时,艾哈迈德·汗利用穆斯林教育会议在勒克瑙的一次公众集会,呼吁穆斯林不要加入国大党。在1888年3月18日茉莉山的一次公众集会上,他更明确表达了对国大党的反对立场。

虽然穆斯林教育会议的政治功能是表达并整合穆斯林的利益,不过其主要职能还是在教育方面,包括关注初级、中级教育和女性教育;推动乌尔都语的普及;发展经贸和技术教育;推进大众教育包括成人脱盲。在1886年最初的两次会议上形成了十个决议,这成为穆斯林现代教育的总纲领:(1)在穆斯林中传播欧洲的科学和文学,制定高等教育的规划;(2)鼓励穆斯林传统学术的研究和出版,并且安排相关内容的英语和乌尔都语演讲;(3)用英语或乌尔都语整理著名的穆斯林学者传记;(4)挖掘和出版穆斯林学术的珍贵资料;(5)资助对有争议的历史事件的研究,包括对伊斯兰教的研究;(6)就国家事务发表专著或论文集;(7)整理出版穆斯林帝王的政训和法令;(8)在穆斯林创办的英语学校中安排宗教课程;(9)考察传统宗教教育机构的水平,采取措施提高它们;(10)考察传统经文小学的教育水平,找出其衰落的原因,加强其公共教育的课程。①

由此可见,艾哈迈德·汗对穆斯林教育的关注确实拓宽了教育本身的外延,这些措施赋予教育整合穆斯林民众、重新认识自己的历史、积极参与政治、维护和发展自身传统的功能,促进了穆斯林现代民族意识的觉醒。

穆斯林教育会议所具有的政治影响力还体现在其每年12月在各省的集会。在半个世纪的时间里,它先后在阿里格尔集会了10次,在拉合尔集会了4次,在德里集会了4次,在勒克瑙集会了3次,在孟买、加尔各答和马德拉斯各两次。除了上述地区,还在一些穆斯林人数不多的省份也进行了集会。来自各个省份的穆斯林领袖以"代表"或"观察员"的身份参加会议,聆听教育委员会领导者发表的演讲,了解他们提出的议案,艾哈迈德·汗生前一直担任穆斯林教育会议的秘书长。

穆斯林教育会议要求在每个大的城市和镇都成立委员会,委员会下面还有协会,以此保证联系最广泛的大众,同时参加年会的代表也来自这两级组织,他们被要求提供以下的数据资料:(1)穆斯林在各个地区的人口;(2)在公立小学、中学、大学的穆斯林学生人数以及在传教士办的学校和其他私立学校中穆斯林学生的比例;(3)在传统宗教学校中穆斯林学生的情况;(4)各协会在妇女教育方面的措施;(5)各地区穆斯林社团拥有的知名企业。各位代表的报告提供了各地穆斯林情况的丰富信息,同时还发展了各地穆斯林建立组织的技巧。在20世纪30年代和40年代,这些协会和地方教育委员会成为穆斯林联盟推动其政治纲领的民众基础。

在穆斯林教育委员会成立后的50年里,共通过了582个决议,表达了穆斯林的教育、文化和宗教诉求,其中很多决议在推动穆斯林进步以及分享国家权力方面产生了深远影响。艾哈迈德·汗去世后,穆斯林教育会议的领导人呼吁英国政府制定政策确保穆斯林的利益,不管英国政府是否采纳他们的建议,这种行为本身加剧了印度教教徒和穆斯林的紧张关系。

20世纪初愈演愈烈的乌尔都语和印地语之争再次成为印度教教徒和穆斯林裂痕的焦点,而穆斯林教育委员会在其中扮演了关键角色。穆斯林教育委员会和北方省以及旁遮普省的穆斯林领导人希望联合推动将乌尔都语不仅作为教学语言,而且作为法庭用语。在穆斯林教育会议

---

① Sir Sayyid Ahmad Khan and Muslim Modernization in India and Pakistan, p. 221.

1899年的一个决议中呼吁将乌尔都语作为西北省和奥德省的官方语言。渐渐地,这一要求扩散到穆斯林占少数的一些印度南部省份。1901年,马德拉斯政府被迫同意穆斯林使用乌尔都语参加省公务员的考试。穆斯林教育会议还要求孟买政府同意给母语非乌尔都语的信德穆斯林学生教授乌尔都语,1917年孟买政府同意并实施这一措施。印度教教徒对乌尔都语精英的活动做出了反应,他们要求将印地语而不是乌尔都语作为教学语言。结果,穆斯林1900年成立了乌尔都语保护协会。三年后,穆斯林教育大会于1902年12月30日到1903年1月3日在德里集会时,创建了一个保护和推动乌尔都语作为穆斯林民族语言的机构,这就是后来众所周知的"乌尔都语进步协会"(Anjuman Traqqi Urdu)。1918年穆斯林教育大会成立了一个国家委员会,致力于在穆斯林是少数派的省份中推进乌尔都语。同时,孟买、加尔各答等地的大学也被要求允许非乌尔都语的穆斯林学生将乌尔都语作为第二语言,穆斯林教育大会还要求在孟买建立一所教授阿拉伯语的公立学院和中学。

在乌尔都语作为省官方语言的旁遮普省,印度教教徒要求以旁遮普语代替乌尔都语作为官方语言以及教学语言。而旁遮普的穆斯林在穆斯林教育委员会领导下,坚持旁遮普语是一种欠发达的语言,使用旁遮普语会影响旁遮普学生的利益。他们坚持乌尔都语应该继续作为旁遮普省的教学语言。

在20世纪30年代,乌尔都语和印地语之争更变成了穆斯林联盟和国大党之间权力之争和民族自我定义的象征。实际上,乌尔都语是在穆斯林统治印度时期,从8世纪到12世纪发展起来的,起初是操波斯语、阿拉伯语和突厥语的穆斯林以阿拉伯字母拼写当地方言,在波斯语和阿拉伯语的影响下,12世纪前后发展成为一种独立的语言。1934年,当乌尔都语保护协会的秘书阿卜杜·哈克强调"乌尔都语和印地语不再是同一种语言",这就明确将乌尔都语作为一种独立的语言,当时一个全国性的印度教教徒组织回击道:"印地语就足以胜任作为印度的国家语言。"1937年,国大党和穆斯林联盟的领导人企图达成一个协议解决印地语和乌尔都语之争。双方共同签署了一个谅解备忘录,承认:"印度的国家语言应该是印度斯坦语,以阿拉伯字母和梵语天城体拼写。印度斯坦语应该成为教学语言以及政府语言。"①但是在印巴分治后,乌尔都语成为巴基斯

---

① *Sir Sayyid Ahmad Khan and Muslim Modernization in India and Pakistan*, p. 228.

坦的国语,印地语成为印度的国语。

## 第三节 宗教和社会改革思想

### 一、迎接西方的挑战

1869年艾哈迈德·汗对欧洲的访问坚定了他的信念,改变穆斯林处境的唯一途径只能是通过现代教育让他们掌握西方知识这一武器。这成为推动艾哈迈德·汗对穆斯林的整个文化和宗教传承进行再诠释的契机。同样,因为认识到当务之急是要恢复印度穆斯林的自信,首先是宗教方面的自信,艾哈迈德·汗希望对伊斯兰教诸原则重新进行解释从而使其能够接受时代和科学的挑战,能够成为穆斯林发展的精神和心理基石。

艾哈迈德·汗希望他的同胞去除那些深受印度教影响的习俗,代之以中东的伊斯兰习俗,呼吁穆斯林接受西方科学和世俗教育的思想。

他历数穆斯林社会下列需要改革的地方:

家庭和社会方面:呼吁取消一夫多妻制;在丧葬仪式中去除印度教的影响;重视妇女教育;接受西方的餐桌仪式;培养西方式的礼节举止。

提高穆斯林群体的形象方面:培养时间观念;消除社交场合不必要的铺张作风;提高民族意识,代替穆斯林中的个人主义和自私思想。

经济方面:在穆斯林农民中介绍现代农业技术,同时加强穆斯林的商业能力。

教育方面:使宗教教育和世俗教育和谐;宣传西方科学和技术;出于经济的原因让女性在家接受传统教育;运用西方技术。

宗教方面:宗教仪式的改革;抛弃不合理的教条;编纂最后的教条。

在《道德修养》上,艾哈迈德·汗以他一贯不留情面的作风对那些阻碍他的人民进步的风俗习惯给予无情的批判,他将这些与西方世界的民族进行比较,用严厉的措辞抨击愚昧和落后。

艾哈迈德·汗与伊斯兰教神学权威乌里玛的关系一直比较紧张,1868年他开始宣扬并且身体力行西方的生活方式,同时有意结交英国人,还写了一本小册子,宣扬穆斯林与基督徒或者犹太人共餐没有不合教法,这些就已经触怒了保守派。他的英国之行也是被正统保守的穆斯林反对的。而当他开始对一些历史久远的习惯进行批评的时候,他与他写的作品遭到猛烈的攻击,他也回击说骄傲是那些失去一切的人唯一剩下的东西,并且他们不愿将它放下。使艾哈迈德·汗处境更为困难的是,很

## 第二章 南亚伊斯兰现代进程的先驱:赛义德·艾哈迈德·汗

多杂志开始攻击他,他被称做异教徒、无神论者和伪信者,艾哈迈德·汗奋力反击并得到一群忠实的朋友的支持。"一场论辩的狂潮也许离艾哈迈德·汗的目标尚远,但是它给予沉睡的穆斯林群体以深深一击。"①

对《道德修养》贡献的评价观点不一,但是毫无疑问它将人们的注意力吸引到社会改革上来,特别是形成了乌尔都语的新诗体。艾哈迈德·汗7年里用来写作社会、宗教、政治、经济、历史和文学题材的这种诗体是他为乌尔都语做出的新贡献。这种诗体也许欠缺技巧,但是作为一门现代语言,却非常适合普遍的需求。

艾哈迈德·汗一生都是一个虔诚的穆斯林,但是他对待宗教的态度非常务实。他认为伊斯兰教作为一种文化动力,要由它的信仰者来体现。"如果我们的文化衰落,伊斯兰教也衰落;当我们的先祖的文化辉煌一时,伊斯兰教也随之发扬光大。今天我们落后了,谁都可以把我们踩到脚下。"②这里他清楚地指出宗教和人的关系,强调人的能动性的重要,这一观点对于刚刚走出中世纪的穆斯林来说是振聋发聩的。

1857年大起义之后,作为印度穆斯林的代言人,艾哈迈德·汗真诚地希望印度穆斯林和作为统治者的英国人能够建立更密切和谐的关系,除了政治方面的努力,他也关注到宗教和文化交流的重要性。1862年,艾哈迈德·汗完成了《一个穆斯林对〈圣经〉的注释》,这本书虽然只是对《圣经》片断的注释,但是他的写作意图在于:"指出真正的伊斯兰教和纯正的基督教的共同点,要建立两者之间开明的协调一致的关系,要表明这两种信仰是宗教理想的两个和谐的方面,因而能够,也应该把人类的心灵引上共同的道路。"③遵循麦加法官的法特瓦,在这本书的最后艾哈迈德·汗还写道:"只要伊斯兰教的一些特别规定在印度还保持,那么印度就是伊斯兰之地(Dar-al-Islam)。"④

在19世纪后半期的特定氛围中,艾哈迈德·汗的这一言论确实是相当公正而开明的,虽然他的观点注定要遭到诸多穆斯林和基督教传教士的反对。

艾哈迈德·汗在《道德修养》的第一期中详细阐述了这本期刊的宗旨

---

① *Modern Muslim India And the Birth of Pakistan*(1858—1951), p. 34.
② *Sir Sayyid Ahmad Khan and Muslim Modernization in India and Pakistan*, p. 234.
③ 转引自《巴基斯坦简史》第四卷,第247—248页。
④ Muzaffar Iqbal, *Sir Seyyid Ahmad Han*(1817—1898) http://www.cica.org/voices/k/syydkhn.htm

和目标。"这一期刊的目标在于说服印度穆斯林接受最好的文明形式,这样文明人对穆斯林的蔑视就会改变;……确实,宗教在使人民文明化的过程中扮演了重要角色。但是,毫无疑问,一些宗教成为发展道路上的绊脚石。我们的目标就是判断伊斯兰是否在此之列。"艾哈迈德·汗1884年2月1日在拉合尔发表了一个题为"伊斯兰教"的重要演讲,在此次演讲中他再次谈到人们心中对伊斯兰的怀疑和焦虑。在讨论自然主义信仰的传播时,他说:"今天我们确实需要一种当代的教义学,凭此我们或者能够抗拒现代科学的原则并且摧毁它们的基础,或者证明它们和伊斯兰信仰的经典是和谐的,在我努力将这些科学知识介绍给穆斯林的过程中,我的责任是捍卫伊斯兰的信仰并且恢复它最初的光辉面貌。"但是,重要的问题是在面对众多责难的时候如何证明一特定宗教的有效性。他的结论是:"检验一种宗教是否是真实的唯一的试金石只能是,如果它符合人类的天性和普遍的本性,那么它是真实的。这应该有清晰的证明,宗教来自神,而神是自然和人以及人之外世界的创造者,我充分相信他给我们的教导与我们的构造以及我们的属性是完全一致的,这是关于他的教导是真理的唯一的试金石。如果说神的行为和神的言辞不一致,这是绝对荒谬的。所有的造物包括人都是神的作品而宗教是他的话语,因此二者之间不可能有任何矛盾。"①

艾哈迈德·汗是伊斯兰世界最早进行宗教改革,使之适应现代社会的思想家之一。早在1879年他就写道:"现在兵变已经结束了,怎样定义穆斯林的问题已经过去,如今我考虑的是我们民族的进步。经过艰苦的长时间思索,我得出一个结论:除非通过安拉的意志获得其它民族引以为荣的现代的知识和技术,我们是不可能取得多大的进步的。"②1883年艾哈迈德·汗在《道德修养》上发表文章,说道:"很多人目睹这个世界革命性的转变,但是能积极参与其中的人不多,而认识到这种革命性的转变在改变他们自己的观念,并且思考、探寻和理解其原因的人更少。如果一个人回忆他这一生发生的事件并努力去理解它们,他会惊讶地发现他的观念已经发生了巨大的转变,这要比其他任何方面都突出……在所有的观念里,宗教观念对人的思想起着最大的冲击作用。"③

---

① *Selected Essays of Sir Syed Ahmad*, Vol. 1, p. 152.
② *Sayyid Ahmad Khan A Reinterpretation of Muslim Theology*, p. 12.
③ Ibid., p. xviii.

## 二、重新诠释《古兰经》

艾哈迈德·汗相信穆斯林需要西方科学与技术,并且试图证明科学与伊斯兰教高度的和谐一致。从1885年开始,艾哈迈德·汗就萌发了自己注释《古兰经》的想法,他说道:"当我呼吁穆斯林接受现代科学和英语教育时,我疑惑这是否真的和伊斯兰教义相抵触。我研究了《古兰经》的传统注释,就我个人的判断而言,我发现除了文学部分,剩下的都是垃圾和毫无价值的讨论,它们大部分建立在毫无根据、根本不可信的传统和谎言之上,而这些东西往往渊源于犹太人。随后我研究了《古兰经》,并尽我所能地理解它的基本原则,我发现在这些原则和现代知识之间不存在矛盾。这使我决定写一本《古兰经》的注释,它将完全符合《古兰经》的精神"。①

艾哈迈德·汗的《古兰经》注释是一边撰写一边发表,从1887年开始,直到他去世还没有完成。要指出的是,其撰写的《古兰经》注释不是逐字逐句按照章节的注释,而是对经文中他最关注的内容给予自己的解释,这些文章陆续发表在《道德修养》上。艾哈迈德·汗的这些文章不只是受到乌里玛的猛烈攻击,也遇到来自他坚定的拥护者和朋友们的反对。

艾哈迈德·汗宣称自然是安拉的创造,正如《古兰经》也是安拉的作品一样,二者之间不存在矛盾。他认为:"在《古兰经》中没有任何违背自然运行规律的内容……说到超自然的现象,我认为很清楚那是不可能的,就像安拉之言不可能是虚假的……我知道我的兄弟们读到这里的时候可能会愤怒,他们将会列举《古兰经》中提及的奇迹和超自然事件,但是我们将会耐心听完,然后反问他们:在《古兰经》中的用语和阿拉伯人的习语保持一致的前提下这些篇章是否有其他的含义?如果他们能证实这不可能,那么我们的原则是错误的……但是甚至他们这样做的时候,我们仍然可以坚信安拉没有做任何违反他自己创造的自然原则的事。"②艾哈迈德·汗努力证明在《古兰经》和现代科学知识之间没有矛盾,他否认所有的奇迹,坚持安拉的话语与他对安拉的作品的理解是一致的,这使他被传统宗教学者称为自然主义者。

---

① *Sayyid Ahmad Khan A Reinterpretation of Muslim Theology*, p. 221.
② Maqalat-i-Sir Sayyid, 16 vols, Majlis-e-Taraqqi-e- Adad, vol. 2, pp. 199—200.

艾哈迈德·汗对古代教法学家的作品进行批判性的审视，对其成就表示了赞赏。他认为就伊斯兰教的传播而言，非常有必要将穆斯林群体的政治和社会生活建立于《古兰经》的精神和先知穆罕默德的榜样之基础上，而早期的教法学家出色地完成了这一意义重大的工作。但是今天，必须区分《古兰经》的经文和经过教法学家诠释形成的原则和规范。艾哈迈德·汗的观点是，无论历史上教法学家的努力是如何有价值和值得称道，他们的结论都不是必须被接受的，毕竟这些不过是人为的规范，它们能够、也必须随着环境的改变做出调整。

艾哈迈德·汗谴责土耳其疏于法律改革，认为土耳其在这个时代落后和衰弱就是因为实施的法律条文陈腐落后。他认为穆斯林衰落的原因之一是，他们遵循的法律是按已经过时的要求制定的。每个时代都会遇到新问题；甚至当老问题再次出现时，它们的形式也会大大改变，因此这些问题要求完全不同的解决方式。没有任何旧方案可以不加改造和进行必要的修订就能适应新环境。目前的时代要求一种全新的涵盖社会、政治和行政的法律体系。不幸的是，穆斯林政治衰落了，却没有产生出对自己处境的批判性精神和积极适应新环境的诉求，而是催生了一种被动服从、静止的仿效态度，即盲从在新环境里已经不再具备生命力和效力的权威。艾哈迈德·汗认为，仿效在法学范围的不良后果有两方面：首先人们错误地相信所有的世俗事务都被宗教律法覆盖，因此，如果不先从乌里玛那里得到许可，什么事情都不能做。其次教法学家的决定逐渐等同于伊斯兰教本身。事实上，个体在具体特定时代和环境背景下表达的观点绝不意味着对所有的时代都适用。可是任何更好的修正或者取代的措施往往被看成是对伊斯兰教的反叛。

因此，当务之急是找到正确诠释《古兰经》的方法。为何这一问题处于伊斯兰智识主义的核心？答案是，对于穆斯林来说，《古兰经》是安拉的话语降示于先知穆罕默德（在公元710—732年之间），某种意义上没有其他宗教经典拥有这样的地位。《古兰经》宣称它是人类最充分全面的指导，超越和包容它之前的启示。并且，《古兰经》的降示和穆罕默德作为先知的使命延续了22年多，在此期间各种关于和平或者战争的政策、个人和公共领域的立法和道德的议题都有实际的社会历史环境。因此，《古兰经》从降示之时起就是一种现实的和政治的运用；它不只是一个信仰的或者个人虔诚的文本；穆罕默德的先知使命同样是在切实和集体的层面推进人类道德的提升，而不是个体的或者抽象意义的。这自然鼓励穆斯林法学家和知识分子将《古兰经》视为寻求各种问题答案的独一无二的知识库。当启示有效地对各种情景提供了真实的答案时,这一有效性进一步强化了穆斯林最初的信念。

但是穆斯林没有同样强调对《古兰经》进行解释以及解释方法的重要性。中世纪伊斯兰教法体系能够行之有效,部分的原因在于更早年的穆斯林所表现出的现实主义的态度,他们从占领之地的社会习俗和制度法律中汲取原材料,以《古兰经》的启示为指导修正它们,将它们纳入伊斯兰教义学的范围。当诠释者试图从《古兰经》的经文中抽象的演绎出法律——比如,在刑法领域称之为"固定刑"(胡杜德)的特殊法律时——结果就非常不令人满意。这是因为推导法律和其他社会制度的工具是类比推理,这并不能完全满足需要。因为工具的不完善和不准确导致对《古兰经》本身的适当方法缺乏理解,进而导致不能达成对《古兰经》深层次的统一的理解。

1. "创制"与对《古兰经》进行注释的诸原则

艾哈迈德·汗在重新思考伊斯兰教法诸原则时,遇到的第一个主要障碍是,穆斯林世界普遍认为"创制"之门已经永远关闭。在伊斯兰教早期,在那个最具有生气和创造性的时期,穆斯林思想家一直在思考、拓展与变化的时代精神相适应的宗教思想问题。然而在巴格达沦陷之后,当政治和社会生活陷于混乱,出于制止社会进一步恶化和崩溃的目的,教法学家们强调仿效的信条。但是没有哪一种进步和富有活力的宗教能够忽视人类思想和知识发展变化的重要性,每个时代的人民都有必要对所有基础的道德和灵性价值给予新的解释。对过去权威大师的仿效无助于人们解决当下的问题,而唯一能够抗衡保守派势力的就是具有创造性的个体拥有充分表达自己的自由。这也是艾哈迈德·汗认识到的真理。他奋斗的目标就是让其他人也认识到这一点,他呼吁创制的大门应该敞开,而每一个具备相应能力的人应该准备好根据自己的时代氛围重新思考生活和宗教的问题。

宗教认为每一种信仰都有某些绝对真理形成灵性生活的基础,这些原则是不会随时间和空间的改变而改变。因此《古兰经》中有"你应当趋向正教,(并谨守)安拉所赋予人的本性。安拉所创造的,是不容变更的;这才是正教,但人们多半不知道"(30:30)。这一节经文指出宗教信仰超越时空变迁的一面。对赛义德·艾哈迈德·汗来说,伊斯兰教最基本的方面就是"认主独一",以及从人心灵深处生发的,向外辐射到社会生活各个方面的道德原则。但是一般穆斯林所理解的宗教,内容远远多于这个,包括称为沙里亚的教法。瓦利乌拉是印巴次大陆穆斯林中第一个认识到分清这一问题的重要性的思想家。在讨论先知的作用和职能时,瓦利乌拉指出一个先知所进行的各种改革以及社会、道德的重新定位必须放在其所处的社会环境以及那个时代民众的文化和思智水平中思考。先知的目的,不是,也不可能是要彻底改变那个时代的人所处的社会生活,其主要的目标是建立一个基于道德和精神原则的社会,为此他将维持他所处的环境的一切,除了那些与他的意识形态相左的东西,他小心地保持所有与道德原则一致的方面,尽可能小地校正其余的部分,从而避免导致任何不必要的剧变而使特定的时代难以接受。

接受对先知作用的这种解释,艾哈迈德·汗对宗教、沙里亚和世俗事务进行区分。宗教指对神和其属性的信仰,以及崇拜的行为。沙里亚包括那些与人类道德和灵性净化相关的事务。艾哈迈德·汗认为先知不会关注与我们日常生活相关的所有事务,作为信仰的"宗教"是不会改变的,但是人类的心灵和道德需要以及满足这些需要的方式取决于不同的时间和空间。如果认为所有这些事情都在先知的职能之内,那么随着时间的推移,就需要其他的先知,这与穆罕默德作为封印使者的终极性相矛盾。伊斯兰教宣告的是完美和终极的信仰而不是沙里亚。如果沙里亚不是终极性的,那么每个时代每个国家的穆斯林的职责在于按照伊斯兰教的基本道德和灵性教义以及自己的需要解决自己的问题。为了这一目的,他遵循伊本·泰米亚的道路,和伊本·泰米亚一样,艾哈迈德·汗否认四大教法学派具有终极性,而是返回最初的源头探寻新的答案。而在运用瓦利乌拉的经注学方法时,艾哈迈德·汗仅仅偶尔与之在细节上有所不同,但是他们都同样强调理性的重要性,并总结道:"就《古兰经》阐发的原则,在现代科学和伊斯兰教之间不存在矛盾。"他确立阐释《古兰经》的 15 条原则作为一个标界线,对传统和现代的理性伊斯兰教进行区分,可归纳如下:①

1. 安拉是万物的创造者,是无始无终全能全知的。
2. 安拉派遣先知,包括穆罕默德作为人类的导师。
3. 《古兰经》是安拉的言语。
4. 《古兰经》通过启示的方式传达进入穆罕默德的思想,至于启示通

---

① *Maqalat-i-Sir Sayyid*, Vol. II, pp. 197—258.

过语言还是其他方式或者由天使迦百利传达尚无定论。

不过瓦利乌拉相信"古兰的言辞是阿拉伯语,这是先知穆罕默德所熟悉并且凭借之进行思考的,虽然思想活动是不可见的……"艾哈迈德·汗反对思想和语言的区别,他说:"没有和语言分开的思想能够进入大脑。""《古兰经》是如同光一样流溢进先知穆罕默德的心中,或者是作为启示进入穆罕默德头脑,都可以被接受;不管是由天使迦百利传达给先知穆罕默德,还是凭借先知的特能、一种虔信的灵性将其注入先知的心中,这二者都是可信的。我个人相信后一种,但是二者的结果是一样的,因此无需争论。但是我不接受那种认为注入先知心中的是内容,而《古兰经》的具体言辞是先知自己的,是他用自己的语言阿拉伯语表达出那些内容……光辉的《古兰经》以确切的言辞进入先知的心里,正如先知同样确切地复述它们给大众一样。"

5.《古兰经》是真理,其中没有任何东西违背历史或者谬误。

6.《古兰经》中提到的安拉积极和消极的德性,是真实的。

7. 安拉的属性也是其本质,是没有局限的。不过,辩证的神学家相信"造物者的属性既不是本质本身,也不是本质之外的"。而神秘主义者认为它们"是本质本身,其显现也是本质所要求的。"对此问题,艾哈迈德·汗引用瓦利乌拉的观点来支持自己的看法,认为这些细微的区别只是言辞的诡辩,没有任何实际的意义。

8. 安拉的属性是无限和绝对的。他行使其所意欲的并决定什么是其所欲。因此他已经决定了承诺他所为的并且决定自然律法的制定,依靠此律法,他可以创造另一个宇宙,他创造了现在的宇宙,他也可以在将来创造另一种形式的宇宙。但是,只要律法还存在,对自然法则的违背就是不可能的。如果这样的事情会发生,就意味着对安拉完美属性的冒犯。

同样的真实是这个宇宙的自然之法是既定的。前者是一个话语承诺,而自然之法则是一个秩序的承诺。所有的发现无疑都是安拉秩序的承诺,违反此承诺就和违反话语的承诺一样不可能发生。

9.《古兰经》中没有和自然法则相违背的东西。艾哈迈德·汗引用了瓦利乌拉的主张:"光辉的主在他的经书中没有提到神迹,也没有任何涉及这个内容",至于奇迹,从《古兰经》可以证实先知穆罕默德没有宣称任何奇迹。

10. 现存的《古兰经》是完全的和终极的,没有任何添加或篡改。

11. 引用瓦利乌拉的观点:"在先知的时代,每一个逊奈都得到保护和记录,"艾哈迈德·汗强调《古兰经》的章节次序与降示的时间顺序是一致的。

12. 在《古兰经》中没有"废止"和"被废止"。《古兰经》中没有章节可以被其他章节废止,在《古兰经》中没有提到废止。《古兰经》第2章第106节的内容:"凡是我所废除的,或使人忘记的启示,我必以更好的或同样的启示代替它。难道你不知道安拉对于万事是全能的吗?"艾哈迈德·汗认为这节经文中提到的废止是指伊斯兰教之前的宗教法律而不是《古兰经》的经文。"ayah"指前伊斯兰的宗教。在他之前,经注学家们普遍接受晚出的经文启示"停止"先前相关经文启示之说,这类被停止的经文启示有上百条之多。艾哈迈德·汗对这个问题进行了严肃的思考,并提出不同看法:《古兰经》作为安拉永恒的言辞不能被看作好像是一个颠来倒去的诗人的笔记,经文的降示、传述和记忆是准确的,没有一个词,一个小节可以被取消或者废止。"废止"之说是误解。

对艾哈迈德·汗来说,经文所提及的"废止"是与摩西和尔萨这些以前先知的律法相关。某一法律被认为应该"废止"是指,尽管它最初降示的环境依旧,但是它被其他的法律放弃、贬低和取代。艾哈迈德·汗认为这样的"废止"完全与《古兰经》的精神相悖,废止的可能性有悖于安拉的全能和智慧。但是如果社会和历史条件以及环境本身已经改变,那么降示新法律替代旧法律,这是安拉的神圣启示发展进化过程中的现象,被废止的是前面先知的法律以及伊斯兰的法律当中那些因为环境和条件变化而停止发生作用的,而如果条件再现,以前的规定会自动生效。因此,可以说艾哈迈德·汗是在比较宗教学的意义上肯定"废止"之说。

13. 《古兰经》不是一次全部降示,而是陆续降示,具体事件的发生带来神圣精神的启示冲动。这不同于瓦利乌拉的观点。

14. 经典启示不可能被科学的事实颠覆。安拉的话语和安拉的作品之间本质上是一致的。

15. 必须要掌握充分的阿拉伯语能力,方能够体察到《古兰经》中最微妙的表达。

对于圣训,艾哈迈德·汗的态度是毫不含糊的。当圣训的收集工作在8世纪完成的时候,当时的政治和社会条件下的很多习俗很容易就被归于先知穆罕默德。因此,艾哈迈德·汗不愿意将其作为宗教知识的可靠渊源。

艾哈迈德·汗不满意对《古兰经》不计其数的传统注释,认为它们除了虚构的故事和对神迹的记述外毫无价值,"我们的传统主义者只关注科学的发展(即研究传统以各种形式传承的谱系)。而最重要的工作却应该是对传统及其背景进行批评和鉴别——这一工作还远不如人意。"艾哈迈德·汗认为当代穆斯林的职责就是承担起这一工作。基于这样的立场,他只接受那些与《古兰经》的文字和精神一致的圣训,他喜欢引用泰米亚所说的:"真正的圣训是完全理性的",这是唯一的标准。如果经过批判性的考察,一个圣训传说被认为是真实可信的,则接受它为宗教的一个有活力的源泉。他坚持将那些与宗教信仰相关的圣训和非宗教方面的圣训做出区分。后者,他认为根本无须效仿。

艾哈迈德·汗在其《〈古兰经〉注释》中对他感到是当代迫切需要解决的问题进行了阐释。

2. 自然与自然主义

何谓自然?艾哈迈德·汗的解释是19世纪科学家的解释,即将宇宙看作一个封闭的系统,服从某种机械的和物理的法则,其特征是不可能有任何例外。所有的无机物、有机物以及人类的行为无不是这些机械法则的实践。在他的一篇文章中,他说:"一开始,关于自然的知识是有限的,但是随着知识的增加,自然的范围也相应扩大,因此我们在宇宙中的发现、我们看见或者感觉到的也相应扩展,人类的行动、思想甚至信仰在自然无情的法则中表现出完全不同的面貌。"①但是这种自然机械论的观念,如詹姆斯·华德指出,是与对生命的灵性解释完全对立的,从而不能被任何一个相信有神论真理的人接受。在艾哈迈德·汗的作品中,可以发现自然主义和机械论是一方面,目的论和有神论是另一方面,而他经常从前者跳到后者完全不考虑一贯性和必要的逻辑。在同一篇文章中,他说:"正如我们中一些人是信仰宗教的,而另一些人是不信仰宗教的,在自然主义者中也有一些人开始思考:当发现宇宙中自然的法则无处不在,因此除了自然别无他物,这样他们就臣服于安拉。或许这些人就是我们古代的穆斯林思想家称之为自然主义者。但是某些现代科学家在对自然的法则进行了深入研究之后得出结论:由于自然是对法则设计的非凡实践,因此必然有一个设计者,所谓原因之因,就是我们通常称为安拉的。"②艾哈迈德·汗是从一种自然机械论和量化的概念开始,过渡到一个目的论

---

① *Selected Essays of Sir Syed. Ahmad*, Vol. 1, p. 30.
② Ibid., p. 32.

的结论,而完全没有意识到内在的矛盾。他用同样的方式解释了穆萨和易卜拉欣的经历:"先知们,毫无例外的,都经历过这个过程然后认识到安拉。穆萨表达了想见到安拉的愿望。他得到答复:'你无法见到我,除了山峰'(7:143)。山上是什么?是自然。是自然法则的见证。安拉不直接显示他自身。他指示的道路是自然的道路。当被问:'你是什么?'他必然指示自然的律法并且暗示是他将黑夜变为白昼,白昼变为黑夜,给死者以生命,让生命死亡。"其次,他指出《古兰经》所记叙的易卜拉欣的灵性经验表明真正的宗教即是对唯一神的信仰。(3:75—79)因而,所有接受这一信条的人都是穆斯林,无论他们在仪式或者其他宗教习俗上有什么不同。在一篇题为《伊斯兰教是自然,自然是伊斯兰教》的文章中,他说:"伊斯兰教是这样一种简单而有效的宗教,甚至非宗教也包含在其中……一个非宗教的人任何微小的信仰也包含在伊斯兰教的基本信条之中。每个宗教都有某种特定的意识和信条并且以此与其他宗教相区别。而那些不相信或者不履行这些仪式的人被叫做非宗教的,然而我们没有权利如此称呼一个人,因为宗教之纯粹和简单超越了所有这些仪式和形式,后者都是宗教的樊篱。一个人如果不信仰任何先知、天使、启示经典或者任何形式的仪式,但是他相信唯一的神,那么在真实的含义上他是一个穆斯林。"①

因此,对艾哈迈德·汗的"自然主义"需要有新的理解。他不是"自然主义"原初意义上的系统自然主义哲学家。事实上,"自然主义者"一词是对他的指控并且被视为无神论的同义词。迪奥班迪学派的创建者写信给他,要他澄清其宗教信仰的某些观点,并要求他对自己的宗教信仰做出说明,这样就可以从宗教的角度判断艾哈迈德·汗是一个无神论者还是一个穆斯林。艾哈迈德·汗以那时被称为"自然主义"的哲学为基础对安拉的存在,安拉的言辞即启示以及先知的地位等进行了阐释。

考察艾哈迈德·汗的"自然主义"主张,可以发现:虽然他使用了"自然主义"的术语,但是它没有哲学的意义,而仅仅是对"自然科学"的描述,在他的一篇题为《唯物论者,自然主义者……》的文章中,他说道:"人们认为自然科学和宗教是对立的或者互相矛盾,这是大错特错。自然科学的对象和宗教完全不同。因此,它们不可能矛盾或彼此抵触。"这里他谈到的是自然科学而不是自然科学的基本原则。他提及的自然科学的唯一原则只是因果律:"自然科学的目标是解释存在事物的本质,如水是怎么组

---

① *Selected Essays of Sir Syed. Ahmad*, Vol. 1, p. 33.

成的,云是如何形成的。而宗教是解释这些事物是如何被创造的,比如谁创造了这些事物及其属性。认为这两个完全不同的领域彼此矛盾或冲突太荒唐了。自然科学不讨论宗教的事务。"此外,根据艾哈迈德·汗的观点,似乎"自然主义"就等同于因果律。这是有限的自然主义哲学的观点,但是这对艾哈迈德·汗来说已经足够,虽然事实上他不准备接受这一哲学的逻辑结果。因此,他使用"自然"没有像自然主义那么频繁,对他来说:"原因和结果不可分的原则完全真实并且与自然是一致的。有因必有果,反之亦然。安萨里批评这一原则,认为它与宗教相悖,而伊本·泰米亚则质疑其有效性,这都是错误的。"① 对艾哈迈德·汗来说,安拉的存在是因果律的逻辑结果,如果你接受前者,你也必须接受后者。因此"自然主义"的完美形式是由众因之因的安拉开始,并且遵循自然因果的过程。他说:"自然主义者"或者"形而上者"认为事物的属性和品质是永恒的、无穷的造物者的创造,我们称之为安拉而唯理主义者证明他的存在。从自然科学的必须的原则出发,没有创造性地安拉作为永恒之物的观点是无法解释的。事实上,从这些原则必然推导出有效的或者创造性的安拉的存在。②

### 三、理性在伊斯兰教中的地位

#### 1. 伊斯兰教中的理性

艾哈迈德·汗的理性是经验主义的理性,他认为这是《古兰经》所体现的原则,他称之为人类理性:"就是这种内在于人的能力,使得人能够在对客观现象以及精神的思考过程进行观察的基础上得出结论,这个过程是从特殊到一般或者相反……正是人具备的这种能力使人能够发明新事物,了解并且掌握自然的各种力量。由此人能够了解成为其幸福源泉的哪些事物并尽可能的从中获益;正是这种能力让人对周围的不同现象发问并探寻原因。"③

在他的一篇重要的文章《人的思想》中,艾哈迈德·汗具体讨论了理性的问题。首先对理性进行界定之后,他指出正是理性使得人区别于动物,而且赋予人远远超过动物的义务和责任。艾哈迈德·汗认为,理性的

---

① *Sir Sayyid Ahmad Khan and Muslim Modernization in India and Pakistan*, p. 240.
② Maqalat-i-Sir Sayyid, Vol. III, p. 281.
③ Ibid., vol. V, p. 250.

主要功能就是掌握关于自然和事物真实的知识。但是这种知识是和确信紧密联系的。"我充分认识到,"他说,"缺乏确信,无论是世俗的还是宗教的知识都是不可能获得的。但是我们需要哪种确信?我认为,比如说,10大于3。如果有人宣称3大于10,并且把一根棍子变成蛇作为证据来支持这一主张,毫无疑问,我会非常惊讶于他的异能,但是这不会动摇我关于10大于3的确信。没有这种确信就不能进步。"但是问题在于,如何以及从哪里获得这种确信。他考察了不同人们的信仰。指出一个基督徒信仰三位一体,据称这是尔萨的教导,而且尔萨行使很多奇迹来证明它,但是这种信仰,由于它是基于特殊个体的威信并且由奇迹支持,所以没有任何确信的基础。信仰要能够被接受,还必须接受理性和共识的考验。他得出结论:"单凭理性自身就足以成为判断事物的准绳。但是理性不会犯错吗?当然,理性会犯错,这是不可避免的。不过由于理性被普遍的使用,因此一个人的理性能够被其他人的理性修正,一个时代的理性能够被另一个时代的理性修正,没有这种修正,无事可成。"

然而,在穆斯林思想史特别是神秘主义思想史中,理性总是被置于知觉或者神秘启示之下。艾哈迈德·汗也认为存在一个比理性更高的层次,从那个层次看,理性会犯错并且是有缺陷的,就如在理性的层面感觉是有缺陷的一样。但是艾哈迈德·汗不愿意接受神秘主义的观点,他说:"如果真的存在这样一个阶段,我们如何可以判断其有效性以及由之获得的知识的有效性?关于神秘主义经验记叙中的矛盾是众所周知的,什么样的标准可以让我们判断哪些是真哪些是假?当然只有理性,除此我们别无标准。"

不过,对艾哈迈德·汗来说,理性和启示不存在质的区别。他不承认普遍被接受的自然宗教和启示宗教之间的区别,因为这将意味着启示宗教有异于、或者在某些方面甚至对立于人的自然和理性需求。他以生物学的方式看待两者的关系并且认为直觉是人的本能和理性能力的自然发展。正是由于人类这种天生的能力,不同时间、不同地区的人们才能够拥有普遍性的道德标准。那些拥有最高等级理性的人是众人的导师和领袖,艾哈迈德·汗认为他们出现在人类世俗和宗教生活的各个领域,所有这些人无差别的,都得到真主所启迪的力量。一个新机械的发明者,一个宇宙未知领域的发现者,一个优美交响乐的编撰者,在他们各自的领域都得到灵性的启示。对艾哈迈德·汗来说,先知和其他天才的区别只是他们工作的领域不同,先知是灵性导师,其首要的、唯一的功能就是指引人

## 第二章 南亚伊斯兰现代进程的先驱:赛义德·艾哈迈德·汗

们的精神和道德生活。

艾哈迈德·汗坚决反对的一种神学观点是:一个人能够成为先知仅仅是因为安拉随意实施的大能,在先知和其它人之间不存在区别,除了前者拥有一个特殊的等级,而这来自安拉的眷顾。先知和其追随者的关系能够被比喻成国王和臣民的关系,大多数时候他们的区别仅仅在于身世不同。艾哈迈德·汗认为,对先知和众人的关系更好的比喻是牧羊人和羊群:"尽管先知和他的追随者都属于人类的范畴,就好像牧羊人和羊群都属于动物范畴,但是拥有先知的能力使其从人类中脱颖而出,就好像拥有理性的牧羊人有别于羊群。"此外,艾哈迈德·汗认为,先知的属性是一种特别的自然能力,和人类的其他能力一样,它在适当的时候显现就好像树上的果实在特定的时候成熟一样,对这种能力不必感到惊奇。有时候一个特定的个体拥有某种特定形式的完美能力,人们就视其为那个特定领域或者专业的天才,一个诗人,一个医生或者一个铁匠都能够成为自己行业的大师。而一个拥有非凡的治愈精神疾病能力的人并且能够对人类的道德规范指示新图景的就被尊称为先知。当这些自然的能力在适当的时候成熟时,他会感到被召唤推动他向人们宣告关于道德和精神更新的使命。

艾哈迈德·汗反对对启示降临于先知的方式进行机械解释,这是他关于先知属性观点的逻辑结果。对他来说,在安拉和先知之间不存在中介。他认为所有的启示直接来自神。天使加百列只是先知能力的象征性符号。"他的心是反映着神光的镜子,正是他的心承载着安拉的信息到达尘世。他是那样的存在,安拉的言语由他传布,他是能够听到安拉无声演说的耳朵。启示降临于他,从他的心灵像喷泉一样涌出。他的灵性体验全部是人类本质的结果,由物理的耳朵他听到灵性的信息,就像什么人对他说;他用他物质的眼睛看到他自己,就像另一个人站在他面前。"因此,对艾哈迈德·汗来说,启示不是什么来自外部的东西,它是安拉的意志通过人的意识发生的,它让人类感到像被最剧烈拨动的琴弦,这种接受的感觉如此强烈,让被接受者感到似乎来自外部;事实上,启示是当这种意识与人之存在所依托的灵性实在进行至深的接触时来自内在意识的投射。《古兰经》被启示给先知不是作为一个整体而是作为片断在需要的时候降示,这一事实也被艾哈迈德·汗用来支持自己的理论。人类所有的能力都是在某种情景或者需要的时候发挥作用。人类的思想是一个仓库,储存着各种想法、记忆的经典和事件,但是它们都潜藏着,只有当情景需要,即需要记忆中的一段文字时,它才进入意识,才可以被引用。先知的能力是同样的,当环境需要,先知的意识开始工作,而由安拉直接启示给出那一时刻需要的内容。

艾哈迈德·汗认为尽管或许存在等级和程度的不同,但是人类无差别的都具备先知的能力,在人类心灵更深处潜藏的东西更敏感于灵性的召唤;正因如此,人能经由自然世界到达安拉。艾哈迈德·汗认为先知的作用已经终结,只有人类理性不成熟的时候需要先知的指引,但是随着时间的流逝和人类理性的发展,这种指引已经停止。比如安拉最后的眷顾,由伊斯兰教宣布的道德和精神价值已是最充分的。因此,穆罕默德是安拉恩典的最后一个使者,不只是因为他是最晚的一个,不只是因为在他之后再没有使者所标志的终极的内涵,而是因为安拉的恩典已经由他彻底分派完毕。正如伊斯兰教是所有宗教中最有价值的,它的使者也必须被看作是所有先知中最高的一个;因为神的恩典是依次降示的,先知穆罕默德是所有使者中最后一个,他的先知属性也就是最后的。因此在《古兰经》中有"今天,我已为你们成全你们的宗教,我已完成我所赐你们的恩典,我已选择伊斯兰做你们的宗教"(5:3)。艾哈迈德·汗认为先知属性的这种终极性在"真主独一"概念中得到清晰表达。

但是,宗教如果像艾哈迈德·汗所认为的这样自然和简单,由此而来的一个问题就是:"先知引领的必要性是什么?"确实,他承认,一个人可以通过对自然法则的观照学习到达道德的真理。但是这种可能性变为现实的前提是人已经全面揭示了自然的秘密、掌握了自然的法则。尽管不同的学科和技术领域都取得了辉煌的进步,但是现代人仍然感到还未能到达自然秘密的核心。正是由于这种通过对纯粹自然科学的了解到达道德和精神真理的困难,艾哈迈德·汗认为人类需要先知的神性的指引。由于先知天生的能力和精神的洞察力,他们能够到达道德真理,而这些是普遍有效的,就像其他领域有自己天才,先知是精神领域的天才,人类能够通过这些天才的贡献和努力取得物质和精神世界的进步。

艾哈迈德·汗将安拉视为自然的作者和第一因。神和宇宙的关系类似于钟表匠和钟表。就像工匠要为机械的外表、各部分零件的配合以及整体的功能负责,作为宇宙创造者的安拉也一样,正是他给予宇宙运行的法则。正如安拉是不可改变的,这个宇宙运行依据的法则也是不可改变的。如《古兰经》宣称:"这是安拉以前的常道,对于安拉的常道,你绝不能发现有任何变更。"(48:23)就像物质世界的运行依照不可改变的法则一样,在道德领域也存在关于对错的绝对法则。人类某一行为的实施必然逻辑的导致痛苦和欢乐,在物质和精神领域都不需要神性的介入。

2. 理性和唯理主义

关于艾哈迈德·汗的研究,绝大部分关注其宗教思想,而无视其哲学思想的分析特点。他通常被认为是一个新穆尔太齐赖派,认为其哲学思想很少有原创性贡献。这对他有失公正,虽然不能说他开创了任何新的思想学派,不过就他那个时代的科学发展来说,他表现出一种深刻的哲学洞见。

艾哈迈德·汗在一篇文章中阐述了理性思维的必然性或者说合理性,这篇文章他得出的结论是:"那种认为理性与信仰毫不相关的普遍认识是错误的。"①他得出这一结论的步骤如下:人被赋予理性,以此克服生活中的困难→人通过运用理性掌握知识来做到这一点→知识需要确定性而不存在没有知识的确定性→我们可以确定我们的信仰,即伊斯兰教是真正的信仰→因此我们的信仰必须基于知识→知识只能通过理性获得。②

为了阐明上述观点,艾哈迈德·汗与传统的伊斯兰哲学家对理性概念的认识有着显著不同的立场。他将理性视为一种功能而不是思想的一种能力,并且认为它将通过实践不断完善,它不是实体的存在而是我们做某些事情的方法。他写道:"然后,我思考理性的确定性和不谬性。我承认,理性事实上没有确定性。但是当理性被持续地使用,一个人的错误可以由其他人的理性所修正,一个时代的错误可以由后来的时代修正。如果知识、确定性或信仰不是基于理性,就不可能被获得。"

因此,对艾哈迈德·汗来说,理性不是一种固定的能力,而是以一种特别方式做事的途径。这也体现在他对"理解力"(samajh)概念的解释上。在其他场合,他几乎将这个概念等同于"理性"或"智思"(aql)。对他而言,"理解力"是一种需要的能力,使人可以区分正误、对错、恰当的和不恰当的。多多少少,这个观念和希腊人以及伊斯兰思想中关于实践智慧的观念相类似,尽管它无疑超出实践智慧。对艾哈迈德·汗来说,知识只有表现为实践的智慧或者理解力的形式才是有价值的。

"没有理解力,知识和理性毫无用处,好的会被误以为坏的。即便人

---

① *Maqalat-i-Sir Sayyid*, vol. V, p. 251.
② Ibid., vol. V, p. 253.

有杰出的能力,没有理解力,这些能力也不能被正确的运用,甚至导致严重的损失。理解力使人能够运用自己的能力。一个人的智慧或者其理解力可以根据其理解力的层次互相转换。如果我们观察人类社会群体的聚合,我们将会意识到左右人们讨论或者交谈的人,不是最聪明或者最强壮的人,而是那些能够理解大众的人、理解他们说出的和未说出话语的人。一个人有丰富的知识但是没有理解力就像一个身体强壮的盲人。一个人即便其它所有方面无可挑剔,但是缺乏理解力他将一无是处。另一方面,一个人有无可挑剔的理解力,他将无往不胜,即便他其它方面的能力不是很高。"①

毫无疑问,艾哈迈德·汗在谈论两个概念:理性或者智慧和理解力,并且他确信这是两类不同的事物,一种是天赋的自然能力,通过它可以掌握知识;另一种是理解力或者说是使用理性功能的活动以及运用它获得知识的过程。但是他从来没有给出任何标准来定义"理性"或智慧……这一术语上的混淆应该是他非常熟悉并深受其影响的传统伊斯兰思想的残留,这就是为什么有些时候他称"理解力"是"理性"的"完美形式":"理解力被赋予一种可以预见遥远未来的洞察力,好像一双视力绝佳的眼睛可以清晰地看见很多事情……掌握了理解力,一个人思考的能力,他的自由度和自信也随之增加。这就是理性的完美形式以及我们行动的指导。"

但是紧接着,他再次将理解力等同于理性:"有些作者称之为理解力,理性,其他一些人称其为智慧,这是指能够区分善恶的能力。"

而在艾哈迈德·汗对"理性"和/或"理解力"溯源时,他却再次确认了关于"理性"的观点,"万能的主创造了万物,并赋予其不同的性质。人和其他生物一样有固有的自然的能力,以帮助人满足自己的需要。所有的动物有能力得到它们所需的。人和其他动物不同之处在于动物的生活是出于本能,而人有能力看见并确定自己的终点和意义。人和动物都遵从感觉,但是人的区别在于他能明确自己的社会和集体需求,并能计划和达到目的。动物只能是动物,其能力是静止不变的。而人的能力可以由人自己修正、塑造和发展。人有提高自己天赋的能力。因此,人作为个体和群体,通过他们自己的努力而改变。这种能力是人所特有的能力,由此他礼赞安拉的大能。"②

---

① *Maqalat-i-Sir Sayyid*, vol. V, pp. 245—246.
② Ibid., vol. V, pp. 250—251.

由此可见,艾哈迈德·汗所使用的理性概念明显不同于传统伊斯兰思想的表述,特别是瓦利乌拉的表述。它与20世纪分析哲学家使用的概念有很大的相似性。将艾哈迈德·汗的哲学态度称之为常识的唯理主义可能更确切。其唯理主义混合着分析思维,不过没有像黑格尔或者斯宾诺莎那样预设一个宏大的体系。

艾哈迈德·汗对宗教概念的认识和他的自然主义哲学都是其理性观的逻辑产物。而他的自然主义被他的批评者错误地理解为斯宾塞的形而上的自然主义。

艾哈迈德·汗分析"自然""自然的""自然主义""自然主义的"这些术语时和他对待"理解力"的范式一样。这些术语总是涉及对宇宙的论述,也是他作为注释《古兰经》的原则,不过,当一个领域的术语被使用于另一个领域时,他从不考虑前提和使用标准,导致了概念失范的常识性错误。不少穆斯林学者都指出,就艾哈迈德·汗的宗教思想而言,最关键的缺陷之一就是武断地将理性设为评判宗教真理的唯一标准。

3. 去神秘化与自由意志

对安拉的本质以及安拉与宇宙的关系的上述认识,导致的一个结果是艾哈迈德·汗否认奇迹的可能性以及祈祷的效用。他不能接受奇迹,因为这违反了自然的法则。他认为:"自然的法则,是安拉关于某事将会如此发生的一个可以实现的允诺。如果我们说它可能以另外的形式发生,这将是对安拉的不恭并违背了他的允诺。这是不可想象的。"他继续说道:"我不因为奇迹违背理性而否认其可能性。而是因为《古兰经》不承认那些违背自然法则的事情或者不合常规的事件。"一方面,艾哈迈德·汗是正确的,因为《古兰经》强调而且多次拒绝人们要求穆罕默德显示奇迹来证明他的诚实的要求,对这样的要求,《古兰经》回答:"赞颂我的主超绝万物!我只是一个曾奉使命的凡人。"(17:90—93)但是另一方面,艾哈迈德·汗错了,因为《古兰经》中充满了关于穆罕默德之前的先知显示的奇迹。为了支持自己的观点,艾哈迈德·汗试图以自然法则来解释这些奇迹——这或许是导致他的《古兰经》注释未能在穆斯林世界获得应有重视的唯一原因。

以同样的态度,艾哈迈德·汗否认祈祷具有一般所认为的效用。自然法则不可动摇,没有任何事物可以改变它们;甚至安拉也不能违背它们。他认为祈祷带来的种种功效不是因为它被安拉接受,而是因为它给个体带来的心理作用。比如它能够减轻祈祷者由于生活中的某种不幸而导致的痛苦和绝望。但是艾哈迈德·汗的亲密朋友赛义德·艾哈迈德·汗·马赫迪·阿里对他就神以及神与自然的关系给予非常犀利的批评,尖锐地指出:如果神是原因之因,并且不能超越于自然法则以及关于对错的绝对原则,那么他只具有神之名而已,是一个缺乏个性和对人类的爱和同情心的存在。"神真正的消退了,所有的宗教生活消解了,祈祷变成对一个冷冰冰的存在的敷衍的崇拜,这个存在对祈祷者的疑虑袖手旁观,不闻祈祷者的哀求和忏悔。"[1]如果是这样,人不需要在遭受苦难时转向神,他只需要尽可能的获取关于自然法则的知识细节并依照外部世界的要求机械地调整他的生活,从而得到与他的努力相称的结果。这种生命的哲学导致的不是人认识的加深而是作为灵性生活大敌的精神上的自满和自我中心的膨胀。马赫迪·阿里指出,《古兰经》第20章第25—35节中穆萨向神祈祷要求满足某些特殊的愿望,得到的回复是:"穆萨啊!你所请求的事,已赏赐你了。"对这一段故事,马赫迪·阿里指出艾哈迈德·汗关于安拉的概念和祈祷的效用完全不是宗教意义上的概念。他指出如果接受艾哈迈德·汗的观点,将意味着人在世界的存在并无特殊的意义,每一事物都仅仅是依赖机械法则产生的需要。

艾哈迈德·汗试图将人在地球的出现解释为一个漫长、艰辛的进化过程中的一个特殊的事物。尽管他补充说,这个过程开始于安拉自己,开始于他发出"有"一词,不过他仍然坚持人是宇宙进行的化学过程的结果,并且在一特定的时刻,以动物的生命形式出现。为了解释人表现出的复杂的天性,艾哈迈德·汗对《古兰经》中提到的阿丹的堕落给出了自己的解释。他认为这一事件的戏剧性形式只是以文学的形式将关于人的某种基本的真实显现于我们面前。他认为,把发生在天使、撒旦和神之间的对话看作是文字的叙述是不对的。"天使"一词,他认为代表安拉的无限能力和事物的潜能。山的坚固、水的流动、植物生长的力、电相斥相吸的力,总之,我们在宇宙不同事物中见到的全部力量都由"天使"一词代表。同样,撒旦,他认为并不是外在于我们的存在;他代表宇宙中邪恶的力量。人是天使和魔鬼的结合体。神要求天使在阿丹面前鞠躬表明宇宙中天使性质的或者善的力量会服从人并帮助人。同样的命令安拉也给与撒旦意味着人有能力控制内在的邪恶。但是撒旦拒绝服从安拉的命令,这表示

---

[1] M. M. Sharif, ed., *A History of Muslim Philosophy*, vol. 2, Otto Harrassowitz, 1966, p. 1605.

## 第二章 南亚伊斯兰现代进程的先驱:赛义德·艾哈迈德·汗

人更深层次意识的冲动是不容易被控制的,因此,人必须竭尽人格的全部力量去控制它们。①

人的自由问题究其本质,在《古兰经》中被认为是神自身本质的复制。人这种自由行动的能力丝毫没有妨碍到真主的大能,因为是安拉自愿、无半丝勉强地给与人这种自由。

艾哈迈德·汗讨论了人的自由与神的先知的统一问题。和过去以及当时的许多思想家一样,他不会为捍卫人的自由而否认安拉的大能。对他而言,二者之间不存在任何不和谐。他举了占星家的例子,占星家预言某个人会死于溺水,后来这成为了事实。难道我们能说占星家是这个人死亡的原因吗?在安拉的知识中——他称之为命运(taqdir)——是不可避免的,这代表人的自由不是没有任何限制。所有必然都在安拉的知识——在命运——不在人。就算洞悉了安拉的这一知识,人行动的自由仍然是受限制的。

谈到自由意志的问题,艾哈迈德·汗的立场基于他对于人的自然主义的研究。他认为人的行动,部分由外在的原因比如社会环境和所受训练决定,部分由内在原因决定,如人所具有的特殊的心理和生理结构。但是,尽管如此,他坚持人拥有一种能力可以区别善恶,他称之为"心灵之光"或"自然之光",它使得人能够超越时代的偏见,这种冲破过去,引入新价值判断的思智的力量,他认为存在或潜在于每一个人,虽然它只是在少数天赋异禀的人物身上成熟和发挥作用,这些人能够揭示人类生命的新维度。这种区分善恶的能力使得易卜拉欣体验并且宣称:"这等人,我曾把天经、智慧和预言赏赐他们。如果这些人不信这些事物,那末,我就把这些事物委托一个对于它们不会不信的民众。"(6:89)

每个人都拥有从善或作恶的能力,当从善的冲动压倒作恶的冲动时其结果是良性的。有时候一个人趋恶的冲动占主导,但是只要他哪怕发挥了一点本身具有的向善的倾向来抵消邪恶行为的结果,他确是可以获救的。获救不依赖一个人有能力行善的数量;艾哈迈德·汗认为,它更依赖一个人充分利用被赋予的全部力量进行的诚实努力。安拉对所有的人的要求是在倾向作恶时朝向善的现实的真诚努力。如果我们不断运用这"心灵之光"并认清邪恶的行为是恶的并为之感到后悔,那么我们低级的冲动终将变弱,而向善的意愿会成为主导。对于人来说,如果他没有力量

---

① *Maqalat-i-Sir Sayyid*, vol. IV, pp.1—12.

也就没有罪,罪是人没有全力向善。

艾哈迈德·汗相信灵魂的存在,但他没有对灵魂的实质作任何细节的讨论,因为他认为,人没有能力解释这一神秘实在的秘密。他相信,这是一种自我存在的精妙物质而不仅仅是一种属性。形式上,动物的灵魂和人的灵魂是一样的,不同之处在于承载灵魂的工具,身体的构造不同。

灵魂是非道德的,并且不会随身体的死亡而死亡。艾哈迈德·汗从物质不灭这一科学原则获得支持他立场的证据。物质不灭,物质的数量不变,只是形式改变了。至于复活,他提到许多理论但是只接受一种,就是身体和灵魂都会再现。在死亡的一刻,灵魂需要一个区别于目前身体的物质媒介,因此在复活时,不会有新的生命产生而是旧的继续。他坚持《古兰经》坚持复活的现实,其真正目的是驳斥否认灵魂的存在,并认为生命只存在于这一世的观点。《古兰经》运用不同的类比说明复活的事实,但无意描述和揭示其实质和特征。

艾哈迈德·汗认为《古兰经》中用各种感性的词汇描述天堂和地狱仅仅是用象征的手法描述个体死后的心理状态,因为即便是安拉的言辞,也不可能用话语表述超感觉的存在,《古兰经》说:"任何人都不知道已为他们贮藏了什么慰藉,以报酬他们的行为。"(32:17)

### 四、对教法具体问题的再解释

艾哈迈德·汗的教法改革思想深受瓦利乌拉的影响,不过,在新的时代背景下,他对伊斯兰教改革进行思考的角度和阐释的语言有所不同,此时的重点已经不再是如何去除印度教文化的影响,而是如何回应西方现代化发展的挑战。艾哈迈德·汗认为穆斯林的责任是重新思考整个伊斯兰教法体系、民法和刑法,同时在现代知识的背景下重写商法和税法。

和伊本·泰米亚一样,艾哈迈德·汗拒绝将公议(Ijma)作为伊斯兰法的源泉。前者认为这是所有迷信和非伊斯兰实践活动的根源,而艾哈迈德·汗则认为公议的不谬性限制了"创制"的自由。历史上的公议或许是一个特定时期某种特殊环境的产物。但随着时间和环境的改变,原来公议的决议丧失了其权威的有效性。因此,人们当然可以充分运用这个或者那个学者在当代对伊斯兰法规的改革和诠释,艾哈迈德·汗认为,没有人可以给当代法学家的判断以任何限制。法学家可以按照伊斯兰教和《古兰经》的精神做出他们认为更符合时代要求的决定。

## 第二章 南亚伊斯兰现代进程的先驱:赛义德·艾哈迈德·汗

为了这一目的,艾哈迈德·汗决定回到《古兰经》把它作为对伊斯兰教进行现代诠释的唯一有效和真实的基础。在艾哈迈德·汗年轻时代最初进行宗教著述时,他就隐约形成了这一观点,并且以四大哈里发之一欧麦尔的名言"安拉之书足矣"作为自己主张的支柱。他大胆宣称要忽略所有带有神秘色彩的故事,这些故事出现在对《古兰经》的大量注释作品当中,并且在穆斯林中极为流行,同时被认为是神圣的文本。当然,这一做法并不意味着赛义德·艾哈迈德·汗要与过去决裂。因为在他自己的《古兰经》注释中,他讨论了几乎所有重要的诠释者的观点和看法,并接受和遵循那些他认为是真实可靠的。他所希望的是强调当代生活已经变化了的条件、人类知识的进步和发展以及穆斯林所处的特殊情境都要求他们必须努力以自己的经验解决时代的问题。因此,应该解放思想,无惧古代的博学之士和思想家说了些什么。

在下面几个问题上他拒绝接受穆斯林中被普遍认为是真理的观念。在他看来,它们既没有得到《古兰经》的支持,在变化的环境中也不具备可实践性。比如,他认为乱石处死(rajm)这一被认可的对通奸罪的惩罚不能被接受。首先,《古兰经》中没有提及它;其次,古代教法学家之所以接受它,是因为这是当时阿拉伯人中流行的习俗,因此这是从阿拉伯人那里学来的。另外,阿拉伯人还有支付赎金给被谋杀者的亲属的风俗,这一风俗被理解为传统。但艾哈迈德·汗不认为这具有法律实践性,因此努力证明《古兰经》中没有提及对它的准许。

基于传统,在遗产分配问题上,人们普遍认为偏向法定继承人的遗嘱是无效的。但是在这一问题上,艾哈迈德·汗追随经文的有关规定,他强烈倡导按照遗嘱进行财产分割依照经文是有效的,就如现代继承法所规定的。

艾哈迈德·汗的宗教革新思想并不仅仅停留在抽象理论层次,本质上他是一个行动的人,而且现实促使他将思想付诸实践,就如他在阿里格尔建立大学对穆斯林进行教育;在宗教事务上,只有他能够给当时穆斯林面临的一些具体问题给出满意的答案,他的目标才能实现。当时基督教徒已经诟病多妻制、随意休妻和奴隶制等问题,对它们提出质疑和非难。艾哈迈德·汗以科学的态度解决每个问题,反复研究其正反两面然后给出最明智的解决方案。需要强调的是,直到今天他在这方面的成果仍然是有价值的。同样,关于继承、遗嘱、利息和某些刑事处罚问题,艾哈迈德·汗的解决方案仍然被南亚次大陆所有进步和自由的思想派别所推崇。事实上,由于他的科学和批判性的思考,他成为第一个提供了一种富有成效的思想模式的伟大思想家。"他是印巴次大陆第一个穆斯林,能够洞察西方文化与伊斯兰生活方式相结合的可能性并指出方法和路径来迎接现代思想的挑战和应对未来的发展。"①

多妻制问题:《古兰经》第 4 章第 3 节关于"多妻"的具体经文:"如果你们恐怕不能公平对待孤儿,那末,你们可以择你们爱悦的女人,各娶两妻、三妻、四妻;如果你们恐怕不能公平地待遇她们,那末,你们只可以各娶一妻,或以你们的女奴为满足。这是更近于公平的。"艾哈迈德·汗的主张与他之后的伊斯兰教宗教改革家不一样,他坚持认为多妻制是被允许的,是作为普遍的一夫一妻制的一种例外而存在。艾哈迈德·汗指出:"没有特殊事件发生时,自然的天性要求一个男人应该只有一个妻子……但是如果将此作为一个规则,那么只要一个男人没有和第一个女人分开就不能接近第二个女人,这种情况下就等于批准了这个男人可以很恶劣地对待自己的妻子;而且如果只有当妻子死亡或者发生什么意外时,他们才能分开,那么,有些时候男人就可能会采用某种非法的手段,甚至不再顾及基本的道德。因此,允许男子多妻在特定的环境下是符合人类天性并且有很多益处的。"②

奴隶制问题:关于这个问题,艾哈迈德·汗 1893 年发表了专门的论文《奴隶制的废除》。这篇文章的主旨是说明为何伊斯兰教在早期没有立刻废除奴隶制。虽然在伊斯兰教早期,奴隶制和其他很多前伊斯兰教的风俗一样,没有马上被取消,不过伊斯兰教禁止产生新的奴隶,而且通过对当时已经存在的奴隶设置种种规定,其实是在让奴隶制一点点取消。这是一种明智的做法,因为如果真的立刻给奴隶以自由,那么会招致不可想象的麻烦和抱怨。《古兰经》中关于对待奴隶的规定都是针对伊斯兰教最早期的奴隶。不过,最伟大的转折点出现在启示的第 47 章第 4 节,赛义德·艾哈迈德·汗称之为"释放经文"③。"你们在战场上遇到不信道

---

① *Sir Sayyid Ahmad Khan and Muslim Modernization in India and Pakistan*, p. 279.
② Sayyid Ahmed Khan, *Tafsir al-Quran*, vol. 2, p. 105.
③ 名称和该经文的规定都是赛义德·艾哈迈德·汗的首创。再没有其他的穆斯林现代主义者敢于这样就《古兰经》中关于奴隶的教义做出如此激进的解释。通常伊斯兰教改革家会指出伊斯兰教在改善奴隶待遇方面的作为,如对奴隶制设置限制,只有战争的俘虏可以被作为奴隶。而这已经为解放奴隶做出了第一步。参见阿米尔·阿里的《伊斯兰教的精神》(1891 年)第 379 页:"伊斯兰教并没有'神圣化'奴隶制,像某些人带着敌意所强调的,而是通过对其最苛刻的限制来实现其废除和消亡。"

## 第二章 南亚伊斯兰现代进程的先驱:赛义德·艾哈迈德·汗

者的时候,应当斩杀他们,你们既战胜他们,就应当俘虏他们;以后或释放他们,或准许他们赎身,直到战争放下他的重担……"因此,艾哈迈德·汗认为《古兰经》中对奴隶制和多妻制的务实态度在当时的社会条件下是在提高而不是破坏社会道德基础。

禁止高利贷和利息问题:这体现在艾哈迈德·汗对《古兰经》第2章第275节"……安拉准许买卖,而禁止利息。奉到主的教训后,就遵守禁令的,得已往不咎,他的事归安拉判决。再犯的人,是火狱的居民,他们将永居其中。"所作的注释。他指出:"在这节经文降示前,安拉肯定了那些将财产用于主道的人;(2:262)随后安拉谈到将财产施舍于穷困者的人以及他们的报酬;(2:273—274)同时安拉指出那些获取利息,不能仁慈对待自己窘迫债务人的人……因此很明显,从穷人那里获取高利贷是被禁止的……不过除了这种情况,那些富有的人,生活优裕,借钱是为了享受生活,为了购置地产或者修建房屋……那么我认为没有理由认为向这些人收取利息是被《古兰经》禁止的……同样的,在商业和贸易中还有许多贷款的事例……通过贸易,国家财富得到增长;这些情况下,利息应当允许被支付或取得,我不认为这种利息在《古兰经》中会被禁止。当然,有很多教法学教派,他们通过自己的判断和类比对此增设了很多条件。他们对利息的规定对贸易的发展是极其有害的。不过这些规定,不能从《古兰经》找到依据。"①

关于"偷盗者断手"的问题:《古兰经》宣布:"偷盗的男女,你们当割去他们俩的手,以报他们俩的罪行,以示安拉的惩戒。安拉是万能的,是至睿的。"(5:38)艾哈迈德·汗在对《古兰经》第5章第33节的注释中指出:这一惩罚只对那些发动战争反对安拉及其先知并且想要在地上建立不义的国家的人,……他们的手或足应该被砍去或者他们应该被拘禁。艾哈迈德·汗强调:这一节关于砍去手或足的规定,以及同一章第38节砍去小偷的手或足,都不是"必须如此";这是错误地理解了先知的诫命,因为:(1)在33节中砍手足或者监禁是两个选择项;(2)在一个案件中,只有所有的法官都确定是盗取物品罪,砍手或者砍足才能被执行,否则和第33条一样,也不是必须的;(3)我们有充分的证据支持,如果同伴的手没有被砍去,那么剩下的唯一的惩罚就是监禁。艾哈迈德·汗认为,这一体罚只是在"一个国家甚至不能提供监禁……并且这个国家只有依赖体罚才能

---

① *Tafsir*, vol. 1, p.306.

制止犯罪和确保人民安全的情况下实施的,虽然,这是野蛮的刑罚"。①

关于圣战:艾哈迈德·汗指出:"很多人批评伊斯兰教,因为它不认可克制、忍耐,因此穆斯林不允许其他人在宗教规定方面与他们不同……但是这是一个极大的误解,是无知的表现……当然确实有穆斯林哈里发和国王们忽视宗教戒律,他们行为恶劣,放纵贪欲行侵略等不义之事:这与伊斯兰神启的教义和伊斯兰教精神的纯洁性是相悖的。""伊斯兰教不允许侵犯,也不会将用武力传播伊斯兰教神圣化。"② 只有两种情况下允许诉诸武力:(1)当仇视伊斯兰教的不信者为了消灭伊斯兰教——不是单纯的领土侵略——而攻击穆斯林(渴望得到领土的侵略战争,无论是在两个穆斯林国家之间,还是在穆斯林和非信仰者之间,都是世俗的事务,和宗教不相干);(2)在一个国家穆斯林不能和平的生活并履行自己的宗教职责。在这两种情况下战斗才被称为圣战。"③

---

① *Tafsir*, vol. 2, p. 202.
② *Tafsir*, vol.2, pp. 234—235, pp. 238—239.另外现在西方学者已经普遍承认伊斯兰教统治者相对更体现宗教宽容;如 G. F. von Grunebaum 的《中世纪伊斯兰教》,第 178 页:"(官方的中世纪穆斯林)对有经书的人,如犹太人和基督徒,没有任何强迫改宗或想要消灭他们。这里伊斯兰教作为宽容的宗教的名声被肯定。"
③ 或许必须要看到一些学者注意到伊斯兰教的护教倾向而不能就"圣战"达成清晰的一致意见;如马吉德·哈杜利的《战争法和伊斯兰教中的和平》(1940 年)第 30 页:"更清晰和准确的语言来表述,圣战可以被认为是永久的战争的教义……这一针对不信者的战争状态将持续到全世界都伊斯兰化。"

# 第三章　南亚穆斯林宗教哲学家：穆罕默德·伊克巴尔

1877年11月9日伊克巴尔出生于旁遮普邦锡亚尔科特一个穆斯林家庭，1938年4月21日病逝于拉合尔。他61岁的生命开始于1857年印度民族大起义的20年之后，结束于1947年印巴摆脱英国200多年的殖民统治、获得民族独立之前近10年。他一生的活动范围就在1857年至1947年这一历史时期的61年中。作为历史人物的伊克巴尔当然是这一历史时期的产物。作为在这一历史发展过程中有过重大影响的人物，他代表着当时的某种时代精神和历史潮流，表达了某种潜藏的集体的愿望和需求，因而获得人民的理解和赞同，并最终转化成人们的集体行动，使他的思想在历史中获得实践的结果。

伊克巴尔在这样的历史境遇中出生、成长、受教育、思考、开展他的各种活动。他的思想受制于时代，也受制于他的出生、教育、环境、民族属性以及个性气质。他生在伊斯兰教家庭，6岁开始接受当地的传统教育，学习阿拉伯语、波斯语、乌尔都语和旁遮普语诗歌。1888年进入锡亚尔科特苏格兰教会中学学习。1895年进入旁遮普大学国立学院，修读英语、阿拉伯语和哲学。1897年3月开始攻读哲学和法律的硕士课程。1899年获哲学硕士学位。1905年9月赴英国剑桥大学，1907年11月获德国慕尼黑大学哲学博士学位。1908年7月获林肯法学院的律师证书。1908年10月成为拉合尔高等法院注册律师，后来还兼任了国立学院的哲学教授。1923年英国政府授予其爵士称号。1926年7月参加旁遮普省议会选举，1927年至1929年任议员。1931年11月参加英印圆桌会议。完整的西方教育，使他成为当时印度知识精英之一，从而进入英国殖民统治体系中，拥有较高的地位和社会影响。

面对17世纪以来伊斯兰世界一步步走向衰落，各地的穆斯林思想家、改革家开始了思考，印度穆斯林思想家和改革家也开始了思考，伊克巴尔自然也加入到这个行列，成为他们中的一员，与他们一起回答现实中的问题。他承袭了一系列思考者、探索者与实践者的成果。伊克巴尔思想的西方背景,使他一方面对西方强盛的接受和认可,他看到了西方近现代历史和科学思想所表现出的巨大的活力。他接受西方教育,接受其新的正在发展的知识体系及观念,认可其现实力量之下的优越性,认可作为一个评价标杆和赶超对象的西方。另一方面把西方作为一个伊斯兰理想的异己力量,一种敌对的腐败与堕落,陷入迷误与歧途的力量,一个被批判的需要克服的对象。他从西方获得一种工具,一种批判的武器,同时也将西方视为批判的对象。还有一方面,就是他对西方社会内部发展出的革命思想、社会主义思想运动、十月革命等等也非常关注,将它们当作他思想的一种参照。

伊克巴尔思想论述方面的著作不多,和他思想的巨大而深广的影响相比几乎不相称。他的影响涉及各个方面,从最抽象的哲学方法和态度到最实际的生活的道德原则与政治体制。他的思想论著,只有一部《伊斯兰宗教思想重建》,一部《波斯形而上学的发展》,一些零散的文章、讲话和书信集。在他的这些作品中,《波斯形而上学的发展》是他的博士论文,发表于1908年,是他年轻时候的思想的反映,与他后来的思想有很大差别。他的一些零散文章都反映和体现了他思想历程中各阶段的思考和认识,这些文章和《伊斯兰宗教思想重建》有着紧密的关系,很多思想都被纳入到《伊斯兰宗教思想重建》之中,并在其中得到了系统全面的论述。《伊斯兰宗教思想重建》收集了他从1928年到1929年发表的6次演讲和1932年的一次演讲。他当时50岁出头,经过长期的探索,对各种问题的思考已趋于成熟。他1908年从欧洲求学归来之后,思想有了重大转变。从年轻时的民族爱国思想转向伊斯兰宗教文化思想。20世纪10年代和20年代他一直在思考、探索一些与伊斯兰的宗教历史和现实相关的根本问题。这些20年代最后两年发表的演讲,是他一生的思想精华,凝聚了他一生的思考,他的思想在这里得到了系统、全面和深刻的阐述。在这些演讲发表之后,1934年他身染重病,直到1938年去世。他构思的《伊斯兰法律思想重建》也只是停留在准备阶段(他为此请了毛迪杜作他的秘书)而未能写出。因此,这些演讲也成了他思想的绝唱。很显然,对伊克巴尔思想的研究,重点在于对《伊斯兰宗教思想重建》的研究。

## 第一节 认识论

伊克巴尔的认识论是确立在康德和安萨里的认识论的基础上的。他接受康德和安萨里的前提,即理性的有限性、理性无法证明宗教的神圣。但他拒绝了康德和安萨里的结论:即理性无法认识无限的绝对的存在(上帝)。伊克巴尔认为理性虽然是有限的,理性知识也是有限的,但理性对知识的寻求是无限的。理性知识的内部就包含了无限性,就像一粒种子虽然不是树,却包含了一棵树的全部可能性。理性知识的这种充满活力的无止境的向前发展本性,使得理性知识突破了自身的有限性的拘束,抵达无限。理性认识可以到达终极真理(上帝)。他认为宗教必须寻求理性的基础。他的意图就是让宗教获取康德所放弃的科学的力量。他要做的就是把宗教科学化和知识化。

### 一、发展观念下的知识

伊克巴尔持有一种范围非常广阔,包含一切的发展、进步、完善的观念。认为不仅仅是历史在发展进步,宇宙创造和个人精神也在发展。一切都在进步、发展,都在运动、变化。因此他把知识摆在中心位置,作为"合法性"的根据。

#### 1. 持续创造的创世论和宇宙观

创世论是一神教神学中非常重要的理论。它与对现实世界和现实中的人的生活的认识息息相关。通常认为,上帝创造世界是一次性完成的。这种静止、完成的创世论与宇宙观导致的结果是:人们会认为世界不会有新的事物产生,一切都是固定不变的;因此也用不着接受新事物,学习新事物,改变自己以适应新的变化与新的现实;因为根本就没有新事物,也没有新变化。但伊克巴尔提出了不断创造的创世论。他认为上帝创造宇宙,创造世界,不是完成的、结束的、静止不变的。他认为上帝创造的宇宙,还是会扩张的。上帝创造宇宙自然的变化,创造了日月星辰的运行,创造了昼夜四季的变化,创造了五光十色、变化多姿的各种自然现象。这些变化的万物留有上帝创造的印迹。人类观看、沉思、研究这些印迹,就能更深入、更真切地理解到上帝,认识到上帝的存在、上帝的力量、上帝的本质。

伊克巴尔通过这样的论述,把知识,也就是对自然万物变化的观察与研究,变为了认识上帝的途径,是必须的。宇宙是变化的,这样也就是说会有新的事物出现,会有新的变化发生。一切不是完成的,而是在进行之中;不是停顿的,而是在发展之中。这就意味着人的处境与状况是变化的,人也必须适应这种变化,跟随这种变化。这就意味着要注意新的事物,要学习新的知识。在一个固定不变的世界之中,人们不需要新知识。在一个发展变化的宇宙,知识便是我们最好的途径。这种不断创造的创世论是伊克巴尔思想中非常引人注目的闪光点之一。

2. 发展的历史观,进步的科学观

伊克巴尔有着非常明确的历史发展观念和科学进步观念。他《伊斯兰宗教思想重建》一书的开头对处于停滞状态伊斯兰教宗教思想进行了批判。他非常明确地指出自己努力的意图之所在和推动自己这么做的原因,那就是历史的发展和科学的进步。文中大量出现的"停滞"、"发展"、"新信念"、"新感受"、"新观点"、"新图景"、"新方式"、"新一代"、"新指向",等等,强烈地表现了伊克巴尔对历史发展的极度敏感,对现实生活的极为关注。他还提到了科学,提到了爱因斯坦的理论,以及这一理论对宗教与哲学的影响。这种对历史发展的压倒性力量和步伐的认同,使伊克巴尔对知识极度重视。因为知识正是这种不断地发展的历史和进步的科学所产生的,知识正是新的历史阶段呼唤人们去思考,又是应对新情况、新环境必须借用的工具。如果历史是停滞的、不向前发展的,或者说这种发展是无关紧要的,那么也就不会有新知识的产生和对新知识的渴求,也就没有了知识。一些只专注于内心、不理会外在的客观世界的时间的伊斯兰教派别,就是认为外在的时间是毫无意义的。

强调人类精神价值的永恒和强调人类精神生活随物质科学的发展与进步一同发展变化,是两种贯穿人类思想史的对立的思想倾向。这两种思想互相斗争的场景在人类思想史上随处可见。通常强调价值永恒固守传统的思想被称为保守派,而主张与时俱进、探索新的思想表达的被称为革新派。无神论者,唯物主义者作为革新派在逻辑上可以说顺理成章;而虔诚的教徒,相信人类的目的在于得到上帝的拯救的唯心论者,要成为革新派就很不容易,因为他必须克服他的信仰,他相信那是永恒的、绝对的、至高无上、不会变化的价值和意义之所在;这一信仰与随时代变化而不断变化的现实世界之间,存在着巨大的逻辑矛盾。他要以艰苦的努力才能在更高更深之处统合自己的矛盾。伊克巴尔一方面是坚定的伊斯兰教徒,一方面坚信历史的进步和发展。这是他思想的伟大之处。

## 二、知识的含义及其神圣性

### 1. 知识的两种用法

伊克巴尔经常使用的知识有两种含义。第一种含义是和思想、理性合为一体的;与蒙昧、迷信和直觉、启示相对的;是一种思想方式和思想态度。在使用这一种含义时,知识一词经常和思想、理性等词语混合使用,根据上下文互相替代。

他肯定知识,相应的也肯定理性。但是有时候他的理性的含义并不完全等同知识。因此,他在肯定知识(理性)之后,又肯定康德和安萨里反对理性主义的工作。他认为理性主义者摒弃了神圣的教条之后,只能把道德建立在功利的基础上,是错误的。他肯定康德和安萨里对理性的批判,认为理性不能认识上帝,不能证明一切。但他又反对康德和安萨里的理性局限论,认为思想(知识、理性)是可以认识无限(上帝)的。他肯定安萨里在证明理性范围内无法认识上帝之后,转入通过神秘体验来证明上帝的存在。但他反对安萨里切断直觉(他用来替代神秘体验)和思想(他用来替代理性)之间的关联。

伊克巴尔把知识和理性,当作一个不停地向前发展的整体,不停地揭示自身所蕴含的认识的可能性。因此,单一的每一次的知识,局限于特定的时间中,都是有限的;理性的每一次思考所触及的范围也是有限的;但由于知识、理性的向前发展的性质,这种性质是理性、思想本身所具有的,也就是其内部具有无限性,因此,思想、理性、知识,是可以捕捉到无限的;理性和知识可以越出其有限的限度。这是伊克巴尔思想中的重要内容,它表明伊克巴尔对知识的服膺,表明他对理性思想的尊崇。伊克巴尔对知识的这种含义的肯定是非常明确的。他认为宗教比自然科学更需要为其最高原则寻求一个理性(知识)的基础,宗教无法忽视在矛盾的经验之间寻求妥协。

他的知识的第二种含义是和科学相一致;指的是关于真实世界的有客观内容的,基于具体经验和观察、分析之上的认识;遵循严格的科学方法得出的科学研究结果。这种知识是通过对外部世界的观察、归纳而总结出来的知识,掌握了这种知识就可以获得支配外部世界的力量。它与人通过内省、通过纯粹的思辨得出的抽象认识相对。这种知识是人与世界发生关系,在人与世界的交互关系中产生的,它与那种纯粹沉溺于个人的与外部世界隔绝的精神冥想相对。强调这种实践知识,这种实际生活中产生和运用的知识,伊克巴尔一方面是出于反对希腊哲学只专注于纯粹思辨,另一方面也是出于反对苏非派只沉湎于与世隔绝的精神冥想。他说:"人被赋予了给事物命名的能力。给事物命名,也就是形成事物的概念,形成事物的概念就是把握他们。因此,人的知识的特点是概念性的,运用这种知识概念的武器,人接近可观察的真实世界。"[1]

知识是对真实的、物质世界的把握和控制。在对穆斯林思想史上的希腊哲学的影响进行批判时,伊克巴尔所指的知识就是这一种含义。他把希腊哲学看成是与实际世界无关的纯粹思辨,把伊斯兰教的源头看作是注重对现实世界的观察的科学精神的源头。伊克巴尔把这种科学知识看作是现代文明和古代文明的区别之所在。古代文明只是以内省的方式去接近真实,只是在内省中向前发展。这种内省方式所产生的理论无法给与他们现实的物质力量,而没有理性科学基础,文明就不能持久强大。

伊克巴尔极力推崇这种作为物质力量的知识。这是他这位注重现实的思想家极其希望伊斯兰世界拥有的力量。但同时,他也不忘强调精神的宗教传统,赋予这种知识以精神的价值。他称这种知识,克服周围现实环境的围困,而成为解放的力量。人借助知识,不断地克服外部世界的障碍,这过程可以磨砺人的精神,丰富和扩张人的生命,使人的洞察力更加敏锐;这有助于我们对人类经验的微妙层面更成熟地介入;我们对时间中的事物的思考,会训练我们的智能,使我们更能看清超越时间的永恒的精神图景。他的意思简单地说,就是客观世界的知识有助于内心精神的发展;科学训练有助于宗教修炼。

2. 知识的神圣性

对知识只进行实用主义的阐述,只是从现实的功利性来阐明知识的重要性,对无神论者足够了,但对伊克巴尔和伊克巴尔的受众是远远不够的。因为他们是伊斯兰教徒,信仰真主和《古兰经》,以宗教的神圣精神来俯视尘世生活,来判断现实选择和态度的正当性与合法性。所以,现实中的一切,要符合这种最高的宗教神圣精神,才具有真正的信服力。由此,伊克巴尔赋予了知识以神圣性,建立知识与神圣宗教之间的关联。他对知识作这样的阐释,对我们无神论者来说,自然是最惊奇、有趣,也最富有

---

[1] Iqbal, *The Reconstruction of Religious Thought in Islam*, Institute of Islamic Culture, Lahore, 1986, p. 10.

启发意义的。

伊克巴尔把知识看作是架设在人生活的现实世界和他的本质使命之间的桥梁。人所生活的现实世界和人都是上帝创造的；人的本质、人的使命也是上帝赋予的。伊克巴尔把知识放在人、人生活的世界和人的本质理想之间的相互关系中来看待。知识是人实现上帝赋予自己的使命的途径，这样知识就具有了神圣性。知识和别的宗教修炼的方式一样，引导人进入上帝的神圣之境。

伊克巴尔认为人的本质是自由、创造和自我完善。上帝创造人和创造其他事物有很大的不同，那就是赋予了人自由意志和创造的使命。这种自由意志和创造能力是上帝的本质，由于上帝对人的特别的恩眷，上帝才赋予了人这一本质。这是人类与其他万物的区别。上帝的其他创造物都不具有这样的本质。人根据自己内心的引导，投入自己的全部力量，来改变外部世界，以使这世界符合自己的愿望和目的。上帝鼓励人们的主动努力，并帮助这些主动改变自己处境的人们。人在与外部世界的交往中，通过把自己的意图在外部世界得到实现，来完善自己，完成上帝赋予自己的神圣使命。他认为："人的生命和他精神的提升，依赖于他与自己所面临的真实世界之间所建立的联系。"① 人与自己面临的真实世界的这种联系就是知识。

在伊克巴尔的自我完善理论中，他把人的精神的提升建立在人对现实世界的改造上。人要不断地提高自己的精神就要不断地投入到对现实世界的改造中。这赋予了现实世界和现实世界活动以重要的精神意义，也就赋予了知识以重要地位。因为改造现实世界，要认识现实世界，这一切全都依赖于知识。伊克巴尔的这一思想所针对的是传统伊斯兰思想，特别是苏非思想的某种倾向。这种思想认为外部世界，整个现实世界，都是虚幻的、毫无价值的，与精神无关，可以置之不理。人要摈弃外部世界，只专注于自己的内心精神就行了。这种对外部世界的漠不关心自然使与外部世界相关的知识变得毫无意义。伊克巴尔的自我完善论，是敞开的、充满活力的；外部世界和知识具有极为重要的地位，是精神完善的途径。

---

① *The Reconstruction of Religious Thought in Islam*, p.10.

### 三、作为知识的宗教

1. 宗教神秘体验是知识的来源

伊克巴尔把宗教看作是对世界的整体把握,是对生活的终极价值和意义的信仰。它和哲学相对,是通过内心的体验而做出的肯定。这种内心体验,他称之为直觉、神秘体验等等,因为与那种理性的分析和推论不一样,是难以逻辑化地传达的。把这样的宗教体验知识化,他要回答来自两方面的质疑。一是知识群体,这一群体认为宗教体验是非理性的,充满了迷信和谬误,不可能作为可以信赖的确切的知识。一是宗教群体,认为宗教体验是神圣的,有着无限的奥秘,非人的智能所能完全理解,把宗教体验进行知识化,是对宗教的贬低和冒犯。伊克巴尔对这两种质疑都做出了回答。

针对第一种质疑,伊克巴尔提出:宗教体验在人类漫长的历史中有着持久的主导性的力量,不可能把它作为一种幻觉而抛弃。宗教体验是人的全部经验中的一种,不能把正常层面的经验作为事实接受,而把其他层面的体验因其神秘性和情感性而摒弃。就获取知识来说,神秘经验像任何其他的人类经验一样真实,不能只因为它不能溯回感官感觉就忽略它。

针对第二种质疑,伊克巴尔认为对人的宗教体验进行批判性检查没有任何冒犯。这种质疑当然来自他所属的穆斯林社会,因此,他举了一个穆罕默德研究人的神秘心理的例子。据布哈里和其他传统派学者记述,穆罕默德观察过一个犹太青年伊本·萨伊德的心灵活动。他的出神状态吸引了穆罕默德的注意。穆罕默德测验他,询问他,检查他的各种精神状态。有一次,穆罕默德躲在一棵树的后面,听他自言自语。伊克巴尔认为这是伊斯兰历史上第一次心理学观察研究。

伊克巴尔也指出了对这种神秘体验的研究和把人的神秘心理知识化要面对的困难。一是这方面的科学研究非常少,才开始,还没有一套进行这一领域研究的科学方法。二是如何判定什么样的神秘经验是有价值的,什么样的是纯迷误的,也就是神学上的魔鬼问题:如何区别假先知、魔鬼与真先知、天使?伊克巴尔引用《古兰经》经文,认为撒旦是恶意进入神秘状态,冒充神圣。伊克巴尔认为正是在把撒旦的假冒从真正的神圣启示清除出去这一工作中,弗洛伊德的理论有着巨大的作用。

2. 对宗教神秘体验的知识化分析

他对宗教(神秘体验)的特征作出了理性分析。他把宗教神秘体验的特征归纳为5点:(1)神秘体验的直观性;(2)神秘体验不可分析的整体性;(3)神秘体验瞬间;(4)神秘体验是直接经验;(5)神秘体验与永恒。

伊克巴尔把这些分析称为初步的尝试,这些分析确实提出了很多有意义的看法,不过更重要的不是他的具体分析中的某一观点,而在于他的这种努力的方式本身。这就是力图将宗教神秘体验知识化,从而把宗教科学化、理性化。把那些非理性领域的体验也纳入到知识领域的范围内。一方面使宗教获得知识的权威,在理性知识的方法下获得更深入的认识,另一方面也扩大了知识的范畴,使知识不局限于感官感受和实际经验的范围内。伊克巴尔力图将东方伊斯兰教的宗教神秘体验进行分析,以纳入西方知识与科学的体系中,同时又将西方的知识科学的概念进行改造、扩张,使其融合东方伊斯兰教的精神内容。这是伊克巴尔最典型的思想方法,即把矛盾的观念调和成一个统一的思想。

## 第二节 存在论

### 一、统合的意图

伊克巴尔被称为伟大的综合者,也就是集大成者的意思①。他的存在论的最大特点在于,他致力于整合各个存在领域对存在的认识,把世界存在的各个部分的图像综合起来,以构成一个统一的、完整的、包容一切的图景。他一方面想以伊斯兰宗教信仰为中心,在科学、哲学各个方面的研究之上,建立起一个包容一切的宏大的神学体系。另一方面,也使这些科学和哲学的研究能为他的宗教神学思想体系提供坚实的基础。

欧洲在文艺复兴之后,原来由神学统率一切世俗学问,以信仰为中心构成的逻辑严密、等级分明、完整统一的意识世界,出现了分裂。这个神学世界是完整、严密、清晰的;从物质到精神,从生前到死后,从最微小的原子到最宏大的宇宙,从微生物到人到天使到上帝,每一样东西都有自己的一个明确的位置,万物都在此秩序之中各就各位;没有一个东西脱离在这整体之外,上帝是统摄这一切的核心。但丁式的宇宙图景是对中世纪基督教神学意识世界的最完整、最有力、同时也是最后的描述。它包括了地狱、人间和天堂,也就是全部的空间;也包括了过去、现在和未来,也就是全部的时间。这个包括全部空间和时间的宇宙,以基督教信仰为中心

---

① *The Reconstruction of Religious Thought in Islam*, Editor's Introduction, p. xix.

统合着一切。但丁被称为中世纪最后一位诗人。在这之后,这个统一的宇宙开始了四分五裂的进程,这个维系宇宙的信仰中心也开始了崩溃。这种统一的分裂,首先是哲学与神学的分离,哲学不再是神学的婢女,不再从属神学,哲学获得独立,有了自己的研究指导原则,根据自己的理性原则批判一切;最终导致传统的价值观念的彻底动摇。然后是科学与神学的分离。在布鲁诺(1548—1600)和伽利略(1564—1642)的科学研究受到宗教神学思想的干涉之后,在康德划定自然科学与神学各自互不相干的领域之后,对自然科学的研究不再受制于信仰的神学体系与价值的束缚;科学获得了独立的存在,在自己的研究领域内只遵循自己的原则,按自身的发展途径向前推进。科学带动的物质机械力量的独立发展,科学技术的不断进步,科学研究领域的越来越广,分工就越来越精细,也就是整体的世界越来越分割成部分以作为研究对象,对世界的整体意识自然越来越分裂。各学科关注的研究主体只在其内部,不再考虑其他了。宗教越来越退缩到纯精神领域,丧失物质力量,丧失自然必然性的强制力量和权威。只是作为内心精神的需要,不再有治病能力,不再有惩罚力量,不再有现实利益的宗教,其影响力也就不可避免地衰弱了。信仰中心的崩溃,开始于政教分离。欧洲在文艺复兴之后,民族国家兴起,统一的基督教的欧洲分裂为纷争不断的世俗政治权力的欧洲。脱离了宗教束缚的世俗政治权力,以自己的方式追求最大的利益,以现实计算的方式运行着。每个政治团体均要求自己的政治权力。各政治权力团体也互相妥协,但它们都只关注其自身内部的利益,不再考虑整体。这样,丧失了物质世界的必然性的强制力量,又丧失了世俗政治权力的强制性力量,西方的基督教一神教的意识形态也就结束了。基督教的一神教神学观念不再统摄整个精神图景。正是这种统一的神学图景的分裂,这种神学价值中心的崩溃,导致现在的西方提倡多元文化,反对中心,要解构一切逻辑的或神化的中心权威。在这种多元价值文化中,各种不同的文化观念可以相处,可以自由的发展;不再寻求一个围绕着唯一的中心,构造起来的包含一切的体系了。西方的文化发展,提出的是越来越多的个别的存在认识,这种对整体的分裂,既是物质世界的科学领域,也是精神世界的价值领域。在物质世界,科学的分工越来越细,人们对自然的各部分的认识越来越清晰,而把这些部分统一起来形成整体一致,也越来越困难。在精神世界,各种价值观念都被提出来了,要形成一个普遍一致的价值观也就越来越困难。

伊克巴尔所属的伊斯兰世界,依然是一神教的意识形态的世界。上帝是一切的核心,整个世界的构成和运行,整个人的存在和生活,整个社会的组织与运转,都是围绕着这个核心。脱离这个核心是不可接受的,因为那就违背了最高的统一性,违背了整个存在体系。一切都必须符合伊斯兰教。在世俗政治权力方面,宗教仍有着巨大的影响力,政教合一的思想仍然是主导思想。神学也没有放弃物质世界的必然性权威,信仰力量不仅是精神的,而且是有科学一样的物质力量。在伊斯兰世界没有发生欧洲文艺复兴那样的思想运动。哲学未能完全独立于神学,神学仍统摄这一切,构成一个完整的宇宙图景。信仰不仅是内心精神的,而且是生活实际的,左右物质世界的。因此,伊克巴尔的存在论,不是单独就某一领域的某一问题进行深入探讨,而是要把科学、哲学与神学整合起来。特别是把西方世界各科学领域中的各种新发现和新观念与古老的神学统合起来,提供一个新的更坚实的宇宙全景图。这就是伊克巴尔的存在论背后隐含的历史文化根由。

伊克巴尔的统合的存在论,是把科学研究所触及的物质世界和哲学研究所触及的思想世界,与宗教神学的价值意义世界统一起来。这种统一,当然是以宗教神学为核心。伊克巴尔一直耿耿于怀的就是伊斯兰世界因为科技落后,受西方列强侵略,整个伊斯兰文化陷入了衰弱。他念念不忘的就是希望伊斯兰世界重视科技的发展,依靠科学技术的力量重新焕发出勃勃生机,在世界文明之中有着重要影响。但是,在科学与宗教神学的关系中,他认为宗教神学是居中心位置的。科学是真理,但只是局部的真理,是相对的真理。只有宗教神学才是绝对的真理。因此,科学要服从宗教。同样,对于哲学,伊克巴尔强调哲学理性的重要意义;因为他知道,正是在这种哲学理性的引导下,西方文化才获得了长足的发展,才在与伊斯兰文化的对抗中获得优势地位的。伊斯兰文化要复兴,必须要借助哲学理性的批判力量。他的意图就是以宗教为中心,把科学与哲学统合起来。

## 二、物质的存在和人的存在

对物质的存在,伊克巴尔强烈反对的就是物质的客观实在性。他说:

"我个人认为实体的最终特性是精神性的。"① 这是伊克巴尔关于物质存在的核心观点。作为一个宗教信徒,他自然是一个唯心主义者,唯心主义者的首要任务自然是反对物质的客观实在性。但他和一般的唯心主义者不一样,他不是以形而上学的方式反对物质的实在性,而是从科学方面来反对物质的客观实在性。因为他所指的物质,既是物理学研究对象的物质,又是哲学概念的物质。他把这两者混成一体,认为通过对物理学概念的物质的固定性和确定性的否认,也就否认了哲学概念中物质的客观实在性。这一点一方面反映出伊克巴尔把各学科主题综合起来的思想特点,另一方面也反映出伊克巴尔的思想不够精细。

他首先用现代物理学的新发现去否定经典物理学的物质观。他引用别人对爱因斯坦的相对论的影响的评论:

物质,就一般感觉来说,是在时间中存续在空间中运动的某种东西。但对现代相对论物理学家来说,这种观点已站不住脚。物质,不再是有着各种状态的固定物,而是一个互相关联的事件系统。古老的固定性消逝了,一同消失的还有唯物主义者认为的物质比飞逝的思想更真实的特性②。

这样通过取消物质的固定性,把物质看作和一闪而逝的思想一样,没有确定不变的属性,就取消了物质那固有的不受任何条件限制的客观实在性。物质就成了有条件的,依赖于一定的条件,不能自己决定自己,没有恒定不变的属性的东西了。物质被转化成了精神性的存在,和飞逝的思想一样。

然后,他继续否定与物质的确定性相关的时间和空间的确定性。"把自然视为纯物质的科学观,是与视空间为容纳物体的绝对空无的牛顿式的空间观紧密相连的。"③ 这种绝对的空间观念,把空间看成是固定的,静止的存在。把空间分隔成一个个孤立的静止不变的空间单元。置身在这些孤立静止的空间单元的物质,自然也就被看成是固定的、确定的客观存在了。同样,把时间看成是直线性的绝对存在,就会把时间分割成一个个孤立静止的时间单元。这些孤立静止的时间单元是绝对的客观存在,那置身于时间单元的物质也就成了绝对客观的存在了。伊克巴尔以相对论

---

① *The Reconstruction of Religious Thought in Islam*, p. 31.
② Ibid., p. 28.
③ Ibid.

为依据,指出这种不依赖其他物质,绝对独立的空无的空间是不存在的。

在用科学(现代物理学)反对科学(经典物理学)之后,伊克巴尔用自己的思想(他的这一思想出自他的形而上学的思辨,而不是可检验的科学观念),对他刚刚使用过的锐利武器——现代物理学的代表相对论——进行了批判。他说:"在我看来,把时间视为第四维空间,那就取消了时间。"①因为把时间看作空间中的一维,那就意味着时间已经是确定不变的了。未来要发生的事情早已确定,只是在遥远的某处,等待着进入我们的视野。时间是确定的,那就意味着时间中的一切也是确定的,这就会出现宿命论。而伊克巴尔的神学思想是不接受宿命论,而坚持意志的自由创造。他主张时间是一种自由的存在,包含着各种可能性,但事件总是在发生的时刻才发生。

这样通过现代物理学对经典物理学的否定,又经过神学对现代物理学的否定,最后伊克巴尔得出结论。他说:"科学的态度,毫无疑问,保证了其快速的发展,但把全部经验分为对立的物质和意识领域,现在迫使它面对自己内部包含的困难。"②他的结论就是:把全部经验分成对立的物质和意识是不对的。也就是要取消物质和意识之间的区别与差异,从而也就从根本上取消了物质的客观实在性。

但是,伊克巴尔又没能完全否定物质的客观实在性。因为完全否定物质的客观实在性,也就否定了以物质的客观实在性为基础的自然科学。这当然是他不愿意的,他对自然科学是非常看重的,他耿耿于怀的就是要在伊斯兰世界倡导科学,使伊斯兰世界拥有科学的力量,使伊斯兰文化得以复兴。他知道这种复兴,是要依靠物质力量,依靠经济、军事实力的,而不仅仅是精神信仰的力量。而科学技术就是物质力量,就是政治、经济、军事实力的保证。于是他想出的办法是,物质在绝对的根本特性上是精神性的,不具有客观实在性;但物质在相对的条件下又是具有客观实在性的。也就是在物质的精神性的绝对前提下,为物质的客观实在性留下一些空间。对物质的这种客观实在性加以限制。这种客观实在性是相对的,是有条件的。对伊克巴尔来说,坚持物质的精神性,就是坚持宗教信仰;因为宗教信仰意味着一切都是由精神主宰的,没有不受精神主宰的物质。而保留物质的客观实在性,也就是保留科学的合法性。

---

① *The Reconstruction of Religious Thought in Islam*, p. 32.

② Ibid., p. 28.

### 三、生命和意识的存在

对于生命的存在,伊克巴尔首先把它看作是有自主性的存在。他从生命的生理机能方面谈起,生命是一个有机体,具有复杂的内在性。驱动生命活动的是其内在动力、内在原因。虽然可以运用物理或化学的机械原理来解释一些生命现象和生命活动,但是这种物理或化学的机械原理无法解释全部的生命现象和生命活动。这些机械原理无法解释的生命现象和生命活动正是生命存在的本质所在。生命能维持自己的存在,生命能自行繁殖,这就是机械理论无法解释的。这种复杂的生命动力的活动,是远远超出机械论的范围的。这些正是生命存在的根本特性。

伊克巴尔对生命存在的第二点认识是:生命的存在在于其内在意识;生命不仅是肉体的生理机能,更重要的是内在的精神意识。生命的意识无时无刻不处于变化之中;我们的感觉和意识无时无刻不处在变化之中;我们的意识就像溪水无时无刻不在流淌。生命中,没有什么是静止不动的;这永远的流淌没有停顿,没有歇息。这种流动性不仅是生命存在的方式,而且就是生命存在的本身。

在有关生命存在的流动性这一点上,伊克巴尔几乎是完全搬用柏格森的观点。柏格森认为,一切都处于运动之中,运动是先于物体的。宇宙就是运动,是运动产生物体,在运动的过程中物体才出现的;而不是相反,不是物体产生运动;不是先有了物体,然后物体再开始运动。因此,实体一直是处于生成状态,一直是处于正在进行、正在发生之中;这种生成永远不会停止,不会结束,不会处于完成的静止状态。传统的形而上学用概念来描述实体时,这些概念把实体固定下来,这就把处于生成状态的实体变成了完成状态的实体,把运动的完整的实体,变成了静止的部分的实体。概念的实体已不是真正的实体了,人们用这样的概念来表达和思考,自然不会得到正确的认识。柏格森认为传统形而上学的错误就来源于此。柏格森把这种一直在生成之中的实体称之为绵延。在绵延中,一切都是互相关联的,是无可分割,过去、现在、未来都是融合在一起的,不是成线条一样排列,过去也包含在现在、未来也一样包含在现在;一切都是一个单一的运动的现在,一个不能划分的整体。这种绵延才是真实的实体。

柏格森划分出两种时间,一种是纯粹时间,一种是物理时间。纯粹的时间就是绵延的,持续不断、不可分的整体;没有过去、现在和未来,过去、现在和未来互相勾连,无法区分。这鸿蒙开辟之前混沌一团的时间,是真正的时间。物理时间是把混沌的整体时间打碎,把这打碎了的时间放在空间中来想象,把时间空间化,变成空间中的一条直线,变成可以划分,可以度量的时间。这种物理时间是直线的,有过去、现在和未来的区分;有长短之别,可以进行数量的计量。

伊克巴尔比照这划分,提出了神圣时间和与神圣时间相对的世俗时间。神圣时间就是上帝所在的时间,上帝的时间像纯粹时间一样,是一直在进行的,上帝的创造也一直在持续。上帝的时间既是一瞬间,又包括过去、现在和未来的一切时间。尘世的时间是流动的,有过去、现在和未来,在一条直线上向前。他以此来解释上帝创造了时间,但并不受时间的限制,上帝的创造也不受时间的限制;人受时间的限制,不能用人的尘世的时间去想象上帝的时间。人的时间会过去、消失,会到来;上帝的时间一直是"流动的不动"。

伊克巴尔对生命存在的第三点认识是,生命意识的目标和目的性。在对生命意识的目标性和目的性的肯定这一点上,伊克巴尔是反柏格森的。柏格森认为生命意识是流动不居、变化不息,这种意识的流动是任性的,独断的,随意的;没有方向,是混乱的。它没有预先的目的和目标,它并不达成什么,这种变化和运动,不是为了什么而变化和运动,而是为运动和变化本身而运动和变化。这种运动变化就是意识活动的本身。柏格森认为宇宙就是运动,这运动不依赖于任何物体,这运动本身就是实体。

伊克巴尔认为生命是一系列注意和行为,无论是在意识或潜意识之中,如果没有一种目的指向性,那人的注意力和行为根本无法想象。正是这种指向性的愿望在引导着人们的意识,如人在沙漠中,对水的强烈渴求,会使人把沙子认作是湖水。同样,在整个人的生命意识中,总是会有目标和目的在前面引导。这种意识的目的和目标,并不意味着对意识的预先规定,不意味着意识必定会沿着一条固定的路径向前,达到预定的目标点。这种目的和目标意味的是人的意识在向前时,会不断形成新的指向。

通过赋予生命以目的和目标,伊克巴尔把生命的存在引向了价值领域。伯格森的观念可以看作是纯科学的事实的分析,这种分析是不含价值判断的,也不赋予存在的意义。就像所有科学研究一样,这些研究只是客观事实的分析和观察,伊克巴尔把这些研究分析对象本身引入价值领域。给与生命存在的目标和目的,也就是赋予了生命存在以价值和意义。这种价值和意义正是宗教神学的核心问题。科学探求的是事实本身,宗教和信仰探求的是世界和生活之上的目的和意义。

伊克巴尔对生命存在的第四点认识是,生命在自我中达成统一。世界的实体也是自我,因为只有自我才能在绵延中把世界纷繁的多样性统一起来,才能在一瞬间把握住一切。生命的实体是自我,因为只有自我在欣赏时间中把生命存在的纷繁的多样性统摄成一个不可分的整体。最高实体(上帝)也是自我,唯有把他视为自我,他才能把我们众多的个体生命和思想,统合起来,成为所有个体生命的终极源泉。这样,世界、人、上帝都统一起来了。

我们由此看到伊克巴尔的存在论,从科学开始,以科学的探讨开始,最后进入了宗教神学领地。他的全部工作就是一步一步,从生命的生理机能,到生命意识的运动,到生命活动的目的性,到生命的自我综合,最终完成了把科学研究化入神学论证之中。世界的存在变为上帝的行为,科学对自然的观察研究,是在寻求与上帝建立亲密关联,人的科学研究是对上帝的崇拜和奉献。科学最终融入神学之中,一幅从人间到天上的统一图景最终得到确立。

### 四、创造者与全能者

1. 创造者上帝

创世论是一神教神学中非常重要的理论。伊克巴尔的创世论的第一点是,上帝的创造是一种内在的创造。他认为上帝是包容一切的存在,是无限的,在上帝之外别无它物。上帝是一种自我存在,自我启示,无需其他存在作为参照对比以确立自己。人的存在和上帝的存在完全不同。人是有限的,在人的存在之外是巨大的非人的存在。人的存在需要一个他者的存在来确认,人的存在是在与非人的存在的对比中显示出来的。人的认识是一种主体和对象的关系,是人对某一事物的认识;这一事物是外在于人的认识本身的。认识者、被认识者、认识本身,是分别独立的。

上帝的无限存在不是空间和时间那样的无限;空间和时间的无限只是外部的无限,不是真正的无限。因为时间和空间本身只是上帝存在的表现形式;宇宙也只是上帝存在的部分表现,而不是全部。上帝的存在是超越时间和空间的;同时,也超越主客体界限。在上帝的全知中,上帝既是认识主体,又是认识客体,还是认识本身;他既是知识,又是知识的对象,还是知识的创造者;上帝自己创造了对自己的认识。因为不可能有比上帝的无限性更大的存在,以容纳下上帝的无限;上帝的无限性只能是内部的,不可能是外部的;是其内部创造的无限可能性。

因此上帝的创造也是内在的。上帝的这种内在的创造和人的创造完全不一样。人是有限者,人之外有无限。在人的创造活动中,人是创造者,有创造的意图,有用于创造的材料,有创造的活动和过程,最后有创造出的成品。这一切都是各自分离的,独立的,彼此外在于他者。上帝的创造是一种内在的创造。是自己内部的无限的创造可能性的实现,无需像工匠一样假借某些材料。上帝的创造不会落空,不像人的创造是为了追求一种外在的理想的目标,很有可能实现不了。在上帝的创造中,他既是创造者,又是创造的对象,又是创造的材料,又是创造本身。

伊克巴尔的创世论的第二点是上帝的创造是持续的创造。基督教《旧约》"创世记"中说,上帝在六日内完成了创造世界的全部工作,把第七天作为休息日。宇宙被创造之后,就一直保持上帝最初创造时的那个样子,不会变化。上帝完成第一次创造之后,休息了,无需再创造什么了,因为上帝的创造非常完美、非常完善。完美和完善的标志就是不用再增加,不用再改进了,无需再补充。同时,上帝的完美也意味着什么行为只需一次就完成。需要两次才能完成的,那第一次就是不完美的。因此,上帝一次就创造出了全部:全部的宇宙,全部的历史。这是一个完成的、静止的、不会改变的宇宙,一部确定了的历史。

伊克巴尔指出,如果上帝的创造是一次性的,一次就结束了全部的创造,上帝创造的世界是完成式的,那么,上帝就会成为置身于世界之外的旁观者,是世界的无关者;这宇宙发生的一切都与上帝没关系了;就好像上帝创造完世界之后,就把它扔掉,扔在空空的时间和空间中,再也不管了。这也意味着上帝创造这世界,是一时的冲动,并没有什么意义,创造完了,也就把它丢了,忘了。这显然不对,上帝创造世界绝对不会是任意的,而是有意义的;上帝也不会把自己的创造丢下不管。伊克巴尔指出创造的完美不是静止的,而是指创造本身的广阔无限。

伊克巴尔关于创世论的第三点认识是,上帝的创造是自由的创造。它不是预先规定设定好了,然后,事情按既定的秩序依次出现。它没有预定路线,没有预定的计划和结构。同时,也难以想象,还有什么在上帝之外的存在,能为上帝的创造提供必须执行的计划和目的。因此,上帝的创造是自由的创造,上帝创造的一切都是在当下发生的,当下出现的。

伊克巴尔坚持自由创造论是为了反对那种机械重复论。这种机械论认为上帝的创造是有限的,上帝是有限的。伊克巴尔坚持自由创造论,也是为了反对宿命论。因为否定了上帝的自由创造,实际上就是否定了创造,也否定了自由;就会落入消极的、无能为力的宿命论。他对斯宾格勒把伊斯兰文化称为宿命论文化一直耿耿于怀。他一方面挖掘伊斯兰文化的自由意志和自由创造论的精神传统,批驳斯宾格勒;另一方面也承认穆斯林传统中有很多宿命论思想,并对这些思想进行清理。反宿命论是伊克巴尔最核心的思想目标之一。伊克巴尔在坚持自由创造论的同时,也肯定上帝创造中的目的论;当然,是在澄清这种目的论不会导致宿命论的前提下。这种目的论是指在创造的过程中,不断形成的创造活动的指向性。这种指向性本身也是处于进行时态的,在形成之中。这种目的性并不妨碍上帝创造的自由,而是上帝自由创造的一部分。

2. 全能者上帝和人世的痛苦

上帝的全能就是指上帝是整个宇宙的主宰;无论是人的生老病死,还是民族的兴亡衰盛,无论是自然现象,还是人的内心与行为,一切有形或无形,一切说到或没说到、想到或没想到的,都听命于上帝,上帝的意志左右一切,或者说一切的存在都是上帝意志的体现。没有人、没有物、没有事件、没有思想能脱离于上帝的掌握之中。当然,上帝这无所不能的绝对权力并不是盲目的、任性的,想干什么就干什么,想怎么干就怎么干,毫无节制、毫无目的的滥施乱行。因为伴随着上帝的全能,还有上帝的至善。因为上帝就是至善,上帝的意志、上帝的权能当然也就是至善的。这里就产生了一个极为尖锐的问题:全能和至善的上帝,为什么创造的人世之中这么多的苦难和邪恶?

伊克巴尔认为上帝的全能意味着一切权力都来源于上帝,但不意味着上帝把一切都管得死死的,一切都是上帝规定好了的。上帝允许人的独立存在,赋予了人创造的自由,把自己的全能与人类分享了。上帝自愿约束自己的全能,以给人类独立自由的存在留下空间。当然,人的自主创造的权利仍然是上帝的,只是上帝授权了,由人来行使。这样,人在获得了自由和权利的同时,要承担自己的责任。在这种关系的解释中,伊克巴尔是大胆的,他让上帝的全能、自由受到了限制,由此获得的自由空间赋予了人。虽然,这自由本身还是来自于最高存在上帝。

## 第三章 南亚穆斯林宗教哲学家:穆罕默德·伊克巴尔

对于人类痛苦的来源,痛苦的目的和意义,伊克巴尔是通过对亚当和夏娃被逐出乐园的故事的阐释来回答的。他指出在《古兰经》中,并不像在《旧约》中那样,把伊甸园描写成天国乐园。《古兰经》中描写的没有饥渴、没有冷热、没有犯罪的伊甸园,代表的是无知无觉的原始蒙昧状态,而不是美好幸福生活;人的意识在那里根本就没开始。他把亚当和夏娃被逐出伊甸园解释为:"它的目的是要表明,人从原始的本能欲望状态上升到了拥有自觉意识的状态,有了自由的自我,能有怀疑,能够违抗。这一被逐不含有任何道德上的贬低。它是人从简单意识向自我意识的转化,是人的自我意识的第一次闪光;是伴随着自我存在中的个性因素的悸动,人从自然之梦中觉醒。《古兰经》并不认为大地是流放场所,本质邪恶的人类因为原罪而被囚禁于此。人的第一次违抗行为也是他的第一次自由选择行为;这也是《古兰经》中,亚当的这次错误之所以被宽恕的原因。善并不是强迫性的,而是自由的自我服从道德理想,自由的自我与道德理想自愿的结合。"[①]

伊克巴尔摒弃了基督教神学的原罪论,抛弃了那种阴沉沉的被动无力感,代之以令人振作的激扬音调。被逐出伊甸园,不仅不是堕落,而且是一种自我觉醒,是一种存在意义的上升。被逐出伊甸园是一件积极的事情。这与基督教神学把它视为苦痛之根源,有了天壤之别。被逐出伊甸园不是从幸福的至高点的坠落,而是从存在的最底点的跃升。人们受苦的根源不再是消极的,而是积极的、向上的。大地并不是被上帝诅咒,用来惩罚人的流放地;人在大地上的生活是受到祝福的;人在大地上受苦不是惩罚,是为了积极向上;是为了更珍贵的自由,为了更高的善而冒的风险、付出的代价。对于为了追求自由而犯下的过错,上帝也是原谅的。伊克巴尔的解释与基督教神学的原罪论的差别何止千里。

对于上帝把人逐出伊甸园,让人到大地上受苦,伊克巴尔解释道:"亚当被禁止品尝那棵树上的果子,显然是因为他的自我的限度,他的感觉器官,他的智力装备,整个来说,适合于另一种知识,那种需要耐心艰苦的观察、只能慢慢积累的知识。但撒旦劝他去吃被禁的神秘知识之果,而亚当屈从了,这并不是因为他本质邪恶,而是因为他本性急躁,想找获得知识的捷径。要纠正这种性情,唯一的办法就是把他放入一种尽管艰苦,但更适合他的智力的展露的环境。因此,亚当被放置于艰苦的物质环境中并

---

[①] *The Reconstruction of Religious Thought in Islam*, p. 68

不是惩罚;而是挫败撒旦的阴谋,他作为人的敌人,想通过劝诱,剥夺人类永远成长和扩张的快乐。"①

在这里我们看到,亚当和夏娃的过错是他们本性的急躁。亚当和夏娃来到大地生活,为了纠正他们的急躁;因为大地适合他们居住,大地上的困难和障碍适合他们的自我的发展。这里我们看到,痛苦、艰难和劳作是一种必备的条件,是人类的智力,自我发展的必备条件;没有痛苦考验,没有障碍,人的自我、感受和智力就没法发展。伊克巴尔更进一步认为,人在大地上的受苦,是为了得到更大的快乐。取消这些痛苦,就取消了人类享受快乐的权利。人正是在经过一步一步克服困难,忍受痛苦,去获取知识,取得成功,在这过程中享受到快乐的。增加或设定困难与障碍,也就是增加或设定快乐的强度。痛苦成了为幸福所必需的条件了。痛苦本身也获得了价值和意义。这样痛苦不再是不得不忍受的折磨,而是人应该主动去迎接的考验。

在这些痛苦的根源之后,伊克巴尔还提出了另一种根源的痛苦:生存斗争,人类为了谋求自身的存在而互相争斗,由此而引起的痛苦。伊克巴尔认为这是最难以承受的痛苦。他觉得对这种痛苦我们还无力理解,也不能肯定这样的痛苦意味着什么。只能承认这是人的人性的缺陷,只能接受。这体现了伊克巴尔思想的诚实,他没有把这一点推到上帝身上,没有把凡是无法理解的都归入上帝,然后,宣称强迫性的结论。他流露出自己思想中的迷茫,这是一个思想探索者的伟大品质的流露。

## 第三节 社会实践论

### 一、伊斯兰历史文化精神

1. 信仰与科学

"信仰与科学"是 20 世纪 70 年代埃及萨达特当政时的政治口号②。也是 19 世纪 70 年代在埃及进行启蒙教育的伊斯兰现代主义思想家阿富汗尼首先要阐发的最紧迫、最重要的思想之一。从阿富汗尼时代"信仰与科学",被认为是互相冲突、难以相容的两个观念,到萨达特时代,"信仰与科学"成为在普通大众中有号召力的政治口号,这一百年的观念变迁中,

---

① *The Reconstruction of Religious Thought in Islam*, p. 69.
② 蔡德贵主编:《当代伊斯兰阿拉伯哲学研究》,人民出版社,2001年,第55页。

伊克巴尔差不多居于时间的中间点。伊克巴尔为这一思想在伊斯兰世界被人们理解和普遍接受,做出了自己独特的贡献。

19世纪穆斯林社会保守势力认为西方的科学是违背伊斯兰教的,因此抵制和拒绝接受西方的科学知识。阿富汗尼首先阐明:科学和伊斯兰教是不矛盾的,并且是伊斯兰教中积极的重要的因素。阿富汗尼认为伊斯兰教是合乎理性的宗教,哲学理性和科学精神是伊斯兰教的重要支柱,对伊斯兰世界来说科学具有现实的重要性。他认为伊斯兰教是一种理性的宗教。哲学和科学就是这种理性主义的体现。阿卜杜宣扬同样的理性主义思想。他认为伊斯兰教的核心是相信真主的单一性,它是由理性建立并被启示支持的。①《古兰经》尊重理性,把理性提高到首要的地位,据此判真伪,明是非,辨善恶。人类完全有能力借助理性来认识真主。通过激发理性,运用理性的推理判断,了解因果,确信宇宙万物为全能的真主创造。人的理性与真主的启示是一致的。② 阿卜杜认为宗教是真主启示的真理,科学是真主创造的真理,二者都源自真主,并无矛盾。真主赐给人类两本圣书,一本是《古兰经》,一本是大自然。人类对自然的科学认识不可能和《古兰经》的教义相矛盾。因为这两本书都出于同一作者真主之手。如果出现矛盾,就应该进行调和。③

他们的观点相同,但论述方式有区别。阿富汗尼是从宗教的普遍原理之下来论证伊斯兰教是理性的信仰体系,把从西方文化的参照下获取的结论直接用于对伊斯兰教的阐述,把科学的意义建立在现实的迫切需求之上。阿卜杜强调理性的首要作用时,也强调启示的优越地位,不像阿富汗尼去掉伊斯兰教中的所有神秘内容。阿卜杜为自己的理性主义找到了一个"伊斯兰思想史"的根源。他对伊斯兰的思想史做了自己的描述:从穆尔太齐赖派,到艾什尔里,再到安萨里,一直到现代,理性主义作为伊斯兰教自身思想的最重要的部分。他以此说明理性主义是来自于伊斯兰教内部,它的正当性与合理性自然要比阿富汗尼的论述更强,也自然更容易为穆斯林所接受。

---

① 马吉德·法赫里:《伊斯兰哲学史》(陈中耀译),上海外语教育出版社,1992年,第373页。
② 吴云贵、周燮藩:《近现代伊斯兰思潮与运动》,社会科学文献出版社,2000年,第139页。
③ 《当代伊斯兰阿拉伯哲学研究》,第120页。

2. 伊斯兰历史文化中的科学精神

伊克巴尔在论述科学与信仰,即科学与伊斯兰的关系时,最突出、最根本的一点就是:把科学内在化,也就是把科学的根源置于伊斯兰文化之内。阿富汗尼认为:理性是人类普遍的最高原则,伊斯兰教也在这理性光芒之下。基督教通过路德的理性精神指引下的宗教改革,获得了发展,伊斯兰教也需要这样的改革。现实状况是在西方咄咄逼人的侵略下,伊斯兰世界处境危险,必须进行改革,以使自己获得力量。基于理性的科学就是最重要的力量源泉。阿富汗尼思想的依据是普遍理性和现实性。这种反驳自然显得非常强硬,是和要反对的观念完全的硬碰硬。阿卜杜的方式温和多了,认为科学的理性原则是伊斯兰思想史上有着重要影响的因素,是推动伊斯兰思想发展的内部因素之一。他通过对伊斯兰哲学史的重写,为科学理性在伊斯兰教内部寻找到历史合理性。伊克巴尔仍然循着这种"重写历史"的方式寻求其认识的正当性和历史合理性。但就西方、科学与伊斯兰文化的关系这一问题,他迈出了巨大的一步。他认为,问题非但不是要不要从西方引进科学精神,而是要认识到科学精神本来就是伊斯兰文化所产生的。是伊斯兰世界出口到西方世界去的。伊斯兰文化是科学精神的"知识产权"所有人。由于伊斯兰文化的产生,才萌发了科学思想和科学方法。科学精神是伊斯兰文化为人类历史的发展与进步做出的伟大贡献。现代西方文化的发展与强盛正是因为从伊斯兰世界引进了科学观念。这么一来,所谓"伊斯兰文化要不要吸收西方文化中的科学观念"这一问题根本就不存在了。

伊克巴尔用两组对立概念描绘出一幅思想历史文化图景。第一组是希腊文化和阿拉伯—伊斯兰文化的对立。第二组是欧洲现代精神和欧洲古典精神(希腊精神)的对立。他认为希腊文化的本质特征是抽象、思辨、推理,是理论体系化的;而阿拉伯—伊斯兰文化与其相反,是注重具体、观察、归纳,是科学实践性的。欧洲古典精神是纯粹由头脑推导的形而上学体系,而欧洲现代精神就是注重现实和实践的科学精神。这两组对立关系有一个共同项,就是希腊文化。阿拉伯—伊斯兰文化与欧洲现代精神由于共同的反希腊古典而具有一致的科学精神。然后,伊克巴尔要努力阐明的就是:欧洲现代精神中的科学观念来自阿拉伯—伊斯兰文化传统。是伊斯兰的科学文化哺育出现代欧洲的科学文化。也就是说,科学理念的根本来源是阿拉伯—伊斯兰文化。

伊克巴尔把伊斯兰思想史看成是阿拉伯—伊斯兰的重实践、重具体的思想与希腊思想重抽象理论气质的斗争,并最终战胜这种希腊思想带来的迷雾,取得进步的历史。伊斯兰文化的成就是在对希腊思想的斗争中取得的。希腊思想完全是一种反面的、错误的、起阻碍作用的反动因素;是正确的伊斯兰思想的对立面。伊克巴尔把伊斯兰的科学思想的进步作为伊斯兰文化发展的最重要的成就。

伊克巴尔通过对历史的新解释,围绕着科学重建了伊斯兰文化史图景,使科学获得了历史正当性。但伊克巴尔并未止步于此,而是更进一步地指出:伊斯兰文化传统中的科学思想的根源、动力在于《古兰经》。通过对《古兰经》经文的引用,对《古兰经》的重新解释和理解,使科学获得了最根本的肯定。也就是在伊克巴尔所强调的信仰与科学中,基于《古兰经》的信仰与科学这两者之间的关系不仅是可以并立的,而且是包容的,科学被伊斯兰信仰包容,伊斯兰信仰是科学发展的根由和动力。

伊克巴尔认为人类知识的来源除了内心经验之外,《古兰经》还确立了另外两大知识来源:自然和历史。伊克巴尔认为《古兰经》宣称:在太阳、月亮,在影子的拉长、昼夜的轮转,在人类肤色与语言的多样中,在人类之间的兴衰转换中,在人类感官所感觉到的整个自然世界里,都显示出真主存在的迹象。要体认真主的存在,就应该认真地观察、沉思这些自然现象。在自然面前不能像"死人和瞎子"一样,视而不见地走过。那些不能在此世的自然现象中看到生命迹象的人不会得到永生。伊克巴尔认为正是《古兰经》这种对具体的自然事物的关注促使伊斯兰世界产生出了科学精神。伊克巴尔同样通过对《古兰经》的重新解读,阐明《古兰经》中包含了对历史科学的肯定和导向。

3. 伊斯兰文化的现代性

伊克巴尔所认为的伊斯兰文化的科学性,在他看来也就是现代性。这种现代性是来源于伊斯兰教本身,来源于伊斯兰教的先知。他认为伊斯兰教的先知是处于古代世界和现代世界之间,同时连结着古代世界和现代世界。就其启示的来源而言,他属于古代世界。就其启示的精神而言,他属于现代世界。因为他发现了适应于新方向的其他知识的来源。伊斯兰教的诞生,是归纳法智慧的诞生。归纳法是科学得以诞生的智慧方法。伊克巴尔所认为的古代世界是把神秘的内心体验作为知识来源,其智慧方法是演绎法。现代世界是寻求理性和经验,强调自然和历史是人类知识的来源。而《古兰经》一方面肯定神秘的内心体验是知识的重要来源,另一方面强调自然和历史是人类知识的来源;同时兼具古代和现代文化的性质。

为了强调伊斯兰文化的现代性,伊克巴尔把伊斯兰文化和其他古代文化进行了切割。在他看来古代文化有着神秘意味、迷信色彩。这种古代的宗教文化是不科学的。他认为伊斯兰文化虽然在外表上和其他古代宗教文化有着很多相似之处,但在精神上是完全不一样的。伊斯兰教是科学的、是蕴含着现代精神的。正是因为这一点,伊克巴尔对有着广泛影响的斯宾格勒的《西方的没落》中有关伊斯兰文化的认识进行了批判。因为斯宾格勒把伊斯兰文化与众多古代文化放在一起,把这些文化完全一样地看待。

伊克巴尔接受斯宾格勒的现代文化精神与古代文化精神的二元对立的观念。认为现代文化是科学的、理性的,注重对具体事实的观察与思考;古代文化是迷信的,沉湎于抽象的思考等等。伊克巴尔也不反对斯宾格勒把文化当成一个有机的整体。每种文化都像有机体一样,有它的发生、发展、高潮和衰落的过程。伊克巴尔坚持认为,在这种古代和现代的对立中,伊斯兰文化属于代表着生机和发展潜力的现代精神,而不是属于古代文化的范畴。他反对的是把一种文化的发生和发展,只看成是这种文化内部的事,只是这种文化内部的天才人物的努力和贡献。他之所以反对,目的就是要说明,欧洲之所以出现现代文化是受了伊斯兰文化中的现代科学精神的影响,是伊斯兰文化给了欧洲文化现代化的种子和动力。现代世界精神中的科学性和现代性的根源就在伊斯兰文化之中,是伊斯兰文化所固有的。

如今,最保守的伊斯兰信徒,也不会再以信仰为由而反对科学。而是更急迫地希望能掌握最新的科学技术,把发展科学技术视为文化复兴的最重要的途经,把发展科技视为自己的权利和安全保证。如在伊朗核危机中伊朗强调得最有力的理由是,和平利用核能是伊朗的权利。但是,伊克巴尔对信仰和科学的探讨,并没有完全成为过时的和多余的,它们对今天的世界仍然有着启示的作用。这正是伊克巴尔思想的价值所在,也是因为他的思想有着深刻的独创性。他总是面对现实中的实际问题,从实际问题出发,以解决实际问题为目的。但是他对问题的思考又总是深入到问题的最根本处,把问题置于最广阔的社会历史和精神世界中,与整体的宗教、哲学、社会、历史和精神发展联系起来,使他的思想具有广阔性、复杂性和深刻性。比如,他对《古兰经》的解释,他对伊斯兰思想文化史的重构,对伊斯兰精神的解释,仍然是富有启发意义的。他试图在自己文化的内部去发掘文化发展的动力的方法,仍然会使人们反思应该如何去推动民族文化的发展。他重视传统,扩充传统,发展传统,激活传统内部的活力因素,在吸收外部积极因素时注意在内部寻找契合点,极力调和传统与现代的关系等等,这些努力仍然令人感动。当然,无论是在方法上还是在认识上,他的不足之处也很明显。比如,在方法上,由于必须完全忠实传统,在传统内部扩展,因此不能清算传统内部的消极因素,不能批判,因此很多问题受限制,论述得勉强。在认识上他也表现出简单化和文化的偏见。比如,对希腊文化的描述,把希腊的理性完全等同于形而上学的玄学思维,把科学视为只是具体的观察和试验方法等等,与理性完全对立。而事实上,科学仍然要理性作为指导,科学精神也是理性精神,也是批判精神,而不只是观察和试验。在这种情况下,伊克巴尔为了显示自己的文化优越,只选取对自己有利的方面,而不是客观全面的衡量。这些缺陷也是应该指出的。

在这些论述中,伊克巴尔的最动人之处在于他有时显露出的诗人本色。这种诗人流露出的激情和情怀,超越了一般的逻辑的说服力,而具有穿透心灵的力量。正是这点使他的文字有时显出壮丽和伟大。在谈论伊斯兰文化精神时,他引用了这样一个故事:一个苏非圣徒说,"阿拉伯的穆罕默德上到了最高的天堂,然后又回到尘世。我凭真主发誓,如果我上到了最高的天堂,我绝不会再下到人世"。① 伊克巴尔认为,这话充分地揭示了遁世以求个人得道的隐士与先知的差别。苏非隐士不愿从自己与神合一的状态中出来,而先知带着自己与神合一的经验回到人世,是要把自己置于时间之中,掌握着历史的发展,从而创造一个新的世界。伊克巴尔认为先知把自己的宗教经验置于客观世界中进行实际检验,使之成为活生生的世界力量,这是一种伟大的创造活动。这种要求自己介入历史、介入生活的态度,既是伊克巴尔对穆罕默德的赞美,也是对穆斯林的激励,更可以看作是他自己要承担伊斯兰文化复兴的使命与责任的一幅自我写照。

## 二、宗教民族主义

伊克巴尔的民族思想既是对当时的社会政治现实的反映,也带有他

---

① *The Reconstruction of Religious Thought in Islam*, p. 99.

个人思想发展的个性特色。当时印度的现实政治是:1.作为殖民地的印度力图摆脱英国的殖民统治,获得民族独立和解放,2.印度内部印度教群体和伊斯兰教群体为独立后的权力分配进行着激烈的斗争。这是当时最重大的政治现实。伊克巴尔作为深具诗人激情的哲学家和宗教思想家,针对此现实,提出了自己的富有想象力、充满激情、基于哲学思考和洋溢着强烈宗教情怀的民族理论。伊克巴尔对民族问题的认识经历了一个很长的发展过程。我们把它分为两个阶段:早期民族意识和晚期民族思想。

早期民族意识的时间为1896—1905年,是从他最早发表诗歌到他去欧洲留学的这一段时间,是他从19岁到25岁的热血青年时期。这一段时间,他的影响和成就是诗歌。这段时间他写下的一些著名的诗,如《喜马拉雅山》、《印度人之歌》和《拉维河畔》,这些诗的主题是祖国的山河和历史。这是最普遍的爱国主义主题。还有针对现实问题的《痛苦之声》和《痛苦的画卷》。最引人注意的是《新庙宇》和《一个心愿》,呼吁印度各教派摒弃纷争内斗,团结起来。他认为印度痛苦的根源在于内部的分裂和不和。这种感情是一个殖民地热血青年本能的反应。这一时期的爱国主义思想有两个明确的特点,一是国家认同,超越宗教的分界。二是关注作为一体的印度所面临的问题。这两点和他后期的民族思想有着巨大的区别。

伊克巴尔后期的民族思想指的是他在20世纪30年代阐明的民族思想。它们集中体现在他著名的1930年《在全印穆斯林联盟年会的主席致辞》中,1932年《在全印穆斯林大会的主席致辞》中和1938年3月在他临终前8周发表的他一生中的最后一篇文章《答毛拉纳·哈桑·阿赫麦德关于伊斯兰教与民族主义的声明》中。特别是最后一篇,是他对民族主义发起的专门论战。

在著名的1930年《在全印穆斯林联盟年会的主席致辞》中,伊克巴尔接受了民族这一概念。但是他对民族的含义和印度的民族做出了与众不同的阐释:印度穆斯林是一个民族,伊斯兰教塑造了印度穆斯林,印度穆斯林应该拥有作为一个民族的政治权利。他利用民族这一概念向占人口多数的印度教争取穆斯林的权利。因为当时印度教主导的民族独立解放运动正利用民族主义作为旗帜,民族主义也是当时世界各殖民地国家的人民追求民族解放的有力武器,而民族自决权也是被西方认可的政治权了。因此,伊克巴尔在这里也要争取民族概念这一制高点,为自己的政治诉求,也就是未来的印度政治中印度教教徒和穆斯林分开选举,寻找支撑。在这个时期,穆斯林和印度教教徒在争取摆脱英国殖民统治的过程中有合作也有斗争。这个合作的共同武器就是民族权利。它也成为穆斯林与印度教教徒争取权利的武器。但是,在同一篇讲话中,伊克巴尔也表示出了对穆斯林内部出现的民族主义思想的极大的担心。他认为年轻的一代穆斯林被时代所激发,热切地投身于国家事业中,对西方的观念未经伊斯兰教的检验就接受了。这样发展下去,民族观念被伊斯兰教吸收转化,还是伊斯兰教自身的结构被民族观念根本改变,无法预测。他认为种族意识的增长可能导致不同的是非标准的增长,甚至导致反对伊斯兰教的是非标准。

从1932年《在全印穆斯林大会主席致辞》开始,他后期民族思想的核心就是反对欧洲的民族主义概念。他不仅从宗教和历史的角度,尤其针对现实政治做了阐述。他努力避免居于少数的穆斯林在印度独立运动中陷入多数的印度教教徒占优势的政治权力格局中。印度教以爱国主义和民族主义为旗帜,呼吁团结,建立一个中央集权的民主制国家。伊克巴尔担心在这样的国家体制中,穆斯林的权利不能得到保证,不能按照伊斯兰教的文化传统自由地选择自己的发展道路。他认为当时印度政治的斗争,不是印度与英国间的斗争,而是印度教多数社群与穆斯林少数社群就是否完全照搬西方式民主政治原则的斗争。

伊克巴尔后期民族思想也有一个发展过程。在1930年的讲话中,他强调穆斯林作为一个民族,伊斯兰教是形成印度穆斯林民族的动力。他提出了真正的民族的观念,竭力给民族这个词注入自己的解释。1932年讲话和1938年的文章则完全反对民族主义,对民族主义给予彻底的否定。这两个阶段的思想都是服从政治的需要,前者是作为和英国及人口占多数的印度教进行斗争,后者是反对穆斯林内部思想倾向的斗争。伊克巴尔的民族思想完全从属于他的政治思想。他的政治思想中压倒一切的是伊斯兰教,也就是说他的政治思想又从属于他的宗教思想。

### 三、创制论思想

伊克巴尔对伊斯兰宗教思想的基本问题探讨之后,进入了他的真正的目的之所在。那就是在现实生活中复兴伊斯兰世界的具体途径:创制。

#### 1. 创制的合法性

伊克巴尔对创制合法性的强调,是针对伊斯兰教内部的保守派的。

这些保守派在具体的反对创制中,是以维护伊斯兰教的名义进行的;因此,要宣扬创制思想,推动创制运动的发展,必须要在伊斯兰教的传统内部,发掘出创制的根由,为创制提出强有力的理论支持。伊克巴尔提出的创制的合法性,我们可以将它们概括地分为三项:神圣根由、历史例证和普遍性要求。

(1)神圣根由。对伊斯兰教来说《古兰经》是神圣的,来自《古兰经》的权威是最高权威,是最有说服力的。次于《古兰经》的是先知穆罕默德的圣训,他行事的先例。穆罕默德作为真主的封印使者,他的言行比任何人都更真实、更准确地表达了真主的意志,因此,他在穆斯林心目中也有着无限崇高的神圣地位。伊克巴尔从《古兰经》经文和穆罕默德的先例中,为创制论找到神圣的根由。

(2)历史例证。人们在为证明自己当下行为的正确时,非常自然地会去寻找历史合理性。对于穆斯林来说,伊斯兰教初期的历史尤其有着说服力,因为伊斯兰教早期奇迹般的兴起史,是穆斯林最感自豪的。伊斯兰教的正统哈里发时期更是被视为黄金时代、理想时期。他们认为早期伊斯兰世界的兴盛,就是因为那时人们对伊斯兰教的信仰坚定、理解正确,后来伊斯兰教的衰弱是因为人们对伊斯兰教的信仰不坚定、理解出现了问题,未能正确地理解伊斯兰教的真正旨意。因此,人们习惯于在那段历史中寻找启发,寻找正确的道路。伊克巴尔指出在那段历史时期里,伊斯兰创制活动是最活跃的,这是很能说服伊斯兰教徒接受创制思想的。

(3)普遍性要求。这是从对伊斯兰教、对整个世界的理解出发,来阐明创制的合理性,同时从现实出发说明创制的必要性。伊克巴尔对世界的总体理解是,伊斯兰提出的、作为所有生活基础的终极精神是永恒的,并在各种形式和变化中揭示自身。一个建立于这一实体概念上的社会,必须在永恒和变化之间取得其生活的平衡。它必须保有永恒的原则,以规范其集体生活,因为在世界不停息的变动中,永恒给我们提供了立足点。但如果永恒原则被理解为对所有变化的排除,据《古兰经》,变化是真主存在的最伟大的迹象,那就是把本质上属变化的变成了静止。欧洲在政治和社会领域的失败表明其缺失了前者,伊斯兰世界近五百年的停滞表明其缺失了后者。那么,重建伊斯兰运动的原则是什么呢?那就是创制。①

---

① *The Reconstruction of Religious Thought in Islam*, p.117.

## 2. 创制的可能性

在论证创制的合法性后,要面临的就是创制的可能性。对伊斯兰教法的原则有进行新的解释的可能性吗?伊斯兰教法内部有发展的空间和余地吗?伊克巴尔对这些问题的回答是肯定的。他认为伊斯兰文化是灵活的、富有弹性的;从伊斯兰教法的根源看,也留有巨大的创制的空间。

(1)伊克巴尔认为把伊斯兰教法视为静止的、不能发展的观点是非常粗浅和表面的。伊斯兰教精神内部的普适性,可以冲破任何保守严厉的教法学者的束缚。伊斯兰精神是如此广阔,它实际上无边无际。除了无神论之外,它实际上吸收了周围民族所有可取的观念,赋予这些观念以自己的特别的发展方向。

(2)对伊斯兰教法根源的分析。伊克巴尔意识到对于当时保守的印度穆斯林民众来说,批判性地讨论伊斯兰教法的根源,还不容易被接受;甚至会产生教派的争吵。但他还是冒着风险这么做了。他分析了伊斯兰教法的四大根源:《古兰经》,圣训,公议,推论;指出每一种教法根源内蕴含的创制的空间。他的这些分析,可以被看作是他思想中最大胆、最具开拓性的部分。

《古兰经》是伊斯兰教法的根本来源。伊克巴尔认为《古兰经》的主要目的是唤醒人们意识到自己与真主和宇宙的联系。在这些天启中同时包含了宗教和国家,道德和政治的内容。在伊斯兰初期,所有的伊斯兰教法学派的学者,都是根据《古兰经》的原则,结合对实际问题的分析,运用个人的智慧和努力而建立起来的。《古兰经》提供了非常宽广的立法原则,所有的教派都没有哪派宣称自己的立法是终点,都承认创制的合法性。当代穆斯林有权利也有义务,针对当代发生的新情况,根据现代生活的变化和自己的新经验,对《古兰经》的立法原则作出新的阐释,进行新的创制,定出新的法律规范。

伊斯兰教法的第二大来源是先知的传统和先知的圣训。伊克巴尔认为,对先知的传统,要区分出哪些是有法律意味的,哪些是没有的。对有法律意味的,也要区别哪些是特定的适用,哪些是普遍的适用。伊克巴尔引用瓦利乌拉的观点说,先知揭示的法律都是针对特定的人群,特别考虑了这些人的习惯、方式和特性。先知的目的是启示普遍的原则,因此,他不可能为不同的人们启示不同的原则。先知的方法是,给出全人类普遍适用的社会生活的根本原则,然后,根据所面对的人们的特定情况,把这些原则运用到具体案例当中。

公议是伊斯兰教法的第三大来源。伊克巴尔认为这可能是伊斯兰最重要的法律观念。根据这一点，最应该做的就是成立穆斯林立法会。在伊斯兰教初期，公议就引起了很多学术讨论，但它一直只是观念，在任何伊斯兰国家都没能形成一种常设的机构制度。这可能是在正统哈里发之后，伊斯兰世界立即出现了绝对的君权制，这些统治者害怕一个常设的立法机构会变得强大，对其政治利益造成威胁。因此，它们宁愿把创制的权利交给宗教学者个人，而不愿组成一个立法会议。伊克巴尔认为把创制的权利从教法学派的个人代表转移给穆斯林立法会，是现代公议的唯一形式。

推论是伊斯兰教法的第四个根源，在创制立法中运用类比推理。逊尼派的四大教法学派中，哈奈菲派强调推论的作用，认为对那些《古兰经》和圣训中没有依据的事情，可以采取推论；从一般原则，从已知前提，推论出新的判断和结论。哈奈菲的这一点，受到了马立克教法派和沙菲仪教法派的批评。伊克巴尔认为在这种争论中表现的是两种倾向。哈奈菲派注重抽象的观念的普遍性，马立克教法派和沙菲仪教法派注重具体的有效性。这两者的争论，导致了对推论的限制和规定，这使得推论更可靠。伊克巴尔同时也批评了这两派。认为哈奈菲派想以逻辑的方式，从普遍观念出发，建立起一套完美的严谨的法律体系，这种机械的逻辑推理并不能完全符合活生生的人类的创造性生活，使得许多推论会得出荒谬的结论。认为马立克教法派在坚持具体性之中，把先知的传统理解得过于狭小了。伊克巴尔赞成推论，同意沙菲仪说的推论就是创制的另一名称，认为先知生前就已经允许运用推论了。

### 3. 具体的创制实践

一次世界大战后，奥斯曼土耳其帝国瓦解了，土耳其开始了巨大的社会变革运动。土耳其的变革很大程度上是在战败之后为了生存，不得不如此的被迫之举；但伊克巴尔看到的是沉寂已久的伊斯兰世界终于出现了积极的行动。他把土耳其的改革视为创制思想在当代社会发展中的具体表现。认为土耳其是伊斯兰世界复兴的先锋，伊斯兰世界都将像土耳其一样，重估自己的文化传统。他自己身处的印度没进行这样的改革，未能为伊斯兰改革的实践做出贡献，但可以通过对这些改革进行健康的、建设性的批评，促进这些改革。因此，他把土耳其改革中遇到的问题当作创制的具体范例来进行评论。他具体评论了伊斯兰的政教合一和哈里发制度。在这些评论中，他示范性地表达了自己的创制思想。

（1）政教合一问题。政教合一是伊斯兰传统的宗教政治体制。在土耳其改革运动中,关于这个问题,出现了两种不同的思想。两个党,国家党和宗教改革党,分别是这两种不同思想的代表。国家党认为在民族生活中,国家是本质因素,决定着所有的其他因素。他们主张国家和宗教完全脱离。宗教改革党认为伊斯兰是理想和实际的完美结合,是自由、平等、团结的永恒真理,民族国家是不需要的。就像没有英国数学,德国天文学,法国化学,只有一个超国家的数学、天文学和化学一样,没有土耳其、阿拉伯、波斯和印度伊斯兰教,只有一个普世的伊斯兰教。伊斯兰教决定着国家的一切。

伊克巴尔不同意国家党的思想。他认为政教合一是对的。他认为神权统治指的是国家组织的根本在于实现宗教的精神道德理想,而不是由神职人员管理国家。这表明他反对像天主教那样教皇谋求世俗统治权力的神权统治。他把宗教作为国家的精神理想,超然在国家组织之上,并不干涉国家的运行。这与通常被人们反对的天主教谋求的那种有组织的对世俗权力的控制是完全不同的,也是容易为人接受的。

（2）哈里发制度。在土耳其的政治改革运动中,有一项对整个穆斯林世界产生巨大震撼的措施,就是废除了哈里发。从穆罕默德去世到土耳其废除哈里发,整个伊斯兰历史上,哈里发一直就是伊斯兰世界的最高领袖,即使他不能行使具体的权力,人们也在名义上尊崇他。因此,哈里发制度可以说是伊斯兰历史最重要的传统之一。哈里发制度的废除,对整个穆斯林世界是巨大的心理冲击,很多人都陷入惊愕,很多人发出抗议。伊克巴尔对土耳其的这一革新措施表示支持,认为虽然伊斯兰逊尼派教法认为哈里发是必不可少的,但并没有指明哈里发的权力是赋予单独的个人来行使。土耳其的创制等于把哈里发的权力赋予一群人,一个选举出来的团体来行使,这是符合伊斯兰精神的。他们把哈里发的权力授予了国民大会来行使。这种共和的政府形式不仅与伊斯兰精神一致,而且是必须的,这是使伊斯兰世界获得自由的新兴力量。

伊克巴尔这位穆斯林世界改革思想的鼓动者,极力推崇创制。无论是从理论上为创制张目,寻找充分的理由和根据,还是为实际的创制鼓掌欢呼,他都表现得义无反顾。只要是创制,只要是新的自觉的努力的探索,他都给予积极的肯定,即使他认为这些创制的举措本身是错误的,仍然称赞其努力的积极意义。比如,对于土耳其的国家党主张的政教分离,他并不赞同,且提出了反对,但他仍然称赞他们基于实际经验做出的探索。他对创制抱有的热情是如此高涨,以至远远越出了一个思想家的冷静。这反映了伊克巴尔作为一个思想家对他所致力的伊斯兰世界的复兴抱着多么急切的心情。理解到伊克巴尔的这种内心的热切,这种迫不及待的激情,我们就可以更好地理解伊克巴尔的整个思想了。这思想不仅是冷静的思索,超然的逻辑推论,更是内心的热烈的期盼和呼唤。

# 第四章 现代伊斯兰主义思想家：艾布·艾阿拉·毛杜迪

艾布·艾阿拉·毛杜迪是20世纪重要的现代伊斯兰主义思想家。他对于伊斯兰思想的阐述构成了现代伊斯兰主义的理论基础。毛杜迪的现代伊斯兰主义思想涉及《古兰经》和圣训注释、伊斯兰教法、政治和社会等多方面的内容，其中，对伊斯兰社会影响最大的是伊斯兰国家理论和伊斯兰圣战观念。毛杜迪的思想直接影响了埃及的赛义德·库特卜和伊朗的霍梅尼等其他现代伊斯兰主义思想家。毛杜迪于1941年建立的伊斯兰促进会是实践其现代伊斯兰主义思想主张的宗教政治组织。伊斯兰促进会坚决反对在印度穆斯林独立运动中的世俗民族主义思想。在巴基斯坦独立后，它积极主张建立以伊斯兰教法为基础的神权政权，坚决反对世俗现代化进程。它在包括宪法法律、教派冲突和孟加拉国独立等问题在内的巴基斯坦社会政治生活中产生了重要的影响。此外，毛杜迪的伊斯兰圣战思想中同时具有自卫性和进攻性的两重性特点。毛杜迪不仅狭隘地认为伊斯兰制度是人类唯一理想的社会制度，因而鼓励穆斯林发动圣战推翻一切世俗政权，而且他还坚持认为穆斯林应该为捍卫伊斯兰教信仰采取一切形式的圣战。

## 第一节 确立现代伊斯兰主义思想

### 一、早期经历和思想基础

1903年9月25日，毛杜迪出生于印度德干地区的海得拉巴土邦（今印度马哈拉施特拉邦）的奥兰加巴德。16世纪，毛杜迪家族迁至印度的巴拉斯（Baras）。18世纪，毛杜迪家族的一支定居德里，又于19世纪末迁移到德干地区。毛杜迪的父亲艾哈迈德·哈桑出生于1855年，曾经进入阿里格尔的穆斯林盎格鲁—东方学院学习，后转入阿拉哈巴德的法学院学习法律。毛杜迪出生后，父亲用家族中第一个进入南亚次大陆的先辈的名字艾布·艾阿拉·毛杜迪给他取名，希望他将来能够成为一位伊斯兰宗教学者。艾哈迈德·哈桑聘请家庭教师在家里教育毛杜迪。少年时期的毛杜迪在家中学习阿拉伯语、波斯语和乌尔都语,阅读宗教和文学书籍。家庭中的早期教育不仅造就了毛杜迪熟练使用多种语言的能力,还培养了他对伊斯兰教虔诚和执着的信仰。

1914年,毛杜迪进入奥兰加巴德的一所宗教学校学习。这是一所努力将现代的西方教育与传统的伊斯兰教育相结合的学校。这个时候接触到的现代科学知识不仅弥补了早期家庭教育中的不足,而且也开阔了毛杜迪的视野。

1916年,毛杜迪进入海得拉巴土邦的一所学校学习。然而仅仅6个月之后,毛杜迪的父亲患上了严重的疾病而瘫痪。他被迫中止了自己的学业,和母亲一起前往博帕尔照顾父亲。毛杜迪的正规教育就这样结束了。在博帕尔的两年期间,他意识到必须依靠自己,只有通过艰苦的奋斗才能生存。毛杜迪擅长写作,又不愿为英国殖民政府服务。因此,他决定通过写作来谋生。

毛杜迪宗教思想的形成还有着深刻的社会历史背景。18世纪初,莫卧儿帝国在奥朗则布去世之后不久开始走向衰落,印度穆斯林社会陷入四分五裂的混乱状况。为了拯救莫卧儿帝国,重现伊斯兰的辉煌,许多传统的伊斯兰宗教学者纷纷提出复兴正统的伊斯兰教思想,恢复伊斯兰教的各种制度。沙·瓦利乌拉是其中最有影响的近代印度伊斯兰思想家。为了恢复莫卧儿帝国的统治,他强调圣战义务的重要性,号召穆斯林积极参加对马拉塔人的圣战。同时,他提出了"普世哈里发学说",为莫卧儿帝国统治的合法性提供理论依据。他认为哈里发拥有世俗和宗教上的最高权威。穆斯林必须服从哈里发。

瓦利乌拉的伊斯兰复兴思想对于印度现代的伊斯兰思想产生了深远的影响。穆罕默德·卡希姆(1833—1877)等继续坚持瓦利乌拉的伊斯兰教正统思想。1866年,他和其他乌里玛一起在德里附近的代奥本德建立了一所伊斯兰学院,以弘扬瓦利乌拉的思想传统。代奥本德学院成为了印度伊斯兰教正统思想的中心。

1919年,毛杜迪来到德里。在这里,毛杜迪与当地的穆斯林社会中的大批知识分子建立了联系。他开始接触到现代伊斯兰思想。在阿富汗尼的泛伊斯兰主义思想的影响下,当时的印度穆斯林中许多人支持奥斯曼土耳其帝国的哈里发。1920年,毛杜迪开始为亲国大党的《泰姬周刊》工作。他在报纸上发表文章,积极地参与到哈里发运动以及发动穆斯林支持印度国大党的工作中。他的激进态度导致了《泰姬日报》于1920年末被查封。毛杜迪被迫返回了德里。

1921年初,他在德里结识了印度乌里玛协会(Jamiat-e-Ulema-e-Hind)的领导人毛拉纳穆夫提·基法提乌拉和艾哈迈德·赛义德。两位领导人对毛杜迪留下了深刻的印象,于是邀请他担任印度乌里玛协会主办的《穆斯林报》(Muslim)的编辑。在毛杜迪为印度乌里玛协会工作的过程中,他更加关注印度穆斯林所面临的问题和奥斯曼土耳其帝国面对欧洲殖民列强的困境。同时,他与印度乌里玛协会的关系也使他获得了接受正式宗教教育的机会。1923年至1928年期间,毛杜迪先后担任《同情者报》(Hamdard)和《协会报》(al-Jamiat)的编辑,直至1928年该报停刊。

1924年3月,土耳其大国民议会宣布废黜哈里发,取消哈里发制度,建立了政教分离的世俗国家。印度的哈里发运动也宣告失败。毛杜迪的思想发生了巨大的变化。他开始批评民族主义,他认为民族主义误导了土耳其的穆斯林领导者,导致他们在反对奥斯曼帝国和哈里发统治的运动中忽视了自己对穆斯林社会的责任。同时,他对印度民族主义运动也失去了信任,他反对印度穆斯林参与民族主义运动,认为印度国大党只是利用民族主义的情感为印度教教徒谋求利益。但是,印度乌里玛协会的大多数乌里玛并不赞成毛杜迪的观点,他们支持国大党为结束英国殖民统治而进行斗争。在这样的背景下,毛杜迪离开了印度乌里玛协会。毛杜迪与印度乌里玛协会的意见分歧以及他反对印度国大党的态度并不意味着他认同英国的殖民统治。他反对英国殖民当局对印度的统治,但是希望在与殖民主义斗争的过程中确保穆斯林的利益。他开始努力从传统的伊斯兰教思想中寻求挽救印度穆斯林社会衰落的方法。

1926年,一名穆斯林杀害了印度教净化运动(Shuddhi Movement)的领袖斯瓦米·施尔塔南德。他的死在印度引发了宗教骚乱。伊斯兰教被指责是崇尚暴力的宗教。因此,哈里发运动的领导人穆罕默德·阿里在伽马清真寺的一次演讲中,希望穆斯林能够写一部著作,用正确的观点解释伊斯兰圣战的概念,以回应针对伊斯兰教和穆斯林的指责。毛杜迪响应这一号召于1927年完成了关于伊斯兰教中战争与和平以及圣战理论的重要著作《伊斯兰圣战》。这部著作受到了印度穆斯林的极大欢迎。《伊斯兰圣战》一书确立了毛杜迪的现代伊斯兰主义思想,奠定了他在印度穆斯林社会中现代伊斯兰主义思想家的地位。

**二、社会思想变革**

从此,毛杜迪将其一生致力于振兴伊斯兰的事业中。他于1928年移居海得拉巴,开始就一系列问题进行大量的写作。他翻译了许多阿拉伯语的历史和哲学著作,开始了对《古兰经》的注释工作。他还完成了关于海得拉巴土邦历史的报告,并且为海得拉巴土邦的穆斯林政府撰写了伊斯兰研究方面的著作。其中最重要的著作是介绍伊斯兰教基本信仰的《伊斯兰宗教丛书》(Risalah-i-Diniyat)(后来被翻译成英文《理解伊斯兰》(Towards Understanding Islam, 1940))。他在书中阐述了伊斯兰教信仰的本质、《古兰经》和先知、伊斯兰教义的基本信条、穆斯林的宗教义务、伊斯兰教法及其基本原则。这部著作后来成为了印度、巴基斯坦乃至许多伊斯兰国家的宗教学校的课本,对穆斯林社会产生了重要的影响。

穆斯林王公统治下的海得拉巴土邦是当时印度穆斯林的中心之一,但是穆斯林政权的统治也在日渐衰落。当地的穆斯林主要居住在城市中,依靠为政府工作来谋生。商业和贸易完全掌握在印度教教徒手中。毛杜迪担忧,当独立运动的浪潮到达海得拉巴土邦时,看似稳固的穆斯林统治会立即崩溃。他认为数世纪以来穆斯林社会与印度当地文化的融合导致了穆斯林对伊斯兰教信仰的淡漠,而这正是当时印度穆斯林社会衰落的根本原因。因此,他鼓励海得拉巴土邦的穆斯林统治者宣传正统的伊斯兰教义,以消除非伊斯兰文化思想对穆斯林社会的不利影响。然而,毛杜迪的建议没有被采纳。这使得毛杜迪对现存的穆斯林政治体系失去了信心,他开始寻求建立一种新的伊斯兰社会政治秩序以确保穆斯林的利益。

1932年,毛杜迪接手主办《〈古兰经〉译解》(Tarjuman al-Qur'an)。在随后的47年中,这份刊物成为了阐述毛杜迪思想的最重要的载体。他在新的《〈古兰经〉译解》的创刊号上明确地提出了刊物的唯一宗旨是"宣传真主的启示,鼓励人们为了实现真主的理想而尽最大的努力。刊物的主要目标是根据《古兰经》的思想观点评论现代文明的思想、观点和原则,在现代哲学、科学、政治学、经济学、文化和社会学的背景下解释《古兰经》和圣训提出的原则,并且阐明在现代社会中如何运用《古兰经》和圣训的

## 第四章 现代伊斯兰主义思想家：艾布·艾阿拉·毛杜迪

原则。这份刊物将向穆斯林社团倡导一种新的生活方式。"①

在主办《〈古兰经〉译解》的过程中，毛杜迪逐渐意识到，仅仅依靠自己的理论著述并不能直接对印度历史的进程产生影响，必须通过实际行动来实现自己的理想和目标。1935年印度政府法（Government of India Act）的实施和印度国大党在1937年印度省议会选举中的获胜，使得印度教教徒与穆斯林之间的教派矛盾日益加剧。穆斯林开始逐渐接受两个民族的思想。毛杜迪接受了穆斯林民族的思想，并开始加入到印度穆斯林独立运动中。此时，《〈古兰经〉译解》的一位读者乔杜里·尼亚兹·阿里希望捐赠自己在旁遮普的帕坦果德的一块土地，用于促进伊斯兰教的发展。在他的邀请下，1937年9月，毛杜迪再次来到北印度地区。就在这次北印度之行中，毛杜迪在拉合尔见到了伊克巴尔。伊克巴尔通过《〈古兰经〉译解》已经了解到了毛杜迪的伊斯兰宗教思想，他认为将来在海得拉巴土邦研究宣传伊斯兰的机会有限，建议毛杜迪到旁遮普来实现自己的理想。

1938年3月，毛杜迪接受了伊克巴尔的建议，从海得拉巴土邦移居帕坦果德，参加"伊斯兰家园"（Dar al-Islam）这一教育项目。他最初的设想是建立一个伊斯兰教育机构将传统的伊斯兰教育和现代教育结合起来，用真正的伊斯兰教信仰来教育和培养印度的穆斯林。与此同时，他还加入了穆斯林联盟，积极参与印度国大党中的穆斯林成员之间围绕印度穆斯林独立运动所进行的争论。国大党中的穆斯林成员反对穆斯林联盟关于建立一个独立的穆斯林国家的主张，坚持认为穆斯林应当和印度教教徒共同生活在一个统一的国家中。毛杜迪批评国大党中的穆斯林成员。他指责他们为了反对英国的殖民统治而忽视了自己对穆斯林社会的责任，背叛了印度的穆斯林。毛杜迪支持以伊斯兰教的名义进行的印度穆斯林独立运动，但他也经常批评穆斯林联盟的世俗民族主义观点。毛杜迪认为当时的首要任务是在印度穆斯林中培养真正的伊斯兰教信仰，使他们不忘记自己的穆斯林民族身份。

在"伊斯兰家园"项目中，毛杜迪希望建立一个具有示范意义的理想的穆斯林社团，向印度穆斯林社会展示真正的伊斯兰教的生活方式，借此推动印度穆斯林社会的思想变革。然而他的这一计划并没有获得印度穆斯林社会的积极响应。毛杜迪认识到，仅仅依靠个人的力量很难实现伊

---

① *Tarjuman al-Qur'an*, June 1932, 1st Issue, p.2.

斯兰的全面复兴。于是,他发起了一场"伊斯兰家园"的政治运动,希望集合一切致力于复兴伊斯兰教的穆斯林,共同推动伊斯兰社会的思想变革。但是,乔杜里·尼亚兹·阿里与毛杜迪在发起这一政治运动的问题上产生了意见分歧。他认为"伊斯兰家园"项目的宗旨是通过理论著述宣传伊斯兰教的思想,反对参与任何政治活动。

毛杜迪于 1939 年离开了帕坦果德前往拉合尔,他被当地的伊斯兰学院(Islamiyah College)聘请讲授伊斯兰教课程。不久,他由于宣扬伊斯兰变革的政治思想而被迫于 1940 年 9 月辞去了教职。毛杜迪在拉合尔开始更加直接地参与政治活动,积极参与关于穆斯林社会的未来的讨论,也应邀前往各地发表演讲。他就印度穆斯林所面临的政治问题撰写了一系列的文章,强烈反对印度国大党关于全体印度人建立一个国家的观点。

1940 年 3 月 23 日,全印穆斯林联盟在拉合尔通过了著名的"巴基斯坦决议",毛杜迪并不反对建立单独的穆斯林国家,但是他认为这种建立在世俗民族主义基础上的穆斯林国家并不能从根本上解决印度穆斯林所面临的问题。在这种情况下,毛杜迪决定必须集合一些有着共同理想的人,建立一个宗教政治组织来实现自己的政治理想。

1941 年 8 月 26 日,来自全印各地的 75 人聚集在毛杜迪在拉合尔的家中举行会议,成立了伊斯兰促进会。这次会议通过了伊斯兰促进会章程并且选举毛杜迪为主席(Ameer)。毛杜迪认为,伊斯兰促进会的首要任务是建立一个具有示范意义的穆斯林社团,以此吸引和培养更多的成员和支持者,以应对未来可能出现的情况。对于未来可能出现的局面,毛杜迪认为,一方面,他们要准备应对穆斯林独立运动失败的情况,另一方面,他们也要准备在巴基斯坦独立之后所应当采取的行动。为了远离拉合尔这一当时政治斗争的中心,毛杜迪和伊斯兰促进会的中央机构于 1942 年 6 月迁回帕坦果德。

在 1941 年 8 月至 1947 年 8 月期间,毛杜迪和伊斯兰促进会致力于稳固并加强伊斯兰促进会的组织机构,吸收新成员,扩大支持者的数量,召开全印伊斯兰促进会年会,宣传伊斯兰促进会的思想和主张。

### 三、政治变革思想

1947 年 8 月 14 日,巴基斯坦独立。1947 年 8 月 29 日,毛杜迪移居拉合尔。此时,毛杜迪的思想发生了转变,他认为,一个穆斯林占多数的

## 第四章 现代伊斯兰主义思想家:艾布·艾阿拉·毛杜迪

国家并不等同于一个真正的伊斯兰国家。为了在巴基斯坦建立一种真正的伊斯兰社会政治秩序,他不仅应当继续坚持伊斯兰社会思想变革,还必须积极参与巴基斯坦的政治活动,推动伊斯兰政治变革。他不断发表演讲,对伊斯兰教生活方式的各个方面进行阐释。

毛杜迪围绕巴基斯坦的宪法问题开展了一系列的实践活动。1947年8月,真纳在对巴基斯坦制宪会议发表演讲时提出,"应该在公正和公平的原则基础上,不分种族和信仰,建立一个世俗的民主国家。"①真纳的讲话成为指导制定巴基斯坦宪法的重要原则。毛杜迪坚决反对这一制宪原则,他认为在一个真正的伊斯兰国家中,必须首先实行伊斯兰教法。1948年2月,毛杜迪在拉合尔法学院发表了题为《如何在巴基斯坦倡导伊斯兰法律》的演讲。他认为,作为在巴基斯坦倡导伊斯兰教法的第一步,制宪会议应当首先明确宣布四点原则:"1.巴基斯坦的最高统治权属于真主,巴基斯坦政府应当作为真主的代理人来管理国家。2.伊斯兰教法应当作为巴基斯坦所有法律的立法基础。3.任何与伊斯兰教法相抵触的现行法律都是无效的。4.巴基斯坦政府的权力必须受到伊斯兰教法的严格限制。"②1948年4月,毛杜迪在卡拉奇贾汗吉尔公园的一次集会上再次发表演讲,呼吁制宪会议在制定出详细的宪法之前,应当立即宣布上述四点原则。在毛杜迪和乌里玛们的呼吁和要求下,1949年3月12日,巴基斯坦制宪会议通过了《目标决议》,宣布"全世界最高统治权仅属于真主。真主已经通过巴基斯坦人民将权力授予巴基斯坦政府,而政府在行使权力的时候不能超越真主所规定的范围。"③制宪会议决定将以此为基础制定巴基斯坦宪法。

1956年3月18日,毛杜迪在巴基斯坦伊斯兰促进会协商委员会举行的会议上,就巴基斯坦宪法发表了自己的四点看法:1.宪法的制定标志着巴基斯坦人民真正摆脱了英国的殖民统治,获得了独立。2.宪法中体现的伊斯兰原则明确了巴基斯坦的伊斯兰化进程,它结束了伊斯兰化和非伊斯兰化之间长达8年的斗争。毛杜迪认为这是在正统哈里发时期之

---

① Mr. Jinnah's Presidential Address to the Constituent Assembly of Pakistan, in Daily Dawn, Independence Day Supplement, August 14, 1999.

② Sayyid Abul A'la Maududi, *Islami Dastur ki Bunyddein*, Islamic Publications, Lahore, 1952, pp. 51—52.

③ *The Objectives Resolution*, Annex of Constitution of Pakistan, Article 2(A), March 2, 1985.

后,一个伊斯兰国家的政府权力被第一次交给平民大众而不是王室家族。他自豪地说:"这一伟大变革真正地改变了历史的进程,产生了一个新的时代。这个新时代可能会变成伊斯兰教历史上第二个黄金时期。"[①] 3.宪法唤醒了人们的政治意识,赋予了巴基斯坦民主的特征。4.宪法解决了中央与地方各省之间的权力分配问题,赋予各省自治的权力。毛杜迪认为,虽然宪法中还存在一些不足,但是这部宪法还是可以被接受的。

围绕阿赫默迪亚教派问题的斗争也是毛杜迪政治生活中的一个重要经历。1952年,伊斯兰自由委员会(Majlis-e-Ahrar-e-Islam)要求巴基斯坦政府宣布阿赫默迪亚教派为非穆斯林的少数民族并且撤销阿赫默迪亚教派的乔杜里·扎法乌拉·汗的巴基斯坦外交部长职务。扎法乌拉在卡拉奇贾汗吉尔公园举行的集会上发表演讲,回击伊斯兰自由委员会的指责。他的讲话在卡拉奇引起了骚乱。

此后,毛杜迪和乌里玛也加入了反对阿赫默迪亚教派的运动。他们成立了一个乌里玛委员会指导行动。1953年1月,在卡拉奇举行的一次乌里玛委员会的会议上,毛杜迪提出,应当在宪法中宣布阿赫默迪亚教派是非穆斯林的少数民族。

1953年1月,全巴穆斯林政党大会也同时在卡拉奇召开。会议决定建立一个行动委员会来指导运动。行动委员会赞成采取抗议示威游行等直接行动,但是毛杜迪认为当时任何针对阿赫默迪亚教派的直接行动都将影响巴基斯坦伊斯兰宪法的制定。2月26日,行动委员会在政府未理睬其提出的最后通牒的情况下,决定采取直接行动。2月27日,巴基斯坦政府在卡拉奇逮捕了一些乌里玛。毛杜迪虽然不赞成直接行动,但是仍然在2月28日的《德斯尼姆报》(Tasnim)上发表声明,谴责政府的武力镇压。他主张政府应该通过谈判来解决问题。

1953年3月,毛杜迪的《卡迪安教派问题》[②](Qadiani Mas'alah)一书出版。他在书中大量引用阿赫默迪亚教派创始人米尔扎·古拉姆·艾哈迈德的著述来说明阿赫默迪亚教派是一种独立的宗教。他指出,"卡迪安教派不是伊斯兰教的某个教派分支,而是完全不同的宗教",因为所有

---

① Sarwat Saulat, *Speeches of Maulana Maududi*, in Masudul Hasan, *Sayyid Abul A'ala Maududi and His Thought*, Islamic Publications, Lahore, 1984, pp. 508—509.
② 阿赫默迪亚教派的创始人米尔扎·古拉姆·艾哈迈德出生在印度卡迪安(Qadian),因此毛杜迪又将阿赫默迪亚教派称为卡迪安教派。

的伊斯兰教派都承认穆罕默德是最后的先知,而阿赫默迪亚教派并不承认这一点。① 《卡迪安教派问题》一书导致拉合尔完全陷入骚乱,巴基斯坦政府实施了军事管制。3月28日,军事管制当局以违反公共安全法的罪名逮捕了毛杜迪。5月11日,中央监狱的军事法庭根据对他的两项指控作出判决:毛杜迪因在《德斯尼姆报》发表反政府的声明而被判处7年监禁,同时因写作《卡迪安教派问题》一书而被判处死刑。

巴基斯坦和整个穆斯林世界对于毛杜迪被判处死刑都感到震惊。巴基斯坦法律界认为,军事法庭在没有查禁《卡迪安教派问题》一书的情况下,将该书作者判决死刑是荒谬的。5月12日,卡拉奇爆发了全面罢工,抗议对毛杜迪的死刑判决。其他伊斯兰国家的伊斯兰组织和个人也发来电报,抗议巴基斯坦军事法庭的判决,要求撤销对毛杜迪的死刑判决。5月14日,巴基斯坦政府迫于形势压力,将对毛杜迪的死刑判决改为14年的监禁。1955年,由于巴基斯坦总督和制宪会议之间围绕限制总督权力的问题展开了宪法斗争,联邦法院宣布制宪会议通过但未获总督批准的46部法律是无效的。这其中就包括羁押毛杜迪所依据的公共安全法。因此,1955年4月29日毛杜迪从木尔坦监狱被释放。

毛杜迪还对东巴基斯坦的独立问题给予了关注。独立后的巴基斯坦虽然是一个穆斯林占人口多数的国家,但是在巴基斯坦的穆斯林中包括孟加拉人、旁遮普人、信德人、俾路支人和帕坦人等不同的民族。此外,在巴基斯坦还生活着一定数量的印度教教徒、基督教教徒等非穆斯林。他们彼此之间在宗教信仰、语言和生活方式上存在着许多差异。这些差异在巴基斯坦政治生活中产生了诸多矛盾,而巴基斯坦政府的一些政策又加剧了这些矛盾。这些矛盾最终在巴基斯坦第一次全国选举中围绕选区问题爆发出来,而选区问题的实质就是东巴基斯坦的独立问题。

乔杜里于1956年9月辞去总理职务,取而代之的是侯赛因·沙希德·苏赫拉瓦迪。他建立了人民联盟(Awami League)和共和党(Congress Party)的联合政府。苏赫拉瓦迪提出,取消过时的穆斯林单独选区制度,实行不分宗教和民族的联合选区制度。毛杜迪反对苏赫拉瓦迪提出的联合选区制度。他认为,巴基斯坦国家是建立在两个民族理论的基础之上的,设置穆斯林的单独选区确保了穆斯林的利益,而联合选区

---

① Sayyid Abul A'la Maududi, *The Qadiani Mas'alah*, Islamic Publications, Lahore, 1953, p. 40.

制度则淡化了穆斯林民族的伊斯兰特征,意味着实行一种世俗的社会政治秩序。那么,穆斯林为建立一个独立的伊斯兰国家和社会秩序的理想所付出的努力都将付之东流。他指出,苏赫拉瓦迪的目的是为了在巴基斯坦人民内部制造分歧,从而为孟加拉独立开辟道路。

1957 年 4 月,人民联盟－共和党联合政府在巴基斯坦全国推行联合选区制度。伊斯兰促进会在毛杜迪的领导下发表了关于选区问题的白皮书。白皮书指出:"联合选区不仅仅是对巴基斯坦存在的基础——两个民族理论的否定,而且还完全公然地违反了伊斯兰原则,并且明确地与巴基斯坦宪法的原则相抵触。不仅如此,它将注定危及巴基斯坦的存在。"①1958 年 1 月 19 日,毛杜迪在拉合尔的一次公众集会上发表演讲,呼吁就选区问题进行全民公决。1958 年 1 月 29 日,毛杜迪在对卡拉奇律师协会发表演讲时,提出了解决联合选区问题的两种方法:1. 如期举行选举,由在选举中获胜的政党所组成的政府来做出决定;2. 在选举前就这一问题进行全民公决。他希望律师们施加影响力,促使政府用民主的方式来解决这个问题。随后,毛杜迪还前往东巴基斯坦地区发表演讲,并与社会各阶层广泛交换意见,以了解当地人民对于联合选区的看法。经过一个多月的调查,毛杜迪认为,东巴基斯坦地区 80－90％的穆斯林赞成单独选区,要求政府按照人民的意愿解决这个问题。

1958 年 7 月底,巴基斯坦总理马立克・费罗兹・努恩邀请所有政党在卡拉奇召开会议讨论选举问题。应东巴基斯坦地区代表的要求,会议决定将原定于 1958 年 11 月举行的选举推迟到 1959 年初至 2 月 15 日期间举行。但是此后巴基斯坦国内的政治形势不断恶化。1958 年 10 月 6 日夜晚,总统伊斯坎达尔・米尔扎宣布在全国实行军事管制,废除宪法,解散政府和国民议会。穆罕默德・阿尤布・汗将军成为军事管制的首席执行官。

1962 年 7 月 17 日,巴基斯坦政府取消了对政党活动的禁令。毛杜迪和伊斯兰促进会立即恢复了工作。他们首先展开了反对阿尤布・汗政府颁布的新宪法和《穆斯林家庭法律条例》(Family Laws Ordinance)的政治斗争。1962 年 9 月 15 日,毛杜迪在拉合尔的一次集会上发表演讲,坚决反对新宪法将巴基斯坦伊斯兰共和国的国名更改为巴基斯坦共和国。他指责政府强行实施《穆斯林家庭法律条例》,干涉了穆斯林的人身权利,

---

① Jama'at-e-Islami, *White Paper on the Electorates Issue*, 1957.

## 第四章 现代伊斯兰主义思想家:艾布·艾阿拉·毛杜迪

破坏了巴基斯坦的民主。1962年10月15日,毛杜迪发表声明,建议根据1956年的巴基斯坦宪法修改新宪法中关于国家名称、总统和议会权力的部分内容。他呼吁阿尤布·汗总统为了国家的利益接受这些修改,实现宪法的民主化。

阿尤布·汗时期的巴基斯坦政府为了控制学生而采取的一系列措施引起了学生的不满。1963年,为了阻止一位崇拜毛杜迪的大学生巴拉克·乌拉·汗参加学生会选举,当局将他从学校开除。1963年11月4日,学生们在拉合尔举行的抗议游行遭到了警察的镇压,这引发了更大规模的学生游行示威,结果导致西巴基斯坦地区的所有大学都被关闭。政府指责毛杜迪和伊斯兰促进会制造了这些骚乱。1963年11月13日,毛杜迪发表声明,表示伊斯兰促进会并没有参与这些活动。11月17日,他再次发表声明,解释了伊斯兰促进会和伊斯兰学生协会(Islami Jamiat-e-Tulaba)之间的关系。他表示自己不支持学生参与政治,并强调必须在法律的框架内进行政治活动。

1964年1月6日巴基斯坦政府发布通告,宣布根据《刑法修正案》取缔伊斯兰促进会。毛杜迪和伊斯兰促进会的其他58名领导人被逮捕。毛杜迪向调查委员会提交了一份详细的声明。他从法律上对政府取缔伊斯兰促进会和逮捕其领导人的做法予以反驳。他还提出证据此证明所有针对伊斯兰促进会的指控都是无关紧要并且毫无实质内容。以A.K.柏若希为首的辩护律师团向高等法院提出了申诉,质疑政府取缔伊斯兰促进会的合法性。在各方努力下,巴基斯坦最高法院最终作出裁决,判定政府取缔伊斯兰促进会的行为是非法和无效的。1964年10月9日,包括毛杜迪在内的伊斯兰促进会领导人被释放,伊斯兰促进会的组织得以恢复。

1967年5月,国家民主阵线(National Democratic Front)、人民联盟、巴基斯坦穆斯林联盟(理事会派)(Pakistan Muslim League (Council))、巴基斯坦伊斯兰制度党(Pakistan Nizam-e-Islam Party)和伊斯兰促进会联合组成了巴基斯坦民主运动(Pakistan Democratic Movement)的联盟,发起了一场旨在恢复巴基斯坦民主秩序的运动。毛杜迪认为,巴基斯坦是以伊斯兰教的名义建立的;巴基斯坦不能没有伊斯兰教;伊斯兰教是包含了生活所有方面的一种完整的社会秩序。他表示,巴基斯坦民主运动将致力于恢复民主,以便人们能够自由地表达建立一种伊斯兰秩序的愿望。巴基斯坦民主运动不仅反对阿尤布·汗的专制统治,也反对一切阻碍实行伊斯兰教法的思想。

1972年,由于健康原因,毛杜迪请求伊斯兰促进会另外挑选一位主席。他表示,伊斯兰促进会的目标也是自己的人生目标,只要自己活着,头脑还能工作,他将继续用力所能及的方式来帮助伊斯兰促进会。[①]1972年11月2日,米安·图法勒·穆罕默德(Mian Tufail Muhammad)被选举为主席。此后,虽然毛杜迪不再直接领导伊斯兰促进会,但是他针对巴基斯坦的政治形势,继续不断发表声明,提出自己的意见和建议,实际上仍然在思想上指导着伊斯兰促进会的工作。

在毛杜迪生命的最后一段时期内,伊朗正在进行的伊斯兰革命成为毛杜迪关注的焦点。早在1963年,他就曾经在《〈古兰经〉译解》上发表文章批评伊朗国王,杂志也因此受到巴基斯坦政府停刊6个月的处罚。1979年,霍梅尼领导的伊朗伊斯兰革命取得成功,推翻了巴列维国王的世俗统治,建立了伊朗伊斯兰共和国。1979年,毛杜迪在前往美国就医途中飞越伊朗上空时,希望回程时能访问伊朗并会见霍梅尼。但是,这一愿望最终没有实现。

1979年9月22日,毛杜迪在美国去世,享年76岁。9月25日,毛杜迪的遗体运抵拉合尔。9月26日,数十万人聚集在拉合尔的卡扎菲体育馆参加为毛杜迪举行的葬礼。

## 第二节 伊斯兰国家理论与形态

进入20世纪,印度人民反抗英国殖民统治、争取民族独立的运动蓬勃地发展起来。在民族独立运动的过程中,印度教教徒与穆斯林之间的宗教冲突不断加剧。为了印度穆斯林民族的利益,独立运动中的穆斯林领导人提出了在印度建立一个独立的穆斯林国家的政治主张。他们接受了西方的民族主义观念,主张建立一个世俗民主的现代穆斯林国家。同时,他们也主张按照伊斯兰教的原则,对印度穆斯林社会进行政治、经济和社会等方面的改革。毛杜迪反对这种在西方民族主义理论基础上建立世俗穆斯林国家的思想。他认为这样无助于从根本上解决印度穆斯林所面临的危机。于是,他先后多次发表演讲和撰写文章,阐述了自己的伊斯兰国家理论。他主张在伊斯兰教意识形态的基础上建立神权统治的伊斯

---

① *Speeches of Maulana Maududi*, p.428.

兰国家。

**一、国家理论溯源**

毛杜迪提出的伊斯兰国家理论的核心,是主张回归《古兰经》和圣训,维护伊斯兰教信仰的纯洁,根据伊斯兰教的原旨精神,通过创制重新理解和诠释经训,解决现代伊斯兰社会的一切问题。他认为应当效仿先知和正统哈里发时期的伊斯兰国家范例,通过发动伊斯兰革命,建立真主至上的伊斯兰教神权统治,全面实施伊斯兰教法,重建伊斯兰国家和社会。

毛杜迪的伊斯兰国家理论的产生与印度次大陆的民族主义运动有着密不可分的关系。印度的民族主义运动是在印度独立运动的过程中逐渐发展起来的。西方殖民者在剥削压迫印度的同时,也给印度带来了西方的政治观念。在反抗殖民统治的过程中,印度人民逐渐接受了这些思想,产生了民族自觉的意识。在瓦利乌拉的伊斯兰复兴思想和阿富汗尼的伊斯兰现代主义思想的影响下,印度穆斯林启蒙运动活动家赛义德·艾哈迈德·汗提出了两个民族的理论。他认为穆斯林与印度教教徒在宗教、文化、语言和习俗等方面都是完全不同的,已经各自形成了独立的民族。两个民族的理论为印度穆斯林民族主义运动奠定了理论基础。

随着印度独立运动的不断发展,穆斯林与印度教教徒之间围绕分割孟加拉等一系列问题所产生的宗教矛盾日益突出。1930年,伊克巴尔在主持全印穆斯林联盟的年会时提出了在印度的西北地区建立一个独立的穆斯林国家的思想主张。穆斯林联盟领导人真纳接受了伊克巴尔的建议,开始领导穆斯林联盟为争取建立独立的穆斯林国家而进行斗争。1940年3月,穆斯林联盟在拉合尔召开年会,通过建立单独的穆斯林国家的决议。拉合尔决议标志着巴基斯坦独立运动的开始。真纳和穆斯林联盟的其他领导人主张按照印度穆斯林民族主义的思想观念,在"信仰、团结和纪律"的三大建国原则基础之上,将巴基斯坦建设成一个世俗民主的现代穆斯林国家。

毛杜迪反对穆斯林联盟在民族主义观念的基础上建立穆斯林国家的思想。在他看来,"(西方)民族主义的思想体系是一个荒谬的概念。它破坏了人类之间更深层的联系。它将人类划分为种族,在同一信仰的宗教社会中人为地设置语言的障碍和疆域的界限。"①

毛杜迪对印度穆斯林民族主义思想的批判,其核心是对印度穆斯林民族主义运动中的世俗民族主义思想的批判。他批评印度穆斯林民族主义运动的领导者,指责他们虽然出生在穆斯林的家庭,但是由于接受了西方的政治思想,因此他们只知道按照西方的民族主义、世俗主义和民主的原则建立一个世俗的穆斯林国家。他认为印度穆斯林民族主义思想并不能从根本上解决印度穆斯林社会的危机。

毛杜迪认为造成印度穆斯林生存危机的核心原因是对伊斯兰教信仰的松懈和淡漠,而消除这种危机的方法应当从伊斯兰教信仰中寻找。他提出,"穆斯林应该仔细研究《古兰经》和圣训,看看其中对于我们当前的穆斯林民族存在的问题有何指导。如果有人称之为退化和保守并嗤之以鼻,请不要在意。虽然现在的社会情况和地理环境与当时的情况不同,但是我们所求助的是我们的信仰。它在任何时代都是崭新的,它适用于任何的时代和地理环境。"②

事实上,印度穆斯林统治的衰落有着深刻的社会历史原因。17世纪后半叶,商品经济的发展带来的社会矛盾日趋尖锐,统治阶级的横征暴敛不断激起人民的反抗,地方封建主和中央的矛盾也导致地方封建主常常兴兵反叛。奥朗则布的对内宗教歧视政策和对外长期战争严重破坏了社会经济。同时,英国殖民者凭借工业革命带来的经济和军事优势,逐步在印度取得统治地位。印度穆斯林社会在这些内忧外患中走向全面衰落。毛杜迪没有看到这些深刻的社会历史原因,而是简单地把造成印度穆斯林生存危机的原因归咎于穆斯林对伊斯兰教信仰的淡漠,因而盲目地强调复兴伊斯兰教信仰的重要性。这无法从根本上解决印度穆斯林所面临的问题。

毛杜迪在批判印度穆斯林民族主义思想中的世俗民族主义观念的同时,也阐明了自己的穆斯林民族思想。他主张,"穆斯林是由共同的思想意识形态所形成的一种社会群体。它考虑的是全人类,而不是某个特定的国家或民族。它的思想观点被塑造用于建立一种永恒的和特殊的文明,其中包括信仰、道德原则、个人能力和社会制度。虽然它也是一种社

---

① Sayyid Abul A'la Maududi, *Islami Hukumat kis Tarah Qa'im hoti hay*, Islamic Publications, Lahore, 1947, p. 2.

② Ibid., p. 94.

会群体,但是它并不会成为某个民族的一部分。它超越了有限的民族主义概念,它的使命是打破世界上不同民族产生的基础——种族和传统的偏见。"①

毛杜迪的穆斯林民族思想并不是毛杜迪的独创。它来源于先知建立穆斯林乌玛的范例和阿富汗尼的泛伊斯兰主义思想。毛杜迪只是进一步阐述和强调了穆斯林民族思想,希望能够有助于印度穆斯林的团结,拯救穆斯林的危机。毛杜迪的穆斯林民族思想带有明显的泛伊斯兰主义的色彩,这对于巩固和加强印度穆斯林的团结具有一定的积极意义。但是,不可否认的是,毛杜迪的穆斯林民族思想反映了他致力于复兴伊斯兰教的宗教理想。他无视信仰伊斯兰教的各个民族之间在政治、经济、文化、语言以及生活方式、风俗习惯等方面业已形成的民族差异,试图简单地按照是否接受伊斯兰教信仰将人类划分为穆斯林民族和非穆斯林民族。毛杜迪的这种穆斯林民族思想具有明显的宗教狭隘性和局限性。

毛杜迪坚决反对印度穆斯林民族主义,但并不反对巴基斯坦独立运动。他既指责支持印度国大党的穆斯林背叛了伊斯兰教,又批评穆斯林联盟的世俗民族主义的思想。他坚持复兴伊斯兰教,重建穆斯林乌玛的政治理想。正是在这样的历史背景下,毛杜迪陆续发表文章和演讲,开始阐述自己的伊斯兰国家理论。然而,随着巴基斯坦的独立,毛杜迪的政治理想已无法实现。他不得不对自己的政治理想作出调整,转而努力希望把巴基斯坦建设成为一个真正的伊斯兰国家。为此,他进一步详细地阐述了伊斯兰国家理论。

## 二、国家基本原则

毛杜迪阐述伊斯兰国家理论经历了一个不断调整完善直至发展成熟的过程。最初,毛杜迪主要阐述的是伊斯兰国家理论的原则和基本概念,其中最重要的就是伊斯兰国家的基本原则。

1. 伊斯兰国家基本原则

1948年,毛杜迪提出了伊斯兰教政治制度的三个基本原则。即:真主独一(Tawhid),先知(Risalat)和代治权(Khilafat)。

---

① Sayyid Abul A'la Maududi, *Islami Riyasat*, Islamic Publications, Lahore, 1962, pp. 275—276.

毛杜迪指出,真主独一的含义是,"只有真主才是世界以及世界上万物的创造者、维持者和主人。……这个国家的统治权只属于他。……真主独一的原则完全否定人类,无论是个人或群体在法律和政治上的独立。任何个人、家庭、阶级或种族都不能超越真主。真主是唯一的统治者,他的命令就是法律。"①

先知原则的含义是,先知是"(我们)获得真主的法律的中介。人类通过先知获得了两件东西:《古兰经》以及先知关于《古兰经》所做出的的权威性的解释和示范。这两个基本要素合在一起被称作真主的意志"②。

"代治权"包含了两方面的内容:1.根据伊斯兰教的规定,人类是真主在地球上的代治者。由于是真主授权给人类,因此人类必须在真主规定的范围内在这个世界行使真主所赋予的权力;2.按照这一政治理论建立起来的国家实际上是真主最高统治权下的一个"代治者",它将在真主规定的范围内,按照真主的指示和命令执行真主的意志。③

此后,围绕巴基斯坦伊斯兰宪法的制定,毛杜迪以上述理论为基础,进一步发展完善了有关伊斯兰国家基本原则的内容。1952年,他发表文章,以《古兰经》为依据,详细阐述了伊斯兰国家的十项基本原则。

(1) 真主主权(Hakimiyat-i-Elāhi)。真主主权的原则是从毛杜迪1939年提出的伊斯兰教政治观的首要原则以及后来提出的"真主独一"原则演变而来的。真主主权指的是,伊斯兰国家的最高统治权属于真主。真主是这个世界唯一的创造者和真正的统治者,因此只有真主拥有对所有人的统治权。毛杜迪提出的真主主权原则包含了两方面的内容:一方面,真主拥有政治上的统治权;另一方面,真主还拥有法律上的统治权。毛杜迪强调真主的政治上和法律上的最高统治权是伊斯兰国家基本原则中的首要原则,也是伊斯兰国家宪法中不可或缺的必要原则。

(2) 先知权威(Maqam-i-Risalat)。先知权威原则指的是承认和服从先知的权威。《古兰经》中规定,"谁服从使者,谁确已服从真主。"(4:80)毛杜迪据此得出了先知权威的原则。他强调,先知是将真主的指示传达给人类的使者,穆斯林必须绝对服从先知的权威。如果他拒绝接受先知

---

① Sayyid Abul A'la Maududi, *The Islamic Way of Life*, U. K. I. M. Dawah Centre, p. 15.
② Ibid., p. 15.
③ Sayyid Abul A'la Maududi, *The Islamic Way of Life*, U. K. I. M. Dawah Centre, pp. 29—31.

## 第四章 现代伊斯兰主义思想家:艾布·艾阿拉·毛杜迪

作为最高的判决者,那么他就不再是一位穆斯林。在毛杜迪的伊斯兰国家基本原则中,先知权威原则的重要性仅次于真主主权原则。他提出先知权威原则是为了说明先知圣训和《古兰经》同样都是伊斯兰国家的立法来源。同时,毛杜迪主张在效仿先知惯例的基础之上建立伊斯兰国家。他提出先知权威原则有助于从理论上证明这一政治理想的合法性与无谬性。

(3) 代治权(Tasawur-i-Khilafat)。它指的是,真主将最高统治权委托给伊斯兰国家,伊斯兰国家是真主的代治者。伊斯兰国家在法律上和政治上并不拥有最高统治权。代治权原则源于"真主应许你们中信道而且行善者(说):他必使他们代他治理大地,正如他使在他们之前逝去者代他治理大地一样。"(24:55)在毛杜迪的理论中,代治权原则包含了两层含义:"1. 伊斯兰国家是'代治者'而不是'最高统治者';2. 在伊斯兰国家中,代治权并不属于某个个人、家族或阶级。它属于全体穆斯林乌玛。"①

关于第二层含义,毛杜迪早在1939年在论述伊斯兰教政治观的首要原则时就已经简要地阐明了"全民代治权"观念。"伊斯兰教没有使用'最高统治权',而是使用了'代治权'。因为按照伊斯兰教的观点,'最高统治权'属于真主,所以在伊斯兰国家宪法的指导下担任领导者的任何人,他必然是最高统治者的'代治者',他只能行使代治权。……真主关于成为'代治者'的承诺是对全体穆斯林做出的。他并没有说,让其中的某人成为'代治者'。因此所有穆斯林都拥有'代治权'。真主给予穆斯林的'代治权'是'全民代治权'(Umumi Khilafat)。并不是特定给予任何个人、家族、种族或阶级的。任何一名穆斯林都是真主的'代治者'。每个人作为真主的'代治者'对真主负责。任何'代治者'都不比其他'代治者'的地位低下。"②

(4) 协商原则(Usul-i-Mushawarat)。协商原则指的是一切集体事务需经协商解决。"协商"一词来源于《古兰经》中"他们的事务,是由协商而决定的"(42:38)。但是《古兰经》中并没有明确规定协商制度的具体内容。毛杜迪认为真主和先知没有明确协商的具体方式是因为"伊斯兰教的规定是针对全世界的,并且是永恒的。……伊斯兰教法只是否定了独

---

① *Islami Riyasat*, p. 393.

② Ibid., pp. 150—151.

裁的方式"①。因此,毛杜迪提出,协商必须强调下列三个方面的具体原则:1.穆斯林的任何集体工作都必须通过协商;2.与人们的集体工作有关的事务,应该让所有人参与协商,无论他们是直接参与,还是通过自己信任的代表间接参与协商;3.协商应该是自由的、无敌意的、友好的。运用强迫和诡计等手段进行的投票或协商实际上等同于没有协商。

(5) 选举原则(Usul-i-Intikhabat)。它包括了在选举伊斯兰国家的元首、内阁部长、协商委员会成员和政府官员的过程中应遵循的原则。毛杜迪提出,伊斯兰教的选举制度应该"选举出值得信任的、虔诚的、热爱人民的、善良的人们。通过选举,不会出现获得了人民的选票之后却憎恨人民的情况。……(如果有这样的人)他们利用权力诅咒人们。即便他们得不到权力,也会自己去攫取"②。

(6) 妇女的地位。毛杜迪指出,伊斯兰国家中担负责任的职位(无论是国家元首、部长、协商委员会的成员还是各个部门的负责人),都不能托付给妇女。

(7) 政府的目标。毛杜迪认为,伊斯兰政府的首要责任是建立礼拜和天课制度,提倡真主和先知确定的美德,遏止真主和先知禁止的罪恶。

(8) 统治者和服从原则。这一原则包含三点内容:1.服从真主和先知是真正的服从,穆斯林个人和穆斯林民族都应该遵循。这一服从优先于其他一切服从。2.在伊斯兰国家中,统治者只能是穆斯林。3.穆斯林享有与自己的统治者争论的权利。在发生争执时,应该根据《古兰经》和圣训做出裁决。

(9) 个人基本权利和社会公正。毛杜迪指出,穆斯林都应该服从个人公正和社会公正,其中包括:1.伊斯兰国家中全体公民享有的生命、财产和名誉权受到保护的基本权利;2.伊斯兰国家中任何公民的个人自由、生命、财产和名誉权都不能被剥夺,除非按照伊斯兰法律的精神证实他并不享有上述权利;3.为了维护公正应该建立"正当法律程序"(Due Procecc of Law),即在公开的法庭上讨论一个人的罪行时,他应该得到充分的辩护机会,否则不能监禁伊斯兰国家的任何人。4.个人可以自由地表达自己的观点,但是严禁发表试图颠覆国家的言论。

(10) 社会保障。毛杜迪认为,伊斯兰国家的一个重要职责是管理天

---

① *Islami Riyasat*, p.397.
② Ibid., p.401.

课,在经济上为公众提供必要的帮助。

在伊斯兰国家上述十项基本原则中,前三项原则是毛杜迪的伊斯兰教政治制度的基本原则。但是,这三个原则并不是并重的。其中,真主主权原则是绝对前提和基本原则,它是先知权威原则和代治权原则的基础。毛杜迪提出这一原则的本意是为了限制伊斯兰国家元首对统治权的滥用,从这一角度上看,毛杜迪的主张具有一定的积极意义。但是,这一原则否定了人类管理国家的能力,剥夺了国家的最高统治权和人类的统治权。

2. 伊斯兰国家的性质

在毛杜迪的伊斯兰国家理论中,"真主主权"、"先知权威"和"代治权"是伊斯兰国家基本原则的核心原则。在这一理论的基础上,毛杜迪明确指出,伊斯兰国家要建立的是"神权统治",伊斯兰国家实行的是"神权民主"(Theo-Democracy)。"神权民主"是毛杜迪提出的一个新的政治术语,其目的是为了把伊斯兰国家的神权统治与西方中世纪的神权专制区分开来。他认为,虽然伊斯兰国家也是要建立神权统治,但是伊斯兰国家的神权统治与西方的神权统治完全不同。在西方的神权统治中,教士阶层以上帝的名义执行自己制定的法律,而在伊斯兰国家中,国家的统治权"并不属于某个特定的宗教阶层,而是属于普通的穆斯林。普通的穆斯林依照《古兰经》和先知圣训管理伊斯兰国家"①。在伊斯兰国家中,穆斯林承认真主的最高权威,享有全民代治权。毛杜迪认为"全民代治权"是伊斯兰神权民主的基础。从"全民代治权"观念可以得出伊斯兰神权民主的四项内容:"1. 如果在社会中每个人都是代治者,并且平等地享有代治权,那么就不存在阶级、出身或社会的差别;2. 在伊斯兰社会中,对于任何个人或任何群体,都不会由于他们的出身或社会地位,或他们所从事的工作而受到限制。他们同社会中其他所有人一样都可以获得同样的发展机会;3. 在这样的社会中,任何个人或群体都没有独裁的机会。因为每个人都是代治者,所以任何个人或群体都无权剥夺普通穆斯林的代治权,而使自己成为绝对的统治者。一个人能成为统治者,只能是因为全体穆斯林,即全体代治者,自愿地为了行政管理的目的,把自己的代治权集中于他一个人。他既要对真主负责,也要对那些把代治权委托给自己的普通代治者负责。如果他成为独裁者,便违背了全民代治者。……4. 在这样的社

---

① *Islami Riyasat*, p. 144.

会中,每个智慧的成年穆斯林,无论男女,都有权提出个人的意见。因为他们拥有代治权。真主并没有按照能力或财富水平,对代治权加以限制。真主只是对信仰和正确的行为做出了规定。"①

毛杜迪指出,穆斯林有权按照自己的意愿建立行政和司法机构,也有权解散它们。一切行政事务以及伊斯兰教法中没有明确规定的所有问题,都可以通过穆斯林的公议来作出决定。他提出,对于伊斯兰教法中需要进一步做出解释的地方,普通的穆斯林都有权作出解释,而不需要某个特定的阶层。前提是他必须具备进行创制的能力。但是对于《古兰经》和先知圣训中的明确规定,不论是穆斯林领袖、穆智台希德(Mujtahid,即承担创制者),还是宗教学者,全世界的穆斯林都无权修改这些规定。从这个角度上说,伊斯兰国家实行的是神权统治。

3. 伊斯兰国家的目标

毛杜迪主张,伊斯兰国家的目标是建立全面均衡的社会制度,实现社会公正。《古兰经》写道:"我确已派遣我的众使者,去传达我的许多明证,并降示天经和公平,以便众人谨守公道。"(57:25)毛杜迪据此指出:"建立伊斯兰国家的主要目标是利用所有的国家力量来实施改善人类的改革计划。仅仅建立和平,保护国家领土或者提高普通百姓的生活标准并不是伊斯兰国家的最终目标。这些与非伊斯兰国家的目标没有什么区别。伊斯兰国家的特征是鼓励和宣传伊斯兰教希望人们从事的善行,全力劝阻和根除伊斯兰教所希望从人类清除的罪恶。"②

4. 伊斯兰国家的特点

在毛杜迪的伊斯兰国家理论中,伊斯兰国家具有两个特点:1. 目标积极和包容一切的国家。毛杜迪提出,伊斯兰国家的目标是积极的,"它不仅应该阻止人们彼此之间使用武力,保护人们的自由和抵御外敌入侵,它更应该建立全面均衡的制度,实现社会公正。伊斯兰国家的目标是消除一切罪恶,(弘扬)一切美德。"③他认为,伊斯兰国家为了实现这一目标,既可以使用政治力量,也可以采取宣传和教育的方式。2. 建立在伊斯兰意识形态基础上的国家。毛杜迪指出,"管理伊斯兰国家的人们应该忠诚

---

① *Islami Riyasat*, pp. 151—155.

② Sayyid Abul A'la Maududi, *First Principles of the Islamic State*, Islamic Publications, Lahore, 1997, p. 43.

③ *Islami Riyasat*, pp. 146—147.

于伊斯兰国家宪法,应该把伊斯兰国家的目标作为自己的人生目标。任何人,无论他属于什么种族、什么国家、什么民族,只要他接受上述思想原则,他就可以加入到管理国家的组织中来。如果他不接受这些原则,那么他只能成为伊斯兰国家中的顺民。他们也享有伊斯兰教法所赋予的相应的权利,但是他们决不能进入伊斯兰国家的政府中。因为伊斯兰国家是一个基于伊斯兰意识形态的国家,只有那些接受这些原则的人们才能管理伊斯兰国家。"①

5. 伊斯兰国家的职责范围

毛杜迪指出,伊斯兰国家是真主的代治者,并且承认真主在法律上的最高统治权,因此伊斯兰国家的权力就应该被限制在真主确定的范围中。穆斯林社会中出现的一切争端,无论是个人之间、群体之间、国家和人民之间,还是国家的各个机构部门之间,解决这些争端的办法都应该源自《古兰经》和圣训。

## 二、国家政治制度

在上述伊斯兰国家理论的基本原则和基本概念的基础之上,毛杜迪阐述了伊斯兰国家政治制度的具体内容,其中包含国家元首、协商委员会、伊斯兰政府、司法机构、公民等。

1. 国家元首

在伊斯兰国家中,国家元首作为真主的代治者行使管理伊斯兰国家的权力。毛杜迪认为,"他是伊斯兰国家的权力核心。他既是国家元首,也是内阁总理,还是议会主席。同时,他还要对政府的一切事务负责。"②虽然毛杜迪提出了全民代治权的概念,强调国家元首仅仅是真主的代治者之一,他能够管理国家是因为全体穆斯林把自己的代治权委托给他。但是,在伊斯兰国家的政治事务中,要想约束国家元首在理论上的代治权是十分困难的。于是,毛杜迪在伊斯兰国家的政治制度中做出许多限制,希望尽可能解决代治权理论与政治实践之间的矛盾。

2. 伊斯兰国家的立法机构——协商委员会(Majlis-i-Shura)

毛杜迪提出在伊斯兰国家中实行协商的制度。毛杜迪根据《古兰经》

---

① *Islami Riyasat*, p.148.
② Ibid., p.358.

中的协商精神,引用先知和正统哈里发时期的惯例,主张建立一个伊斯兰协商委员会具体执行伊斯兰国家的协商制度。在伊斯兰国家中,协商委员会是立法机构。毛杜迪认为,"制定任何违反真主和先知的命令的法律都超出了立法机构的权力范围。如果立法机构通过了任何这样的法律,就必须被裁定是违反了宪法。"①尽管如此,毛杜迪并没有完全排斥人类的立法行为。他多次阐明了伊斯兰国家立法机构的四项工作:1. 解释。在《古兰经》和圣训有明确规定的情况下,立法机构不能做出任何变更或修改。立法机构的工作只能是为了执行这些规定而制定必要的规章制度。2. 类比。对于某一个问题,伊斯兰教法中没有作出任何规定,但是对于和这个问题类似的情况做出了规定,对此,立法机构的工作是正确理解这些规定,在此基础上,援引这些规定来甄别那些不同的情况。② 3. 推论。在《古兰经》和圣训没有明确规定的情况下,立法机构将根据伊斯兰教法的普遍原则来制定新的法律,或者也可以选择伊斯兰教法学著作中已经确定了的法律。4. 独立立法。在无法从《古兰经》、圣训或者正统哈里发时期的惯例中获得最基本的指导的情况下,这意味着真主允许人们自由地根据自己的意见来立法。因此,在这种情况下,立法机构可以制定各种适当的法律,只要这种立法没有违反伊斯兰教法的规定和原则,只要不是强迫的,都是被允许的。

毛杜迪的这种伊斯兰国家协商制度在理论上可以约束国家元首对代治权的滥用,有利于伊斯兰国家的发展。但是,协商委员会并没有真正的立法权和实际的行政权,它在国家政治事务中实际所能发挥的作用的大小完全取决于国家元首对协商委员会的态度。这就产生了协商制度与代

---

① *Islami Riyasat*, p. 345.
② 关于类比,毛杜迪的说法有不一致的地方。1952 年 11 月 24 日,毛杜迪在卡拉奇律师协会就宪法问题发表演讲,在这次演讲中,他把立法机构的类比工作解释为:"如果《古兰经》和圣训中对某一问题的规定存在着不止一种解释,立法机构可以确定把哪种形式制定成法律。"(*Islami Riyasat*, p. 346)然而,1958 年 1 月 30 日,毛杜迪出席在拉合尔举行的国际伊斯兰大会时,就"立法和创制"发表了演讲。在演讲中,他先后两次把立法机构的类比工作解释为:"对于某一个问题,伊斯兰教法中没有作出任何规定,但是对于和这个问题相类似的情况作出了规定,对此,立法机构的工作是正确理解这些规定,在此基础上,援引这些规定来甄别那些不同的情况。"(*Islami Riyasat*, p. 466)"对于某个问题,伊斯兰教法没有规定,但是对于类似的问题却有规定,在此情况下,(立法机构)应首先确定这些规定的基础,如果存在同样的基础,那么可以援引类似事件中作出的规定。"(*Islami Riyasat*, p. 479)对于毛杜迪者两种前后不同的解释,本文根据伊斯兰教法学中关于类比的解释,采用毛杜迪的后一种说法。

治权原则之间的矛盾。因此,毛杜迪必须在伊斯兰国家政治制度中针对国家元首和协商委员会成员的资格和选举方法做出限制,尽可能地避免上述矛盾的产生。

虽然伊斯兰国家的立法机构受到上述限制,但是为了尽可能地调和伊斯兰国家理论与政治实践之间的这种结构上的矛盾,毛杜迪严格限定了立法机构的立法范围,包括:1. 通过协商来处理国家事务;2. 通过公议或多数人的意见作出决定;3. 不能通过公议作出违背《古兰经》和圣训的决定;4. 依照《古兰经》和圣训的规定得出的公议或多数人意见,应当被确定为国家的法律;5. 对于《古兰经》和圣训中没有规定的问题,穆斯林中的代表可以自行制定法律。他们的公议或多数人的意见就是有效的;6. 应当有某种适当的制度或安排,以便能够依照《古兰经》和圣训的精神解决个人与国家之间、政府与人民之间、人民与立法机构之间、政府与各部门之间的争端。

3. 伊斯兰国家的行政机构——伊斯兰政府

伊斯兰政府是伊斯兰国家的行政机构。毛杜迪认为,伊斯兰政府的职责是执行真主的命令,并且为了执行命令而在国家和社会中创造适当的条件。伊斯兰国家行政部门的职责范围是必须服从真主和先知的命令。

4. 伊斯兰国家的司法机构

真主主权原则明确了伊斯兰国家司法机构的职责范围,即"依照真主和先知的法律对人们的事务作出裁决"[①]。因此,毛杜迪认为,伊斯兰国家的司法机构也必须按照先知所传达的真主的意志作出判决。

关于伊斯兰国家中立法、行政和司法机构三者之间的关系,毛杜迪认为,虽然《古兰经》对此并没有明确的规定,但是完全可以从先知和正统哈里发时期的惯例中获得指导。在当时,伊斯兰国家的元首同时也是立法、行政和司法机构的负责人。在国家元首的领导下,三个机构分别独立地行使职责。

毛杜迪认为,可以援引上述惯例来确定伊斯兰国家中国家元首、立法机构、行政机构和司法机构之间的关系。对于伊斯兰国家的重要事务,在制定政策或解决行政和立法问题时,国家元首应与立法机构的成员协商。一旦经协商作出决定,立法机构的工作就结束了。行政官员从属于国家

---

① *Islami Riyasat*, p. 349.

元首,由国家元首任命,按照国家元首的命令管理行政事务。虽然法官也由国家元首任命,但是法官一经任命,国家元首便无权影响法官的裁决。

然而,现代穆斯林社会的情况已经与先知和正统哈里发时期有了很大的差别。毛杜迪必须根据现代穆斯林社会的需要对早期穆斯林乌玛的政治制度进行调整,但是他坚持任何调整都不能改变其中所包含的伊斯兰教基本原则。

关于伊斯兰国家中司法机构如何限制立法机构的权力,以及否决立法机构所制定的违反《古兰经》和圣训的法律的问题,由于正统哈里发时期的法官们不享有这样的权力,所以没有明确的惯例可供参考。毛杜迪认为当时立法机构的成员们对于《古兰经》和圣训有着真实深入的领悟,并且当时哈里发也都是在各方面最值得信任的人,因此没有出现违反《古兰经》和圣训精神的立法。即使在现在,只要立法机构不违反《古兰经》和圣训的精神,司法机构也不需要拥有否决立法机构决定的权力。但是如果一旦出现违反的情况,唯一正确的做法是授予司法机构权力,宣布所有违反《古兰经》和圣训的法律是无效的。

关于国家元首与立法机构的关系,毛杜迪从正统哈里发时期的惯例和著名的伊斯兰教法学家的判决中得出结论,国家元首承担行政管理的一切责任。虽然规定国家元首应该与立法机构协商,但是他无须同意、听从或者采纳他们的一致意见或是多数人意见。换言之,他拥有否决的权力。但是,毛杜迪同时也提出,在穆斯林国家培养出真正具有伊斯兰教思想的人并且组成协商委员会之前,国家元首必须服从立法机构的决定。

5. 伊斯兰国家的公民

毛杜迪认为,伊斯兰国家是建立在伊斯兰教思想意识形态基础之上的国家实体。因此,根据宗教信仰,伊斯兰国家的公民被划分为两类:穆斯林公民和顺民(Dhimmi)①。

1. 穆斯林。《古兰经》规定,"信道而且迁居,并借自己的财产和生命为真主而奋斗的人和款留(使者)、赞助(正道)的人,这等人互为监护者。信道而未迁居的人,绝不得与你们互为监护人,直到他们迁居;"(8:72)毛杜迪据此指出,成为伊斯兰国家的穆斯林公民的两条基本条件是:信仰伊

---

① 顺民,原名 Ahl al-Dhimmah,意思是盟约之民或义务之民,就是说他们表示接受穆斯林的统治,愿做顺民,而穆斯林表示愿尽保护的义务,双方缔结条约。参见希提著,马坚译:《阿拉伯通史》,第 103 页。

斯兰教；原本是或者成为了伊斯兰国家的居民。他认为，即使一个人信仰伊斯兰，但如果他不放弃对一个非伊斯兰国家的效忠并且迁居到伊斯兰国家，那么他也不可能成为伊斯兰国家的公民。与此相反，那些出生在或者迁居到伊斯兰国家的伊斯兰教信仰者是平等的穆斯林公民，他们彼此互相帮助。毛杜迪认为，穆斯林公民肩负着按照伊斯兰教的优良传统管理伊斯兰国家的责任。他们遵守伊斯兰国家的法律，执行伊斯兰国家的宗教、道德、文化和政治规定。同时，他们有权选举自己国家的元首和协商委员会的成员，有权利担任重要的职务，以确保这个建立在伊斯兰意识形态基础上的国家的基本政策符合伊斯兰教的基本原则。

2. 顺民。根据伊斯兰教法，毛杜迪把非穆斯林公民分为三类：一类是根据某些条约或协议而成为伊斯兰国家的臣民；另一类是在战争中战败而成为伊斯兰国家的臣民；第三类是以其他方式居住在伊斯兰国家的非穆斯林公民。这三类非穆斯林公民享有相同的权利。伊斯兰国家承诺保护所有非穆斯林公民的生命、财产、文化、信仰和尊严。他们只要遵守法律，他们在所有民事诉讼中享有与穆斯林相同的权利。他们有权担任除了重要职务之外的所有工作。他们享有与穆斯林相同的公民自由权利，在经济问题上也不受歧视。此外，非穆斯林公民被免除保卫国家的责任。

毛杜迪主张，伊斯兰国家的公民拥有下列四项基本权利，即：公民的合法生命、财产和尊严受到保护；个人自由受到保护；信仰和言论的自由；伊斯兰国家不论公民的社会等级和信仰，对所有公民都提供基本的生活必需。

伊斯兰国家公民除了享有上述权利之外，还必须承担相应的义务，其中包括：服从伊斯兰国家的命令；忠诚于伊斯兰国家并且为了它的繁荣而努力；全心全意地与政府合作，在国家受到威胁的时候，不惜牺牲自己的生命和财产。

## 第三节 圣战观念与变革理论

伊斯兰圣战观念是伊斯兰教思想体系中的一个重要内容。它是近现代印度穆斯林进行反殖民主义斗争的理论依据。在圣战思想的影响下，穆斯林认为西方的殖民统治是"异教徒"对穆斯林的迫害。为了推翻"异教徒"的统治，他们不断以捍卫伊斯兰教的名义发动圣战，反抗西方的殖民统治。因此,西方殖民主义者把伊斯兰圣战和西方历史上的神圣战争等同起来。他们指责穆斯林是狂热的宗教分子,伊斯兰教则是宣扬暴力的宗教。与此同时,在印度民族独立运动的过程中,穆斯林与印度教教徒之间的宗教隔阂日益加深,宗教冲突不断。少数穆斯林借用圣战的名义,采取暴力或极端手段对付印度教教徒。他们的行为激起了印度教教徒的极大愤慨,引发了印度社会对伊斯兰教和穆斯林的谴责。为了反驳西方社会和印度社会对伊斯兰教和穆斯林的指责,毛杜迪先后发表了《伊斯兰圣战》和《为了真主的圣战》两部著作,全面阐述了伊斯兰圣战观念和伊斯兰战争观念。他强调伊斯兰教是爱好和平的宗教,伊斯兰圣战是穆斯林为了捍卫伊斯兰教信仰而进行的防御性战斗。但是,同时,他又指出伊斯兰圣战的目标是推翻一切世俗统治,建立伊斯兰教的神权政权。他的伊斯兰圣战思想在伊斯兰世界产生了重要的影响。

### 一、圣战观念溯源

伊斯兰教的"圣战"一词是阿拉伯语"吉哈德"一词的汉语意译。"圣战"最初是指"穆罕默德与麦加多神教徒进行的战争,后指在伊斯兰旗帜下为宗教而进行的战争"[1]。但是"圣战"并不能完整地表达出"吉哈德"一词的准确含义。"吉哈德"一词本身通常和神圣的战争甚至战争没有任何关系。它的意思是"奋斗"、"尽力"或"尽最大的努力"。jihād 是动词 jāhada 词根的名词形式。在阿拉伯语中,它的解释是"尽(一个人)最大的力量、努力或能力与反对的目标做斗争"[2]。

"吉哈德"表达的不仅仅是穆斯林为了伊斯兰教而战的含义。通常伊斯兰教法学家把"吉哈德"划分为四类。"第一类'吉哈德'指的是与撒旦或邪恶的力量所进行的斗争,它是摆脱邪恶的诱惑的一种努力;第二类是支持正义的努力,第三类是纠正错误的努力,第四类是为了真主的'吉哈德',即为了保卫和传播伊斯兰教而发动的战争。"[3]在这四种"吉哈德"

---

[1] 《宗教词典》,上海辞书出版社,1981 年,第 352 页。

[2] Edward Lane, *An Arabic-English Lexicon*, book 1 part 2, Williams and Norgate, London, 1865, p. 473, quoted from Reuven Firestone, *Jihād: The Origin of Holy War in Islam*, Oxford University Press, 1999, p. 16.

[3] Riyaz Ahmad, *Islam & Modern Political Institutions in Pakistan*, Ferozsons (Pvt.) Ltd., 2004, p. 191.

中,只有最后一类表达的才是现代社会所指的"圣战"概念。

伊斯兰教法学家采用演变理论分析了圣战观念在《古兰经》中的形成和发展过程。他们按照先知接受天启的时间顺序,把有关战争的经文分为四个阶段。然而,不同教法学家对于《古兰经》中相关经文出现的原因、时间和目的存在争议,因此,他们对于演变过程无法形成完全一致的看法。

西方学者费尔斯通在总结传统的伊斯兰教演变理论的基础上,详细阐述了圣战观念在《古兰经》中演变的四个阶段:第一阶段是非对抗,即主张以和平、忍让的态度对待其他宗教信徒;第二阶段是防御性作战,即只有在受到进攻的时候才能进行防御性的作战;第三阶段允许主动发动进攻但必须遵守旧制;第四阶段则是允许不受限制地对其他宗教信徒进行主动进攻。①

伊斯兰教法学家阐述伊斯兰教圣战演变过程的目的是为了从理论上证明,针对非穆斯林的战争其实是可以不受任何限制的,从而为早期阿拉伯帝国发动对外扩张战争的政治目的服务。实际上,伊斯兰教法学家阐述的圣战观念已经不同于《古兰经》中所包含的圣战观念。尽管如此,根据演变理论所阐述的圣战观念在《古兰经》中的演变过程,是对早期穆斯林乌玛的政治状况的直接反映。从中我们可以了解到圣战观念在先知时期不同历史阶段的具体内容,有利于我们追根溯源,全面地了解伊斯兰圣战观念的真实内涵。也正因如此,演变理论不仅获得了许多穆斯林学者的支持,也得到了学术界的广泛认同。

圣战观念在伊斯兰教历史中也经历了一个发展演变过程。到了公元10世纪,随着伊斯兰教法体系的确立,圣战观念也基本定型。"圣战是早期穆斯林履行'吉哈德'义务的主要形式。它在对外扩张和征服过程中起过重大的作用。理论上,发动圣战是哈里发的一项重要职责;事实上,早期穆斯林对外征服的高潮过去后,圣战在教法中的地位显著下降,始终未能成为伊斯兰教的一项宗教义务。"②

公元13世纪,随着蒙古军队的西征、十字军东征和阿巴斯帝国的灭亡,伊斯兰世界遭受沉重打击。为了抵御"异教徒"的侵略,圣战观念重新得到穆斯林社会的重视。在这一时期,著名的罕百里派教法学家伊本·

---

① *Jihād: The Origin of Holy War in Islam*, pp.51—65.
② 《伊斯兰教史》,第79页。

泰米叶(1262—1328)唤醒了10世纪以来已经基本处于休眠状态的伊斯兰圣战观念。他重申了"宝剑的圣战"的义务。在伊本·泰米叶看来,圣战是人类能够采取的最有益的自发行为。

伊本·泰米叶把圣战分为两类,即主动的圣战和非主动的圣战。主动的圣战是指为了传播伊斯兰教而主动战斗,震慑敌人并获得胜利。但是伊本·泰米叶认为,当时伊斯兰教已经处于防御阶段,已经不再有发动主动圣战的机会,因此也就不存在主动圣战的问题。非主动的圣战是指,当"尚未信奉伊斯兰教"的人或"生活在无知中"的其他宗教信徒占领了"伊斯兰地区"时,穆斯林为了保护伊斯兰教、神圣的事物和生命而被迫进行的圣战。

伊本·泰米叶主张,圣战的首要目标并不是针对"战争地区",而是针对"伊斯兰地区"内部,清除伊斯兰地区的"异教徒"。他重申圣战观念的目的,是为了要求所有健康的成年男性穆斯林都应该准备战斗,保卫伊斯兰的领土免受任何来自内部和外部的军事威胁。

伊本·泰米叶圣战观念的核心,是强调当穆斯林的安全受到其他宗教信徒威胁的时候,穆斯林为了捍卫伊斯兰教而发动的正义的自卫战争。他反对使用杀戮手段强迫其他宗教信徒改宗的行为,认为这违背了《古兰经》的规定。

伊本·泰米叶在中世纪复兴了伊斯兰圣战观念。他关于圣战观念的阐述成为近现代伊斯兰圣战观念的重要理论来源。

公元18世纪,随着莫卧儿帝国的衰落,锡克教徒和主要信仰印度教的马拉特人的独立势力在印度次大陆迅速崛起。他们夺取了莫卧儿帝国的大片土地,严重地威胁到穆斯林在印度的统治地位。捍卫伊斯兰教信仰,拯救莫卧儿帝国的伊斯兰教统治,抵抗其他宗教信徒的侵略成为当时印度穆斯林的主要斗争目标。

在这样的历史背景下,近代印度著名的伊斯兰思想家瓦利乌拉再次重申了伊斯兰圣战的观念,号召穆斯林抵抗马拉特人的入侵。他提出通过"宝剑的圣战",捍卫伊斯兰教统治。他认为圣战是穆斯林最重要的义务之一,对穆斯林社会有很大的益处,只有通过圣战的手段才能给穆斯林带来胜利。也只有通过圣战和为圣战所进行的必要的准备,才能使伊斯兰教战胜其他一切宗教。

与此同时,印度穆斯林还受到西方殖民势力,特别是英国殖民势力的严重威胁。1757年,英国殖民者通过普拉西战役实际控制了孟加拉。这标志着英国殖民势力武力征服印度的开始。为了反抗西方殖民主义的侵略,维护穆斯林的统治,赛义德·艾哈迈德·波莱维(1786—1831)继续宣传伊斯兰教的圣战观念。他继承和发展了瓦利乌拉的圣战思想,提出了伊斯兰圣战观念中的迁徙理论。他认为处于英国殖民统治之下的印度次大陆地区是"战争地区",忠实于伊斯兰教信仰的穆斯林必须反抗背信弃义的英国殖民者。他们应该主动进行迁徙,离开殖民统治的地区,在一个"伊斯兰地区"建立哈里发政权,并宣布发动针对"异教徒"的圣战。1826年,为了实践迁徙理论,赛义德·艾哈迈德·波莱维及其追随者发起了"圣战者运动"(Mujahideen Movement)。然而,他们这次发动的主动圣战所针对的并不是英国的殖民统治,而是旁遮普的锡克教政权。这很难获得穆斯林的广泛支持。1831年,在锡克教徒的反击下,他战败被杀,圣战者运动宣告失败。但是在1857年印度民族大起义爆发之前,他提出的伊斯兰圣战观念在印度穆斯林中一直具有重要的影响。

印度民族大起义失败后,印度穆斯林宗教学者开始质疑反抗英国殖民统治的圣战。赛义德·艾哈迈德·汗从印度民族大起义的结果中得出结论,认为在特定的环境下,反抗占有压倒性优势的军事力量是不现实,也是不合时宜的。他提出,"圣战是捍卫伊斯兰教信仰的战争,但圣战是有条件的,无条件的圣战是非法的。只能对'不信道而且妨碍主道的人们'(47:1)发动圣战。"[①]赛义德·艾哈迈德·汗的圣战观念反映了当时大多数印度穆斯林对于圣战的看法。这也是穆斯林在西方强大的政治和军事威胁之下做出的无奈选择。

伊斯兰圣战观念经历了不断发展演变的过程。在伊斯兰教不同的历史阶段,圣战观念的内涵不尽相同。它可以是为传播伊斯兰教而发动的进攻性战争,也可以是为保护伊斯兰教而发动的防御性战争。它反映了特定的历史环境下穆斯林不同的政治诉求。毛杜迪的伊斯兰圣战观念的产生与当时印度的政治、宗教状况有着密切的联系。

为了抵抗英国的殖民侵略,印度穆斯林与印度其他宗教信徒一起展开了浴血斗争。然而,在反抗英国殖民统治的斗争过程中,印度穆斯林仍常常以伊斯兰圣战的名义来鼓舞斗志。出于镇压印度穆斯林的反抗斗争这一政治目的,西方殖民主义者开始对伊斯兰教和穆斯林进行歪曲。他

---

① Richard Bonney, *Jihād*: *From Qur'ān to Bin Lāden*, Palgrave Macmillam, New York, 2004, p.159.

们把穆斯林描写为"狂暴的有胡须的宗教狂热者,挥舞着刀剑在任何发现其他宗教信徒的地方进攻他们,并且实际上是用刀尖来强迫他们背诵清真言"①。他们指责伊斯兰教"是一种嗜血的宗教,它向自己的信徒宣扬屠杀"②。

在印度民族独立运动的过程中,由于宗教、政治和经济利益上的冲突,穆斯林与印度教教徒之间的分歧不断扩大。20世纪初,印度教改革组织圣社(Arya Samaj)发起了净化改宗运动(Shuddhi Reconversion Movement)。这场运动加剧了印度教教徒与穆斯林之间的紧张对立气氛。因此,运动的领导者斯瓦米·施尔塔南德被强硬派穆斯林视为伊斯兰教的敌人。1926年12月,一名穆斯林青年以圣战的名义杀害了斯瓦米·施尔塔南德。这一事件引发了印度教教徒的愤怒,他们纷纷指责印度穆斯林是崇尚暴力的民族,甚至连甘地也谴责"伊斯兰教是一种嗜血和暴力的宗教"③。面对这种情况,印度穆斯林迫切需要阐明伊斯兰圣战的思想,消除印度社会和西方社会对伊斯兰教和穆斯林的误解。

此外,伊斯兰教内部对于圣战观念也产生了新的观点,这对正统的伊斯兰圣战观念造成了冲击。阿赫默迪亚教派提出,伊斯兰教是和平的宗教。他们反对圣战,认为圣战是通过武力传播伊斯兰教信仰,这不符合伊斯兰教的精神。因此,毛杜迪认为必须尽快阐明正统的伊斯兰圣战观念,以消除阿赫默迪亚教派的观点在穆斯林中的影响。

正是在上述的历史背景下,1927年,毛杜迪发表了著名的《伊斯兰圣战》一书。毛杜迪在书中阐明了造成印度非穆斯林学者和部分西方学者误解伊斯兰圣战的原因。毛杜迪认为,除了西方殖民者歪曲丑化伊斯兰教和穆斯林的政治目的之外,造成伊斯兰圣战思想被误解的原因还包括对伊斯兰教和"穆斯林民族"概念的错误理解。包括不少印度穆斯林学者在内的印度学者和部分西方学者错误地把伊斯兰教和"穆斯林民族"的概念理解为西方现代政治思想中的宗教和民族的概念。

毛杜迪认为上述对于伊斯兰教和穆斯林民族的理解都是错误的。他指出,"伊斯兰教不仅仅是一种宗教的名称,穆斯林也不仅仅是一个民族

---

① Sayyid Abul A'la Maududi, *Jihad fi Sabilillah*, Islami Publications, Lahore, 1962, p. 2.

② Sayyid Abul A'la Maududi, *al-Jihad fi al-Islam*, Idarah Tarjuman al-Qur'an, Lahore, 2002, p. 15.

③ Ibid., p. 18.

的称号。事实上，伊斯兰教是一种变革的思想意识形态，它要求改变全世界的社会制度，并且按照伊斯兰教的原则和理想重建社会秩序。穆斯林是伊斯兰教建立的国际性革命团体的名称，它将实现伊斯兰教的变革目标。伊斯兰圣战指的是伊斯兰变革的斗争和最大的努力，伊斯兰革命团体发动圣战来实现这一变革目标。"①

毛杜迪还反驳了把伊斯兰教看作是一种崇尚暴力的宗教的观点。毛杜迪认为，人类文明的基础是人类神圣的生命。如果杀戮成为一个时代的秩序，那么就不可能有文明。伊斯兰教早在人类神圣的生命还没有被足够重视的时候，就已经宣布尊重人类神圣的生命。

毛杜迪指出，伊斯兰教非常强调真理和公正。伊斯兰教的目的是为了建立一种以真理和公正为基础的社会秩序。伊斯兰教关于尊重人类神圣生命的号召是以真理和公正作为前提条件的。尊重人类神圣的生命并不是无条件的，它必须服从于真理和公正。在这个问题上，团体和个人的情况是相同的。为了维护社会的利益，必须惩罚那些扰乱社会秩序的人。同样的，为了维护世界的和平，那些违反法律的团体同样必须受到惩罚，而惩罚这些犯错误的团体的过程就是伊斯兰圣战。需要指出的是，毛杜迪在这里谈到的法律不是一般意义上的法律法规的概念，而是《古兰经》和圣训中所规定的伊斯兰教法。他从自身的伊斯兰教信仰出发，狭隘地认为只有伊斯兰教才真正代表了真理和公正。因此，任何批评伊斯兰教或者违反伊斯兰教法的人都应该受到伊斯兰圣战的惩罚。

为了进一步证明伊斯兰教是和平的宗教，毛杜迪根据《古兰经》和圣训中的相关内容，全面系统地阐述了伊斯兰圣战观念的具体内容。

## 二、圣战观念内涵

毛杜迪指出，伊斯兰教把穆斯林建立一种公正的伊斯兰社会秩序以及穆斯林为传播伊斯兰教信仰与"异教徒"进行斗争称为"圣战"。他对于"圣战"一词解释是，"尽最大的努力来实现一种理想。"②关于战争，阿拉伯语中还有"斗争"（Harb）、"战斗"（Qital）等词汇。毛杜迪认为，伊斯兰教之所以选择"圣战"一词，是因为伊斯兰的斗争不属于"战争"的范畴。

---

① *Jihad fi Sabilillah*, p.3.
② Ibid., p.4.

他指出,长久以来,"战争"一词一直指的是民族之间以及国家之间为了实现个人或民族的私利而进行的斗争。这些战争背后的动机缺乏原则,仅仅是为了满足某些个人或团体的目的。伊斯兰圣战则与此完全不同,它的目的是为了人类的幸福,而不是某个民族或国家的私利。为了人类的利益,伊斯兰教将用自己的思想观点和实践来改造世界。伊斯兰教的目标是建立一种以伊斯兰教思想意识形态为基础的、不分民族和国家的公正的社会秩序。伊斯兰圣战就是为了实现这一目标而使用一切可能的力量所发动的一场伊斯兰的变革斗争。它并不是为了领土扩张或者殖民的目的而进行的侵略战争。

毛杜迪指出,伊斯兰圣战的基本条件是"为了真主的理想的斗争"(Jihad fi Sabilillah)①。它的含义是,为了全人类的幸福而进行的一切工作,但人们不能希望从这些工作中获得任何在现世的利益,其唯一的目的是为了取悦真主。这才是伊斯兰教中为了真主的理想目标所应采取的行为。因此,"当个人或团体发动一场变革来建立一种符合伊斯兰教思想意识形态的社会新秩序时,以及在为了这个目标做出任何奉献或牺牲的时候,他们在自己的头脑中不应当有任何自私的动机。……斗争的目的不应当沾染任何诸如获取财富、名望和个人荣誉的自私动机。所有的努力和牺牲应当用于实现唯一的目标,即在人类当中建立一种公正平等的社会秩序,而唯一可以期待的回报应当是获得真主的肯定。"②

正是因为伊斯兰圣战是"为了真主的理想的斗争",毛杜迪明确提出,伊斯兰圣战的目标是"推翻非伊斯兰制度的统治并且建立伊斯兰制度的统治"③。他指出,伊斯兰教不仅仅是一种宗教信仰或少数崇拜行为的总称。伊斯兰教是一种为了人类的幸福努力消灭世界上一切邪恶和专制的全面制度。穆斯林不应该为某个特定的民族或国家服务,而是应该为全人类服务,惩恶扬善。

毛杜迪强调,人不仅仅作为一种只为满足肉欲和情欲的肉体而存在,更重要的,人还作为一种精神存在,需要实现惩恶扬善这一高尚的人生目标。他认为,真主是最高统治者,人类是真主在地球上的代治者。人类要完成真主代治者的任务,就必须努力惩恶扬善。执行真主的命令就是伊

---

① *Jihad fi Sabilillah*, p.4.
② Ibid., p.5.
③ Ibid., p.12.

斯兰圣战。伊斯兰圣战的目标不是为了消灭某些个人或团体或者摧毁他们的财产,而是为了消灭罪恶。这种斗争的目标不是毁灭,而是革新。

毛杜迪指出,个人和团体都应当努力惩恶扬善。一个团体的目标是为了实现团体中每一个个人共同的、更高的人生目标。团体和个人一样也会背离正道,误入歧途。任何旨在使个人或团体走上正道的行动都是伊斯兰圣战。

为了避免一个团体利用伊斯兰圣战的名义压迫另一个团体,毛杜迪明确提出,如果某一团体建立了不公正的社会秩序和专制统治,应该对其发动圣战。但是伊斯兰圣战并不是针对这个团体,而是针对其所建立的不公正的秩序和专制统治。伊斯兰圣战的目标不是为了建立一个团体对于另一个团体的统治,而是为了用美德取代罪恶,以公正代替不公。伊斯兰圣战的目标不是为了使非穆斯林皈依伊斯兰教,而是为了实现正义和公正。当穆斯林成功推翻一种不公正的秩序的时候,伊斯兰教不会强迫非穆斯林皈依伊斯兰教。同时,伊斯兰教将继续给予他们法律保护。战争是一场人与人之间的斗争,而伊斯兰圣战是一场原则的斗争。一旦伊斯兰圣战所捍卫的原则获得胜利,胜利者和失败者都将从中获益。

应该指出,毛杜迪所谓的"惩恶扬善"并不是一般意义上惩罚罪恶、宣扬美德。毛杜迪把伊斯兰教视为人类唯一理想的制度,其他一切制度都是"邪恶和专制的",因此,伊斯兰圣战惩恶扬善的实质就是为了宣扬伊斯兰教的信仰,从而建立伊斯兰制度。

毛杜迪还对伊斯兰圣战的性质进行了论述。为了突出伊斯兰圣战的正义性,他强调伊斯兰圣战是一种自卫的斗争。人们不应为了个人私利而屈服于罪恶或专制,人们应勇于为捍卫真理而进行自卫斗争。进行自卫的伊斯兰圣战的根本原则是,穆斯林应当坚持伊斯兰教信仰,在任何情况下都不应当屈服于任何罪恶。

毛杜迪根据伊斯兰教敌人的不同来源,把为反抗压迫、进行自卫斗争的伊斯兰圣战分为四大类,即:反抗伊斯兰教外部敌人的伊斯兰圣战、反抗伊斯兰教内部敌人的伊斯兰圣战、反抗进入伊斯兰教内部的外部敌人的伊斯兰圣战以及支持其他穆斯林反抗压迫的伊斯兰圣战。

(1) 反抗伊斯兰教外部敌人的伊斯兰圣战,这既包括针对外部敌人对伊斯兰教发动的侵略所进行的自卫斗争,同时,也包括与阻碍伊斯兰教信仰传播的外部敌人以及不信守与穆斯林盟约的外部敌人的自卫斗争。

(2) 反抗伊斯兰教内部的伪信者的伊斯兰圣战。有的穆斯林在言语上表示友好,但是在心里却希望根除伊斯兰教,《古兰经》称他们为伪信者。毛杜迪指出,穆斯林不仅要与外部的敌人进行自卫斗争,还应当与伊斯兰教内部的那些可能会威胁伊斯兰教的伪信者进行自卫斗争。

(3) 反抗进入伊斯兰教内部的外部敌人的伊斯兰圣战。毛杜迪指出,如果伊斯兰教外部的敌人定居或者外来迁入到伊斯兰地区,肆意制造混乱,进行抢劫和杀戮,破坏伊斯兰国家的和平,甚至试图通过暴力来推翻伊斯兰制度,就要对这些敌人进行自卫斗争。毛杜迪指出,除非这些敌人已经悔罪,否则为了保护伊斯兰地区的和平,穆斯林必须与他们进行自卫斗争。

(4) 援助其他穆斯林反抗压迫的伊斯兰圣战。毛杜迪认为,当任何穆斯林群体处于专制的统治之下,或者受到敌对势力的迫害,其他的穆斯林应当为了帮助和保护这些专制的受害者而与敌对势力进行斗争。

在毛杜迪看来,上述四种伊斯兰圣战中,最需要阐述清楚的是第一种,即反抗伊斯兰教外部敌人的伊斯兰圣战。他根据发动圣战的目的把这类圣战又分为三类:

首先是为了反抗外部敌人对穆斯林的侵略而进行的伊斯兰圣战。这种伊斯兰圣战又分为四种情形:1.当遭到战争攻击的时候,穆斯林有义务拿起武器进行自卫;2.对于剥夺穆斯林的权利并且抢夺其财产的任何人,穆斯林都应当进行自卫;3.当由于坚持伊斯兰教信仰而遭受苦难的时候,穆斯林应当为了捍卫自己的宗教信仰自由进行自卫;4.如果敌人将穆斯林从任何一块土地上驱逐出去,或者是摧毁穆斯林的政权,穆斯林都应当努力重新夺回失去的一切。一旦穆斯林获得力量,那么就应当把敌人从他们所夺取的全部穆斯林土地上赶走。

其次是为了反抗伊斯兰教外部敌人阻碍穆斯林的伊斯兰教信仰而进行的伊斯兰圣战。毛杜迪指出,如果任何敌对势力不断侵扰穆斯林,阻止他们履行自己对伊斯兰教的义务,强迫穆斯林放弃自己的伊斯兰教信仰,或者对穆斯林遵循伊斯兰教的生活方式制造障碍,那么为了维护伊斯兰教信仰,允许穆斯林与这种敌对势力进行自卫斗争。他认为,阻止穆斯林信仰伊斯兰教的上述三种行为都是犯罪,穆斯林必须与之进行斗争。

最后是对不信守与穆斯林盟约的外部敌人进行的伊斯兰圣战。毛杜迪认为,"凡是在与穆斯林缔结盟约之后又违反盟约的人,穆斯林应当与其进行斗争,这其中也包括那些表示服从却又发动反对伊斯兰教政权的叛乱的其他宗教教徒;对于那些虽然与穆斯林缔结了盟约,但其敌对行为

## 第四章 现代伊斯兰主义思想家:艾布·艾阿拉·毛杜迪

随时可能给伊斯兰教和穆斯林造成危害的人,应当在通知撤消所缔结的盟约之后与其进行斗争;凡是多次违反与穆斯林缔结的盟约以及给穆斯林造成危害的人,穆斯林应当与其进行斗争,直至他们忏悔并且接受伊斯兰教。否则为了保护伊斯兰教和伊斯兰地区免受他们的影响,穆斯林将不得不选择杀戮、逮捕和围攻等其他斗争方式。"[1]

虽然毛杜迪将伊斯兰圣战进行分类,并作了详细的论述,但是,归根结底,在毛杜迪的伊斯兰圣战观念中,伊斯兰圣战完全是自卫的斗争。而事实上,伊斯兰圣战不可能仅仅包含自卫的斗争。伊斯兰圣战的目标是为了消灭非伊斯兰的制度,建立伊斯兰教的统治,在这样的过程中,必然存在进攻性的斗争。在伊斯兰教早期的传播历史上,穆斯林就以传播伊斯兰教信仰的名义进行对外扩张战争,这样的战争不可能是自卫的战争。但是,毛杜迪在论述伊斯兰圣战的性质时,却只是强调伊斯兰圣战的自卫性。

在毛杜迪的理论中,伊斯兰圣战被认为是穆斯林的重要义务。"虽然伊斯兰教在所有问题上都宣扬宽容和忍耐,但是穆斯林必须尽自己所有的能力来反抗任何压迫伊斯兰教信仰或者是强迫穆斯林接受除伊斯兰教之外的其他任何宗教信仰和制度的行为。"[2]早期的伊斯兰教为了传播伊斯兰教信仰的需要,非常强调穆斯林履行圣战义务的重要性,伊斯兰圣战对于伊斯兰教的对外扩张和武力征服发挥了重要的作用。为了鼓励印度穆斯林反抗西方的殖民统治以及对抗印度教教徒的威胁,毛杜迪强调,与伊斯兰教的敌人进行自卫的圣战,"不仅是穆斯林的道德要求,也是穆斯林的宗教义务"[3]。他认为履行这一义务比进行祈祷和遵守斋戒还要重要。

实际上,毛杜迪阐述的伊斯兰圣战观念在很大程度上来源于伊本·泰米叶的圣战思想。和伊本·泰米叶一样,毛杜迪也强调伊斯兰圣战是防御性的作战,并且高度赞扬穆斯林履行圣战义务的美德。但同时,根据当时印度穆斯林社会的具体情况,他对伊本·泰米叶的圣战思想做出了调整。出于为伊斯兰教和穆斯林辩护的目的,表明伊斯兰教是和平的宗教,毛杜迪在阐述圣战观念时,只介绍了防御性的圣战,并没有谈及进攻

---

[1] Sayyid Abul A'la Maududi, *al-Jihad fi al-Islam*, pp. 69—70.
[2] Ibid., p. 55.
[3] Ibid., p. 66.

性的圣战。但是,毛杜迪的伊斯兰政治理想是建立伊斯兰国家,全面实施伊斯兰教法,恢复伊斯兰教制度。因此,他又提出,伊斯兰圣战的目标是消灭一切世俗统治,建立伊斯兰教的神权统治。虽然毛杜迪认为,通过宣传教育的手段可以实现伊斯兰圣战的目标,但这样一来,在他的圣战观念中也不可避免地包含了为实现这一目标采取进攻性圣战的方式。这使得他的圣战观念同时具有了进攻性的内涵。这种理论表述与实际内涵之间的差异,正说明了毛杜迪伊斯兰圣战观念的片面性。

**三、非暴力变革理论**

应当指出的是,毛杜迪最终并没有把圣战观念纳入自己的伊斯兰国家理论体系中。相反,此后毛杜迪在全面阐述建立伊斯兰国家的理论时,并没有使用圣战观念,而是提出了伊斯兰变革的理论。他主张采取和平的、非暴力的伊斯兰变革方式,通过著作宣传伊斯兰教的信仰,实现伊斯兰社会的思想变革,在此基础上建立伊斯兰教的神权统治。

为了建立理想的伊斯兰国家政治制度,毛杜迪阐述了自己的伊斯兰变革理论。毛杜迪的伊斯兰变革理论源于先知在伊斯兰教早期的历史范例。但是,他更多的是依照先知在麦加时期和平传教的历史提出自己的伊斯兰变革理论,而对麦地那时期的伊斯兰战争却鲜有提及。他主张进行和平的、渐进的和思想上的伊斯兰变革。毛杜迪的伊斯兰变革理论并不是一成不变的,而是随着印度次大陆穆斯林政治形势的变化而发展,经历了从社会思想变革到政治变革的转变过程。毛杜迪的伊斯兰变革理论可以划分为两个发展阶段:1. 印巴分治之前的穆斯林社会思想变革;2. 印巴分治之后,在继续坚持社会思想变革的基础上,优先强调通过政治变革全面重建伊斯兰教的政治、社会等各项制度。

1. 社会思想变革阶段

毛杜迪提出的伊斯兰社会思想变革与当时印度穆斯林社会的政治历史状况有着密切的关系。莫卧儿帝国衰落之后,印度的穆斯林逐渐失去了统治地位,整个穆斯林社会也陷入四分五裂的混乱状态之中。此时,毛杜迪的政治理想是恢复穆斯林对次大陆的统治,按照先知和正统哈里发时期穆斯林乌玛的理想范例,重建伊斯兰国家,全面恢复伊斯兰教的各项制度,实现穆斯林与印度教教徒和平共处。20世纪30年代,毛杜迪在海得拉巴的经历使他意识到,造成穆斯林社会生存危机的根本原因是穆斯

## 第四章 现代伊斯兰主义思想家:艾布·艾阿拉·毛杜迪

林对伊斯兰教信仰的淡漠。在这种情况下,即使穆斯林能够像海得拉巴的穆斯林统治者那样建立一个穆斯林统治的国家,这样的一个穆斯林国家也决不可能等同于一个真正的伊斯兰国家。因此,1940年9月12日,毛杜迪应阿里格尔穆斯林大学伊斯兰教历史和文明协会的邀请发表演讲,阐述了社会思想变革的伊斯兰变革理论。他主张只有通过一场伊斯兰变革来进行穆斯林社会的思想变革,才能建立一个真正的伊斯兰国家。

毛杜迪提出,伊斯兰变革的方法首先应当仿效先知在伊斯兰教早期传播伊斯兰教信仰以及建立穆斯林乌玛的范例。其次,伊斯兰变革的领导者应当通过自己的言行充分展示伊斯兰变革的原则和目标。他的一举一动都应当体现出真正的伊斯兰教信仰的精神。

毛杜迪认为,一个伊斯兰国家决不可能奇迹般地突然出现,而是应该在穆斯林社会中首先实现思想变革,从而为建立理想的伊斯兰国家奠定思想基础和社会基础。为了实现穆斯林社会的这一思想变革,伊斯兰变革的领导者应当通过不断的努力,在穆斯林当中培养虔诚的伊斯兰教信仰和高尚的伊斯兰道德品质。在此基础上,他们应当建立一种伊斯兰教的教育制度,用伊斯兰教的生活方式教育穆斯林,在所有的知识学科领域培养出具有真正伊斯兰教思想和精神的穆斯林知识阶层。这些穆斯林知识分子有能力在伊斯兰教思想意识形态原则的基础上建立完整的政治和社会生活制度,他们拥有足够的能力挑战现代社会中接受无神论的思想家和科学家。只有在这样的社会思想变革的基础上,伊斯兰变革运动才能与当今世界上围绕在穆斯林社会四周的各种错误的政治和社会生活制度进行斗争。毛杜迪并没有否定在穆斯林社会中存在的真理和正义的社会因素,他认为应当尽可能通过伊斯兰变革者的努力,将所有这些业已存在的积极因素吸收到伊斯兰变革运动当中。毛杜迪认为,伊斯兰变革将在穆斯林的思想中产生一场革命。通过伊斯兰变革者艰苦不懈的努力,一切非伊斯兰的国家制度都将在变革了的穆斯林社会中失去存在的基础。当伊斯兰社会思想变革成功地在穆斯林社会中建立了伊斯兰教意识形态的基础之后,伊斯兰国家的建立也将是自然而然、不可避免的。

毛杜迪对于伊斯兰变革的领导者提出了很高的要求。在毛杜迪的伊斯兰变革理论中,领导这场变革斗争的人应当像先知及其追随者那样具有高尚的伊斯兰道德品质和虔诚的伊斯兰教信仰。他们应当具有无私、诚实和敬畏真主的品质和献身精神。他们能够无畏地面对逆境和危险,勇敢地牺牲自己的物力、财力甚至生命。他们应当经得起各种形式的考验以证明自己虔诚的信仰和高尚的品德。他们的言行应当成为伊斯兰教信仰和道德准则的具体示范,使穆斯林社会切实明白,他们所提倡的以伊斯兰教思想意识形态为基础的伊斯兰国家必将成为社会公正和世界和平的保障。他们参加伊斯兰变革的目的不能是出于个人、家庭、部落或种族的自私动机。在经历残酷的迫害过程中,他们应当坚定自己的伊斯兰教信仰和理想目标,使自己在思想上真正成为合格的伊斯兰变革成员。

2. 政治变革阶段

1947年印巴分治之后,毛杜迪移居巴基斯坦。面对穆斯林已经建立了一个独立国家的政治现实,毛杜迪的伊斯兰变革理论发生了转变。他开始意识到,此时的当务之急是如何在巴基斯坦尽快建立伊斯兰教制度,全面实施伊斯兰教法,恢复伊斯兰教的神权统治。1948年9月,毛杜迪在《〈古兰经〉译解》上发表文章,提出了在巴基斯坦建立伊斯兰教制度的两种方法:

(1) 政治变革

毛杜迪认为,当时的执政者并不具备建立伊斯兰政府的资格,此时他们应该认识到,在建立巴基斯坦国家后,自己的使命已经完成,现在他们应该把权力交给那些有资格的人们。毛杜迪提出,"现在正确的做法是,首先,我们的制宪会议应该宣布从一个非伊斯兰制度向伊斯兰制度转变所必需的基本原则。随后,让具备伊斯兰教知识的人们参与到制定宪法的工作当中,在他们的帮助下制定出一部最合适的宪法。之后举行新的选举,让人们有机会选举出最具资格建立伊斯兰教制度的人,并授予他们管理国家的权力。通过这样正确民主的方式,(那些具备适当资格的人们)可以获得权力,借助于政府的力量和途径,按照伊斯兰的方式全面建设社会制度。"[①]

(2) 社会思想变革

社会思想变革即努力从社会基础开始着手改革社会,通过一场全民改革运动在社会中传播真正的伊斯兰教思想观念。当这场运动发展成熟时,社会中自然就会产生出完整的伊斯兰教制度。

毛杜迪指出,"现在我们正在努力尝试第一种方法。如果我们获得成功,那么就意味着我们的民族为了建立巴基斯坦所做出的斗争并不是徒劳无益的。我们由此获得了一条建立理想的伊斯兰教制度最简单、最直

---

① *Islami Riyasat*, p.741.

## 第四章 现代伊斯兰主义思想家:艾布·艾阿拉·毛杜迪

接的途径。但是如果我们不幸失败,这个国家被建成一个非伊斯兰的国家,……那么在这种情况下,我们再按照第二种方法开始工作,就如同我们在巴基斯坦独立之前所做的那样。"①

毛杜迪的上述阐述表明,他在巴基斯坦独立之后并没有完全放弃社会思想变革的主张。只不过是在当时的政治形势下,社会思想变革的主张退居政治变革的主张之后,成为毛杜迪伊斯兰变革的一个备选方式。

1954年9月,毛杜迪再次在《〈古兰经〉译解》上发表文章,阐述了自己关于"政治变革和社会思想变革孰先孰后的问题"的看法。他认为,"简而言之,在政治变革之前,毫无疑问,必须进行一场文化、社会和道德变革。这是伊斯兰变革的根本方法。同样毫无疑问的是,伊斯兰教的法律规定不能仅仅自上而下地推行,而是还应该通过宣传使人们产生内心感受。但是任何人都不能否认的事实是,在建设巴基斯坦的过程中已经出现了政治变革。因此,现在争论社会变革和政治变革孰先孰后的问题毫无意义。"②

毛杜迪提出,在社会思想变革之前,只有通过政治变革才有可能按照伊斯兰教原则有效地行使政治权力。他又指出,实现社会变革的手段不仅包括教育宣传、社会改革和思想改造等,也包括利用政府的法律和政治资源等手段。只有通过政治变革,掌握了政府权力之后,才能更有效地推动社会变革。

毛杜迪在伊斯兰变革理论中,虽然阐述了伊斯兰变革的方法、伊斯兰变革的领导者等原则问题,但是,他并没有涉及如何夺取伊斯兰国家政权这一具体问题。他只是强调通过一场伊斯兰社会思想变革,具有伊斯兰教思想的穆斯林自然会要求建立一个伊斯兰国家。但是对于穆斯林究竟应当如何取得政权建立伊斯兰国家的问题,毛杜迪并没有给出明确回答。印度穆斯林社会的历史背景是产生这一情况的主要原因。20世纪初,印度穆斯林仍然统治着海得拉巴等一些土邦。穆斯林当时迫切需要解决的问题是如何维护和巩固穆斯林已有的统治,而不是建立一个新的伊斯兰国家。与此同时,从20世纪30年代开始,印度穆斯林在两个民族理论的基础上,展开了争取穆斯林民族独立的运动。印度穆斯林最终通过与英国殖民统治当局的民主斗争获得了独立,建立了巴基斯坦。在穆斯林已

---

① *Islami Riyasat*, p. 742.
② Ibid., p. 743.

经建立了独立国家的情况下,毛杜迪也无需过多地阐述夺取政权的具体过程。此外,毛杜迪本人反对使用暴力。他一再强调应当通过民主合法的手段在巴基斯坦建立伊斯兰教的社会政治秩序。但是,他的这些思想在巴基斯坦政治中未能付诸实施他建立伊斯兰国家的理想也始终未能实现。

## 第四节 伊斯兰促进会

伊斯兰促进会是巴基斯坦最大和最有影响力的宗教政党,同时也是20世纪现代伊斯兰主义运动的重要宗教政治组织。为了实现建立公正和公平的伊斯兰秩序的政治理想,毛杜迪按照自己的伊斯兰变革和伊斯兰国家政治制度的理论创建了伊斯兰促进会。这一组织在推动巴基斯坦的伊斯兰化进程中扮演了重要的角色。

### 一、伊斯兰促进会的历史

在印度民族独立运动的发展过程中,穆斯林与印度教教徒之间的宗教矛盾不断加剧。穆斯林要求独立的呼声日益高涨,印度穆斯林民族独立运动也迅速发展起来。穆斯林联盟是领导这场运动的重要政治组织。穆斯林联盟的主要领导人接受了西方的现代思想,提倡印度穆斯林学习西方的科学文化知识,主张建立一个世俗民主的现代穆斯林国家。毛杜迪反对穆斯林联盟的世俗主义、民主和民族主义的政治主张。他认为,造成印度穆斯林社会衰落的根本原因是穆斯林对伊斯兰教信仰的淡漠。他主张加强伊斯兰教信仰,全面恢复伊斯兰制度,真正拯救穆斯林社会的危机。与此同时,在埃及也出现了要求全面恢复伊斯兰制度的思想运动。1928年,哈桑·班纳在埃及建立了穆斯林兄弟会。穆斯林兄弟会反对西方文化和西方现代思想对穆斯林的影响,主张推翻一切世俗政权,建立伊斯兰神权政治,全面实施伊斯兰教法,效仿先知和正统哈里发时期的穆斯林乌玛,重建伊斯兰的社会政治秩序。虽然没有明确的材料说明哈桑·班纳建立的穆斯林兄弟会对毛杜迪产生了直接的影响,但是,不可否认,在近代印度瓦利乌拉的复兴伊斯兰教思想以及阿富汗尼的泛伊斯兰主义思想的影响下,在全世界穆斯林社会范围内兴起的复兴伊斯兰教的政治思想运动对于毛杜迪建立伊斯兰促进会无疑产生了重要的影响。

## 第四章 现代伊斯兰主义思想家：艾布·艾阿拉·毛杜迪

在这样的社会历史背景下，毛杜迪开始意识到，仅仅靠自己的著作宣传伊斯兰教信仰是不够的。他必须通过实践活动来扩大伊斯兰教思想的影响。于是，在1938年10月，毛杜迪发起一场"伊斯兰家园"的政治运动。他的目标是集合一切有着共同的伊斯兰理想的人，发起一场复兴伊斯兰的政治运动。共有8人响应毛杜迪的号召聚集到"伊斯兰家园"。他们讨论通过了"伊斯兰家园"运动的宗旨和目标。为了更好地领导运动，促进伊斯兰的发展，他们建立了一个包含5名创始成员的组织，毛杜迪被选举为临时主席。这成为伊斯兰促进会的雏形。

全印穆斯林联盟通过"巴基斯坦决议"之后，毛杜迪认为建立一个世俗的现代穆斯林国家并不能从根本上解决印度穆斯林所面临的问题。他迫切感到必须建立一个宗教政治组织，召集与自己有着共同理想的人，发起一场伊斯兰的变革运动，建立一个真正的伊斯兰国家。他在1941年4月的《〈古兰经〉译解》中号召建立一个由致力于通过伊斯兰变革以复兴伊斯兰的人所组成的政党。他认为只有伊斯兰制度才是解决人类所遭受痛苦，并且能够拯救人类的唯一制度。毛杜迪指出，任何思想意识形态都必须通过某个政党得到宣传和体现，仅仅使用理论术语讨论伊斯兰的优越性不足以给世界带来光明，必须建立一个政党以宣传伊斯兰的价值观。这个政党的成员必须忠诚于伊斯兰教信仰，具有高尚的伊斯兰道德。他们将发起一场伊斯兰变革，推翻现行的世俗制度。为了实现这一目标，他们需要在精神、肉体和物质方面做出巨大的牺牲。毛杜迪呼吁人们积极响应他的号召，加入到这一神圣的事业中来。

共有150人积极报名响应毛杜迪的号召，其中约有100人应邀来到毛杜迪在拉合尔的居所商讨建立一个伊斯兰宗教政治组织的具体事宜。1941年8月26日，包括毛杜迪在内的75人在毛杜迪家中举行会议，宣布正式成立一个宗教政治组织。会议讨论通过了毛杜迪提交的组织章程，章程确定组织的名称为伊斯兰促进会。毛杜迪在这次会议上当选为伊斯兰促进会的主席。伊斯兰促进会还设立了协商委员会作为该组织的领导机构。

伊斯兰促进会的目标是通过伊斯兰变革建立一个以伊斯兰教原则为基础的真正的伊斯兰国家。为了实现这一政治理想，毛杜迪提出了伊斯兰促进会在当时的三项主要任务：首先，为了净化和提升穆斯林的伊斯兰思想，伊斯兰促进会成员应当建立一个模范的穆斯林乌玛，向穆斯林社会展示如何在实际生活中遵循伊斯兰的生活方式。其次，挑选具有虔诚的伊斯兰教信仰的穆斯林,把他们组织起来,并培养成为伊斯兰促进会的成员和同情者,以应对穆斯林未来可能要面对的三种情况:"1.一旦巴基斯坦独立运动失败,如何拯救穆斯林社会;2.一旦印巴分治,应当如何帮助留在印度的穆斯林;3.一旦巴基斯坦获得独立,应当如何确保巴基斯坦成为一个真正的伊斯兰国家。"① 为了实现上述三个目标,同时也为了避免使伊斯兰促进会的成员受到穆斯林联盟的西方世俗思想的影响,毛杜迪提出将伊斯兰促进会的总部设在远离城市和政治运动的地方。1942年6月,毛杜迪将伊斯兰促进会的总部从拉合尔迁到帕坦果德。

从1941年8月至1947年8月期间,伊斯兰促进会巩固和加强了组织机构,扩大了成员数量,成员人数由最初的75名增加到分治前的625名,同情者的数量也有增加。1945年4月和1946年4月,伊斯兰促进会分别在"伊斯兰家园"和阿拉哈巴德召开了第一次和第二次全印伊斯兰促进会大会,增强了伊斯兰促进会的内部凝聚力,同时也扩大了伊斯兰促进会在印度穆斯林社会中的影响。

1947年8月29日,毛杜迪和伊斯兰促进会的部分成员移居拉合尔。印巴分治前伊斯兰促进会的成员共有625名,其中240名留在了印度,原本居住在巴基斯坦地区以及后来移居而来的成员有385名。伊斯兰促进会也因此分为巴基斯坦伊斯兰促进会和印度伊斯兰促进会。在毛杜迪的领导下,巴基斯坦伊斯兰促进会(以下简称伊斯兰促进会)开始逐渐参与巴基斯坦国内的政治活动,为将巴基斯坦建设成为一个真正的伊斯兰国家而不断与主张走世俗化道路的政府进行斗争。在这样的背景下,是继续坚持宣传伊斯兰教思想,实现穆斯林社会的思想变革,还是直接参与选举,实现伊斯兰政治变革,在伊斯兰促进会内部产生了矛盾。

1956年,巴基斯坦的伊斯兰宪法实施之后,毛杜迪开始为伊斯兰促进会参加即将举行的选举做准备。这导致伊斯兰促进会内部产生了意见分歧。一些成员认为伊斯兰促进会应当集中精力开展宣传伊斯兰的工作,而不是参加政治选举。其中为首的是阿明·艾合桑·伊斯拉希。伊斯拉希及其支持者认为,伊斯兰促进会不应当卷入政治。伊斯拉希断言,选举的竞争将迫使伊斯兰促进会不得不在伊斯兰原则上做出妥协。但是

---

① Maulana Maududi's Address at the annual session of Jama'at-i-Islami, August 1970, qutoed from Masudul Hasan, *Sayyid Abul A'ala Maududi and His Thought*, Islamic Publications, Lahore, 1984, p.250.

## 第四章 现代伊斯兰主义思想家:艾布·艾阿拉·毛杜迪

毛杜迪主张,伊斯兰促进会应当面对巴基斯坦的政治现实,参与选举并且努力从内部改造世俗政权。1957年1月,毛杜迪写信给伊斯兰促进会的秘书长提出辞去主席的职务并且要求按照章程立即采取进一步行动。随后,伊斯拉希也辞去了协商委员会委员的职务。

1957年2月17日至21日,为了解决毛杜迪提出辞职所产生的危机,伊斯兰促进会在旁遮普省拉希姆亚尔汗地区的一个小镇马基希果特(Machhi Goth)召开了全巴伊斯兰促进会大会。伊斯兰促进会的1272名成员中有900多名成员出席了这次会议。毛杜迪在会议上发表了长达六个小时的讲话,谈到了伊斯兰促进会的历史和目标。他说明了参与选举是包含在伊斯兰促进会的目标之中的,这并没有背离伊斯兰促进会的本质。他认为,在像伊斯兰促进会这样有活力的组织中,实现目标的策略有时需要根据情况的变化而改变,但是基本原则必须保持不变。毛杜迪阐述了伊斯兰促进会的四个目标:1.应当继续努力净化和提升穆斯林的伊斯兰思想;2.应当挑选具有虔诚的伊斯兰教信仰的穆斯林,把他们组织起来并加以培养;3.应当努力实现穆斯林乌玛的社会和政治变革;4.应当努力改革现行的政治制度。他认为,实现政治制度改革的目标可以通过两种方式,一种方式是使用暴力夺取政权,另一种方式是通过合法的手段取得政权。而选举是全世界都认可的改革政府的唯一合法手段。

毛杜迪指出,如果伊斯兰促进会承诺致力于改革政府,就必须参与选举。毛杜迪解释说,在独立之前他不支持选举是因为他和伊斯兰促进会不能加入一个世俗的政府。巴基斯坦实施伊斯兰宪法之后,形势已经发生了彻底的改变。根据宪法,巴基斯坦已经宣布成为一个伊斯兰共和国。参加选举的目的是为了成为议员,帮助建立伊斯兰制度。在这样的情况下,参与选举过程是伊斯兰促进会复兴伊斯兰的责任和义务。毛杜迪断言,如果等到培养出伊斯兰的人才之后才参加选举,会失去穆斯林对伊斯兰促进会的支持。他认为,选举活动本身就能够帮助伊斯兰促进会培养出合格的人才担任政府部门的职务。有人认为参加选举会造成伊斯兰促进会成员道德堕落,毛杜迪指出,避免这一问题的正确方法是坚决将那些在选举中道德堕落的成员从伊斯兰促进会中清除出去。他坚持认为,伊斯兰促进会不应当仅仅作为一个伊斯兰研究机构而致力于思想意识形态层面的工作,而应当在包括政治领域在内的各个方面与世俗力量作斗争。与会的伊斯兰促进会成员对上述问题进行了投票表决,绝大多数成员投票赞成参加选举,仅有15人投票反对。伊斯拉希及其支持者提出辞职,伊斯兰促进会接受了他们的辞职。毛杜迪被劝说收回自己的辞职请求并且继续领导伊斯兰促进会。

马基希果特大会是伊斯兰促进会历史上的一次重要会议。这次会议解决了内部的矛盾,毛杜迪再次巩固和加强了自己在伊斯兰促进会的领导地位。同时,伊斯兰促进会的主要目标也从此前的社会思想变革正式转变为通过民主选举的政治斗争方式改革巴基斯坦的政治制度,实现伊斯兰促进会建立公正的伊斯兰秩序的政治理想。此后伊斯兰促进会在毛杜迪的领导下,积极参与选举,努力推动巴基斯坦的伊斯兰化进程,逐步发展为巴基斯坦最有影响力的宗教政党。

### 二、伊斯兰促进会的纲领和组织

1941年8月,伊斯兰促进会第一次会议讨论通过了毛杜迪提交的伊斯兰促进会章程。章程包括11项条款。章程首先确定组织名称为伊斯兰促进会。章程规定了伊斯兰促进会的纲领是,"万物非主,唯有真主,穆罕默德是真主的使者。"伊斯兰促进会的目标为"努力建立伊斯兰秩序,实质上是为了取悦真主以及获得来世的成功"[①]。它要求伊斯兰促进会成员为了建立全面的伊斯兰生活方式而无私地努力奋斗。章程还规定了伊斯兰促进会的成员资格和加入伊斯兰促进会的方法。章程强调,只有那些认识到自己对伊斯兰的责任和义务的人才有资格加入到伊斯兰促进会。章程也规定了伊斯兰促进会成员所必须遵守的一系列行为准则。此外,章程还规定主席领导伊斯兰促进会,所有成员必须服从主席的领导,任何成员都不得谋取主席的职务,而主席也必须在有更合适人选的时候才可辞去自己的职务。

1949年,巴基斯坦制宪会议通过了《目标决议》,宣布国家的主权属于真主。于是伊斯兰促进会修改了章程,取消了政府工作人员必须辞去政府公职才能加入伊斯兰促进会的规定。1957年,在马基希果特召开的全巴伊斯兰促进会大会确定了通过合法的选举改革政治制度的新目标,因此,伊斯兰促进会根据会议的精神,再次修改了章程的部分条款,并且全面完善了章程的细节内容。此后,伊斯兰促进会一直沿用1957年的章程至今,其间只是进行过一些细微的补充。

---

① *Constitution of Jama'at-e-Islami Pakistan*, Article 4, 1957.

## 第四章 现代伊斯兰主义思想家:艾布·艾阿拉·毛杜迪

在伊斯兰促进会的整个组织结构和框架内,成员被划分为正式成员和非正式成员。毛杜迪建立伊斯兰促进会的目的,一方面是为了集合与自己有着共同理想的人,努力建立公正的伊斯兰秩序;另一方面,毛杜迪也希望通过伊斯兰促进会成员建立一个模范的穆斯林乌玛,以展示理想的伊斯兰生活方式。因此,毛杜迪一直强调伊斯兰促进会成员必须严格遵守伊斯兰教法。伊斯兰促进会在章程中对成员资格和加入方式作出了严格的规定。这就使得一些支持伊斯兰促进会的纲领和目标的人,由于自身条件的限制,不符合加入伊斯兰促进会的标准,因而无法成为伊斯兰促进会的正式成员。这使得伊斯兰促进会的正式成员数量非常有限。毛杜迪反对为选举的目的大规模扩大成员数量。他担心成员数量的大量增加会导致伊斯兰促进会的伊斯兰教生活方式的示范作用减弱甚至消失。但是这些赞同者对于在穆斯林群众中宣传伊斯兰促进会的政治主张、扩大伊斯兰促进会的社会影响能够发挥积极的作用。伊斯兰促进会不可能忽视这些赞同者的力量,完全将他们排除在组织之外。因此,从创建伊始,在伊斯兰促进会的组织结构中就存在这两类成员:正式成员和非正式成员。伊斯兰促进会的章程对于正式成员有着明确的规定。他们享有领导管理伊斯兰促进会的权利,同时也必须严格遵守伊斯兰促进会的各项规章制度,否则将受到组织纪律的处罚。而非正式成员并不享有上述权利和义务。伊斯兰促进会章程对他们没有作出任何规定,但是他们和正式成员一样,可以成为伊斯兰促进会的工作人员,为伊斯兰促进会的各级组织机构服务。他们还可以在伊斯兰促进会发起的各种政治运动中担任组织工作者的角色,发挥重要的政治作用。此外,非正式成员还是正式成员的主要来源。

当然,非正式成员的范围并不是一成不变的。在伊斯兰促进会的不同发展阶段,非正式成员的范围也有所不同。在1941年至1947年期间,按照受伊斯兰促进会的思想主张影响的程度,非正式成员被划分为三个等级:最低的是仅仅熟悉、了解伊斯兰促进会思想主张的人,他们被称为"自明者"(Mutarif);其次是接受伊斯兰促进会思想主张影响的人,他们被称为"受影响者"(Mutasir);地位最高的是支持伊斯兰促进会的思想主张的人们,他们被称为"同情者"(Hamdard)。

在1950年至1951年期间,伊斯兰促进会为了巩固和加强自身的组织结构,对非正式成员的等级制度进行了调整,"自明者"和"受影响者"这两个等级被取消,同时,增加了一个"赞同者(Mutafiq)"等级。"赞同者"

指的是赞成伊斯兰促进会的纲领，并且支持伊斯兰促进会建立公正的伊斯兰秩序的人。在非正式成员中，赞同者的级别高于同情者。伊斯兰促进会建立了地方小组和分会作为管理非正式成员的组织。此后，在毛杜迪的领导下，伊斯兰促进会的这种非正式成员等级制度一直保持未变。

毛杜迪根据自己的伊斯兰国家政治制度的思想原则建立了伊斯兰促进会正式成员的组织结构。伊斯兰促进会早期的组织结构仅仅包含了主席和中央协商委员会。随着伊斯兰促进会的不断发展壮大，组织结构中又增加了秘书处和中央协商委员会的执行委员会。1947年，伊斯兰促进会迁到巴基斯坦后，开始巩固和深化内部组织结构。它按照中央的组织结构在各省、地区、市、镇和乡村建立了各级组织机构。这些机构接受伊斯兰促进会中央机构的统一管理。在伊斯兰促进会的组织结构中，最基本的组织单位是小组（Halqa），它由两个或两个以上的成员组成。伊斯兰促进会的运作是通过经常举行全国性和地方性的会议来实现的。伊斯兰促进会的各级组织机构定期召开会议讨论个人、地方和全国的问题，每位成员在会上向上级汇报一周的工作情况。这些会议有助于加强伊斯兰促进会的组织建设，促进了组织内部的团结统一。

在伊斯兰促进会的组织结构中，主席是最重要的职务。伊斯兰促进会在创建伊始就设立了主席职务。最初主席是由中央协商委员会通过简单多数的投票方式选举产生的，但是自1956年后，主席由伊斯兰促进会的全体成员直接选举产生。主席的任期为5年，但是对于主席的连任次数没有限制。因为没有限制连任的次数，所以伊斯兰促进会至今仅选举出如下三位主席：赛义德·艾布·艾阿拉·毛杜迪（1941年—1972年），米安·图法勒·穆罕默德（1972年—1987年），伽兹·侯赛因·艾哈迈德（Qazi Hussain Ahmad）（1987年至今）。

主席是伊斯兰促进会中的最高权威，所有成员都必须坚决服从主席的领导。同时，章程规定对主席的权力进行监督和制约，例如，所有的教义学说问题都必须由协商委员会来决定。如果主席与协商委员会在任何问题上产生意见分歧，那么他拥有否决权来将该问题返回协商委员会再次讨论。如果协商委员会推翻了主席的否决，那么主席必须接受协商委员会的决定或者辞去自己的职务。协商委员会中三分之二多数就能够弹劾主席。在预算问题和行政管理问题上，主席受到执行委员会的约束。而执行委员会的成员则是由主席从协商委员会的成员中挑选任命的。

在伊斯兰促进会的各级地方组织中都设有主席的职务。各级主席都是由其辖区内的成员选举产生,其任期也随着不同的组织级别而长短不同。这些主席同样受到各级协商委员会的制约。各级主席也负责检查监督其秘书长的工作。

协商委员会是伊斯兰促进会中仅次于主席的重要组织机构。它负责伊斯兰促进会思想意识形态的工作,并且监督管理伊斯兰促进会章程的执行情况。各级伊斯兰促进会的协商委员会都按照中央协商委员会的组织结构建立,其成员也都由选举产生。每位成员代表一个由秘书处根据地区划定的选区。这些选区由秘书处的选举管理者设定,并且尽可能地与巴基斯坦国家选举的选区相一致。协商委员会的成员必须是其选区的居民。

伊斯兰促进会的正式成员可以在主席的允许下参加中央协商委员会的会议,但是没有发言权或者投票权。中央协商委员会每年召开一到两次会议,此外,主席或者是协商委员会大多数成员在认为有必要的情况下也可以临时召开会议。中央协商委员会监督伊斯兰促进会的活动并且决定其未来的政策。它还下设若干专门的附属委员会,涉及巴基斯坦国内外事务、伊斯兰促进会的利益以及为协商委员会提供咨询与建议等各方面。协商委员会可以公开地讨论各种问题,而不是仅仅通过简单多数的投票方式做出决定。特别是牵涉到教义学说的问题,协商委员会通过公议原则解决。

秘书处的工作人员负责管理伊斯兰促进会的日常活动。秘书长(Qayyim)的职务是在1941年设立的。他由主席在与中央协商委员会磋商之后任命。中央秘书处多年来不断发展扩大,而且还在从中央到地方的各级行政管理机构中建立了各级的秘书处组织。伊斯兰促进会的秘书处还监督一些重要部门的工作并且根据伊斯兰促进会发展的需要增减部门数量或改变部门的责任。这其中包括财务部门、培训部门、社会服务和福利部门、伊斯兰研究机构、新闻媒体部门、选举事务部门、公共事务部门、议会事务部门和伊斯兰促进会组织事务部门等。每个部门的负责人由主席任命,这些部门对秘书长负责。

成立于20世纪50年代的伊斯兰促进会的妇女组织(Halqah-e-Khawatin)中也设立了秘书处。妇女组织中设有一个中央协商委员会和一位秘书长。妇女组织的秘书长也是由主席在经过与女性成员磋商之后任命的。妇女组织中央总部负责监督管理下级机构的妇女组织的工作。妇女组织的主要工作是在巴基斯坦的女性中宣传伊斯兰促进会的思想。

妇女组织出版自己的刊物并且开展各种关于女性的教育和福利方面的活动。

在伊斯兰促进会的组织结构中,除了核心的中央和地方组织之外,还建立了许多附属组织或半独立的机构。这些组织机构与伊斯兰促进会的官方组织保持一定的距离,但是它们仍然为扩大伊斯兰促进会的社会影响做出了巨大的贡献。

伊斯兰促进会的附属组织分为两类:负责宣传等事务的组织;负责政治事务的组织。负责宣传事务的组织中,最重要的就是拉合尔的伊斯兰出版社(Islamic Publications)。此外还有其他一些独立的组织。这些组织做了大量的工作宣传伊斯兰促进会的观点,并且为在穆斯林世界中,特别是在巴基斯坦的社会和政治生活中全面扩大伊斯兰促进会的影响做出了贡献。同样,伊斯兰促进会主办的杂志,如《古兰经》译解》、《亚洲和法律》(Asia and Aain)等刊物也是伊斯兰促进会的宣传阵地。还有一些杂志虽然与伊斯兰促进会并没有正式的联系,但是却倾向于伊斯兰促进会的思想意识形态立场。这些出版物发表社会政治评论和新闻分析。这些表面上独立的组织对于在巴基斯坦社会中传播伊斯兰促进会的观点发挥了重要作用。

负责政治事务的附属组织对于伊斯兰促进会更为重要。这些组织大多数是协会组织,它们不仅在特定的社会群体中宣传伊斯兰促进会的政治主张,还通过自身的活动来巩固伊斯兰促进会的力量。有些协会组织如伊斯兰学生协会,建立的初衷是为了在学生中传播伊斯兰教信仰,但是在政治方面也发挥了很大的作用。从20世纪60年代末至70年代,在与提倡伊斯兰社会主义思想的左派组织进行斗争的过程中也建立了一些组织。这些协会组织是在一些特定的行业或领域中建立的,如农民、教师、医生、工程师、律师、商业和经济领域等。这些协会组织的成员包括了巴基斯坦国内从农场主和农民到受过教育的中产阶级的各种职业和阶层。其中最重要的是农民组织和劳工组织。

在自身的组织机构和附属组织之外,为了传播伊斯兰教思想以及促进全世界穆斯林社会的发展,伊斯兰促进会与其他国家的伊斯兰运动和组织建立并保持着密切的关系。

由于印巴分治以及孟加拉独立,在印度、孟加拉、斯里兰卡和印控克什米尔地区分别产生了独立的伊斯兰促进会组织。随着1947年8月14日巴基斯坦的建国,伊斯兰促进会也在组织上经历了变化。它被划分为两个独立的组织:巴基斯坦伊斯兰促进会和印度伊斯兰促进会,除了这两个团体之外,伊斯兰促进会在印控克什米尔有一个自治的实体,并且在斯里兰卡,伊斯兰促进会也作为一个独立自主的政治团体而发挥作用。在70年代中期,孟加拉伊斯兰促进会也得到恢复。五个组织都有着相同的伊斯兰促进会的名称,有着共同的理想和目标,但是在它们之间并没有组织上的直接联系。每个组织独立运作,并且根据各自国家的具体情况制定了各自的发展计划和斗争策略。

巴基斯坦伊斯兰促进会还与埃及的穆斯林兄弟会等穆斯林国家的伊斯兰组织保持着联系。此外,英国伊斯兰传教团(UK Islamic Mission)、欧洲的伊斯兰基金会(Islamic Foundation)、美国和加拿大的穆斯林学生协会(Muslim Student's Association)等西方国家的伊斯兰组织也都与伊斯兰促进会有联系。

### 三、现代政治中的伊斯兰促进会

伊斯兰促进会在毛杜迪的领导下参加了1951年旁遮普省议会选举。1957年马基希果特大会之后,伊斯兰促进会还参加了1958年巴基斯坦全国议会选举、1964年巴基斯坦总统选举和1970年巴基斯坦制宪会议选举等三次重要的选举活动。1951年的选举虽然仅仅是旁遮普省议会的选举,但这是伊斯兰促进会参加的首次选举。伊斯兰促进会通过这次选举确定了选举的政策,首次提出了竞选纲领,为后来参与选举奠定了理论基础和组织制度基础。在1964年的总统选举中,伊斯兰促进会只是为了反对阿尤布·汗而支持反对党联盟提名的法蒂玛·真纳作为候选人参加竞选,并没有提名自己的候选人直接参与选举。伊斯兰促进会在选举中无需提出自己的政治主张等竞选纲领,更多的只是扮演了现代政党政治中一个纯粹的反对党的角色。而1958年和1970年的两次巴基斯坦全国选举是伊斯兰促进会作为现代宗教政党参与的重要的政治实践活动。在这两次选举中,伊斯兰促进会全面阐述了竞选纲领,调动了内部的一切宣传和组织力量参与选举,争取选民的支持。1958年的选举在正式进行选举投票前,由于巴基斯坦国内政治形势不断恶化,阿尤布·汗实施军事管制,选举被迫终止,因此伊斯兰促进会的努力并没有取得成效。而1970年的全国议会选举是巴基斯坦首次普选。在这次选举中,巴基斯坦各主要政党都参与其中,纷纷提出自己的竞选纲领。这次选举也是对伊斯兰促进会参与政治活动能力的考验。同时,选举结果也真实地反映了伊斯兰促进会在巴基斯坦社会中的影响力。

作为参加选举的政党,伊斯兰促进会提出了自己的竞选纲领,以争取选民的最大支持。伊斯兰促进会在1951年、1958年和1970年的三次选举中都发表了选举宣言,集中阐述了伊斯兰促进会的竞选纲领。这些竞选纲领全面地体现了毛杜迪的思想,可以概括为如下几个方面:

(1)在政治理想目标方面,伊斯兰促进会的章程明确提出伊斯兰促进会的纲领是,服从真主和先知,并接受他们的教导。伊斯兰促进会的使命是全面重建公正和公平的伊斯兰社会政治秩序。伊斯兰促进会为实现这一理想所进行的斗争以及付出的努力完全不应有任何私利。伊斯兰促进会宣布,一旦获得权力,它将把巴基斯坦改造为一个理想的伊斯兰国家。但是同时,伊斯兰促进会也认识到,改造的过程将是漫长的,很难为这一过程设定具体的期限。

(2)在宪法与法律的问题上,伊斯兰促进会认为,要想把巴基斯坦建设成一个真正的伊斯兰国家,首先必须宣布伊斯兰教法作为国家宪法的地位。同时,整理现有的具体法律,凡是与伊斯兰教法相抵触的,必须进行修改或者废除。伊斯兰促进会认为,整个修改法律的过程必须规定一个期限。此外,伊斯兰促进会还主张在找到合适的替换方案之后取消诉讼费用。

(3)关于伊斯兰的生活方式问题,伊斯兰促进会在宣言中禁止大众媒体宣传任何有可能影响人们伦理道德的思想内容。伊斯兰促进会认为,电影院、广播和电视本身没有错误,有问题的是影片、广播和电视节目。伊斯兰促进会并不会关闭电影院、广播和电视台,而是适当地修改一些节目内容,使其符合伊斯兰的思想意识形态。伊斯兰促进会还宣布将全面禁止酒的生产和销售。

(4)在经济制度方面,伊斯兰促进会承认个人财产的所有权,反对高利贷等经济剥削。伊斯兰促进会将取消利息并且改革银行制度。但不会立即取消利息,而是在找出某些可行的替换方案之后,经过全面考虑,逐步推行改革措施。伊斯兰促进会将重新分配财富,通过征收天课向穷人提供救济。伊斯兰促进会将采取措施降低物价并向普通人提供救济。伊斯兰促进会强调资本家与劳动者之间的公平原则,承诺将修改工资结构,把不同阶级之间的工资差别降低到一个合理的范围。

(5)在外交政策方面,伊斯兰促进会宣布将不会缔结一切违背巴基斯坦国家利益的条约。一旦伊斯兰促进会掌握政权,将仔细地研究巴基斯坦业已缔结的巴格达条约(又称中央条约)和东南亚条约的内容。符合巴基斯坦国家利益的条约将得到遵守,否则将被废除。伊斯兰促进会认为,联合国的大部分权力都被授予五大国,因此,所有成员国之间并不是平等的。伊斯兰促进会反对联合国宪章中授予某些国家否决权的规定。为了确保国际社会的公正秩序,伊斯兰促进会认为,巴基斯坦政府应该坚决要求修改联合国宪章。

(6) 在教育和卫生制度方面,伊斯兰促进会宣布将改革巴基斯坦现有的教育制度,加强人们对伊斯兰教思想意识形态的了解,消除世俗教育制度对穆斯林信仰和道德的侵蚀。伊斯兰促进会还提议将乌尔都语和孟加拉语作为国语,取代英语官方语言的地位。伊斯兰促进会反对政府垄断教育和卫生行业,鼓励私人投资兴办教育和卫生事业,但不得以盈利为目的。

总的来说,伊斯兰促进会在历次选举中提出的竞选纲领反映了毛杜迪的思想。伊斯兰促进会成为了毛杜迪实践自己伊斯兰政治、经济和社会道德思想的重要平台。

尽管伊斯兰促进会在巴基斯坦的历次选举中作出了种种努力,但是选举的结果却总是不理想,特别是在1970年的巴基斯坦制宪议会选举中。这次选举是巴基斯坦独立以来的第一次全国普选,经选举产生的制宪会议将在120天之内为巴基斯坦制定出一部新的宪法,是巴基斯坦政治历史上一次重要的选举。

在这次选举中,主张东巴基斯坦自治的人民联盟在东巴基斯坦的选举中大获全胜,而巴基斯坦人民党则成为了西巴基斯坦的多数党。伊斯兰促进会提名的候选人参与了国民议会300个席位中的151个席位的竞选,结果仅获得了4个席位。在各省议会的选举中,伊斯兰促进会提名了174名候选人参与东巴基斯坦省议会的竞选,结果仅仅获得1个席位;在西巴基斯坦地区,伊斯兰促进会提名了157名候选人参与省议会的竞选,结果也仅获得了3个席位。当时,巴基斯坦的主要宗教政党包括伊斯兰促进会、巴基斯坦乌里玛协会(Jamiat-ul-Ulama-i-Pakistan)、伊斯兰乌里玛协会(Jamiat-ul-Ulama-i-Islam)和伊斯兰乌里玛协会(圣训派)(Jamiat-ul-Ulama-i-Islam/Ahl-i-Hadith)。虽然伊斯兰促进会仅仅在国民议会和各省议会中分别获得了4个席位,而巴基斯坦乌里玛协会则分别获得了7个和11个席位,伊斯兰乌里玛协会分别获得了7个和9个席位,但是,伊斯兰促进会获得的选票数超过了其他宗教政党，分别在国民议会和省议会的选举中获得了6%和3%的选票。这说明伊斯兰促进会在巴基斯坦社会中的支持率在各宗教政党中是最高的，因此，伊斯兰促进会成为了巴基斯坦最有影响的宗教政党。但是，由于伊斯兰促进会在国民议会和各省议会中获得的席位太少，并不能在巴基斯坦的新一届制宪会议中发挥有效的作用。

1971年10月，毛杜迪作为伊斯兰促进会的主席发表讲话，总结了伊斯兰促进会在选举中失利的原因。他认为，虽然经过努力，伊斯兰促进会有了很大发展，但是到1971年，伊斯兰促进会的正式成员也不过2500人。其他政党的候选人在选举中可以依靠自己政党成员的选票，而伊斯兰促进会却只能依靠那些不属于自己政党的人们的选票。伊斯兰促进会所面临的困难是，除非大量增加成员数量，否则不可能全面赢得选举。毛杜迪认为还有一些其他因素导致了选举的失利。他认为选举规则存在着基本缺陷。这些规则为那些通过不正当的手段赢得选举的政党提供了机会。毛杜迪认为伊斯兰促进会不会因为选举的失利而失去信心，他们将为伊斯兰教继续努力。

伊斯兰促进会在巴基斯坦的历次选举中始终失利有其深层的原因。可以说，导致其失利的根本原因在于，伊斯兰促进会根据毛杜迪思想提出的竞选纲领难以得到巴基斯坦社会的广泛认同。毛杜迪主张将巴基斯坦建设成为一个理想的伊斯兰国家，实施伊斯兰教法和伊斯兰伦理道德标准，建立公正的伊斯兰社会政治秩序。从表面上看，伊斯兰促进会在竞选中就宪法法律、经济制度、教育制度等方面的问题提出的具体措施确实能够消除巴基斯坦社会的一些弊端，缓和社会矛盾。但是，伊斯兰促进会的政治目标实质是全面恢复伊斯兰制度，建立伊斯兰教神权国家，这已经不符合当时巴基斯坦国家和社会的发展现状。在英国殖民者对印度长达百年的殖民统治过程中，殖民当局建立了完整的现代西方的行政、立法和司法制度。穆斯林在与英国殖民统治作斗争的过程中，也逐渐适应了这些西方世俗的政治制度。此外，在赛义德·艾哈迈德·汗领导的穆斯林启蒙运动的倡导下，巴基斯坦社会中绝大多数穆斯林接受的是西方的现代教育。他们在学习西方先进科学知识的同时，也接受了西方的世俗主义、民族主义和民主的现代政治思想。在这种社会思想背景下，伊斯兰促进会提倡的全面复兴传统的伊斯兰制度的主张很难得到巴基斯坦社会广大穆斯林的拥护和赞同。

# 第五章 南亚现代穆斯林政治家：穆罕默德·阿里·真纳

穆罕默德·阿里·真纳是南亚次大陆现代历史上一位著名的穆斯林政治家。他的政治思想与实践，对南亚现代政治发展起到了重大影响作用。在印度人民与英国殖民者的斗争中，真纳以维护印度穆斯林利益和促进印度教教徒与穆斯林的团结为精神支柱，以实现印度自治为政治理想，以促进印度宪政改革为己任。在巴基斯坦独立运动中，作为全印穆斯林联盟主席，他应用"两个民族理论"为立国理论，领导印度穆斯林为建立属于自己的家园而奋斗。在巴基斯坦建国初期，作为自治领首位总督，他积极倡导世俗主义的国家道路，为国家的稳定与基础建设鞠躬尽瘁。因此，真纳被巴基斯坦人民称为"伟大领袖"（Quaid-i-Azam）①，尊为"国父"。

1876 年 12 月 25 日②，真纳出生在卡拉奇一个伊斯兰教霍加派普通商人家庭中。童年时，他跟随家庭教师学习母语古吉拉特语。但经商的父亲认识到了掌握英语对儿子未来发展的重要性，便将其送入信德伊斯兰学校（Sind-Madressah-tul-Islam）学习英语。

从 1892 年前后起，由于商业纠纷，真纳家族的生意开始走下坡路，濒临破产。父亲接受了英国生意伙伴的建议，决定将真纳送往英国接受三年的商业培训，希望他回到印度后重振家业。为了出国，真纳又在教会学

---

① 此为"伟大领袖"的乌尔都语转写形式之一，另一种为 Quaid-e-Azam。为便于读者查阅，本文保留所引文献采用的转写，故同时存在两种拼写形式。

② 该日期是巴基斯坦官方认定的真纳出生日期。真纳曾多次在 12 月 25 日举行生日庆祝会，招待亲朋。并且，这一日期也使用在他的私人护照上。但这个日期是否准确，始终是个不解之谜。因为有历史资料表明，他在印度学习时登记的出生日期为 1875 年 10 月 20 日。而在英国 1893 年 6 月入林肯法学院的注册表中所填年龄为 19 岁；在 1895 年 1 月申请大英博物馆阅览室使用资格时，确认自己年满 21 岁；在 1896 年 4 月申请律师资格时，在申请书中也确认满 21 岁。如果按此推算，其中显然存在不少矛盾之处。印度学习时的登记表见 *My Brother* 一书的附录部分。林肯法学院注册表、大英博物馆阅览室使用申请表、律师资格申请书见 Saleem Qureshi, ed., *Jinnah: The Founder of Pakistan——In the Eyes of His Contemporaries and His Documentary Records at Lincoln's Inn*, New York: Oxford, 2006, p. 61, p. 69, p. 73.

校(Church Mission School)进一步提高英语水平。但到了英国后,真纳很快放弃了商业学习,而是选择进入林肯法学院攻读法律。作为学院中少有的未接受过大学教育的学生,真纳学习努力,并仅用了两年半的时间就通过了所有的考核,成为当时印度少有的穆斯林律师之一。

1896年,真纳回到印度,注册为孟买高级法院律师。作为一位刚刚进入律师行业的穆斯林律师,他经历了三年艰难的事业起步期。凭借优秀的专业水平和正直的人格,真纳终于逐渐在律师界崭露头角,并得到了当地政府官员的关注。1897年,真纳加入伊斯兰协会①(Anjuman-i-Islam),融入了穆斯林精英群体中。1900年,他被临时任命为孟买管区地方三等推事(The Third Presidency Magistrate),审理管区内的案件,进一步了解了印度社会复杂的现状。

作为印度精英阶层中的一员,真纳选择加入印度国大党,并将它作为实现理想的阵地。1904年,他首次参加了国大党会议。1906年,真纳以该届年会主席达达拜·瑙罗吉秘书的身份参加了加尔各答年会,也正是在该届年会上国大党确立了新的政治纲领,第一次通过了要求印度自治的决议。实现印度的自治,也成为真纳为之奋斗的目标。

此后几年,真纳在政治界获得了多方的肯定,1910被选为中央立法会议委员,1913年被吸纳为全印穆斯林联盟成员,1917年又任孟买地方自治同盟主席。为了使印度教教徒与穆斯林真正团结起来,共同争取国家自治,真纳排除困难,多方奔走,终于在1916年12月促成国大党与穆斯林联盟同时在勒克瑙举行年会,达成了双方的共同行动纲领——《勒克瑙协定》。

1920年前后的一段时间,可以被认为是真纳政治实践中第一个低谷期,他不仅因反对甘地的非暴力不合作运动而退出了国大党和地方自治同盟,而且当1919年被印度人民称为"黑法"的《罗拉特法案》公布后,他毅然辞去了中央立法会议委员一职。

1928年,真纳在德里参加了旨在商讨印度未来宪法原则的跨党派会议。他在会议上再次重申了印度教教徒与穆斯林间的团结对于实现印度自治的重要意义。他代表穆斯林联盟提出了在中央立法会议中提高穆斯

---

① 该组织是当时印度的一个穆斯林精英团体,致力于教育和社会服务,由当时孟买最高法院法官、国大党第三届年会主席巴鲁丁·迪亚伯吉(Badruddin Tyabji,1844—1906)创立于1874年,至今在印度还是一个重要的团体。

## 第五章 南亚现代穆斯林政治家:穆罕默德·阿里·真纳

林席位等条件下可以放弃单独选区的建议,国大党也准备考虑这个改善两派关系的建议,但是在带有教派主义色彩的印度教大斋会(Hindu Mahasabha)的坚决反对下,国大党领导人最终未接受穆斯林联盟提出的条件,从而又一次丧失了实现团结的机会。而后的《尼赫鲁报告》提出的未来宪法原则,显示了国大党人排挤穆斯林的明显意图,它基本否定了《勒克瑙协定》的原则,对于穆斯林团体的利益并没有给予重视。真纳还对报告提出了修正意见,但是遭到了否决。

真纳并没有因此而放弃自己的主张。在伦敦召开的圆桌会议上,他再一次提醒英国要兑现印度实现自治的诺言,并要求在未来的宪法中给予穆斯林等少数团体以保护措施。同时,他也代表穆斯林极力与印度教代表和解,又一次提出在一定条件下可以放弃分区选举,但是这个努力又以失败而告终。

1930 在穆斯林联盟年会上,穆斯林诗人、思想家伊克巴尔在主席致辞中提出在英印帝国内自治或是在帝国外自治,在印度西北部建立一个属于穆斯林独立政治实体的构想,尽管真纳面对种种的失败,感觉到团结无望,但是并没有支持这一主张,而是退出了印度的政界,定居伦敦。在伦敦,他寻求以另一种方法来解决印度问题的方法,那就是进入英国的议会,在英国的议会中为印度的自治而努力,但是这种想法落空了,因为不论保守党还是工党,他们都拒绝接受一个印度政治家的加入。

这时的穆斯林联盟正处在分裂与低谷期,迫切需要真纳回来主持工作,在其领导人的恳求下,真纳于 1934 年 4 月返回印度,并要为印度教与伊斯兰教的和解做再次的尝试。但是 1937 年的省立法会议选举,国大党在取得胜利的同时,再一次在联合省组建政府时对穆斯林采取了排斥性的政策。他们不但组成了只有国大党人的内阁,并且做出了一些伤害穆斯林感情的事情,如强制性推广印地语、宣传反伊斯兰教歌曲等,这彻底摧毁了真纳维护印度教教徒与穆斯林团结的精神支柱,他的团结统一的宪政理想王国从此崩塌。

建立穆斯林独立政治实体的思潮随着穆盟与国大党关系的恶化而逐渐活跃起来,伊克巴尔与真纳一直保持着通信联系,交流对穆斯林未来的看法。1939 年前后,真纳转向了以"两个民族"理论为支撑的穆斯林独立道路。1940 年 3 月,全印穆斯林联盟在拉合尔举行年会,正式通过了建立穆斯林独立家园的决议,史称"拉合尔决议"。20 世纪 40 年代后,尽管穆斯林联盟、国大党和英国当局举行了多次三方会谈,但是真纳和穆斯林联盟坚持以"两个民族"理论为基本原则,以单独建立印度穆斯林独立政治实体为谈判基础。两党最终接受了"蒙巴顿方案"。巴基斯坦于1947年8月14日成立,真纳为国家的巩固与建设鞠躬尽瘁,直至1948年9月11日因病逝世。

## 第一节　谋求印度自治的思想和实践

### 一、思想源流

1. 霍加派群体特征的影响

真纳出生于伊斯兰教霍加派家庭中,霍加派的群体特征对于处于思想成长阶段的他具有潜移默化的影响。霍加派教义受印度教神话影响,相信业报轮回,将什叶派的阿里和诸伊玛目视为神的化身,视阿丹为湿婆,穆罕默德为婆罗门,阿里为毗湿奴,尤崇奉阿里。因此霍加派的教义具有伊斯兰教教义与印度教教义相混合的特点。霍加派的大部分信徒属于伊斯兰教什叶派的尼查尔伊斯玛仪(Nizari Ismaili)一支,也有一部分逊尼派成员和十二伊玛目成员。在独立前,霍加派主要分布在次大陆的信德地区。独立后,则主要定居于巴基斯坦的信德省,以卡拉奇的人数居多;印度的霍加派则分布在古吉拉特邦、马哈拉施特拉邦、拉贾斯坦邦等地。他们大多数以经商为生,从17世纪起就来往于南亚次大陆与东非之间。

作为商业团体,霍加派虽然在印度人数很少,但是游历很广,具有易于接受新思想、适应新环境的特点。印度的霍加派在贸易和工业上的主宰地位影响了他们的政治观点。在当时,争夺进入政府部门就业的机会成为教派对立的原因之一,而作为一个可以自给自足的商业团体,他们很少受到教派主义的影响。在孟买,霍加派的商业精英,因为利益关系与其他团体保持着合作,崇尚四海之内皆兄弟的精神。因此,霍加派与印度教教徒有着天然的联系,又与如拜火教、基督教等信徒有着密切的商业往来,他们在经济上的地位和远离教派斗争、团结各团体的特征,对真纳的成长起着积极的引导作用,也为他促进印度宗教的平等与团结提供了精神支持。

2. 英国自由主义思想的浸润

自由主义,作为一种现代现象出现于17世纪的英国革命后。但用"自由主义"这一概念来广泛指称一种政治运动却是在19世纪。19世纪

30年代的英国,辉格党人再次执政,并获得了自由主义者的称号。随后,自由党成立。该党在第一次世界大战前是英国的主要执政党。英国被很多自由主义者视作自由主义的天堂。在自由主义的时代中,出现了如杰里米·边沁(Jeremy Bentham,1748—1832)、詹姆士·密尔(James Mill,1806—1873)、约翰·斯图亚特·密尔(John Stuart Mill,1806—1873)等自由主义理论思想家。后者的《论自由》(*On Liberty*)与《代议制政府》(*Considerations on Representative Government*)等著作,对英国政治的发展起到了深远的影响。正如有学者所说:"没有哪位政治哲学家对英国思想和实践的影响能同他相比,19世纪后半期所有的社会与经济改革及20世纪的那些改革都打上了他的思想印记。"[1]

1892年,真纳来到英国之际,正值自由主义思想广泛传播之时。那一年,自由主义者威廉·葛莱斯顿(William Gladstone,1809—1898)政府成立。真纳在课余常到下院去聆听格莱斯顿、约翰·莫利(John Morley,1838—1923)、约瑟夫·张伯伦等自由主义政治家们的演说。在英国众多的自由主义者中,约翰·莫利是真纳所景仰的人之一。他曾说过,"我有幸碰巧遇见几位重要的英国自由党人,由于他们的帮助,我开始懂得自由主义的学说。莫利勋爵的自由主义当年盛极一时。我领悟了他的自由主义的意义。自由主义成为我生活的一部分,并深入我的肺腑。"[2]约翰·莫利是约翰·斯图亚特·密尔思想理论的追随者,于1892年任爱尔兰事务大臣,但其试图说服议会允许爱尔兰实现自治。1906年至1910年间,莫利任印度事务大臣,参与制定"莫利—明托[3]改革法案"(Morley-Minto Reforms Bill)。真纳与莫利的接触很有可能是在林肯法学院求学期间,因为莫利也曾就读于此,并在后来成为该学院资深会员。真纳曾阅读过莫利的《论妥协》(*On Compromise*)一书。"《论妥协》中坚定的理想主义的热情,如烈火般在真纳的思想中燃烧。例如,在任何原则的选择中,将真理置于首位的观点,激发了他在辩论中的想象力。"[4]

---

[1] Saad R. Khairi, *Jinnah Reinterpreted: the Journey from Indian Nationalism to Muslim Statehood*, Karachi: Oxford University Press, 1995, p.4.

[2] [英]赫克托·博莱索:《巴基斯坦的缔造者——真纳传》,李荣熙译,北京:商务印书馆,1977年,第16页。此段话是与真纳有过交往的穆罕默德·阿什拉夫博士告诉该书作者的。

[3] 明托(Lord Minto),1905—1910年任印度总督。

[4] Stanley Wolpert, *Jinnah of Pakistan*, New York: Oxford University Press, 1984, p.12.

尽管自由主义内涵丰富,自由主义者对其定义也不尽相同,但是反对绝对主义、争取个人的政治权利、争取宪政政府、关注社会正义与弱者的基本生存条件是不可或缺的内容。而实现以上目标的基础是法律的保障,这是因为,"自由主义者理想中的社会是个人自由、利益与社会正义及安全之间的均衡的社会。为了达到这种均衡,必须有一套明确规定并强调实施的法律"①。"法治"原则也正是深入真纳肺腑的精髓,并长期体现在他的法律与政治实践中。

3. 印度早期领袖的指引

国大党自成立以来,穆斯林精英阶层对其态度就分为两派。一派以赛义德·艾哈迈德·汗为代表,他们认为国大党是印度教教徒组织,是为了谋取印度教教徒的利益而创建的,因此号召穆斯林不要加入国大党。另一派则以穆斯林活动家巴鲁丁·迪亚伯吉为代表,他积极参加国大党,并是国大党成立以来第一位当选年会主席的穆斯林。在当选前,他曾受到来自穆斯林一方的压力,劝其不要参加国大党年会。在年会上,他强调印度教教徒与穆斯林在利益上的一致性。② 他还曾致信赛义德·艾哈迈德·汗,邀请他参加国大党。真纳回国后不久便出席了由巴鲁丁·迪亚伯吉创办的伊斯兰协会的会议,并与其结下了深厚的友谊。迪亚伯吉对国大党的态度,对印度教教徒的信任也深深影响了真纳,他是真纳在国大党内积极工作的鼓舞力量之一,是真纳在国大党中视为榜样的穆斯林领导人。

《孟买记事报》(Bombay Chronicle)在 1915 年 10 月 19 日刊载了一条真纳对学生团体发表演讲的新闻。据记载,真纳在演讲中说"他在学生时代就已经是国大党人了,并拜倒在达达拜·瑙罗吉的门下学习政治"。③ 达达拜·瑙罗吉是印度国大党的早期领导人之一,1892 年他在英国代表自由党参加议会竞选并获胜,成为了英国历史上第一位印度籍下院议员,被称为"印度的格莱斯顿"。真纳此时正在伦敦,他积极参加支持瑙罗吉的竞选活动,并满怀激情地聆听了瑙罗吉的自由演讲,他认为瑙罗

---

① 李强:《自由主义》,北京:中国社会科学出版社,1998 年,第 231 页。
② 参见林承节:《殖民统治时期的印度史》,北京:北京大学出版社,2004 年,第 186 页。
③ *Bombay Chronicle*, "Address to Pathare Prabhu Students' Union", in Riaz Ahma, ed., *The Works of Quaid-i-Azam Mohamad Ali Jinnah*, Vol. 2 (1913—1916), Islamabad: Chair on Quaid-i-Azam and Freedom Movement, National Institute of Pakistan Studies, Quaid-i-Azam University, 1996, p. 389.

## 第五章 南亚现代穆斯林政治家:穆罕默德·阿里·真纳

吉是一位在议会中为印度人民争取权利和公正的人。而在瑙罗吉竞选英国议员期间,英国政界的一些知名人士对印度人参加选举大为不满,索尔兹伯里勋爵(Lord Salisbury)在一次演讲中称这位印度候选人为"黑人",真纳对这种种族歧视的言论非常不满。真纳的妹妹法蒂玛·真纳曾回忆说:"我的哥哥对我说,当我得知索尔兹伯里勋爵在一次演讲中讽刺达达拜·瑙罗吉为'黑人',警告芬斯伯里选区选民不要选他时,我满腔愤怒。如果达达拜·瑙罗吉是黑人,我还要黑;如果这就是我们的政治'导师们'的思想方法,那我们在他们的手中将永远得不到公正的对待。从那天起我成为了所有形式的种族歧视的坚定敌人。"①

瑙罗吉选举的获胜和其经历的艰难参选之路,不仅激发了真纳参与政治的理想,而且也使他认识到作为殖民地的公民受到的歧视,英国统治者并没有想把他们自己所倡导的平等自由原则施予印度和印度的人民,也正是从这时起,真纳没有成为英国殖民者的盲目追随者。回到印度后,他成为了瑙罗吉的私人秘书,伴随其左右。

早期的国大党,祆教徒在党内担任重要的领导职位,瑙罗吉是其中之一,另一位领袖是费罗兹沙·梅塔(Pherozeshah Mehta,1845—1915)。他是印度第一位波斯人律师,于1868年在林肯法学院获律师资格。他还在孟买市行政机关任职长达46年之久,享有"孟买之狮"的称号。他曾经担任国大党1890年年会主席,政治主张与瑙罗吉一致,都属于国大党温和派。真纳在法律事务上接受过梅塔的指导,两人共同处理过一些案件,并深得其信任。1904年,梅塔推荐真纳任孟买市行政当局治安法官。1905年,他又提名真纳与郭克雷(Gokhale,1866—1915)代表国大党赴伦敦向英国政府阐述国大党的政治主张。梅塔于1912年创立了印度报业公司,前文中提到的《孟买记事报》就是由梅塔创办的,其目的是通过媒体,发出印度人自己的声音,以对抗孟买政府机关报《印度时报》对人民意见的压制。在梅塔逝世后,真纳接替梅塔,任报业公司董事长,支持鼓励《孟买记事报》的发展。

郭克雷也是真纳政治起步阶段重要的领路人之一。与瑙罗吉、梅塔出身于商人家庭不同,他来自印度教婆罗门家庭,但是家境贫寒。郭克雷早期是一名历史与政治经济学教授,后来辞去公职,一心投身国大党的政

---

① Fatima Jinnah, Sharif Mujahid, *My Brother*, Karachi: Quaid-i-Azam Academy, 1987, p.78.

治事业中。约翰·莫利曾评价说:"他具有政治家的头脑,深明自己的政治责任,在策略方面注重实事求是。他从不隐晦自己的最终目标——印度获得自治殖民地的地位。"①

真纳与郭克雷相识于 1904 年的国大党年会上。1913 年 4 月,两人乘船赴利物浦,为寻求印度政治地位的改善而奔波。尽管没有资料显示这段海外生活的具体详情,但是可以肯定的是,在这半年中,真纳得到了郭克雷的欣赏,两人建立起深厚的友情。这反映在奈都夫人的文章中,她记载了郭克雷对真纳的评价:"他优良的品质和不受教派偏见的影响,促使其成为印度教教徒与穆斯林团结的最好使者。"②

郭克雷对真纳思想的影响主要体现在两个方面:一是重视教育的理念。郭克雷支持将西方教育引入印度并推广强制性的基础教育。为此他在 1912 年向中央立法会提出了《基础教育法案》,他在提案中指出,如果按照英国政府此前采取"稳步前行"的政策,印度需要 175 年时间才能使学龄儿童上学,需要 600 年时间才能使所有女童上学。因此有必要实行强制性教育,在指定地区要实现 33% 的男童入学率。真纳支持此提案,并在会议中为此项提案辩护。他继承了郭克雷普及教育的思想,发展教育事业一直贯穿于真纳的实践中。二是崇高的人格魅力。1915 年真纳在悼念郭克雷逝世的会议上,发表演讲,不仅高度评价了郭克雷对印度的伟大贡献,也表达了自己从郭克雷身上汲取的智慧与力量:"他的生命与工作教给人们最重要的经验之一就是树立了这样的榜样:作为个体的个人能做到如何的自我实现。他如何有力地、有效地帮助和指导他的国家和人民的命运,并且如何使千百万的人从他那里得到真正的领导和鼓舞,以阐明这种领导……从我个人的角度讲,我很荣幸能够在这些年中,成为郭克雷先生在立法会的同事之一,聆听他的讲话和接受他的领导。"③

我们不难发现,真纳与印度多位领导人有着密切的交往,而这些领导人都是国大党的早期成员。这些成员不仅有印度教教徒,还有穆斯林、袄教徒。他们不分宗教信仰,都团结在国大党这个全印度国民性质的政党中,也正因如此,才吸引了自由主义者真纳的目光,并决心在这个政党中

---

① 《巴基斯坦的缔造者——真纳传》,第 71 页。

② Sarojini Naidu, *Mohomed Ali Jinnah: An Ambassador of Unity: His Speeches and Writings, 1912—1917*, Lahore: Atish Fishan Publications, 1989, p. 13.

③ Ibid., p. 89.

为印度的未来而奋斗。他们的政治思想与高贵的人格为真纳宪政主义理念的最终形成提供了宝贵的智力支持与精神动力。

综上所述,霍加派的群体特征、英国自由主义精神与印度早期领导的指引共同奠定了真纳政治思想的根基,他将带着这些宝贵的精神财富踏上属于自己的征程。

## 二、合作共处

印度因其独特的自然与人文条件,不仅在本土孕育了人类历史上的多种宗教,并且也吸收了外来宗教的影响。印度教,作为从南亚次大陆产生的本土宗教,经历了吠陀教、婆罗门教的不同时期,并最终成为这片土地上人们的广泛信仰。佛教、耆那教、锡克教虽与印度教的信仰不同,但也脱离不了印度教这一母体的影响。而在外来的宗教中,伊斯兰教在印度的历史发展中起到了巨大的影响作用。伊斯兰文明一方面为印度带来了先进的科学技术与文学艺术,促进了印度社会的发展;另一方面,作为一种主要靠武力征服次大陆的宗教文明,它也给信奉本土宗教的次大陆人民带来了心灵上的创伤。从总体看,伊斯兰教自进入印度以来,穆斯林统治者与印度人民的关系相对紧张,尤其在德里苏丹国时期,各阶段都有人民的反抗发生。莫卧儿帝国时期,阿克巴大帝采取的宗教宽容政策虽然在一定程度上缓和了伊斯兰教与其他宗教的关系,但随着莫卧儿王朝后期的衰落和英国殖民者的入侵,宗教的矛盾,尤其是伊斯兰教与印度教的矛盾再次变得突出。

1. 近现代南亚穆斯林与印度教教徒社会地位的转折

莫卧儿帝国自阿克巴尔、贾汉吉尔、沙·贾汗的兴盛时代后,逐渐走向衰落。17世纪以来商品经济的发展刺激了封建主的贪欲,整个封建统治阶级挥霍享乐,奢靡颓废,导致封建剥削加重,对农民、手工业者和商人的榨取勒索变本加厉,中央和各地封建主之间争夺经济利益斗争的加剧。奥朗则布再次实行宗教歧视政策,更激化了社会矛盾。穆斯林贵族势力也在不断膨胀,出现了地方割据倾向。奥朗则布去世后,王位之争使统治阶层内部矛盾丛生,封建贵族也趁机割据称雄。尽管莫卧儿朝廷依然存在,但实际管辖范围越来越小。到了18世纪50年代,昔日强盛的莫卧儿帝国已经走向没落。英国人自1600年成立东印度公司至1757年的普拉西战争,一步步地从经济掠夺向政治、经济的双重统治转向。印度沦为英国的殖民地后,穆斯林失去了往日的政治优势,经济、宗教优势也随之丧失。

虽然穆斯林失去了长久以来的优越地位,但按照常理来分析,穆斯林在6个多世纪的统治中,应已有足够的时间利用优势来发展自己的经济与文化,然而事实是,进入近现代以来,穆斯林群体经济与文化的发展水平却明显低于同时期的印度教群体。其根本原因在于成为印度统治者后,穆斯林的观念开始变得保守与不思进取,在面对社会新的发展变化时没有做出快速有效的反应。其表现有:在政治和军事上,穆斯林统治者实行垄断;在经济上,封建王公贵族对土地的依赖性极高,对工商业的发展却并没有重视。而下层的印度穆斯林有很大一部分是迫于生计而改宗的印度教教徒,他们本身就是经济落后的阶层,根本无力改变落后状态;在文化上,伊斯兰教的传统教派仍然坚持18世纪以瓦利乌拉为代表的伊斯兰复兴主义,排斥西方文明。同时,他们发动圣战,不仅与英国殖民者为敌,还与印度教和锡克教等非穆斯林为敌,试图重建穆斯林政权,这不仅使印度穆斯林继续封闭保守,还使他们与印度非穆斯林人民疏远甚至敌视。

而对比同时期的印度教教徒,一方面英国人的入侵使他们看到了摆脱穆斯林统治的希望,另一方面西方殖民主义的压迫,也使印度教的有识之士看到了印度教面对的挑战。一部分知识分子对西方文明并不持排斥的态度,他们接受英国人的雇佣,掌握了英文,学习了西方先进的科学文化,对西方的政治思想和政治制度都发生了浓厚的兴趣。他们看到要复兴印度,必须要对印度教进行改革,抛弃其中的落后成分,才能使社会有所发展,因此开始了印度教的启蒙运动,其中的代表是罗姆·摩罕·罗易领导的"梵社"的宗教改革和受其影响下的19世纪20年代的"青年孟加拉派"的社会改革。

由此可见,封建王朝内部统治矛盾从18世纪起逐渐加深,到18世纪中叶英国开始征服印度,穆斯林帝国的根基已经摇摇欲坠;随着英国殖民者的进一步入侵,穆斯林的政治优势逐渐旁落,再加之自身缺乏改革精神,已无法适应印度非穆斯林群体,尤其是印度教群体在经济、思想与文化方面的竞争,这些因素共同导致了穆斯林群体在南亚地位的衰落。1857年的印度民族大起义之后,莫卧儿帝国彻底灭亡,英国人成为印度的正式统治者。英国统治者认为,穆斯林是大起义中的主导力量,因而在殖民统治中对其进行打击报复,这对于本身已落后于印度先进文化群体

第五章 南亚现代穆斯林政治家:穆罕默德·阿里·真纳

的穆斯林群体来说,更是雪上加霜。

19世纪60至70年代,随着商品经济的发展和民族资本主义的增长,一部分印度穆斯林逐渐打破了往日的封闭局面,开始参与到商业活动中来,并从中认识到了学习西方思想与科学技术的必要性。而印度教教徒此时已经通过启蒙运动建立了地区性的政治组织,大批受过西方教育的大学毕业生进入到行政机构工作,而穆斯林因为很少有人接受西式教育而没有机会得到雇佣,他们的生存条件每况愈下。残酷的现实使一部分穆斯林有识之士开始觉醒,他们决心肩负起挽救穆斯林群体的重担。

南亚穆斯林的觉醒与印度教教徒渴望重新成为次大陆主人的心态,引发了两大宗教群体的竞争与矛盾,这成为印度政治现代化进程中不可回避的问题。英国殖民者的统治,使这一问题变得更加复杂。次大陆上最大的两个宗教群体,即印度教教徒与穆斯林能否团结成为决定印度政治是否稳定的重要因素。

2. 真纳的伊斯兰教信仰

真纳的家庭属于伊斯兰教什叶派中的伊斯玛仪霍加,奉伊斯梅尔·阿加汗(Ismaili Aga Khan)为教长,这一观点是为学界广泛认同的。但关于真纳个人的信仰,却有着不同的说法。有学者称:"他(真纳)后来选择了什叶派中范围更广的一支。在21岁时,他退出了伊斯玛仪派而选择了阿斯那阿沙里(Asna Asharia)信仰。"[1]阿斯那阿沙里也是霍加派的一支,属于十二伊玛目派。还有学者称:"尽管起初他属于伊斯兰教伊斯玛仪信仰,但后来他转向了什叶,随后又转向了伊斯兰逊尼。"[2]我们从官方资料中并没有找到关于真纳所属何种教派的记录。很有可能,为了避免教派争端,真纳一直避谈自己的教派,官方也不会有任何的记录。而后人的种种说法,也不足为信。

无论真纳属于伊斯兰教的哪个派别,他都始终是一位虔诚的穆斯林。尽管在生活方式和行为举止上,真纳更多地显现出西方绅士的特征,但是伊斯兰教却在精神深处影响着他。首先,伊斯兰教在人生道路选择中给予真纳以指引。当真纳在伦敦为选择哪所法学院而犹豫不决时,是伊斯

---

[1] *Pakistan Past and Present*, p. 14, Cited in Prof. A. H. Dani, ed., *World Scholars on Quaid-i-Azam Mohammad Ali Jinnah*, Islamabad: Quaid-i-Azam University, 1979, p. 9.

[2] Riaz Ahmad, *Quaid-i-Azam's Perception of Islam and Pakistan*, Rawalpindi: Alvi Publishers, 1990, p. 17.

兰教帮他做了最后的决定。他曾经讲过："我考虑参观伦敦的各所法学院，并与在各家学院学习的学生见面，以便提早做出决定。我的咨询和商讨让我选择了非林肯法学院的另一家学院，但是当我看到先知的名字作为世界伟大的立法者之一雕刻在林肯法学院的主入口处后，我就发誓通过考试后要上林肯法学院。"①据后人考证，真纳所指的是在林肯法学院大厅中陈列的由著名维多利亚时代的画家 G. F. 华兹（G. F. Watts，1817—1900）所作的大型油画《立法者》。在这幅画中有世界上多位立法者的画像，包括摩西、梭罗、孔子和穆罕默德等。"当然，对于正统的穆斯林（逊尼），任何先知的人形画像是禁忌的，是偶像崇拜的异端。真纳向年轻的逊尼派律师们传达的信息当然是具有激励性的，但是他怎能承认是先知的画像在早年激励了他呢？因此，他有意识地抹去了记忆中的图像，而用'雕刻的'穆罕默德的名字作为替代。"②巴基斯坦真纳研究学者里亚兹·艾哈迈德在 1981 年亲赴林肯法学院也证实了该画像的存在。③ 我们现在通过林肯法学院的官方网站也可以看到该幅壁画。

其次，穆斯林社会组织帮助真纳获得归属感与熟悉政治环境。当真纳从英国回到印度后，他首先回到了卡拉奇与家人团聚，一解思亲之情。但对于一个踌躇满志的青年来说，迅速获得社会的归属感也是情感的重要需要。他选择了孟买作为事业的开创地，但是孟买对于他是陌生的，除了儿时的模糊记忆与他崇拜的政治导师外，他需要获得更多的朋友、更多的信息去了解这个地方。作为一位接受西方教育的穆斯林精英，伊斯兰协会自然成为他的最佳选择。因为，该协会在孟买最高法院大法官巴鲁丁·迪亚伯吉的领导下，并不是一个宗教组织，而是一个致力于提高穆斯林教育水平和改善社会地位的组织。在这里真纳结交了更多的穆斯林精英，倾听他们的政治见解，更快地了解印度的政治环境，同时也获得了归属感和穆斯林身份认同感。

3. 真纳对穆斯林群体的原初政治态度

上述事实证明，伊斯兰教在真纳的精神世界中占据了重要的位置，他从内心接受并热爱这一信仰。在个人的情感中，真纳坚守着对信仰的热

---

① *My Brother*, p. 74.
② See *Jinnah of Pakistan*, p. 10.
③ See Riaz Ahmad, *Quaid-i-Azam Mohammd Ali Jinnah: The Formative Years 1892—1920*, Islamabad: National Institute of Historic and Cultural Research, 1988, p. 39.

## 第五章 南亚现代穆斯林政治家:穆罕默德·阿里·真纳

爱与忠诚,而在处理国家事务中,他并没有表现出对伊斯兰教和穆斯林群体的偏爱。

真纳主张各宗教群体平等发展,鼓励公平竞争,不提倡给予少数群体特殊的照顾。这一立场在对待文官考试的态度上表现得尤为突出。1906年国大党年会上,有成员提出文官考试应在英国和印度同时举行,并且为了保证教育落后阶层的权利,应给予该阶层以保留席位。真纳对此表达了异议:"在该项提案中提到应为教育落后阶层提供保留席位,也就是说,我们在寻求的自治政府中必须为落后阶层设保留席位。我理解的落后阶层是指穆斯林群体。如果您指的是穆斯林群体的话,我必须要提醒您注意的是,穆斯林群体应该同印度教群体享有同等对待。国大党的基本原则是,我们是平等的,不应该为任何阶层和群体提供保留席位。并且我的全部目标是取消保留席位。因此我提出此点,请求得到接受。"①

随着印度立法会改革的开展,为了维护阶级利益,穆斯林的上层阶级已不再奉行赛义德·艾哈迈德·汗的不参加政治斗争的路线方针。以阿加汗三世(The Aga Khan Ⅲ)为首的地主阶级组成的西姆拉代表团自称代表印度穆斯林的利益,向副王明托请愿,要求给予穆斯林在立法会议上符合人口比例的代表人数和承认按教派进行分区选举的制度。真纳对这一代表团的代表性提出质疑,认为这个代表团并没有代表穆斯林群体的利益。在1906年10月7日给当地报纸《古吉拉特人》的信中,他写道:"我可以知道是谁选举了这些应该代表孟买的先生们吗?……我知道没有穆斯林的群体曾经会面并选举这些要人来代表孟买。……至今没人知道这个代表团的目的。以群众之名,却不告知要为他们做些什么,不告知事实的真相,也没有为确定这个城市的穆斯林的真正意愿而做什么,这就是代表的方式吗?"②这证明,真纳不仅反对给予穆斯林群体特殊对待,还对打着为穆斯林群体谋利益的幌子,实际却为个人和小团体谋取利益的行为表示厌恶。

西姆拉代表团向副王明托提出要为穆斯林争取独立选区的请求。这恰合英国殖民者的心意,通过设立独立选区,可以达到拉拢穆斯林,牵制

---

① "Self-Government and the Muslims 28 December 1906", in *The Works of Quaid-i-Azam Mohamad Ali Jinnah*, Vol.1 (1893—1912), p.81.

② Syed Sharifuddin Pirzada, *The Collected Works of Quaid-e-Azam Muhammad Ali Jinnah*, Vol.1, Karachi: East and West Publishing Company, 1984, p.1.

国大党的目的,于是答应考虑这一请求。从此,独立选区问题作为植入印度印度教与伊斯兰教群体的楔子,长期影响了印度政治的走向。在这样的背景下,1906年12月,印度穆斯林的政治组织全印穆斯林联盟成立。该组织在成立之初,便显示出教派主义组织的特点,将要求划分穆斯林独立选区作为首要任务。因此,真纳并没有加入这一穆斯林组织,并反对它的政治主张。穆斯林联盟早期重要领导人阿加汗曾回忆说:"在1906年谁是我们最顽固的反对者?真纳,一位孟买著名的穆斯林律师,过去一直是友好的,但是在关键时刻,他对我和我的朋友所努力的一切表示憎恶。他是唯一持如此态度的穆斯林,但他的反对立场是毫不隐晦的;他说我们分区选举的原则是自我分裂国家,在接近四分之一个世纪里,他是我们的最坚定的批评者和反对者。"[1]

真纳对穆斯林群体最初的政治态度,反映了自由、平等、公平竞争等思想对他的深刻影响。在初登政治舞台时,真纳是一个理想主义者,他还没有充分认识到印度政治问题的复杂性,尤其是政治问题与宗教问题交织在一起所形成的种种复杂因素,他只是以律师的思维方式来思考印度的问题,认为只要坚持公平与公正,这些问题都会得到解决。但很快,他就明白事情远非他想象的那样容易解决。

4. 印度教教徒与穆斯林团结的使者

(1) 对自身穆斯林身份的新认识

虽然国大党及真纳反对按照宗教设立选区,但是英国政府还是在1909年的《印度政府法》中正式认可了独立选区选举制度,并增加了立法委员会的代表人数。按照选举规定,真纳只能作为穆斯林代表,参加1910年孟买选区的竞选。尽管他因为反对独立选区而惹恼了穆斯林的一些领导人,但是由于他在孟买有着良好的声誉,还是顺利击败了对手。从真纳对穆斯林群体最初的政治态度推断,以穆斯林的身份参加选举并不是他的初衷,他更希望以印度代表的身份参加联合选举。但是,为了进入中央立法会,为了在其中发出印度人自己的声音,他不可能放弃来之不易的选举机会,因此只能接受这条道路。正是从这时起,真纳意识到他的穆斯林身份在其政治生涯中将起着挥之不去的重要作用。但此时他更清楚地知道,他的政治理想在国家,而不在教派,他要做的是印度人民的领

---

[1] His Highness the Aga Khan, *The Memoirs of Aga Khan*, New York: Simon & Schuster, 1954, pp. 124—125.

## 第五章 南亚现代穆斯林政治家:穆罕默德·阿里·真纳

袖,而不只是印度穆斯林的领袖,他要将自己穆斯林身份的力量转化成推进印度政治进步的动力。奈都夫人记录了真纳曾说过的话:"我的抱负是成为穆斯林中的郭克雷"。①

(2) 对穆斯林政治力量的新认识

真纳不赞成穆斯林联盟的教派主义政治目标,因此在穆盟成立的开始几年,并没有参与其中。但是,随着穆盟的发展、分区选举原则的实行,真纳已经接受了穆斯林联盟作为印度的另一大政治力量的事实,他已不能忽视这一力量的强大作用。要实现印度的自治,国内的团结是必不可少的条件。他必须努力促成团结局面的形成,才能为自治铺平道路。因此,他希望以穆斯林的身份,去影响更多穆斯林兄弟能够站在民族主义的立场上,为印度的自治而奋斗。

1911 年,殖民当局取消了分割孟加拉的政策,动摇了很多穆斯林对英殖民者的盲目信任,穆盟内部的思想也在悄然变化,民族主义的倾向有加强之势。根据《印度时代》(Times of India)的一条简短消息记载,真纳第一次参加穆盟年会的时间是 1912 年 3 月 3 日。② 虽然没有资料显示真纳在该次年会上的表现,但真纳的出席是穆盟路线即将发生转变的信号:"大约在 1912 年的年中,穆斯林领导人在加尔各答召开会议,考虑沿着更加进步、更加爱国的路线,重新制定穆盟的章程。"③"1912 年 12 月 8 日,穆盟秘书长赛义德·瓦齐尔·哈桑(Syed Wazir Hassan,1874—1947)致信真纳,邀请他参加即将举行的穆盟委员会会议。真纳当时不是穆盟的成员,但是因为他对宪政事务的精通而受到邀请。"④

真纳也因势利导,应邀出席了 1912 年 12 月 31 日由阿加汗主持的穆盟委员会会议。在会议上,有代表指出:"'适合印度的自治政府'是没有

---

① Mohomed Ali Jinnah: *An Ambassador of Unity; His Speeches and Writings*, 1912—1917, p. 14.

② Times of India, "Calcutta Session of All-India Muslim League 3 March 1912", in *The Works of Quaid-i-Azam Mohamad Ali Jinnah*, Vol. 1 (1893—1912), p. 378.

③ Mohomed Ali Jinnah: *An Ambassador of Unity; His Speeches and Writings*, 1912—1917, p. 17.

④ Riaz Ahmad, ed., *All India Muslim League and the Creation of Pakistan: A Chronology (1906—1947)*, Vol. 1, Islamabad: National Institute of Historical and Cultural Research Centre of Excellence, Quaid-i-Azam University, 2006, p. 10.

意义的词句。人民被告知印度需要的是殖民地路线的自治政府。"①所谓殖民地路线的自治政府,是指像澳大利亚、加拿大那样的英国自治领,这也正是国大党的目标。但为了安抚穆斯林,尽快使穆盟接受自治的目标,真纳强调:"殖民地路线的自治政府体制在印度是不可行的。……尽管他是一个国大党人,但是他知道在这件事上,国大党是错误的。他预言国大党很快将选择穆盟建议的体制。在国大党之前,穆盟就形成了适合印度的自治政府的理念是值得庆祝的。"②在真纳的大力推动下,穆盟委员会最终提交了以宪法的手段和团结各群体来争取印度实现自治的决议,该决议在1913年的穆盟年会上正式通过。1913年秋,真纳随郭克雷赴伦敦,穆盟领导人毛拉纳·穆罕默德·阿里(Maulana Mohemed Ali,1878—1931)和赛义德·瓦齐尔·哈桑此时正在英国为坎普尔清真寺被毁之事向政府请愿,他们推荐真纳成为穆盟的正式成员。奈都夫人写道:"他(真纳)要求两位介绍人做出庄严保证,说明对于穆盟和穆斯林利益的忠诚,在任何时候都丝毫不能意味着对于他为之献身的更为重要的国家事业有半点不忠。"③

真纳于1913年10月10日注册成为穆盟正式成员,为促进穆斯林内部的团结做出了很大的努力。1913年12月20日,在孟买穆斯林的公开集会中,真纳被推选为主席。在讲话中,他肯定了穆斯林在政治上的进步:"穆斯林已经度过了政治上的年幼阶段并已成长进入成熟阶段。因此,不再受内外的独裁统治。他们将不再如过去几年那样,遵守一些个别领导人的半独裁政策。"④在面对关于穆斯林内部已产生分裂的观点时,他驳斥道:"让我们认识到,穆斯林间没有所谓的'分裂'之事,对于党派而言没有新与旧之分。我知道某些人非常想看到'分裂'之事,但我们期望真主会让他们失望的。我敢大胆地说,穆斯林群体在政策和原则的所有基本问题上,从没有像今天这样团结与一致。"⑤同时,他还指出印度政治

---

① Syed Sharifuddin Pirzada, ed., *Foundations of Pakistan*: *All-India Muslim League Documents*: *1906—1947*, Vol. 1, New Delhi: Metropolitan Book CO. P. LTD., 1982, p. 259.

② Ibid.

③ *Mohomed Ali Jinnah*: *An Ambassador of Unity*; *His Speeches and Writings*, *1912—1917*, p. 19.

④ "Jinnah Receives the Moslem Deputation 20 December 1913", in *The Works of Quaid-i-Azam Mohamad Ali Jinnah*, Vol. 2 (1913—1916), p. 226.

⑤ Ibid.

正处于非常关键的时期,只有团结才能使印度获得拯救。"所有的穆斯林力量应靠拢和凝聚,并牢固地团结在一起。……让我们不要过多地考虑过去,不要活在过去的历史与荣耀中。要认清现实并为今后的进步做准备。印度的拯救靠人民的真正团结,她的前进与发展要靠立宪的和建设性的方法。"①

(3) 架起国大党与穆盟的沟通之桥

真纳获得了国大党成员和穆盟成员的双重身份后,更加便于他在双方展开工作,从而促进印度两大政治组织之间的团结与合作,这也正是他加入穆盟的初衷。

1910年,真纳曾经在国大党第25届年会中反对将分区选举扩展到地方实体。但1910年后,他的态度逐渐发生了转变,这与其以穆斯林代表身份参加中央立法会选举有着密切的关系。"早年参加中央立法会选举使他更加关注穆斯林问题和印度北部穆斯林的主要团体——纳德维(Nadwa)②、阿里格尔、穆盟。……他开始认识到并承认要使穆斯林不落后,不得不满足他们的某些特殊利益和需求。"③分区选举正是穆斯林的特殊需求,也是困扰和影响印度教教徒与穆斯林关系的重要问题,真纳为此努力在其中做协调工作。1913年底,真纳首次以正式代表的身份出席了穆盟的第7届阿格拉年会。是否立即将分区选举原则扩大到地方实体是本次年会的重要议题之一。以毛拉维·拉菲杜丁·艾哈迈德④(Maulvi Rafi-du-Din Ahmad,1865—1954)为代表的一派认为:"为了穆斯林群体的利益,分区选举原则扩展到所有的独立的公共实体是非常必要的,并且郑重地恳请在市政和地方系统为穆斯林提供充足和有效的代表,这是分区选举原则在中央和省立法会议应用后的必然结果,同时这对于那些公共实体的有效运作是必要的。"⑤而以穆罕默德·阿里为代表的一

---

① "Jinnah Receives the Moslem Deputation 20 December 1913", in *The Works of Quaid-i-Azam Mohamad Ali Jinnah*, p. 228.

② 穆斯林团体,1894年成立于坎普尔,1898年迁至勒克瑙,该组织曾在传统伊斯兰教与现代性间采取折中态度,成员主要是穆斯林学者和学生。后发展成为德奥班德神学院的姊妹团体。

③ Sharif Al Mujahid, *Quaid-i-Azam Studies in Interpretation*, Karachi: Quaid-i-Azam Academy, 1981, p. 10.

④ 律师,1928—1932年任孟买教育部长,孟买省穆斯林联盟主席。

⑤ *All India Muslim League and the Creation of Pakistan: A Chronology (1906—1947)*, Vol. 1, p. 315.

派认为:"穆盟应将分区选举扩展到独立实体的考虑推迟一年。"①理由是:"国大党内的印度教教徒一直反对分区选举,但是今年,考虑到穆斯林的感情,他们没有通过反对分区选举的决议。这清楚地表明,印度教教徒相信穆斯林良好的意愿。"②真纳对阿里的提议表示赞成。"他恳请他们冷静地思考这个问题,不要只看现在的得失,而要看未来的长远利益。他明确地告诉他的同胞们,要求分区选举,只能得到两个相互隔绝的个体。"③遗憾的是,真纳等人的意见在投票后被否决了。

尽管意见遭到否决,但是真纳并没有放弃为国大党和穆斯林联盟创造沟通的机会,以尽快实现团结的目的。1915年,国大党决定在孟买召开年会,真纳提议穆盟也将年会的地点设在孟买,以便两大党派能够进一步沟通。真纳致信《孟买记事报》,阐明联席会议的目的与必要性:"1. 会议将证明团体的力量、穆斯林意见的一致和真正的价值,将赋予他们作为自由的人们要求权力的资格。2. 会议将让我们的印度教兄弟更重视我们,使他们觉得我们更有资格和他们并肩站在一起。3. 会议将向英国的政治家们,向议会和英国国民全面地证明我们要求自治政府并不是无理的,而是非常认真的,并且将团结一心实现这个目标。……"④真纳的建议虽然在国大党和穆盟内部饱受争议,但对团结的渴望战胜了层层阻碍,年会如期举行,国大党人奈都、安妮·贝桑特、甘地等都出席了会议。会议上,主席穆兹哈尔·哈克(Mazhar-ul-Haq)在致辞中,批评殖民当局不愿让印度人处理自己的事务,表达了穆盟争取自治政府的决心。根据 A. A. 拉伍夫(A. A. Ravoof)描述:"1915年12月30日下午出现了在历史上罕见的激动人心的场面。在热烈的掌声和口号声中,老资格的国大党领导人走向前去同自己的穆斯林联盟的朋友们拥抱在一起。"⑤但殖民当局并不想看到团结的场面,12月31日,会议出现了骚乱,真纳请求负责安保的政府警察采取措施以保证会议的正常进行,但这个请求遭到了政府的拒绝,会议不得不中止。1916年1月1日,会议在泰姬陵饭店再次召

---

① *All India Muslim League and the Creation of Pakistan*: *A Chronology (1906—1947)*, Vol. 1, p. 315.

② Ibid., p. 316.

③ Ibid.

④ "Letter to the Editor by Jinnah, 11 November 1915", in *The Works of Quaid-i-Azam Mohamad Ali Jinnah*, Vol. 2 (1913—1916), pp. 420—421.

⑤ A. A. Ravoof, *Meet Mr. Jinnah*, Lahore: Sh. Muhammad Ashraf, 1947, p. 54.

## 第五章 南亚现代穆斯林政治家:穆罕默德·阿里·真纳

开,真纳在会议上提出了一项议案,建议穆盟成立一个专门委员会,在保护穆斯林权利的基础上,同其他政治组织商讨制定出旨在早日实现印度自治的政治改革方案。参加会议的穆盟和国大党成员一致通过了这项决议。此外,穆盟成员再次提出了分区选举问题,真纳此时的态度是:"从他(真纳先生)个人来讲,在这个问题上,他不同意绝大多数同胞的看法,但是保留讨论的自由。"①

真纳虽然没有参加12月27日开始召开的国大党年会,但是他作为国大党接待委员会的副主席参加了迎接本届年会主席及代表的欢迎仪式。"这暗示着国大党所有通过的决议都是根据真纳促进印度教教徒和穆斯林真诚合作的观点而通过的。"②在本届年会上,国人党也成立了专门的委员会,与其他政治团体共同商讨改革方案。

1916年初,正如真纳预见的那样,国大党与穆盟经过了孟买年会的交流与沟通后,印度内部形成了空前的团结气氛。同时,真纳在国大党和穆盟的领导地位也因为他在两党间的出色协调能力而得到加强。

在1916年10月召开的孟买省政治会议上,真纳被推选为主席。在主席发言中,他再次提出了分区选举问题,这次他的态度已发生了根本性转变:"就我的理解而言,分区选举不是一个政策问题,而是穆斯林的需要。为了把穆斯林从长期麻木沉睡的态度中唤醒,分区选举对他们是必不可少的。因此,我呼吁印度教的兄弟们,在目前的情况下应该争取穆斯林的信任。他们在全国毕竟是少数。如果他们决心要分区选举,就不要反对他们的要求。"③在他看来,"穆斯林或印度教教徒谁将获得更多的席位并不是一个问题。首要的问题,如我已说过的,是权力从官僚向民主的移交。……印度教教徒与穆斯林要紧密地站在一起,运用每一个合乎宪法的和立法的手段尽可能快地实现权力移交"④。在这里,真纳将国家的利益放在第一位,认为为了印度尽快实现自治的目标,多数群体为赢得少数群体的信任,适当地牺牲一些利益是值得的,因为没有什么比国家的利益更为重要。

---

① "Jinnah and the Adjourned 8th Session of All India Moslem League, 1 January 1916", in *The Works of Quaid-i-Azam Mohamad Ali Jinnah*, Vol. 2 (1913—1916), p. 471.

② *Quaid-i-Azam Mohammad Ali Jinnah: The Formative Years 1892—1920*, p. 130.

③ *Mohomed Ali Jinnah: An Ambassador of Unity: His Speeches and Writings*, 1912—1917, p. 74.

④ Ibid.

(4) 共同的行动纲领:《勒克瑙协定》

1916年11月,国大党与穆盟委员会成员在加尔各答对改革方案进行讨论,双方在承认分区选举的基础上,在保证穆斯林在各级立法会享有充分代表权的关键问题上达成了共识。双方都做了一定的让步,即在穆斯林占少数的省穆斯林代表数高于人口比例,在穆斯林占多数的省穆斯林代表数低于人口比例。这构成了未来《勒克瑙协定》的主要部分。其具体规定为:在中央立法会,穆斯林代表占1/3;在省级立法会,穆斯林代表在旁遮普占50%,在联合省占30%,在孟加拉占40%,在比哈尔占25%,在中央省占15%,在马德拉斯占15%,在孟买占1/3。① 这份联合制定的方案将提交各自的年会进行表决。

1916年12月,国大党与穆盟再次同时举行年会,这次地点选在印度北部城市勒克瑙。真纳被穆盟推举为本次年会主席。他的主席发言揭示了他对印度未来的坚定信念和对穆斯林群体的热切希望:"全国正为自己命运的呼声所唤醒,遍布着充满热切渴望的崭新视野。热忱、信赖、坚定的新精神在这片土地上传播。所有领域都可以看到新生活的激情。如果今天印度的穆斯林不分享这正激励着印度爱国儿女的希望,如果他们不响应祖国的召唤,那就是对自己和对他们过去传统的不忠。他们的目光如她们的印度教同胞一样专注于未来。"②对于印度的政治状况,真纳的认识也有着自己的深刻见解:"一方面我们有着强大的传统利益的组织,另一方面缺乏一个具有国家意志和智力的完备组织。"③因此,他呼吁:"在敌对利益的冲突和愚蠢口号的声浪中,头脑冷静的印度问题的研究者应该看到这个极为明显的道理:印度归根到底是印度人的印度。"④"作为对未来的总的看法和设想,全印穆斯林联盟将同印度国大党站在一起,并且以爱国主义的精神为全印度的进步而努力。"⑤

真纳的主席发言,为本届穆盟年会奠定了团结与进步的基调。马宗达(Mazumdar,1850—1922)也在国大党勒克瑙会议的主席致辞中,表达

---

① *Foundations of Pakistan*: *All-India Muslim League Documents*: *1906—1947*, Vol. 1, p. 392.
② Mohammad Umar, ed., *Quaid-i-Azam Mohammad Ali Jinnah*: *Rare Speeches 1910—1918*, Karachi: Al-Mahfooz Research Academy, 1973, p. 140.
③ Ibid., pp. 145—146.
④ Ibid., p. 146.
⑤ Ibid., p. 149.

了同样的感情:"印度教教徒与穆斯林之间有争议的问题已经解决了。双方已同意联合起来自治。前几天,国大党全印委员会和穆盟的代表在加尔各答开了两天会。会议一致决定,共同要求在印度成立代议制政府。"①双方的会议都顺利地通过了 11 月份制定的共同改革方案,并将方案提交政府,该方案被称为《勒克瑙协定》。

《勒克瑙协定》是印度民族主义团结的最高点,是国大党与穆斯林联盟为印度实现自治而团结合作的具体体现。这份协定提供了印度未来的宪政框架,规划了从省级立法会、省级政府到中央立法会、中央政府的建制原则。《勒克瑙协定》的签署,也代表了真纳政治生涯中的一个高峰,它是真纳实现印度团结统一的思想结晶。"'勒克瑙协定'解决了莫利—明托改革分区选举以来困扰真纳的尴尬。他的穆斯林身份不再与他的国民身份(national identity)相冲突。分区选举的争论已经结束。保护穆斯林利益的要求得到了国大党的承认。"②

同时,不可否认的是,协定肯定了分区选举的原则,更加强调了穆斯林在政治上的个性,穆盟一直强调的"适合印度的自治政府",换言之就是肯定穆斯林特殊选举要求的自治政府。国大党既然在 1916 年承认了这个原则,实质上也承认了穆盟是代表印度穆斯林的政治组织,这与其本身宣称的国大党是全印度人民的代表是相冲突的,这也为印度未来的宪政发展埋下了隐患。但不管未来如何发展,在真纳的努力下,此时,两党为实现自治目标的合作已经开始。

### 三、社会改革

1. 提倡教育普及

18 世纪末 19 世纪初,随着工业革命的完成,英国在印度的殖民政策发生了新的重大变化,即从原始积累阶段迈向自由资本主义殖民阶段。新政策的核心就是要把印度变成英国商品的原料地和市场。为了实现这一政策,殖民者在思想文化领域也加紧开拓和渗透。

起初,殖民者对在印度推广何种教育长期僵持不下。东方派认为,西

---

① [巴]G. 阿拉纳:《伟大领袖真纳——一个民族的经历》,袁维学译,北京:商务印书馆,1983 年,第 71 页。
② B. R. Nanda, *Road to Pakistan*: *The Life and Times of Mohammad Ali Jinnah*, New Delhi: Routledge, 2010, p.34.

式教育会把资产阶级民主自由的思想带到印度,导致反对英国统治的力量增长。西方派则认为,实行西方教育就是要在英国人和印度人中间造就一个中间阶层,这些人从血统和肤色说是印度人,但其趣味、观点和智能是英国式的。① 经过长期的论战,西方派的观点取得了英政府的支持,认为其更适合英国在印度殖民的需要。1835 年,总督参事会决定今后向印度的教育拨款只用来推广西式教育。

西式教育的推广,确实在印度培养了一批具有先进知识与思想的精英,但是其兴办教育的出发点是思想殖民,而不是为了印度的复兴,因此,英国的教育政策主要针对的是印度的富裕阶层,如地主、工商业主等,因为这些阶层由于经济利益,更便于拉拢和依靠。而对于社会底层民众的教育,并不是英国殖民者关注的重点,因此采取的是消极的缓慢推进政策。

英国政府的政策,引起了印度有识之士的强烈不满,他们试图通过呼吁政府立法的方式,加大印度基础教育的力度。1912 年,国大党领导人在印度中央立法会提出了"初等教育议案",议案中要求政府提供经费,推行义务性的基础教育,在指定地区实现 33% 的男童入学等。但是该议案并没有引起立法会官方人士的支持。

真纳在立法会强烈支持此项法案,并与反对者展开了激烈的辩论。他毫不留情地指出:"我认为,公正地说,立法会应该承认,对英国统治最大的责备之一就是对这个国家基础教育的忽视。并且,这个事实已为立法会外所认可。"② 面对有立法会议员所坚持的保守的基础教育政策,真纳反对自愿接受教育的政策,要求实行义务性教育。但官方成员还认为,加大教育的力度会为政治带来危险。真纳对此也予以反驳:"你们认为教育会带来煽动叛乱吗?直率和自由地批评政府或政府的措施,是每个公民的责任。但是让我告诉你们在这个国家最好的朋友——我是指政府的朋友们——正是这个国家的受教育的阶层。我们爱英国政府,但我们更爱我们的国家。……公正、自由、无偏见地批评政府的行为和措施,不能视作是反叛。"③

---

① 参见《殖民统治时期的印度史》,第 61 页。
② "Discussion on Elementary Education Bill, 19 March 1912" in *The Works of Quaid-i-Azam Mohamad Ali Jinnah*, Vol.1 (1893—1912), pp. 380—381.
③ Ibid., p. 385.

## 第五章 南亚现代穆斯林政治家:穆罕默德·阿里·真纳

真纳敦促政府加大教育的经费,为政府以种种理由拒绝投资教育而焦急,他向政府提出严肃地质询:"请问,从帝国财政部筹措三千万卢比,是不可克服的困难吗?对于印度这样拥有三亿人口的国家,这能算得上一件了不起的大事吗?"①同时,他也提出了自己对筹款的看法:"我请求政府,筹集经费,必要时可以向人民征税。但有人会说,人民已经纳了税;也有人说,这不得人心。……我的答复是,你们必须消除人们对英国统治的合理指责,也就是忽视初等教育这一点。我的答复是,每一个文明的政府都有责任教育群众。如果会产生不得人心的问题,如果要冒一定程度的风险,那就责无旁贷地、勇敢地承担一切风险吧。"②这不仅体现了真纳作为一位议员的优秀辩才,也反映出他大胆的改革精神。但殖民当局还是以条件不成熟为理由否决了该教育法案。5年后的1917年,真纳再次在立法会支持基础教育法案,官方的态度还是认为以印度现有的条件不适合实行义务性教育。他们认为委派下属官方人员推行义务性教育,会带来群众的反抗。真纳反驳道:"任何政府,在推行义务教育时,不需要下属官员,这是可能的吗?难道还有其他的方式吗?在其他国家,有使用其他方式的而实现义务教育的吗?……雇佣下属官员,他们将压迫群众这样的观点是过时的,是在20世纪站不住脚的。""先生,我们还要等待多少世纪,使这些文盲的、无知的国民相信义务教育是真正为了他们的利益呢?"③官方成员在五年前以财政、教师和校舍缺乏作为否决法案的挡箭牌,五年后他们还在坚持这些理由。真纳对此极为不满,他谴责政府在这五年里在教育发展上无所作为:"因此,我个人希望尊敬的议员先生告诉我们,五年前存在的三个困难改变了多少?……我希望他能告诉我印度政府为了克服困难,在过去的五年尽了什么责任?"④

真纳不仅主张义务教育的普及,还对技术教育的推广非常关注。他坚持认为:"技术教育在每个国家都是一件好事。"⑤他曾认真研究印度技术教育的发展状况,通过阅读相关资料,他得出印度在技术教育方面发展

---

① "Discussion on Elementary Education Bill, 19 March 1912"in *The Works of Quaid-i-Azam Mohamad Ali Jinnah*, Vol.1 (1893—1912), p.384.

② Ibid.

③ *Quaid-i-Azam Mohammad Ali Jinnah: Rare Speeches 1910—1918*, p.65.

④ Ibid., p.66.

⑤ "The Polytechnic College, 23 March 1910", in *The Works of Quaid-i-Azam Mohamad Ali Jinnah*, Vol.1 (1893—1912), p.268.

水平落后的结论。在立法会议上,他支持在印度建立理工大学的提案,并将印度与日本相比,说明在相同的发展时间里,日本在技术教育发展的成就远远领先于印度。他强调,对于印度而言,加强技术教育是亟待解决的问题。这是因为:"……很多的动乱是由经济问题引起的。我们的很多工业已经落伍了,它们没有能力与煤、铁、机器竞争,我们的很多国民只得不择手段地求生存。农业没有足够的空间给印度人民。因此,只因为这个原因,印度政府就应该真诚地关注这个提案,帮助这个国家的技艺、工业、制造业、商业的复兴。"①他呼吁政府加大在技术教育方面的投入,理由是:"帮助国家技术教育的发展是政府的职责。事实已不止一次地证明,国家不仅仅是一个保证和平的机构,自由放任的政策已经被放弃很久了。因此,我想无需再重复这样的观点——议会的成员们认为帮助国家技术教育的发展是政府的事情,不管是普通教育还是技术教育。"②

2. 推进法律改革

英国的殖民统治破坏了印度的社会经济基础,也改变了印度社会的政治秩序,为了巩固在印度的统治成果,殖民者相应地对印度原有的多元化法律进行改革,其改革的主要方式是调整原有法律和引入英国法。作为统治者,为了维护自身利益,在进行法律改革时,忽视印度人民利益的情况时有发生。真纳以律师的专业知识和对印度人民利益负责的态度,积极参加改革,并提出自己的意见。

1912年,政府提出了刑法修正案,其目的是加强对印度人民的控制,防止反叛政府行为的发生。因此,在修正案中对某些不构成犯罪或轻度犯罪的行为予以定罪或严惩。真纳对该议案表示反对,他指出政府在将英国法植入印度时,忽视了印度原有法律,因此出现了二者相抵触的现象。"现在你们显然是按照英国法律的规则改变了印度的实体法,但是这使印度的证据法无法实施,我认为这将导致非常大的困难和危险。"③他提醒立法会的成员:"记住,当你们实施刑法时,你们的目的是逮捕做坏事的人——你们的目的是惩罚有罪的人。但是,先生,当我们在这里为3亿

---

① "The Polytechnic College, 23 March 1910", in *The Works of Quaid-i-Azam Mohamad Ali Jinnah*, Vol.1 (1893—1912), p.270.

② Ibid., p.268.

③ "The Indian Criminal Law Amendment Bill 5 March 1913", in *The Works of Quaid-i-Azam Mohamad Ali Jinnah*, Vol.2 (1913—1916), p.59.

## 第五章 南亚现代穆斯林政治家:穆罕默德·阿里·真纳

人民立法时,你们一定不要忘记你们要对那些无辜的、安分守己的臣民负责。"①

印度多元化的宗教法也为法律改革带来了困难。英国人将宗教法的实施范围限定在婚姻、继承、种姓以及与宗教有关的习俗和制度方面。但后来在改革的过程中,对某些宗教法采取了废除的决定,这严重伤害了一部分宗教信徒的利益。1894年,英国枢密院对伊斯兰教家庭瓦克夫(Wakf)的废止就是一例,它引起了印度穆斯林的恐慌。在枢密院的裁决中,拒绝穆斯林创造可用的瓦克夫给家人和后代。瓦克夫,是一种伊斯兰教中的宗教捐赠。它的阿拉伯文的原意是"保留"或"扣留",意为保留真主在人世间的一切财产的所有权,或者"留出"一部分财产专门用于宗教慈善目的。瓦克夫分为两种类型,一种是财产所有人从一开始就明确宣布,将其部分土地或产业的收益捐赠给宗教慈善事业,如用于兴建清真寺、学校、医院、浴池等,称为公益瓦克夫。另一种是财产所有人宣布,将其部分或全部土地或产业首先留归自己的子孙后代享用,直到没有合法受益人时,再用以赈济贫民和提供给需求者,称为家庭瓦克夫或私人瓦克夫。家庭瓦克夫的作用实际上是对伊斯兰继承法的一种调节和补充。因为根据伊斯兰教法律,法定继承只限于被继承人全部净资产总额的三分之二,另三分之一为遗嘱继承。这实际上有损直系血亲的权益,也意味着不承认代位继承,这同样损害了被代位人直系血亲的权益。

而英国法官认为,传统的瓦克夫制度缺乏足够的书面凭证,有的只是口头宣布的,且不同教派对瓦克夫的规定也不同,这种混乱的状况不易于司法判断,因此对其采取废止的态度,甚至将原有无书面凭证的家庭瓦克夫的财产收归国有。这种做法,激起了印度穆斯林的不满,他们认为取消家庭瓦克夫制度会损害众多穆斯林家庭的利益。真纳从维护穆斯林合法利益的角度,反对政府的做法,因此从1910年起,他多次在国大党、穆盟的会议上及中央立法会中提出瓦克夫问题,并亲自起草了"穆斯林瓦克夫确认法案"(Mussalman Waqf Validating Bill)。在立法会讨论时,他指出:"如果一个人不能按照我们的法律宣布家庭瓦克夫,他就不能为家庭

---

① "The Indian Criminal Law Amendment Bill 5 March 1913", in *The Works of Quaid-i-Azam Mohamad Ali Jinnah*, Vol. 2 (1913—1916), p. 59.

和孩子们做任何未来的打算,其结果是将搅乱穆斯林家庭。"①因此,他强烈建议政府确认瓦克夫,并对其细节进行专门立法。经过多轮的讨论,真纳的提案终于为中央立法会批准,"穆斯林瓦克夫确认法案"于1913年正式生效。

真纳支持家庭瓦克夫,说明他对能够保证穆斯林利益的伊斯兰教法的尊重和维护,并不完全是由于伊斯兰教是他的宗教信仰。对于教法中不能适应时代要求的规定,他提倡个人根据自身的思想状况进行判断和取舍。1912年,当真纳在立法会上支持一项名为"特殊婚姻法修正案"的议案时,遭到了很多曾经支持他的穆斯林同胞的批评。因为该议案旨在给予异教通婚以法律的保护,这在保守宗教人士看来,是违背伊斯兰教圣典《古兰经》教义的。但真纳坚持认为,法律有权以平等的原则保护异教通婚。他认为,这项议案的特征是:"……这项法案具有可选择性,并没有强制性。它并不是说每一个穆斯林都要与非穆斯林结婚,或每一个印度教教徒都要与非印度教教徒结婚。"②他反问那些反对者:"……如果有相当一批开明的、受过教育的、先进的印度人,他们可以是印度教教徒、穆斯林、或袄教徒,如果他们愿意选择根据现代文明、现代思想和现代观点制定的婚姻制度,这项制度又没有在某些方式上对这些印度教教徒或穆斯林产生危害,为什么这个阶层要遭到正义的拒绝呢?"③"为什么你们要拒绝一个想要一夫一妻制婚姻的人?为什么你们拒绝一个想要通过最文明的契约来保护他的婚姻生活的人?"④在这里,真纳从尊重人性,肯定平等自由的角度出发,勇于挑战不适合现代社会发展的传统观念,充分体现了他思想中的现代性。

## 第二节 传统束缚与现代冲击下的抉择

### 一、与甘地思想的分歧及其根源

一战期间,在真纳和印度各界的共同努力下,"19人备忘录"与《勒克

---

① "Mussalman Wakf Validating Bill 17 March 1910", in *The Works of Quaid-i-Azam Mohamad Ali Jinnah*, Vol.1 (1983—1912), p.309.

② "Discussion on Special Marriage Amendment Bill, 26 February 1912", in *The Works of Quaid-i-Azam Mohamad Ali Jinnah*, Vol.1 (1893—1912), p.372.

③ Ibid.

④ Ibid., p.374.

## 第五章 南亚现代穆斯林政治家:穆罕默德·阿里·真纳

瑙协定》相继出炉,分别给出了印度政府体制和权力分配问题的改革方案。尽管英国当局极不情愿接受这些要求,但面对一战的压力和对印度战备力量的依靠,也不得不做出一些妥协。新任印度事务大臣蒙太古于1917年8月20日在英国下院发表演讲,承诺进一步实现责任政府。虽然,这与真纳所期望的自治目标还有距离,但"蒙太古宣言"表明了英国政府第一次承认了逐步给予印度自治领地位。印度政治的前景,此时充满了光明,只待战争的结束,改革能得以尽快推行。

然而,印度人民的希望之火随着战争硝烟的退去也被英国统治者无情地湮灭。1918年7月,罗拉特委员会发表的关于制定战后镇压法令的报告,首先给了印度人民沉重的一击;1919年底,以"蒙太古—蔡姆斯福德改革"(Montagu-Chelmsford Reforms)为蓝本的《印度政府法》颁布,其迟缓的改革步伐再次使印度人民倍感失望;英国当局在保护土耳其伊斯兰教圣地和维护哈里发地位问题上的食言,使印度穆斯林充满愤怒与恐慌。仿佛一切都回到了从前,却又比从前更令人沮丧。此时的国大党与穆盟除了对当局表示抗议外,短时间内也无法制定出行之有效的政策以改变当时的政治环境。而此时,一位从南非回国不久的社会活动家,以他独有的思想体系和实践手段,为印度人民带来了新的希望——他就是莫汉达斯·卡拉姆昌德·甘地(Mohandas Karamchand Gandhi, 1869—1948)。但不得不说,甘地在印度舞台上的崛起,给真纳的政治思想与实践带来了前所未有的困扰。

### 1. 真纳与甘地在一战中的分歧

1914年7月底,第一次世界大战爆发。印度作为英国的殖民地,也被迫卷入到这场战争中,成为兵力、物资的重要输送基地。这在很大程度上对印度经济和民族运动的发展产生了不利的影响。但在另一面,它也给印度政治的发展带来了机会,很多人希望印度能把握这次机会,尽快获得自治的地位。真纳和甘地正是他们的代表,但是两人在如何把握机会的具体实践上却存在很大的分歧。

在1919年前,甘地对英国殖民者始终保持着合作的态度。他认为印度面临的首要任务不是要立即结束英国人的统治,而是要追求印度人精神的完善,通过精神的力量来感化英国殖民者,使其认识并纠正在印度犯下的错误。因此,在一战中,甘地充当了英国忠诚的支持者的角色。从1914年8月起,他就在伦敦组织印度侨民参与战争服务工作,为英国士兵提供医疗服务。回到印度后,他又致力于为英国在印度募兵。他曾致信印度总督蔡姆斯福德表达自己对英国的支持:"如果我能够使我的同胞收回他们的要求,我一定要他们撤销国大党的一切决议,而在这大战的危急期中,不再絮叨着要什么'自治'或'责任政府'。我要使印度贡献她所有身强力壮的男儿在帝国告危的时刻为帝国牺牲。我知道印度采取了这个行动之后,就会成为帝国最得宠的伙伴,而种族歧视也就会成为过去的陈迹。"①但甘地的征兵工作进行得并不顺利,他的非暴力主张与征兵行为的矛盾受到人们的质疑。

真纳虽也支持英国对德作战,但是他认为支持是应该有条件的,即英国人要兑现给予印度自治的诺言。总督蔡姆斯福德指责他在向政府讨价还价。真纳坚持自己的立场并在报纸上公开发表声明以阐明自己的观点:"我们不能要求我国的青年为不适用于自己国家的原则去打仗。一个被奴役的民族不会全力以赴、斗志昂扬地为别人打仗,只有自由的民族才会为了自己和别人的自由而英勇顽强地战斗。如果印度为了英帝国的防卫而做出了巨大的牺牲,它必定是作为帝国的伙伴而不是一个属地。让她觉得她是在为自己的自由而战和为了英王统治下的一个自由国家的英联邦而战。然后她将竭尽全力站在英国的一方直至结束……应该根据国大党—穆盟方案,在规定期限内,将成立印度责任政府作为第一步。应为此立即向议会提出一个议案。如果你们真诚地对待我们,那么我们也待你们以真诚……"②

甘地与真纳在征兵工作上的分歧,反映出两人在政治上成熟度的差异。刚刚步入印度政治舞台的甘地希望通过无条件地支持,甚至不惜牺牲自己非暴力的核心思想来感动英国人。正如印度学者 B. R. 南达的评价:"甘地支持一战的观点与大多数印度领导人不同,在印度政治生活中他是孤独的。他看重道德和政治方法而不是宪政。"③作为驰骋战场多年的成熟政治家,真纳则谋划通过这次机会,为印度人争取自治的机会,争取真正属于自己的军队,而不是如甘地那样一心为英国人输送兵力。

2. 真纳旁观甘地领导基拉法运动

一战结束后,奥斯曼土耳其帝国作为战败国面临被肢解的命运。在战时,英国曾含糊地向印度的穆斯林许诺为其保留伊斯兰教圣地和维护

---

① [印]甘地:《甘地自传》,吴耀宗、杜危合译,北京:商务印书馆,1959年,第390页。
② 转引自《伟大领袖真纳——一个民族的经历》,第94页。
③ *Road to Pakistan: the Life and Times of Mohammad Ali Jinnah*, p.53.

哈里发的地位。但战争结束后,英国人并未打算兑现诺言,这引起了印度穆斯林的不满与恐慌,泛伊斯兰的情绪也在南亚次大陆加速蔓延。1919年3月20日孟买的穆斯林建立了基拉法委员会,穆斯林激进派代表毛拉纳·穆罕默德·阿里与毛拉纳·肖克特·阿里(Maulna Shaukat Ali, 1873—1937)两兄弟发起旨在要求英国当局实现维护伊斯兰教圣地与维护哈里发地位承诺的"基拉法运动"。

甘地为基拉法运动提供了大力的支持,并成为其主要领导者。1919年11月23日,他参加了在德里召开的全印基拉法会议。在会议上,他提出如果英国当局不考虑穆斯林的要求,就号召穆斯林完全撤销与政府的合作,这也是他第一次提出抵制英国的"不合作"主张。由此,基拉法运动成为甘地传播非暴力不合作思想的阵地。甘地支持基拉法运动的出发点在于他希望通过基拉法运动,赢得印度穆斯林的信任,同时又能将穆斯林与印度教教徒团结起来,共同参与到更大规模的非暴力不合作运动中。他曾说过:"如果我们害怕和不信任穆斯林,必然站在英国一边,并且延长我们被奴役地位的时间。如果我们足够勇敢,不害怕我们的穆斯林同胞,并且明智地信任他们,那么我们必须与穆斯林共同奋进,以种种和平的和坚持真理的手段来保证印度自治。"①通过甘地的努力,穆斯林这个在印度最大的少数宗教群体的斗争热情被前所未有的调动起来,穆斯林与印度教教徒合力反抗英国统治的大规模斗争在甘地的谋划下出现在了印度的历史中。

面对奥斯曼土耳其帝国将被肢解的命运,作为穆斯林,真纳同他的教胞的情感是一致的,他也感到不满与失望。1919年8月27日,真纳代表全印穆斯林联盟向英国首相劳合·乔治(Llyod George)提交了一份印度穆斯林对奥斯曼土耳其问题态度的备忘录。在备忘录中,他阐述了伊斯兰教圣地和哈里发在穆斯林世界的重大意义,恳请英政府尊重穆斯林的宗教感情,重新考虑对土耳其的决定。在备忘录的结尾他再次提醒英政府:"……不要肢解它(指奥斯曼土耳其帝国),不要将军事的胜利染上某一宗教战胜另一宗教的宗教特征,不要让伊斯兰教遭受羞辱。"②1920年5月,分割奥斯曼土耳其的《色弗尔条约》签订,9月,在穆盟加尔各答特别

---

① 林太:《印度通史》,上海社会科学出版社,2007年,第298页。
② Mehrunnisa Ali, ed., *Jinnah on World Affairs (Select Documents: 1908—1948)*, Karachi: Pakistan Study Centre, University of Karachi, 2007, p.75.

会议上，他再次谴责对土耳其的肢解是"伤害我们的信仰"。①

然而，在印度群情激昂之时，在甘地领导的基拉法运动和非暴力不合作运动开展得如火如荼之际，真纳又是头脑保持冷静的少数人士之一。这一次，他没有像以往那样冲在斗争的最前线。因为，作为一名宪政主义的提倡者，真纳对甘地的斗争方式没有信心，他不赞同甘地用宗教作为宣传手段来发动印度人民开展政治斗争，在甘地将基拉法运动与非暴力不合作运动合二为一时，他请求同事们慎重考虑甘地方案的原则和细节。并且，他自身选择远离斗争的中心，尽管这样会削弱他在人民心中的重要地位，会将"团结的大使"的桂冠易主，但是他不会为了所谓的声望而放弃自己的政治原则。

在1921年11月1日，他曾单独会见印度总督里丁（Lord Reading），向其说明自己对印度政治局势的看法。里丁在给印度事务大臣的电报中，汇报了他对真纳的判断："我发现他能力出众，既不是极端主义者，也不是不合作主义者，但是某些地方介于二者之间。我认为他在政治上同马拉维亚②（Malaviya）有一致的地方，例如，加速实现自治、纠正旁遮普错误的强硬立场和对基拉法反抗的支持；但是他没有与甘地联合，他认为甘地的政策是具有毁灭性的，并且是无益处的。"③

真纳对基拉法问题的解决有自己的思路。里丁的电报也透露了真纳对于如何解决基拉法问题的具体方案："他说他已经同重要的印度教教徒和穆斯林进行了会谈，尽管像阿里兄弟这样的极端主义者不会得到满足，但是绝大多数的穆斯林会对这样的一个关于土耳其事务的决议感到满意，那就是将士麦那（Smyrna）和色雷斯（Thrace）归还土耳其，将希贾兹（Hedjaz）和美索不达米亚（Mesopotamia）留给现在的穆斯林统治者哈桑（Hassan）与费萨尔（Feisal）。巴勒斯坦会引起某些问题，但是他认为只要英政府准备支持归还士麦那和色雷斯的政策，这些问题的解决应该都不难。"④

甘地与真纳虽然都抱有促进印度教教徒与穆斯林团结的良好愿望，但解决基拉法问题的方式与方法，再次突显了二者在处理政治问题上的

---

① *Foundations of Pakistan: All-India Muslim League Documents: 1906—1947*, vol. 1, p. 542.
② 此处指 Madan Mohan Malaviya (1861—1946)，著名印度教育家，曾任国大党主席。
③ *Jinnah on World Affairs (Select Documents: 1908—1948)*, p. 97.
④ Ibid.

不同思路,甘地运用宗教的力量激发下层人民的斗争热情,真纳则坚持宪政主义的道路走上层和谈的路线。

3. 真纳对不合作策略的批判

甘地在南非领导的反歧视斗争中,便开始形成他独具印度特色的抗争方式——"坚持真理"(Satyagraha,国内常翻译为"非暴力不合作")。通过"坚持真理",他成功地跨越种姓、宗教的界限,将南非的印度侨民团结起来,抵抗殖民当局的欺压。他还兴办了凤凰村和托尔斯泰真理学院,作为非暴力抵抗运动的阵地。他的非暴力思想也正是从那时开始形成,他的斗争精神也受到了人们的尊重与赞誉。1915年回到印度后,甘地试图将南非的斗争经验在印度推广。1917年,甘地参与并领导了昌巴兰(Champaran)靛蓝种植农民反抗租金的斗争,这也是他在印度开展的第一次非暴力抵抗实践。虽然这次运动只是在不大的范围内展开,但是抗租的成功却造成了全国性的影响,为甘地在下层民众中赢得了更多的信任,也为他开展大规模的全国性非暴力不合作运动打下了基础。

1919年3月,殖民当局倒行逆施,通过了为印度各界强烈反对的镇压法令,史称"罗拉特法令"。法令授权当局可以拘捕任何有"反政府"嫌疑的印度公民,并且可以不经过法庭的审判而直接监禁,不经过辩护可以直接判刑。这激起了印度人民的反抗,但是国大党和穆盟除了表示严正抗议外,一时也找不到有效的对策。而就在此时,甘地站了出来,他号召全国举行总罢业,打一场神圣的非暴力抵抗战争。他的号召得到了工、商、学各界的支持,运动迅速扩大到全国,在旁遮普的很多城市,当局不得不实行紧急状态法。但是当阿姆利则发生了骇人听闻的屠杀惨案后,甘地内疚地停止了运动。

通过反罗拉特法斗争和阿姆利则惨案的教训等一系列经验总结,甘地形成了不合作思想,即抵制立法会议、抵制法庭和公立学校,放弃英国授予的荣誉称号等,并将其与非暴力思想相结合,非暴力不合作思想逐渐完善。1920年9月国大党加尔各答特别会议就甘地提出的不合作政策进行了激烈的讨论。真纳对此持反对意见,他认为:"不合作政策中,没有秩序可言。不合作政策是优秀的且是有效的,但是存在很大的'不确定性'。"①他向赞成甘地计划的成员问道:"在你们让这个国家执行你们的

---

① *Jinnah on World Affairs* (*Select Documents*:*1908—1948*), p. 92.

计划前,你们是否确信甘地的计划是切实可行的?"①但是,以实现司瓦拉吉为目标的不合作运动还是受到党内大部分人的支持,这也意味着甘地的非暴力不合作策略得到了国大党的认可。

在加尔各答特别会议后,甘地为了进一步开展不合作运动,迅速改组了由安妮·贝桑特夫人创建的全印自治同盟。甘地认为,自治同盟(Home Rule League)这个由英文命名的词组不能很好地反映印度人的理想追求,于是将其改为一个富有印度色彩的名称:司瓦拉吉大会(Swarajya Sabha)。并且,他将该组织的目标由"在帝国下实现自治",修改成"为人民的司瓦拉吉抉择而斗争。"司瓦拉吉大会成为了甘地推行不合作运动的一个重要的阵地。

真纳与原自治同盟的成员对甘地的决议表示反对,抗议他不遵守组织章程便通过决议。在反对无效的情况下,他们退出了该组织。尽管甘地写信表示挽留,但是真纳坚决地予以回绝,他回复道:"对要我'参加到已在全国展开的新生活中来'的建议,我不胜感激。如果'新生活'指的是你的办法和纲领,我恐怕难以接受,因为我深信它必将导致灾难。……你的办法已经在迄今为止你所接近的几乎每个组织中引起了分裂与不和;在国内的政治生活中,不但印度教教徒与穆斯林之间,而且印度教教徒之间、穆斯林之间,甚至父子之间都因你的办法发生争吵和分歧;全国人民大都已陷入绝望之中,而你的极端化的纲领暂时能够吸引的多半是那些没有经验的青年以及无知者和文盲。这一切意味着彻底的无组织和无秩序。后果如何,实在不堪设想。……民族主义者的唯一道路就是团结和为被广泛接受的行动方案而工作,这个方案是为了早日实现完全负责任的政府。这样的方案不能是个人口授的,而必须由这个国家所有杰出的民族主义领导者共同认同和支持的。"②

尽管,甘地和真纳的政治方向是一致的,二者都是要实现印度的自治,但是走的却是不同的道路,前者主张群众的不合作运动,后者则坚持宪政改革。甘地的不合作策略,打乱了真纳的既定步伐,抵制议会导致印度人无法通过合法的途径争取权益,抵制公立学校使大批需要接受教育的青少年走出学校,增加了社会的不稳定因素,这些既违背了真纳长久以来强调的"法治"精神,又不利于印度人教育水平的提高和印度的长期

---

① *Jinnah on World Affairs* (*Select Documents*:1908—1948), p. 92.
② *Jinnah of Pakistan*, p. 70.

发展。

4. 分歧的根源

导致甘地与真纳政治分歧的原因从表象看是真纳对甘地不合作策略的不认同,甘地对真纳的宪政主义道路不重视。但表象的背后,还有更深层次的分歧值得探讨。

(1) 政治与宗教的关系:分离与合一

从甘地领导的基拉法运动和非暴力不合作运动来看,宗教在两场运动中扮演了非常重要的角色。前者本身就是由宗教原因而起,后者则因为宗教因素的加入而声势异常浩大。正如我国学者林承节所说:"甘地和一般政治家不同,他的宗教意识是十分浓厚的。宗教和政治在他看来可以合二为一,也必须合二为一。他常说政治离不开宗教,离开宗教的政治只是一具失去灵魂待焚的僵尸,又说宗教绕不开政治,不和政治结合的宗教,就谈不到实现任何理想,就是一种虚幻,他自称其毕生使命就是实现这种结合。"① 他早年在南非时提出的"非暴力"原则深深植根于印度的宗教传统中,与印度教《薄伽梵歌》中提倡的"非暴力"理念,耆那教与佛教提倡的"不杀生"戒律有相通之处。同样,他在1919年后提出的"不合作"原则也与古代印度的"静坐"、"罢市"、"流亡"等传统有一致之处。由于这些概念蕴含着为人民熟悉的宗教因素,更加容易为大众所理解和接受。同时,甘地在个人生活中,严守宗教戒律,在素食、禁欲、苦行等方面堪称典范,赢得了人民的信任与尊重,为他开展政治运动提供了很大的帮助。他提出的"真理就是神"的口号,将不同信仰的印度人民团结在一起,适应了现实政治斗争的需要。因此,不可否认,在争取民族解放的斗争中,甘地将宗教与政治相结合的斗争方式,起到了一定的积极作用,他使印度人民摆脱了对统治者的恐惧,赋予了他们斗争的勇气。

与甘地进入印度政坛以来的一系列实践相比,真纳在多年的从政生涯中,始终力图将宗教排斥于政治之外。从早期的反对按照宗教划分选区,到远离基拉法运动和非暴力运动的斗争中心,都表现出真纳主张政教分离的倾向。虽然,有的时候他为了谋求宗教的团结会做出一些适度的调整与妥协,但他从没有利用宗教的口号去开展任何一场政治运动,也没有用宗教性的思维方式试图解决任何一个政治问题。他主张不同宗教信仰的群体双方以平等协商的对话方式解决争端和分歧,从而赢得了"团结

---

① 《殖民统治时期的印度史》,第292页。

大使"的称号。而甘地则主张将宗教与政治合二为一,在注入了宗教元素的群众运动中建立起政治威信。但是,历史证明,甘地谋求宗教团结的方法,只是暂时达成了一种团结的幻象。在基拉法运动与不合作运动失败后,穆斯林对印度教教徒更加失去了信任,被欺骗、被利用的感觉加剧了他们的愤怒与怨恨的情绪。甘地将政治与宗教合二为一的观念和实践,不自觉地对印度政治的发展产生了一定的消极影响。

(2) 自治观:印度自治与"罗摩盛世"①

甘地与真纳虽然都将印度自治作为奋斗的目标,但是二者的终极目标却不尽相同。真纳要实现的是现代意义上的自治国家,即由印度人自己管理的属于自己的国家,并且建立在公平正义基础上的印度宪法将是国家的根本大法,依法治国将是印度获得自治后将要选择的道路。而对于甘地来讲,实现印度的自治只是他所追求的终极目标的一个阶段,他的社会理想是"罗摩盛世",这也是他对西方概念下民族国家反思的结果。

最早集中反映甘地国家与社会理念的是他于1909年撰写的《印度自治》(Hind Swaraj)一书。在该书中甘地否定西方物质文明,主张抛弃机器的工业生产,积极倡导在印度实现小农自然经济的社会。② 而支撑这种小农经济的社会结构则是以印度传统的种姓制度为基础。种姓制度将印度教社会分成不同的四个等级,并且规定了不同等级的人要从事不同的职业。种姓不仅决定了人的高低贵贱,并细化和固定化了社会的职业分工。由于种姓制度的神圣性,使人们甘于服从这种命运和职业的安排,从而形成了印度社会相对稳定的结构,成为实现村社经济的重要支撑力量。不可否认,甘地对小农自然经济的提倡给受大机器工业生产影响而生活每况愈下的印度农民带来了希望和生存的勇气,但是这种"小国寡民"思想在面对强大的外界挑战时是行不通的。

真纳的理想社会则是建立在人人平等的基础上的。一方面,在他的宗教信仰中,没有将人分为不同等级的制度,他奉行伊斯兰教倡导的平等与民主精神。另一方面,尽管他反对英国对印度的奴役行为,但是他对人人平等、民主自由的西方思想是高度认同的。面对大机器的工业文明,他

---

① 罗摩是印度古代史诗《罗摩衍那》中的英雄人物,作为君主,他英勇、善良、追求"正法",他治理下的国家是古代印度人民心中的理想社会,被称为"罗摩盛世"。
② Collected Works of Mahatma Gandhi Online, Vol. 10, pp. 245—315. See http://www.gandhiserve.org/cwmg/VOL010.PDF

提倡发展印度的工业,密切关注铁路、工厂、理工大学的建设与发展。在西方文明挑战的面前,真纳鼓励印度人勇于面对挑战,用从西方学来的先进的科学技术尽快融入到这个走向现代的世界中,而不是回归传统村社就此甘于过着与手摇纺车相伴的日子。

(3) 文明观:对西方文明的吸收与批判

造成甘地与真纳对宗教与政治关系的不同态度、对印度未来的不同规划的更深层次原因则是两者根本不同的文明观。

真纳与甘地的家乡同在西印度的卡提阿瓦半岛,古吉拉特语是他们共同的母语。所不同的是真纳出生于穆斯林商人家庭,而甘地则成长于信奉印度教的土邦高官家庭,他的父亲和叔父都曾做过土邦的首相。两人都在年轻时到伦敦接受西方教育,选的同是法律专业。但是留学的经历却给甘地与真纳带来了不同的影响。真纳如前文所述,习惯了英国的生活方式,吸收了西方自由主义精神并认同西方的议会制度;甘地则起初对西方文明抱着学习的态度,他也曾穿西服、学习跳舞和小提琴,但很快对这些失去了兴趣。而坚持素食主义的研究与推广,抵御有损他作为印度教教徒的种种诱惑的思想和生活方式,贯穿于他的整个留学生涯中。

留学归国后,真纳与甘地都开始了律师事业。前者名声鹊起,并步入印度政坛;后者受印度富商的聘请远赴南非为其处理债务纠纷。在南非,现实生活中的种族歧视与剥削奴役,给了甘地对西方文明进行重新思考的机会。俄国作家托尔斯泰的《天国在你们心中》、英国作家罗斯金的《直到这最后一个》、美国作家梭罗的《公民不服从》等著作,加速了他对西方文明的失望与批判,他感到西方对物质的狂热追求已经严重戕害了人类的心灵,造成了社会道德的沦丧与精神的迷失。

回到印度后不久,甘地就脱下了西装,穿上了印度传统的土布服装,这是他回归印度传统的无言声明。甘地还大力倡导印度领导者在参加公众集会上使用印度本土语言,他对真纳在公众场合说英语颇有微词。1915年1月,真纳亲自主持了一个由古吉拉特人组成的欢迎甘地回国的集会。真纳和大部分的与会者都用英文发言,但是甘地却对此并不认同。在自传中,他这样回忆当时的场景:"轮到我讲话的时候,我用古遮拉特①话表示我的谢意,说明我对古遮拉特话和印度斯坦语的偏爱,并且谦虚地

---

① 今译作"古吉拉特"。

提出不该在一个古遮拉特人的集会上用英语讲话。"①1920年4月20日,甘地还特意给真纳的妻子露蒂写信,在信中他请露蒂劝真纳尽快学习印度本土语言:"请代我向真纳问好,并劝说他学习印地语或古吉拉特语。如果我是你,我会开始用古吉拉特语或印地语同他交谈。"②虽然这些看上去只是甘地与真纳在使用语言上的分歧,但反映的却是东西方文化在他们身上打下的不同烙印。

在英国,作为一名身在异质文化中的"他者",甘地发现了自身文化中曾被他忽视的价值。在自传中,甘地特别提到了在英国第二年时,有两位通神论者邀请他一起阅读《纪达圣歌》③时的情形:"我不得不告诉他们我没有读过《纪达圣歌》,可是我很愿意和他们一起读,虽然我的梵文知识很有限,我希望我对于原文的理解足以使我鉴别译文是否有讹误之处。于是我开始和他们读起《纪达圣歌》来。……我觉得这本书像个无价之宝。这本书给我的印象日益深刻,时至今日,我依然把它当作人们认识真理的无上佳作。我在烦闷的时候,它给我极宝贵的帮助。"④

英国的经历,使甘地加深了对自身文化的关注与认同。同时,他还接触了《亚洲之光》⑤和《登山宝训》⑥等宗教读物,并立志"以后要多读宗教书籍,以熟悉所有主要宗教"⑦。

通过对宗教的研究和亲身的实践,甘地认为纠正堕落的西方文明的有效方式是运用宗教的力量,净化人类的心灵,提升精神的境界。他深深扎根于印度教的传统之中,并将西方宗教中的仁爱传统化入自己的思想之中。因此,无论面对政治问题时,还是在面对宗教冲突问题时,他都试图用这种宗教的思维方式去化解矛盾,但是他没有想到爱和宽容并不能从根本上解决这些问题。因为,政治问题的背后是权力之争,而宗教冲突的根源又离不开经济利益,这些世俗的问题很难靠宗教得到解决。

---

① 《甘地自传》,第324页。
② Dr. Muhammad Ali Siddiqui ed., *Quaid-i-Azam: A Chronology*, Karachi: Quaid-i-Academy, 1996, p.27.
③ 即《牧童歌》,12世纪的古典梵语抒情诗,作者胜天。
④ 《甘地自传》,第59至60页。
⑤ 作者艾德温·阿诺德(Edwin Arnold,1832—1904),英国诗人,译有《薄伽梵歌》。《亚洲之光》以无韵诗的形式讲述了佛陀的生平。
⑥ 《圣经·新约·马太福音》第五章到第七章的内容,耶稣基督在山上对信徒的训诫。
⑦ 《甘地自传》,第61页。

正是基于对西方文明观截然相反的态度,导致甘地与真纳在政治问题与宗教问题上的各种对立与冲突。并且,他们的矛盾在20世纪20年代后随着印度政治形势的发展而不断激化。但不可否认的是,在印度现代历史进程中,无论甘地和真纳在有关印度的前途和命运方面存在着多少分歧,也无论他们的政治理念存在多大的差异,他们的出发点都是为了广大印度民众的利益。并且在印度摆脱殖民统治的民族独立运动中,甘地的思想体系对于增强印度的民族自信心与孕育反抗殖民统治意识所发挥的作用不容磨灭,他为宗教团结做出的贡献和获得的历史地位是同时代其他人无可企及的;在人类文明的发展进程中,甘地主义对于西方文明弊端的抨击直至今日仍然发挥着重要作用。

**二、适合印度国情的代议制度**

1. 英国代议制的引入

1688年英国资产阶级的"光荣革命"及此后颁布的一系列法案,从根本上否定了封建专制传统,建立了君主立宪制的政治体制,同时也为资产阶级代议制的民主政治确立开辟了道路。英国的代议制度是英国资产阶级革命的重大成果,它作为公民通过选举代表组成代议机关,间接参与议政,行使民主权力的政治制度和组织形式,维护了英国社会的稳定,也为英国成为头号殖民强国提供了制度上的保障。它的基本内容是:国会是国家的最高立法机构,由上、下两院构成。上院由王室后裔、世袭贵族和教会上层人士组成,权力有限;下院由各选区直接选举产生,一般由下院多数党的领袖出任首相,并组织内阁,首相和内阁共同对国会负责。当下院不支持政府的政策时,内阁应立即宣布辞职,或者解散下院,之后重新举行选举。

英国在印度的殖民统治虽然遭到印度人民的反抗,但是它先进的代议制度却受到印度有识之士的赞赏。因为这种外来的政治制度显然要比印度长期实行的封建君主专制民主许多。启蒙运动先驱罗姆·摩罕·罗易第一个提出了希望在印度建立宪政体制的要求。1886年,国大党在年会上提出把建立代议制作为奋斗目标。①

---

① See "The Congress Plan For the Reconstitution of the Legislative Councils, 30 December 1886"in S. V. Desika Char, ed., *Readings in the Constitutional History of India*, Delhi: Oxford University Press, 1983, p. 308.

然而,将代议制引入印度并不是英国的初衷,也不是印度资产阶级通过一己之力可以实现的。它是英国政府同印度民族主义力量反复较量的结果,同时也与国际政治风云的变幻息息相关。1857年印度民族起义后,英政府于1861年颁布了《印度参事会法》,增加了参事的人数,并提高了非官方成员的比例,这成为英印中央立法机构发展的重要标志;1905年至1908年印度民族运动高潮后,英国于1909年颁布了《印度会议法》,正式认可了印度选举制度,奠定了印度走向代议制的基础。然而这次改革的主持者印度事务大臣莫利却在1908年的国会会议中公开表明:"如果说这次改革将直接或必然导致建立印度的议会制度,至少我与它毫无关系……如果我的官场生涯或生命时限能延长20倍的时间,建立印度的议会制度在任何时候也不是我所希望的。"[①]第一次世界大战后,英国虽然作为战胜国获取了一定的利益,但是战争巨大的投入与伤亡使其大伤元气,经济、军事上的衰退使其国际影响力大降。与此同时,新老殖民地的民族主义情绪高涨,英国处于各方面的压力之中。为了巩固在印度的殖民统治,内阁不得不于1919年通过新的《印度政府法》再次实行改革,而此次改革是印度走向代议制的重大举措。由此,中央立法机构开始实行两院制,上院为国务会议,下院为立法大会。

2. 代议制在殖民地印度的异化

代议制是英国资本主义商品经济空前发展,资产阶级革命胜利和资产阶级人权政治思想等各种力量合力推动的结果。当它被移植入资本主义并不发达、民智尚未开化的殖民地印度后,则发生了异化。

政府对议会负责,可简称为政府负责制,是现代英国宪政的一项基本制度。然而这条基本制度在殖民地印度并不适用。英印政府只是在名义上享有在次大陆的最高权力,在实质上它只是英国政府派往国外的一个下属机构,因此它并不对印度议会负责,而是对它的宗主国的议会——英国议会负责。因而,印度的中央立法机关的权力受到严格的限制,总督具有立法否决权。即使英国自20世纪初就开始在印度实行缓慢而渐进的宪政改革,逐步建立起议会制度,试图通过改革不断美化其在印度的形象,但是听命于英国内阁的英印政府,不可能担当起对印度议会负责的职责,期望它反映印度人民的愿望,维护印度人民的权益只能是不切实际的奢求。

---

① *Readings in the Constitutional History of India*, p. 430.

## 第五章 南亚现代穆斯林政治家:穆罕默德·阿里·真纳

1909年的《印度会议法》规定,中央立法机构成员至多不超过60人,而其中民选成员仅占总数的45%,其余均为官方成员与总督指定成员。1919年的《印度政府法》在立法机关中虽然增加了民选人员的数量,并多数采取直接选举的形式,扩大了选举权,但非民选成员仍然得到保留。此外,选民的资格根据财产、纳税、文化程度等条件做了严格的限制,因此真正具备投票资格的人并不多。这些因素大大降低了代议制度本应具备的较高的民主性质。

英国民主代议制在殖民地印度发生的以上变异,从根本上说是殖民地政权的性质决定的,包含真纳在内的印度民族主义者们致力于通过与殖民者的斗争使印度获得自治,从而纠正这些异化,以实现真正的民主。而代议制在殖民地印度的另一异化特征——分区选举,却是由于印度特殊的历史文化因素和殖民统治共同造成的。

印度作为一个具有几千年历史的文明古国,不仅是多种宗教的发祥地,而且还接纳了不同的外来宗教。至近现代,形成了印度教教徒占主体,其他各宗教群体并存的社会结构。并且在印度教群体内部有着等级分明的种姓制度。当西方以选举为基础的代议制度移植入印度后,在选民数量上占绝对优势的印度教群体不可避免地引起少数宗教群体的恐慌,且印度教内部的种姓原则与现代西方政治制度体现的平等原则显然是矛盾的。而宗教、种姓、种族已经成为印度内部重要的凝聚力,人们根据自己的宗教、种姓、种族形成相对集中的群体。各个群体在选举制度面前俨然形成了一个个选举集团,这些集团首先考虑的是该集团能在议会中得到多少席位。在选民数量上占少数的群体自然觉得受到了不公平的待遇,从而站出来要求更多的席位,以保证在议会的选举中能够捍卫本群体的利益。如果要求得不到满足,势必会增强不满情绪甚至产生冲突。然而,为少数群体增加席位又不符合民主代议制的原则。这就是西方选举政治在印度遭遇的尴尬。

英国的民主代议制度,从自身来说具有显而易见的优点,这也是它能够长期在西方社会实行的原因。印度民族资产阶级自然也看到了其中的优点,从而对其大加赞赏并致力于在印度施行同样的政治制度。然而,当它被植入殖民地印度后,它在印度发挥的消极作用也显而易见。它不仅破坏了印度社会原有的相对稳定性,而且成为殖民者操纵印度内部政治的有力工具。1909年的《印度会议法》,认可了"教派代表制"原则。莫利在解释决定采用该原则的理由时说:"……让我们回到选举这一点上,也许有些人会对按教派选举的主意表示震惊。我们也希望能有别的选择。我们希望能有以谨慎和公平的态度使事情转机的那一天。只是让我们不要忘记伊斯兰教与印度教之间的差异不仅是宗教信仰的信条,而是与信条不同那样,在生活、传统、历史、全部各个社会事务间都不同的群体。"①英国政治家强调教派间的区别,认为占印度人口三分之二的印度教教徒与占人口总数四分之一的穆斯林之间历史与文化上的矛盾无法化解,选举的"多数原则"不可能发挥正常作用,因此放弃了普选原则,从而助长了教派主义的蔓延。

3. 真纳主张的印度代议制

(1) 代议制的异化需要内外兼治

① 对外渐进地争取

真纳苦心促成的《勒克瑙协定》虽然没有被殖民当局接受,但是国内由此带来的团结局面也足以给英国政府巨大的压力。1917 年 8 月 20 日,新任印度事务大臣蒙太古在英国下院发表了重要讲话:"国王陛下政府的政策也是印度政府完全遵守的政策,这就是加强印度人与各行政机构的联系,渐进地发展自治的机关,在作为英帝国一个不可分割部分的印度积极地实现责任政府。"②这个政策虽然与印度民族主义者在《勒克瑙协定》中要求的自治目标还有很大距离,"然而,这毕竟是英国政府第一次宣布要在印度逐步实现责任政府,事实上是承认了要逐步给印度自治领地位"③。1918 年,关于印度宪政改革的《蒙太古—蔡姆斯福德报告》(Montagu-Chelmsford Report)出炉,报告虽然仍将印度自治作为远景目标,但总督立法会议改为两院制、扩大立法会权限、采取有财产限制的直接选举制等政策还是令真纳对改革满怀希望。他在立法会议上的发言中讲道:"我毫不犹豫地说,感谢印度事务大臣蒙太古先生在印度建立责任政府制的真诚努力。……现今政府的宪政体制有了明显的进步。"④尽管

---

① *Readings in the Constitutional History of India*, p. 341.
② Ibid., p. 457.
③ 《殖民统治时期的印度史》,第 265 页。
④ M. Rafique Afzal, ed., *Selected Speeches and Statements of the Quaid-i-Azam Mohammad Ali Jinnah (1911—1934 and 1947—1948)*, Lahore: Research Society of Pakistan, University of the Punjab, 1966, p. 70.

## 第五章 南亚现代穆斯林政治家:穆罕默德·阿里·真纳

他对改革进度仍然不能满意,指出"这些改革措施没有给出实质性的步骤"①,但接近议会民主制的政权体制与运作规则在印度已建立起来的事实让真纳看到,英国的代议制度在殖民地印度虽然发生了异化,但是通过英议会对印度政策的不断调整可以做出预判,"不对印度议会负责的英印政府"与"非民选的代表"这两个典型的异化表现可通过印度民族主义者争取自治的斗争逐步得到纠正。

但是,真纳的观点并未得到国大党认可。1919 年,以《蒙太古—蔡姆斯福德报告》为蓝本的《印度政府法》颁布,国大党内部对此反应不一,形成了以甘地为代表的"不合作"派和以真纳为代表的"主变派",而前者占了上风,非暴力不合作运动如火如荼地展开,真纳的对外渐进争取的计划受到了严重影响,为此他退出了国大党。

② 对内平等地磋商

随着第一次非暴力不合作运动的戛然而止,原本就不牢固的印穆合作基石也受到动摇。基拉法运动的领导人认为甘地单方面停止不合作运动是对穆斯林利益的出卖,以阿里兄弟为代表的亲甘地派离开了国大党。基拉法运动停止后,穆斯林联盟重新站在领导第一线。而此时,《勒克瑙协定》促成的宗教团结气氛早已不在,代之而起的是两派间难以解决的权力分配之争与信徒间的暴力冲突。

同时,以贾瓦哈拉尔·尼赫鲁为代表的国大党左翼力量开始壮大,1927 年国大党马德拉斯年会首次通过了将独立作为目标的决议,并决定组织召开全印各党派会议,由印度人制定真正属于印度人民的国家宪法。而在宪法方案的制定过程中,分区选举这一异化表现加大了工作的难度,成为干扰宪法顺利制定的重要因素。

离开了国大党的真纳,一方面坚持自己的主张,在立法会议中联合民族主义者同英国代表抗衡;一方面从印度穆斯林的利益出发,主张与各党派展开磋商,试图解决分区选举在制宪过程中产生的不良影响。1927年,英国派出了全部由英国人组成的西蒙调查团,就下一步宪政改革进行调查。真纳对此表示抗议,认为完全由英国人构成的调查团不可能真实反映印度的现状。在穆盟中,他反对主张同调查团采取合作态度且不参

---

① M. Rafique Afzal, ed., *Selected Speeches and Statements of the Quaid-i-Azam Mohammad Ali Jinnah (1911—1934 and 1947—1948)*, Lahore: Research Society of Pakistan, University of the Punjab, 1966, p. 71.

加各党派会议的沙菲派①,而是带着他的追随者参加了由国大党发起的此次会议。

(2) 穆斯林作为少数群体要有充分的代表权

1927年3月,为了解决长期困扰印度教教徒与穆斯林团结的权力分配问题,真纳召集穆斯林重要领导人在德里共同拟定了一项解决方案,该方案后来被称为"德里穆斯林建议"(Delhi Muslim Proposals)。建议提出如下内容:中央立法会议中穆斯林应有三分之一席位;在孟加拉和旁遮普这两个穆斯林人口占多数的省,穆斯林席位应与人口比例相等;穆斯林相对集中的信德由孟买省分出来单独建省;在其他穆斯林占人口少数的省,适当增加穆斯林席位;宪政方面此后的改革都必须经中央立法会议两院各五分之四多数通过。在满足如上条件下,穆斯林可放弃单独选区,参加具有保留席位的联合选举。②

"德里穆斯林建议"中提出的条件遭到印度教教徒的反对,放弃单独选举的建议,也引起了部分穆斯林的不满。真纳则主张双方应以互相谦让、宽容的态度解决争议。3月29日,他通过媒体向双方解释说:"只有完全采取互相谦让的方法,分区选举才能得以避免。我相信这将会被评价为一种宽容精神。分区选举或混合选举的问题毕竟是实现目的的手段。目的意在使穆斯林感到他们是安全的;在反抗多数群体的任何压迫行为中是得到保护的;在走向完全负责任政府的过渡阶段他们无需担心像其他国家的少数群体那样遭受多数群体的压迫或暴虐统治。"③

真纳提倡以全面客观的态度来看待分区选举。从对民主代议制的理解出发,他承认:"从我个人来讲,并不坚持分区选举。"④但是他也看到"穆斯林的绝大多数坚定和诚心地相信这是他们获得保护的唯一方法"⑤。因此,他认为:"分区选举既有优点又有缺点。"⑥

真纳带着这份建议参加了各党派会议,希望能获得支持。但是尼赫

---

① 指穆盟内拥护穆罕默德·沙菲(Muhammad Shafi,1869—1932)的一派。穆罕默德·沙菲是穆盟的创始人之一。

② See *Quaid-i-Azam Studies in Interpretation*, p. 17.

③ "Statement Regarding Delhi Proposals", in *Selected Speeches and Statements of the Quaid-i-Azam Mohammad Ali Jinnah (1911—1934 and 1947—1948)*, p. 252.

④ Ibid.

⑤ Ibid.

⑥ Ibid.

鲁委员会最终拒绝了这份建议。从1928年8月10日尼赫鲁委员会发表的报告中可以看出当时国大党对少数群体问题的认识：

首先，国大党认为穆斯林不需要得到特别保护。"如果教派保护在印度某些团体是必要的，它也不是为了两个多数群体——印度教教徒和穆斯林，而是对于人口总数占百分之十的小群体可能是必要的。"①

其次，国大党认为解决教派问题的方法是使各宗教群体获得最充分的宗教自由和文化自主(cultural autonomy)。"人们还没有认识到，如果给予了最充分的宗教自由和文化自主，教派问题就可以得到有效的解决。"②这也是使少数群体获得安全感的唯一途径。

最后，国大党对教派选举予以全盘否定。国大党认为教派选举不仅对"国家精神的成长"是有害的，对于少数群体同样有害。"分区选举使多数派不再依赖少数派及他们的选票，并对此常感厌恶。在分区选举下，少数群体不得不面对怀有敌意的多数派，他们会纯粹依靠人数的力量，而无视少数群体的诉求。"③

显然，国大党与真纳在对少数群体和分区选举的认识上存在重大分歧：

第一，双方对少数群体的概念理解不同。在真纳看来，印度教教徒之外的宗教群体都应是少数群体；而国大党则认为只有人口占总人口数百分之十及以下的宗教群体才能称为少数群体。

第二，双方对解决教派问题的思路不同。国大党认为给予充分的宗教自由与文化自主便可以解决冲突，而真纳则认为在政治上给予少数群体充分的安全感才是解决问题的关键。宗教自由是现代社会公民的基本权利，文化自主是一个以宗教、民族或种族等划分的群体对自己文化的保护与传承、自我创新与发展的权利。国大党强调这两者的出发点是好的，但是却忽视问题的根本，即如何保证少数群体能充分享受到这两方面的权利。而在真纳看来，只有在政治上获得充分的代表权，才能使少数群体的宗教与文化得到根本的保障，从而彻底打消对多数群体的恐惧心态。

第三，双方对分区选举的认识态度不同。国大党对分区选举采取全

---

① "Nehru Committee on the Communal Problem, 10 August 1928", in *Readings in the Constitutional History of India*, p.547.
② Ibid., p.548.
③ Ibid.

盘否定的态度,而真纳从大多数穆斯林的意愿出发,主张辨证地看待分区选举。分区选举对国大党来说是必须根除的毒瘤,而在真纳看来则是可以调节的阀门。

面对双方的分歧,真纳仍然希望能够进一步争取国大党方面的理解。在1928年12月召开的加尔各答各党派会议上,他对《尼赫鲁报告》提出了穆盟的修正意见。主要意见是中央立法机构中穆斯林的代表数不少于三分之一,而不是报告中建议的四分之一;"剩余权力"应归各省,而不是归于中央。真纳试图说服国大党接受修改意见:"为实现自由而斗争,渴望建立民主政体的每一个国家,只要有少数群体存在,就不得不面对少数群体的问题。除非少数群体感到作为一个实体,在拟议的宪法和政府之下是得到保护的,否则他们就不会支持任何一部宪法,哪怕这部宪法是多么理想,在理论上又是多么完善。少数群体是否在事实上获得保护是对一部宪法是否成功的决定性考验。不适合的宪法不会长久,只会导致革命和内战。"①在发言的最后,真纳再次呼吁两派的团结,他说:"我们同是这片大地的子孙,无论我们之间可能有怎样的分歧,我们要生活在一起,我们要工作在一起,让我们无论如何不要再制造更多的憎恨。"②但是,20年代以来的种种挫折也使这位曾经充满理想与激情的政治家难以抑制失望与无奈的情绪,他第一次在公众场合表达了"分离"的想法:"如果我们不能达成一致,那就无论如何也要让我们各自保留各自的意见,但我们应该像朋友一样的分开。"③

综上所述,真纳认为代议制政府的获得途径是通过内外的和平谈判,其中宽容的精神是谈判的基础;主张少数群体的权利应在代议制政府中受到特别保护是真纳代议制思想的核心内容,也是他所认定的代议制能在印度得以实行的前提条件。换言之,真纳并不主张西方社会实施的代议制,他主张的是适合印度国情的代议制。

4. 对真纳代议制观念的思考

(1) 主张代议制是政治思想现代性的体现

英国政治思想家约翰·斯图亚特·密尔(John Stuart Mill, 1806—

---

① "All-Parties National Convention, 1928", in *Selected Speeches and Statements of the Quaid-i-Azam Mohammad Ali Jinnah* (1911—1934 and 1947—1948), p. 294.
② Ibid., p. 295.
③ Ibid.

## 第五章 南亚现代穆斯林政治家：穆罕默德·阿里·真纳

1873)在他的著作《代议制政府》中提出"理想上最好的政府形式是代议制政府"①的观点已被广泛接受。但是,他也在书中明确指出这种最好的政府形式不适于印度。理由很简单,印度是一个未开化的国家,最适合它的是一种仁慈的专制主义,而代议制只适用于像英国这类文明的国家。殖民主义者的印度文明落后观是密尔反对印度实行代议制的主要原因。而在印度,以赛义德·艾哈迈德·汗为代表的早期穆斯林启蒙主义者从另一角度否认了代议制适于印度。他的理由是:"代议制政府的一个必要条件是投票人必须具备高度的一致性。在一种依靠大多数人而发生作用的政府中,人民必须在民族、宗教、生活方式、习俗、文化历史传统方面没有什么差异……在印度,这些领域中不存在这样的同一性。像这样的国家引入代议制政府不能产生任何友谊的结果。"②

真纳既不承认密尔对印度文明落后的判断,也不赞同赛义德·艾哈迈德·汗"无同一性"就不适用代议制的论断。他追求一种"适合印度国情的代议制"正是对上述两种论断的否定与修正。

(2) 适合印度国情的代议制是创新精神的体现

赛义德·艾哈迈德·汗认为代议制度不适于印度的国情,便拒绝它在印度成长;而真纳并没有采取这种态度。英国的留学经历使他看到了代议制政治为英国带来的稳定与进步。因此,在思想上,他高度认同代议制理论本身的先进性;在行动上,他为将这种先进制度引入印度而努力。真纳并不是一个盲目的政治家,他也高度重视赛义德·艾哈迈德·汗所提出的问题,即在简单的少数服从多数的规则下,穆斯林等少数群体会一直处于不利地位。因此,真纳试图寻求一种适合印度国情的代议制,而不是完全照搬西方已有的模式。通过多年的政治实践经验的总结,他认为在选举中适当地增加穆斯林群体在中央和地方的代表数是维护穆斯林少数群体利益的有效方式,也是印度能够长久推行代议制的重要因素。因为,少数群体不赞成的代议制政府不会长久,政权的纷争必然导致社会的动荡。他试图说服多数群体以宽容的心态接受他对西方代议制的改造,体现了他在实现印度政治现代化中所具有的创新精神。

---

① [英] J.S. 密尔:《代议制政府》,汪瑄译,北京:商务印书馆,1984 年,第 37 页。
② 转引自黄心川:《印度近现代哲学》,北京:商务印书馆,1989 年,第 288 页。

### (3) 主张少数群体特殊权利是政治预见性的体现

真纳不仅要求穆斯林作为少数群体要享有平等的公民权利,而且要求获得自身作为一个少数群体而应该享有的特殊权利。少数群体究竟是否应该享有特殊权利成为印度国大党与穆斯林联盟之间争论的焦点。问题的核心是:少数群体的特殊权利是否与自由主义公平正义的原则相悖,是否与代议制的民主相悖。真纳是深受西方自由主义影响的政治家,也是一位职业律师,他自然明白公平正义意味着公民应享有平等权利的道理,但之所以坚持主张给与少数群体特殊权利,是因为他预见到在多数群体的压制下,少数群体不可能享有公民的平等权利,代议制也不可能实现真正的民主,国家内部群体间的冲突必然会对国家统一造成威胁,这也是他坚持要求增加少数群体代表数的原因所在。

然而,印度的多数群体并未能采取真纳建议的适合印度国情的代议制度,而是坚持照搬西方模式的代议制,这导致了穆斯林群体的不满与反抗,甚至最后酿成了"分治"的结局,验证了真纳的预见。

少数群体权利问题不仅是印度必须要面对的棘手问题,到了第二次世界大战后,伴随着西方移民潮的到来,文化更呈现出世界范围的多元性,该问题已成为东西方国家亟待解决的世界性问题。加拿大政治学家威尔·金里卡(Will Kymlicka,1962—)是少数群体权利理论的构筑者,他在处女作《自由主义、社群与文化》中指出:"在文化多元的国家中,对于政治代议制的形式,我们必须有更丰富的想象与更深入的思考;不加批判地沿用民主统治的威斯敏斯特英国议会制或美国模式是不合适的。而任何复杂的民主理论也都意识到永久的少数派的危险。联合主义者在对少数群体权利的讨论中,没有对少数群体应该享有的特殊要求——从而反对他们平常要求的特殊的制度保护——的观点给予充分的辩护。"[①]20世纪末金里卡对多元文化下代议制形式的论述或许可以在某种程度上印证真纳在20世纪初的政治预见。

### 三、对教派主义的回应

信仰上的巨大差异、历史上统治与被统治的关系决定了印度教教徒

---

[①] [加]威尔·金里卡:《自由主义、社群与文化》,应奇、葛水林译,译文出版社,2005年,第174页。

## 第五章 南亚现代穆斯林政治家:穆罕默德·阿里·真纳

与穆斯林之间无法跨越的历史文化鸿沟,而这道鸿沟也是导致两者矛盾的主要原因。尽管矛盾时刻存在,但是在不同时期它的表现形式和程度却不尽相同。当印度这艘古老的大船驶向现代化的航路时,教派矛盾与政治的结合成为一股势力强大的逆流阻碍了她的前进步伐,也使真纳构建"团结自治的现代印度"理想再次遭受沉重打击。

### 1. 印度教民族主义的兴起

印度的民族主义运动自产生之初就与印度教的改革紧密联系在一起。罗姆·摩罕·罗易的梵社、达耶难陀的圣社等都提倡通过改革传统的印度教以实现改革印度社会的目的。改革者们通过宗教,增强了印度民众的民族自尊心与自信心。现代意义的印度教民族主义则萌芽于印度民族主义运动之中。"公开性的印度教民族主义可以追溯到19世纪后期的护牛运动。"[①]进入20世纪,民族主义中的激进派登上历史舞台。激进派对国大党一直奉行的改良主义非常不满,主张通过斗争的形式,实现印度的独立与自由。激进派将印度教的宗教符号融入运动之中,以求激起民众的反抗与斗争精神。例如,其代表人物提拉克以反抗莫卧儿帝国入侵的马拉特国王西瓦吉为榜样,提出了司瓦拉吉的政治纲领,并且将实现司瓦拉吉与实现印度教的正法"达摩"相结合;发起纪念印度教的甘奈希(Ganesh)神节,以达到教育与团结广大民众的目的。印度教与民族主义相结合的斗争思想在1905开始的"反分割孟加拉"运动中得到进一步实践。印度教领导人宣扬分割孟加拉就是对象征祖国的女神的亵渎;他们大力宣传般吉姆·钱德拉·查特吉小说《阿难陀寺院》中的一首歌《向母亲致敬》(Bande Mataram),而这首歌的歌词却具有反穆斯林的意味。

激进派将实现印度独立与坚守印度教信仰相结合,激发了印度民众的民族主义精神,对于反抗外来侵略起到了积极的作用。但是,对内却伤害了广大非印度教教徒的感情,仿佛将他们排除出了为祖国争取自由的行列。这种宗教与政治相结合的斗争方式,更易于为擅于玩弄"分而治之"策略的英国殖民者所利用,不利于印度内部的团结与稳定。在今天看来,民族主义的激进派对非印度教教徒感情的伤害,实属无心之过。这种无心之过,可以被视为早期民族主义者在争取民族独立道路上采取的一种有失妥当的方式方法。因为他们的真正敌人是英国殖民统治者,对于

---

① Barbara D. Metcalf, Thomas R. Metcalf, *A Concise History of Modern India*, UK: Cambridge University Press, 2006, p. 228.

穆斯林等非印度教教徒及其文化并未表现出明显敌意。但也不可否认，激进派的主张对印度教民族主义的产生在客观上起到了推动的作用。

伴随着印度穆斯林的政治觉醒与穆斯林联盟的成立，部分印度教徒感到了来自穆斯林的政治威胁。英国殖民者"分割孟加拉"政策更是对印度教教徒与穆斯林之间的关系造成了重大的消极影响。它促进了激进主义的形成，正如赫尔曼·库尔特与迪特玛尔·罗特蒙特认为的那样，"假如没有最初对孟加拉的分割，印度的民族主义可能会保留下较多的自由主义的特征。"[①]不安与怀疑的情绪转化成对信仰的坚定维护。1915年印度教大斋会成立。在初期，它只是一个松散的印度教组织，致力于护牛运动和推广印地语。其基本宗旨是维护印度教教徒的利益，维护印度教在南亚的核心地位。20年代中期起，该组织开始活跃于印度的政治舞台，1925年派出代表参加立法会议选举，以彰显其作为印度教政治组织的代表性。同时，它还大力推广"净化运动"(Shuddhi)，劝说早年改信伊斯兰教的印度教教徒回归信仰。同年，K. B. 海德格瓦(Keshav Baliram Hedgewar)在那格浦尔创立了另一印度教组织国民志愿服务团(Rashtriya Swayamesevak Sangh, RSS)。该组织具有半军事性色彩和反穆斯林的强烈倾向。"印度国民志愿团的组织方式深受欧洲法西斯主义的启发。""他们的制服是殖民时期英国警察黄褐色制服与墨索里尼黑衫党成员服装的混合物，在1925年国民志愿团成立之初，黑衫党就是他们的偶像。"[②]

在此时期，印度教民族主义理论也逐渐成长。在20世纪30年代成为印度教大斋会领导人的V. D. 萨瓦卡尔(Vinayak Damodar Savarkar, 1883—1966)早在1923年就出版了一本名为《印度教特性》(Hindutva)的著作，该书反映了早期印度教民族主义思想的主要内容。萨瓦卡尔在书中提出了"印度教民族"与"印度教国家"这两个影响印度政治发展的重要概念。他认为："我们印度教徒，尽管内部有许许多多的差异，但是当我们与其他非印度教民族——说英语、日语的民族以及印度穆斯林相比较的时候，我们是靠共同的宗教、文化、历史、种族、语言和其他亲缘关系所

---

① [德]赫尔曼·库尔特、迪特玛尔·罗特蒙特：《印度史》，王立新、周红江译，北京：中国青年出版社，2008年，第342页。

② [英]爱德华·卢斯：《不顾诸神——现代印度的奇怪崛起》，张淑芳译，北京：中信出版社，2007年，第115页。

结合起来的,并构成了一个确定的同质民族。"①"我们印度教徒就是一个国家,因为宗教的、种族的、文化的和历史的亲缘关系把我们结合成一个同质的国家。"②

以印度教大斋会和国民志愿团为代表的印度教民族主义已经具有鲜明的教派主义特征,它们对印度教民族、印度教国家的强调,表现出排挤穆斯林的明显意图。当然,我们也应该看到,印度教民族主义是对伊斯兰民族主义的回应。如印度教大斋会、国民志愿服务团等教派组织都是在穆斯林联盟成立后创立的;继"两个民族"理论提出后,萨瓦尔卡提出了"印度教民族"、"印度教国家"的概念。同时,印度教民族主义也激起了伊斯兰教民族主义的进一步回应。如穆斯林的"组织"(Tanzeem)运动与"宣教"(Tabligh)运动就是对"净化"运动与"组织"(Sangatan)运动的反扑。两种宗教民族主义的这种互动,使印度教教徒与穆斯林间的冲突变得频繁,导火线多为穆斯林抗议印度教教徒在清真寺前奏乐,印度教教徒抗议穆斯林宰牛。但这些冲突的背后多有双方教派主义者的指使。1924年9月,西北边境省的反印度教暴力活动造成155人死亡。1926年4月至6月加尔各答的三场暴乱,死亡人数达138人。同年,在达卡、印特那、拉瓦尔品第和德里也发生多起骚乱;在联合省这个受教派冲突影响最大的省,1923年至1927年间,教派冲突不少于91起。③ 教派冲突还升级为针对教派首领的一系列谋杀活动。沙拉达南德(Shardhanand)等印度教领袖相继被伊斯兰教极端主义者杀害,更刺激了教派冲突的频发。

2. 蒙上印度教色彩的国大党

虽然印度教民族主义与伊斯兰教民族主义可谓"相辅相成",相互作用、彼此刺激。但自"第一次非暴力不合作运动"结束后至1940年"拉合尔决议"产生前的近20年间,印度教民族主义在国家政治层面上要比伊斯兰民族主义更具有"杀伤性"。尽管伊斯兰民族主义早就提出"两个民族"理论,1930年伊克巴尔也提出建立穆斯林家园的主张,但是这些对1940年前穆盟公开的路线方针没有过多影响;而印度教大斋会等印度教派组织却对国大党政策的制定,特别是对穆斯林相关政策的制定多有干

---

① O. V. 梅森采瓦:《现代印度的思想斗争——印度教的多种含义》,1988年版,第69页。转引自刘建、朱明忠、葛维钧:《印度文明》,中国社会科学出版社,2004年,第440页。
② 萨瓦尔卡:《印度教特性》,1942年版,第126页。转引自《印度文明》,第440页。
③ See *Sumit Sarkar, Modern India 1885—1947*, Madras: Macmillan India Press, 1983, p. 233.

涉,并造成了历史性的消极影响。

尽管国大党一贯宣称它是全体印度人民的代表,但其大部分成员为印度教教徒是不可否认的事实,这难免引起其他教派的不信任。如果印度教教徒仅是在党内占人数上的优势,而尽力避免将宗教活动与政治活动相联系的话,或许还可以减少这种不信任感。但是,从民族主义激进派对印度教的大力宣传到圣雄甘地掌握国大党领导权以来发起的各种运动,国大党确实很难与印度教撇清关系。国大党与印度教大斋会的密切关系,更起到了火上浇油的作用。印度教大斋会的主要领导人拉·拉·拉伊(Lala Lajpat Rai,1865—1928)、马拉维亚也是国大党的著名活动家,他们的力量足以影响国大党做出的决议。1925年1月,为了尽快制定出教派问题解决方案,全印各党派人士在德里举行会议。但是由于众多的误解与分歧,会议不得不做出休会的决定,其中印度教大斋会对穆斯林的强硬态度是主要原因。这次会议的"一个对未来重要的信号是:印度教大斋会已经有能力使国大党陷入窘境。尽管渴望达成和解,但面对大斋会的反对,尼赫鲁与甘地不能做出让步,反而选择顺其自然"①。1927年,真纳在"德里穆斯林建议"中提出的中央立法委员会中应有百分之三十三的穆斯林代表,甘地、尼赫鲁等人对此表示同意,但大斋会只赞成联合选举却拒绝在代表席位问题上做出让步,国大党迫于压力,不得不改变初衷。国大党之所以如此重视印度教大斋会的意见,是因为大斋会在印度教民众中间具有很大的影响力,它为改善低种姓教徒和不可接触者的社会地位所做的工作赢得了大批印度教教徒的信任。而国大党在民众间总是显现出高高在上的姿态,因此"国大党领导人渴望赢得在民众间丧失的位置,而这只有通过接近印度教大斋会才能获得"②。

国大党对印度教大斋会的依赖更助长了后者的气焰,大斋会的领袖们敢于公开谴责国大党在穆斯林面前过于软弱,指责莫提拉尔·尼赫鲁追求世俗政治,对印度教不忠。而面对大斋会的批评,"国大党领袖从来不批评,更谈不上谴责印度教大斋会对穆斯林及其宗教所进行的恶毒攻击。"③国大党对印度教民族主义的姑息,使印度穆斯林更加相信国大党

---

① Jaswant Singh, *Jinnah: India, Partition, Independence*, New Delhi: Rupa & Co., 2009, p. 136.
② *Quaid-i-Azam Studies in Interpretation*, p. 160.
③ 谌焕义:《英国工党与印巴分治》,北京:社会科学文献出版社,2004年,第68页。

## 第五章 南亚现代穆斯林政治家:穆罕默德·阿里·真纳

只代表印度教教徒的利益,其实质上也只不过是一个教派主义的政党。

3. 真纳对教派主义的回应

从1937年前的真纳言论中,我们很难发现他对国大党印度教色彩的公开批评、对大斋会的公开指责,他留下的是一段段呼吁印穆团结的真诚话语。1924年,真纳在穆盟拉合尔年会主席致辞中讲道:"只要印穆间没有达成和解,官僚体制将继续占统治地位。我想说印穆团结之时,就是自治政府达成之时。"① 1926年,在德里穆盟年会上,"他呼吁国大党和大斋会的领袖们握住友谊之手,接受穆斯林群体的友谊,通过会面、讨论、认真地交换意见并寻求解决方案"②。尽管真纳提出的"德里穆斯林建议"遭到否决,但他没有放弃和解的希望。1928年,他邀请马拉维亚等印度教领袖参加穆盟的年会,并热烈欢迎他们的到来,他表示:"对于我来说,这比同英国政府达成任何协商都更有价值。让我们握紧友谊之手吧。"③

为了尽快达成和解,真纳不惜牺牲他在穆斯林中的威信,在对《尼赫鲁报告》的修正意见中再次提出有条件地放弃分区选举。但是尼赫鲁委员会的拒绝使他感到国大党对印度穆斯林的漠视与吝啬,印度教大斋会对印度穆斯林的不容。他们的态度也使真纳认识到自己一贯奉行的妥协与调和的自由主义方针并不能解决印度的内部矛盾。他变得强硬起来,决定重振穆盟,坚决维护印度穆斯林的利益。于是,在1929年3月穆盟于德里召开的会议上,他提出了旨在维护穆斯林权益的十四条基本原则,后来被称为"真纳十四点纲领"。其具体内容为:"1.未来宪法的形式应采取联邦制,将剩余权力归于各省;2.赋予各省的自治权应有统一标准;3.国内一切立法机构以及其他选举单位,应按照下列原则组建:各省少数派均有足够的、有效的代表,但不使各省多数派下降为少数派,或与少数派同等;4.在中央立法机构内,穆斯林的代表不应少于三分之一;5.教派团体的代表,应继续采用目前的形式,由单独选举团选举的办法。但条件是,应允许任何教派随时可放弃单独选举团制,转而采取联合选举制;6.在任何可能的时候,而且必须进行的某种领域划分,都绝不能影响旁遮普、孟加拉和西北边境省内的穆斯林多数派;7.应保证一切教派均有充分

---

① *Foundations of Pakistan: All-India Muslim League Documents: 1906—1947*, vol. 1, p. 577.

② Ibid., vol. 2, p. 104.

③ Ibid., p. 127.

的宗教自由,即在信仰、礼拜、仪式方面的自由以及宣传、结社和教育的自由;8. 在各个教派内,若该组织有四分之三成员因某一法案、决议或其中的某一部分,有损于该教派利益而加以反对时,任何立法机构或其他选举团体均不应通过该法案、决议或其中的某一部分;若能找到应付这种情况的某种切实可行的其他方法时,则应设法采用此类方法;9. 信德应从孟买的管辖中分离出来;10. 西北边境省和俾路支斯坦实行的改革,应建立在与其他各省同等基础之上;11. 宪法中应制定相应条款,给予穆斯林同其他印度教教徒对称的职务,以及土邦和地方自治机构所有职务的适当位置,与此同时,工作效率也应适当的注重;12. 宪法应含有对下列各项给予充分维护的条款:保护穆斯林文化,保护和促进穆斯林的教育、语言、宗教、人身法和穆斯林的慈善团体、土邦和地方自治机构,发给他们的补助金应保持一定份额;13. 穆斯林阁员如未达到最低的三分之一比例,无论在中央或在各省都不得组阁;14. 中央立法机构不得修改宪法,但在组成印度联邦的各邦同意修改时,则不受此限。"①

与站在民族主义立场的"德里穆斯林建议"相比,"真纳十四点纲领"更加强调穆斯林的主张。纲领除了继续坚持在中央立法机构中至少三分之一的穆斯林代表、剩余权力归各省外,放弃了有条件放弃分区选举的主张,而要求继续实行分区选举;并增加了更为详细地维护穆斯林利益的条款。该纲领对于印度穆斯林的未来至关重要,正如巴基斯坦学者沙里夫·马宗达所说:"'十四条纲领'代表了穆斯林当时的热望,于旨在制定印度未来宪法的伦敦圆桌会议(1930—1932)上,它不仅是穆斯林所提要求的基础,还是十一年后的巴基斯坦目标确定前,印度穆斯林的大宪章。"②

从《勒克瑙协定》到"德里穆斯林建议"的失败,使真纳认为真诚与牺牲根本无法换来印度教群体的理解。印度教民族主义及其影响下的国大党使他不得不相信赛义德·艾哈迈德·汗 60 余年前的预言:一旦印度教教徒掌握了国家权力,穆斯林的地位一定是岌岌可危的。"十四条纲领"的提出,说明真纳的政治重心发生改变。在无法求得印度教群体理解与

---

① "Resolution Containing the 'Fourteen Point'", in *Selected Speeches and Statements of the Quaid-i-Azam Mohammad Ali Jinnah* (1911—1934 and 1947—1948), pp. 303—304.

② Sharif Al Mujahid, *Quaid-i-Azam Jinnah Studies in Interpretation*, Karachi: Quaid-i-Azam Academy, 1981, p. 20.

宽容的状况下,他要成为印度穆斯林利益的坚定捍卫者,实现"十四条纲领"成为他下一阶段要为之奋斗的目标。

尽管在1929年真纳的政治重心发生了变化,但他的政治理想并未发生转变,他还在为团结自治的现代印度之梦而奋斗。1929年5月英国工党上台执政,工党与之前的保守党和自由党相比,对印度等殖民地半殖民地人民的态度相对和缓。6月,真纳致信首相麦克唐纳,提出由英国政府邀请印度政界人士共同商讨印度未来的想法,他在信中说:"如果首相代表陛下政府发出这样的邀请,那么我相信印度人是不会拒绝的。如果召开有印度杰出的政界人士参加的会议,我对找到使英国和印度都满意的解决办法还是抱有希望的。"①真纳提出这项建议的目的是希望在圆桌会议上,既能通过各党派的谈判解决僵持不下的教派的纷争,又能通过同英国的平等对话在印度实现自治问题上有所进步。然而,在圆桌会议上国大党与印度教大斋会均无法接受"真纳十四点纲领",以真纳为代表的穆盟也不再妥协,印度政治再次陷入僵局,真纳选择旅居英国。

1938年2月的《印度时报》(*Hindustan Times*)刊载了真纳在阿里格尔穆斯林大学联盟(Muslim University Union,Aligarh)的会议讲话记录,其中的一段是真纳少有的个人回忆,反映了他那段艰辛的心路历程。"从1924年到圆桌会议,很多努力都是为了解决印穆问题。真纳说,在那时,我不惜屈尊一直向国大党恳求。为谋求一个解决方案,我不停地工作,以至于有报纸评论说真纳先生对印穆团结从不厌倦。但是我在圆桌会议中得到的是生命中的打击。面对印度教教徒的敌视、印度教的思想、印度教的态度,促使我得出结论:团结没有希望。我对我的国家感到悲观。情况极为不幸。穆斯林仿佛无人地带,他们不是被英政府的谄媚者领导,就是被国大党的盲从者领导。在任何时候,将穆斯林组织起来的努力都被一边的谄媚者,另一边的国大党阵营的背叛者破坏。我开始觉得我既帮不了印度,也改变不了印度教的思维方法,还无法使穆斯林认识到他们的危险处境。我极其失望与压抑,所以决定在伦敦定居。不是我不热爱印度,是我感觉极为无助。我与印度保持着联系。四年后,我发现穆斯林处在极度的危险中便打定主意回到印度,因为在伦敦我做不了什么

---

① Sharif Al Mujahid, *Quaid-i-Azam Jinnah Studies in Interpretation*, Karachi: Quaid-i-Azam Academy, 1981, pp. 310—311.

有益的事。"①

回到印度后,真纳开始着手准备选举工作。1937 省立法会选举后,国大党拒绝在联合省与穆盟组成联合政府,提出如果穆斯林要进入国大党政府就必须放弃其他党派身份的条件。这使穆盟与国大党合作的希望变得渺茫,真纳对国大党的印度教性质深信不疑。在 1937 年 10 月穆盟勒克瑙年会上,他公开斥责国大党:"目前国大党的领导,特别是在过去的十年间,应对追求完全的印度教政策而越来越疏离印度穆斯林负责;自从他们在获得多数席位的六个省建立了政府,便通过他们的言行、纲领渐渐表明穆斯林在他们手中没有希望获得公平与公正。"②他还指出:"在赋予有限的权力与责任之始,多数派群体就清楚地表明这样的意图:印度斯坦是印度教教徒的;只是国大党以民族主义之名作伪装,而印度教大斋会则直言不讳。"③真纳的这番话表明他对与国大党合作不再抱有希望,他苦苦追寻了 40 年的团结理想在此时已经破灭。

真纳理想的破灭从政治层面上看是甘地、国大党、印度教民族主义共同作用的结果,从历史与文化层面上看则是真纳选择的印度现代化道路在遭遇传统的束缚与现代的冲击后的失败。

甘地主义脱胎于印度传统宗教,并通过对传统的改造和西方思想的融合,试图将印度引向他理想中的"罗摩盛世"之路;印度教民族主义主张回归印度教传统,通过传统的复兴来适应时代的发展变化,使印度走上一条通往现代的道路;这两条道路都深陷于印度教传统文化中而不能自拔。以印度教重要特征种姓制度为例,它的稳定性使甘地执着于史诗中的乌托邦;它的封闭性影响了人们的社会交往。为了更接近"梵",印度教教徒遵循森严的等级制度,对"净"终生追求、对"污"时刻警惕,从而形成了对外界的防御性心理,并且这种防御性的心理从宗教内部也扩散到对异教的态度,为了寻求对自我保护而选择排他,这也是印度教民族主义经常走向极端教派主义的原因。因此,这两条道路都束缚于印度教传统中,而忽

---

① "Speech Delivered at the Meeting of the Muslim University Union, Aligarh, February 5, 1938", in Khurshid Ahmad Khan Yusufi, ed., *Speeches, Statements & Messages of the Quaid-e-Azam*, Vol. 2, Lahore: Bazm-e-Iqbal, 1996, pp. 723—724.

② "Presidential Address Delivered at the 25th Session of the All-India Muslim League, Lucknow, October 15", in *Speeches, Statements & Messages of the Quaid-e-Azam*, Vol. 1, p. 648.

③ Ibid., p. 649.

视了印度文化的多元性,有意或无意地排斥了次大陆上的其他文化,尤其是在印度社会发展中发挥过重要作用的南亚穆斯林文化。这种偏于狭隘的传统文化观束缚了他们的政治思想,导致了他们在政治实践过程中的不理性。而国大党选择了一条完全复制西方的民主代议制道路,靠多数派的力量一味地打压少数派,甚至不惜向印度教民族主义靠拢而获得这种多数,它忽视了印度的实际国情,因而无法实现印度内部的团结。而和平谈判、宗教团结、政教分离、维护少数派利益、实行符合印度国情的代议制度则是真纳为印度选择的现代化道路上的关键词。但是这条道路在上述重重阻力下无法畅行。

## 第三节 奠定现代民族国家的基础

### 一、建国理论及蓝图

在1940年穆斯林联盟通过"拉合尔决议"之前,穆斯林社会酝酿着多种解决印穆矛盾的方案。如将印度划分为4个穆斯林文化区和至少11个印度教文化区的"拉蒂夫方案";将印度分为巴基斯坦、孟加拉、印度斯坦、海德拉巴、德里、马拉巴尔6个主要区域并且各个区作为独立国家的"阿里格尔教授方案";将次大陆分为7个区,以地区为基础建立全印联邦的"斯坎达尔·海亚特·汗爵士(Sir Sikander Hayat Khan)方案";在印度西北和东北地区各建立一个穆斯林国家的"阿卜杜拉·哈龙爵士委员会方案"等。① 这些方案中,既有要求实行松散联邦的,又有要求独立建国的,各种思潮涌动着,但主要原则都是将穆斯林和印度教教徒分区安置。穆盟作为全印穆斯林的重要代表组织,对各种方案也进行了讨论并最终于1940年3月23日,在拉合尔年会上正式提出了"拉合尔决议"这个属于穆盟的方案,它标志着巴基斯坦建国运动序幕的开启,也标志着真纳构建印度穆斯林独立家园的理论与蓝图初步形成。

1. 建国理论

(1) 发展"两个民族"理论

在穆盟1940年拉合尔年会主席致辞中,真纳指出:"非常难以解释,为什么我们的印度教朋友们不能理解伊斯兰教和印度教的本质。严格意义上讲它们不是宗教,而事实上它们是不同的社会制度。印度教教徒和

---

① 《伟大领袖真纳——一个民族的经历》,第264—265页。

穆斯林可以逐渐形成一个共同的国家，这只是一个梦想。一个印度国家的错误观念已经超出限度了，并且是导致我们大部分麻烦的原因，如果我们不能及时地改变我们的观念，它还将使印度走向毁灭。印度教教徒和穆斯林属于两种不同的宗教哲学、社会习俗、文学。他们从不通婚，也不同席就餐。事实上，他们是基于两种理想和观念相互冲突的文明。他们的生命观和生活观是不同的。很清楚，印度教教徒和穆斯林的精神驱动力来自于不同的历史源头。他们有不同的史诗，不同的英雄，不同的戏剧。一方的英雄经常是另一方的敌人，他们的胜利与失败是交叠的。将两个这样的民族束缚在一个国家，一个在数量上是少数，另一个是多数，必然会造成不满的增长，并且在这样的国家中，为政府所建立的任何组织将最终被破坏。"①"根据任何民族的定义，穆斯林都是一个民族，并且他们一定要有自己的家园，自己的领土，自己的国/邦②。"③

从真纳的论述中可以发现，他不仅从历史文化的角度清晰地阐述了"两个民族"理论的内涵，还结合宗教生活与文学传统的实例生动具体地解释了"两个民族"的差异，使这个由穆斯林精英分子提出的理论为更多的普通穆斯林接受，将"穆斯林民族"观念自上而下地普及为共同体的认同。

真纳到了此刻，已经将对外宣称的"少数群体"的概念转换成"民族"的概念，这有力地提高了穆斯林在印度的地位。"宣称穆斯林是一个民族，避免了数字的逻辑。作为一个群体，他们在一个统一的印度将作为永久的少数被交付。作为一个民族，不管他们的人数多少，他们享有平等的地位，因为在民族的世系中有大有小。"④

（2）强调"民族自决权"

"民族自决权"是1918年1月由美国总统威尔逊在"十四点和平原则"中提出的，其含义为各民族有权按照自己的意愿来处理自己的事情。

---

① "Presidential Address at the 27th Session of the All-India Muslim League, Lahore, March 22, 1940," in *Speeches, Statements & Messages of the Quaid-e-Azam*, Vol. 2, p. 1181.

② 这里真纳使用的是英文"state"，此时他更多地强调建立独立于印度教群体之外的政治实体，但对该政治实体的具体形式是邦还是国家并未明确。这种不明确性也体现在之后的"拉合尔决议"中。因此在本文中将 state 均译为国/邦。

③ Ibid., p. 1183.

④ Ayesha Jalal, *The Sole Spokesman: Jinnah, the Muslim League and the Demand for Pakistan*, Lahore: Sang-e-Meel Publications, 2010, p. 52.

## 第五章 南亚现代穆斯林政治家：穆罕默德·阿里·真纳

20世纪20年代和30年代，一些国家通过自决取得了一定结果。1931年英国国会通过《威斯敏斯特法案》，宣布加拿大、澳大利亚、新西兰、爱尔兰自由邦等为自治领，英国国会和英国政府不再干涉自治领的内部事务，从而形成事实上的独立。国际上的政治变迁也在促使真纳对印度未来命运的进一步思考。对"两个民族"理论的接受与发展，也使真纳对"民族自决"原则的认同变得水到渠成。真纳认为，既然穆斯林是一个民族，那么印度的穆斯林就应该享有"民族自决权"。

因此，真纳不再认为印穆之间的问题是教派问题，而是一个国际问题。"印度存在的问题不是教派之间的问题，而显然是具有国际性质的，问题只能按此来解决，只要这一基本和根本的事实不为人所承认，任何可能制定的宪法将会导致灾难，不仅对穆斯林，而且对英国人和印度人同样是破坏性的、有害的。如果英国政府真正诚心诚意保证次大陆人民的和平与幸福，我们所有人面临的唯一选择是让主要的民族将印度分为'自治的国/邦'。我们没有理由使这些国/邦互相对抗。"①在印穆矛盾激化与升级的背景下，民族自决原则可以说为真纳提供了一个看似能够一劳永逸地解决印穆问题的灵感，成为他建立穆斯林国家的合法政治依据。

2. 建国蓝图

1940年3月23日，穆盟发表了著名的"拉合尔决议"：

"本届全印穆斯林联盟年会同意并批准穆斯林联盟委员会和工作委员会关于宪法问题所采取的行动，这些行动反映在1939年8月17日，9月17日、18日，10月22日及1940年2月3日委员会通过的决议中。同时，本届穆斯林联盟会议重点重申：1935年《印度政府法》所包含的联邦方案完全不适用，在本国的特殊条件下不可行，并且印度穆斯林完全不能接受。

决议进一步强调，尽管1939年10月18日总督代表英王陛下政府所作的声明曾一再保证以1935年《印度政府法》为基础的政策和方案将与印度各党派、利益群体和教派磋商后重新考虑。但是，如果整个宪法方案不彻底地予以重新考虑，穆斯林印度就不会感到满意，重新修订的方案也不会为穆斯林接受，除非它的制定得到穆斯林的赞同。

本届全印穆斯林联盟会议经考虑决定，任何制宪方案在这个国家都

---

① "Presidential Address at the 27th Session of the All-India Muslim League, Lahore, March 22, 1940", in *Speeches, Statements & Messages of the Quaid-e-Azam*, p.1180.

无法实施或不会为穆斯林所接受,除非它是按照下述基本原则制订,即把地理上相连的单元分为若干区域,这些区域的构成应做必要的领土调整,在穆斯林占人口多数的区域,如印度的西北和东部地区应通过组合构成独立国/邦(Independent States),各组成单元在其中拥有自治权和主权。

宪法应提供这些单元的少数群体以充分、有效和强制性的保障,并且在这些地区为了保护他们的宗教、文化、经济、政治、管理和其他权益应予之相协商;在印度其他地区穆斯林是少数群体,宪法应给予穆斯林少数群体和其他少数群体特别地提供充分、有效和强制性的保障,为了保护他们的宗教、文化、经济、政治、管理和其他权益应予之相协商。

本届会议进一步授权工作委员会根据这些基本原则制定宪法方案,在相关地区为所有权力,如国防、外交、交通、关税和其他必要事务的最终规定做好准备。"①

"拉合尔决议"开始两段表明,真纳领导的穆盟不能接受1935年《印度政府法》规定的联邦方案,认为其在印度特殊的情况下根本不适用。真纳就这一点,在1940年2月23日的《时与潮》中详细地阐述了自己的观点。他认为,"如英国的基于同质民族概念的民主体系肯定不适用于像印度这样异质民族的国家,这个简单的事实是引起印度所有宪政疾患的根本原因。"②根据1935年《印度政府法》的规定,即使实行省自治,在多数原则的民主体制下,穆斯林占少数的省仍将处在印度教教徒的统治下。真纳需要的是在中央一级对穆斯林利益的保护有明确的规定。这与他早期提出的宪法要维护少数群体利益的观点在原则上是一致的,但是又有了进一步的发展。经历了种种挫折后,他已经不再寄希望于在印度将英国代议制度通过一定的调整,以适应印度国情。他看到在与国大党协商无望的情况下,印度穆斯林要生存就必须在印度彻底否定西方的代议制度,并另谋出路。为了更充分说明西方民主制度在印度脱离实际,真纳还特别强调宗教力量在英国与印度社会所占的不同比重。"英国人作为基督教教徒,有时候会忘记他们自己的宗教战争,并且在当今认为宗教是人与神间的私人事务。印度教和伊斯兰教从不会是这样的情形,因为两种

---

① Ikram Ali Malik, ed., *Muslim League Session 1940 and The Lahore Resolution*, Islamabad: National Institute of Historical and Culture Research, 1990, pp. 298—299.

② "Article on the Constitutional Maladies of Indian Sent at Special Request of '*Time and Tide*,' London, February 23, 1940", in *Speeches, Statements & Messages of the Quaid-e-Azam*, Vol. 2, pp. 1145—1146.

宗教是明确的社会准则,这种准则与其说支配着人和神的关系,不如说支配着个人与其邻居的关系。它们不仅决定这个人的法律和文化,还管辖着他的社会生活的各个方面;它们本质上是排他的,这使西方民主基于身份的融合与思想的统一准则完全行不通,并不可避免地产生民主前景的纵向而不是横向的分裂。"①

因此,决议在第三段中提出了未来宪政的基本原则,即通过领土的调整,在如印度西北部和东部地区建立穆斯林的独立国/邦。虽然决议提出了领土的主张,但是在措辞上相当模糊,对领土的具体划分没有进行说明,更没有使用"巴基斯坦"指称这个国家。作为一份关系重大的政治决议,本该非常严谨,真纳作为一名资深律师和政治家,在外交措辞上也绝不会犯含糊不清的错误。所以在当时便存在这样一种观点,即"拉合尔决议"只是真纳向英国、国大党要求权力而采取的策略,而不是其根本目标。1940年4月旁遮普省督在向当时的总督林利兹哥提交的报告中就认为:"尽管拉合尔决议很大程度地被认为是一个讨价还价的步骤,但深深影响了穆斯林民众,并全力抨击了声言代表整个印度的国大党。"②即使在巴基斯坦成立后的20世纪80年代,历史学者阿夏·贾拉勒还是认为:"拉合尔决议应该被看作一个讨价还价的筹码,具有正在被穆斯林占大多数的省的穆斯林们接受,被国大党完全不接受的优点,也是最后诉诸英国的对策。这反过来提供了一个最好的保证,即穆斯林联盟得不到所提出的要求③,但也是真纳事实上并不真正想要的。"④这种观点是站不住脚的,因为它忽视了20世纪20年代后印度政治发展的变化和由此引起的真纳思想的变化,尤其忽视了伊克巴尔思想对真纳的深刻影响。

要解释"拉合尔决议"的模糊性,应该回到真纳对决议的说明中和当时的政治背景中。1940年3月25日,真纳接受媒体采访时说:"我完全相信一个统一印度的构想是一个梦。"这透露了真纳坚持穆斯林独立的决心。关于决议中提到的领土构想的实现时间与方式,真纳解释道:"尽管

---

① "Article on the Constitutional Maladies of Indian Sent at Special Request of 'Time and Tide,' London, February 23, 1940", in *Speeches, Statements & Messages of the Quaid-e-Azam*, Vol. 2, pp. 1147—1148.

② Ikram Ali Malik, ed., *Muslim League Session 1940 and the Lahore Resolution*, Islamabad: National Institute of Historical and Culture Research, 1990, p. xxiii.

③ 指巴基斯坦,作者注。

④ *The Sole Spokesman: Jinnah, the Muslim League and the Demand for Pakistan*, p. 57.

没人知道我们何时起步和怎样进行,但是奋斗的意志一定会延续。而且没人能制定一个预定的方案,因为这决定于多种因素,这些因素是发展的,并且会产生障碍。我们将不得不随时根据发展来处理情况。"①决议中提到的"做必要的领土调整",也正是为今后的谈判保留一定的空间。决议的第五段强调"在相关地区为所有权力,如国防、外交、交通、关税和其他必要事务的最终规定做好准备。"也是对第三段内容的一种解释和补充。因此,与其说"拉合尔决议"是模糊的,不如说它在分治这个基本原则不变的基础上,是具有开放性的,它只是一个宏伟的蓝图。

"拉合尔决议"之所以模糊,还与其制定的历史背景有关。真纳虽然在 20 世纪 30 年代下半期成为穆盟的首要领导人,并于 1938 年被穆盟正式授予"伟大领袖"的称号,但是这难掩他的一个致命弱点,这就是他在省一级缺乏真正的领导权,特别是在旁遮普这个穆斯林占多数的省。在 1937 年省立法会选举前,真纳曾赴旁遮普省寻求联合党(The Unionist)穆斯林领导人法扎尔·侯赛因(Fazl-i-Husain)与斯坎达尔·海亚特·汗爵士的支持,并开出一些条件希望联合党能够加入省穆盟并代表穆盟参加选举。但联合党拥有印度教教徒与锡克教教徒的支持,这足以帮助其在选举中获胜,因此两位领导人都不希望真纳染指旁遮普省政治,以维护联合党在旁遮普的领导地位。选举结果也证明了联合党人的实力,该党获得了 175 个总席位的 99 席,而穆盟只获得 1 个席位②。1937 年 3 月,斯坎达尔成为旁遮普的首席部长。1937 年 10 月,真纳与斯坎达尔签订了"真纳—斯坎达尔协定"(Jinnah-Sikander Pact),双方达成的条件是:"斯坎达尔接受真纳是印度穆斯林的唯一发言人而真纳保证不干涉旁遮普的内部政治。"③通过此协定,真纳虽然加强了穆盟的力量,但旁遮普穆盟处于斯坎达尔的控制下,因此真纳也不能小视他在穆盟中的话语权。他将"拉合尔决议"的草拟工作交由斯坎达尔完成。但是斯坎达尔的初稿仍然站在联合党的立场上,其基调是在统一的印度联邦中实现穆斯林区域自治。真纳无法接受这个方案,因为当国大党控制中央时,穆斯林仍无法获得利益保证。方案重新交由穆盟工作委员会修改,"受穆盟保护的穆

---

① "Interview to the Press Explaining the Significance of the League's Decision at the Lahore Session, Lahore, March 25,1940." in *Speeches, Statements & Messages of the Quaid-e-Azam*, Vol.2, p.1187.

② *The Sole Spokesman: Jinnah, the Muslim League and the Demand for Pakistan*, p.32.

③ Amarjit Singh, ed., *Jinnah and Punjab*, New Delhi: Kanishka Publishers, 2007, p.21.

斯林要把自己托付给一个统一的印度,在这种情况下,委员会激烈的争论导致'拉合尔决议'无法清楚明确地构筑巴基斯坦。"①

此外,决议中使用"Independent States"这个词组,也是引起争议之处。安倍德卡尔博士在决议公布后指出:"关于决议的第三段,它表明决议考虑穆斯林占多数的地区将合并入独立的国/邦(Independent States)。具体指的是西北的旁遮普、西北边省、俾路支、信德和东部的孟加拉将不再是原英属印度的省,而是在英属印度外并为独立的国/邦。这是穆盟决议的要点。决议设想这些穆斯林省独立的国/邦是保持各自是一个独立和主权的国/邦还是将它们作为成员组合在一起作为一个单独的国/邦,联邦的或单一的?在这点上如果不是自相矛盾的话就是相当模糊的。……'组成单元'这个短语的使用表明设想的是一个联邦。如果是那样的话'主权的'作为这些单元的属性是不合适的。单元的联合与单元的主权是相矛盾的。也许设想的是一个邦联。"②

M. A. H. 伊斯帕哈尼在《我所了解的真纳》一书中,对此进行了澄清。1946年穆盟工作委员会的会议上,有成员对1940年"拉合尔决议"中"States"的问题向真纳提出疑问。"伟大领袖回答说,'States'这个词是打印错误。然后又有人说这个词的复数形式存在于穆盟中央办公室的已公开的记录中。伟大领袖回答说事实上,真正重要的是意图而不是单词。他指示记录要据此修改。所以单词'State'和'States'引起的争论由他这结束。"③事实是否真的如真纳所说是个"打印的错误",还是另有隐情,这都无法再考证。但通过1940年2月2日真纳于新德里发表的《关于印度宪政问题的声明》一文,证实了真纳的真正'意图'是指一个国/邦。文中清楚地提到"穆斯林应该以一个自治国/邦(an autonomous state)的形式,拥有一个独立的家园(a separate national home)。"④

决议的第四段强调保护少数群体。之所以对此特别强调,是因为真

---

① *Muslim League Session* 1940 *and the Lahore Resolution*, p. 290.

② B. R. Ambedkar, *Thoughts of Pakistan*, Bombay: Thacker and Company Limited Rampart Row, 1941, p. 17.

③ M. A. H. Ispahani, *Quaid-i-Azam Jinnah as I Knew Him*, Karachi: Forward Publications Trust, 3rd Edition, 1976, pp. 145—146.

④ "Statement Clarifying League Attitude towards the Constitutional Problem of India, New Delhi, February 2, 1940", in *Speeches, Statements & Messages of the Quaid-e-Azam*, Vol. 2, p. 1112.

纳早已认识到独立建国会不可避免地将一部分穆斯林留在印度,而一部分印度教教徒和其他少数派会成为未来穆斯林国家的公民。他认为:"印度的分治将给各个区域中的多数派带来一个巨大的责任,那就是为少数派创造真正得到保护的感觉并赢得他们的完全信赖。"[1]所以他强调:"通过分治,让居住在形成多数派地区的至少 6000 万穆斯林拥有他们自己的家园,拥有按照他们自己的创造力发展他们自己的精神、文化、经济和政治生活的机会,并决定他们自己的未来,同时允许印度教教徒和其他群体享有同等权利。"[2]

3. 反响与影响

"拉合尔决议"引起了巨大的反响。在决议公布的第二天,印度报纸就以"巴基斯坦决议"来指称这个重大的决定。"巴基斯坦"这个词是一位在英国剑桥大学的印度学生乔杜里·拉赫默德·阿里(Chaudhary Rahmat Ali)的创造。受伊克巴尔的影响,他和另 3 名剑桥学生在一本小册子中,表达了把印度西北地区包括旁遮普、信德、西北边省、俾路支斯坦和克什米尔构成一个穆斯林国家的设想,而这个国家的名字就是巴基斯坦,意为纯洁的国度。印度报刊和英国报刊在登载拉合尔决议的消息时用了这个词,后来在宣传"拉合尔决议"的主要建国主张时,为真纳和穆盟所广泛使用。

国大党对决议表示严厉谴责。拉贾戈帕拉恰雷[3](Chakravarti Rajagopalachari,1879—1972)指责真纳患上了精神疾病,并借所罗门寓言中的御前争子案,指责决议是要把一个婴儿分割。他还说:"提普苏丹(Tippu Sultan)、海德尔·阿里(Hyder Ali)、奥朗则布、阿克巴尔生活的年代,即使分歧都比现在要深入,但他们都认为印度只能是一个且不可分割。这些伟大的人在很多方面都彼此存在不同,但是他们都认为这片土地是宝贵的,作为统一的伟大国家是决不可分割的。"[4]尼赫鲁也认为决议是真纳不切实际的方案。国大党主席阿布·卡拉姆·阿扎德(Abul Kalam Azad,1888—1958)则与斯坎达尔进一步接触,试图说服他放弃支

---

[1] "Statement on the Lahore Resolution, New Delhi, April 1, 1940", in *Speeches, Statements & Messages of the Quaid-e-Azam*, Vol. 2, p. 1191.
[2] Ibid.
[3] 律师、国大党领袖,1948 年 6 月至 1950 年 1 月任印度总督。
[4] "Statement on the Lahore Resolution, New Delhi, April 1, 1940", in *Speeches, Statements & Messages of the Quaid-e-Azam*, Vol. 2, p. 1194.

## 第五章 南亚现代穆斯林政治家:穆罕默德·阿里·真纳

持穆盟。甘地的态度则耐人寻味。1940年4月1日他在接受采访时虽然驳斥了真纳发展的"两个民族"理论,认为这是对伊斯兰的误解,纠正这个错误是他的职责。但是他还说:"穆斯林一定同印度其他部分一样享有相同的自决权。我们现在是一个联合的家庭。任何成员可以宣布分家。"①5月,甘地建议要召开印度人和英国人共同参加的会议,做进一步谈判。英方对于穆盟新的动向既没有表示支持又没有明确反对。4月19日,总督林利兹戈在致真纳的信中表示:"陛下政府同所有穆斯林力量的关系是友好的,并且同情他们,政府与其中的一部分是合作的,同时与其他部分保持真诚友谊。"②同时,他转述了印度事务大臣对印度问题的态度:"我不相信这个国家的任何政府或议会会将一部不能使人感到居住安宁与满意的宪法强迫实行,例如对于印度8000万的穆斯林来说。"③

在印度穆斯林内部,也并不是所有人都支持独立建国。如对斯坎达尔等穆斯林占多数的省领导阶层来说,建立穆斯林独立国家则意味着削弱了他们的影响力,触动了他们的利益。土邦中的穆斯林王公长期与英殖民者合作,印度的独立或穆斯林国家的独立并不能给他们带来什么益处,他们自然也不会支持穆斯林建国。还有一部分反对者来自伊斯兰教的传统派,一些宗教人士认为印度穆斯林独立建国违背伊斯兰的教义,是把印度的穆斯林与世界穆斯林割裂开来。此外,以艾布·艾阿拉·毛杜迪(Abul Ala Mawdudi,1903—1979)为代表的现代伊斯兰主义者们虽然不反对建立单独的穆斯林国家,但是他们认为这不能从根本上解决印度穆斯林面临的问题,因此对建国运动并不热心。

然而这些反对意见并没有动摇真纳建立印度穆斯林独立家园的决心。他对国大党的反对意见予以坚决驳斥,并把1940年4月19日定为"穆斯林独立日"。对于印度穆斯林来说,"拉合尔决议"是印度穆斯林历史上的一个里程碑,它明确了印度穆斯林新的奋斗目标。建立印度穆斯林独立家园的主张将穆斯林民众统一在穆盟的旗帜之下,使穆盟迅速转变为一个群众性的组织,力量得到了进一步的巩固。对于反对穆斯林独立建国的人士来说,"拉合尔决议"则意味着印度次大陆走向分裂的开始。

---

① Collected Works of Mahatma Gandhi Online, Vol. 78, pp. 108—110. See http://www.gandhiserve.org/cwmg/VOL078.PDF

② Pirzada, ed., *Quaid-e-Azam Jinnah's Correspondence*, Karachi: East and West Publishing Company, 1977, p. 201.

③ Ibid.

对于英国人来说,这是"分而治之"政策再次得以发挥作用的有利机会。

## 二、治国理念

1947年8月14日,巴基斯坦自治领宣告成立,定都卡拉奇。真纳梦想中的穆斯林独立家园终于变成了现实。然而,这个新生国家不得不接受一穷二白的现实,不得不面对各种困难与挑战。此时真纳已是一位饱受病痛折磨的古稀老人,但是他还是以惊人的毅力挑起了领导国家建设的重担,为了巴基斯坦的生存鞠躬尽瘁。他的治国理念体现了一位现代穆斯林政治家的领导风范。

### 1. 建立现代的民族国家

20世纪30年代,真纳对印度政治倍感失望而暂居英国期间,一部名为《灰狼:凯末尔·阿塔图尔克的一生》(Gray Wolf: the Life of Kemal Ataturk)①的传记作品伴他度过了那段岁月。这本传记描写了"土耳其之父"穆斯塔法·凯末尔(Mustafa Kemal,1881—1938)的政治生涯。凯末尔领导土耳其革命并实行世俗化改革的经历深深打动了真纳。"此后许多天他一直谈论基马尔②,以致他的女儿跟他开玩笑,给他起了'灰狼'这个绰号。"③凯末尔的事迹之所以能引起真纳的共鸣,是因为现代民族国家的理想早已扎根在真纳心中,当时机成熟时,他一定会实现这个理想。

1947年5月21日,真纳接受路透社记者采访。记者问:"巴基斯坦的中央政府将以何为基础建立?"真纳肯定地回答:"毫无疑问,巴基斯坦中央政府和各单位的基础是由巴基斯坦立宪会议决定的。巴基斯坦政府只能是一个人民代表的和民主形式的政府。它的议会与内阁将最终都对选民和不以种姓、种族和教派为区别的全体人民负责,这一直是政府决策的最终确定因素。"④可见,作为一位现代穆斯林政治家,真纳在开国之前就为巴基斯坦的政府形式有了明确的设想。

巴基斯坦成立后,在新宪法正式生效前,巴基斯坦所采用的立法构架完全依托殖民地时期的1935年《印度政府法》,利亚格特成为首届总理。

---

① By Harold Courtenay Armstrong, published in 1933.
② 即凯末尔。
③ 《巴基斯坦的缔造者——真纳传》,第127页。
④ "Interview with Mr. Doon Campbell, Retuer's Correspondent, New Delhi, May 21, 1947", in Speeches, Statements & Messages of the Quaid-e-Azam, Vol. 4, p. 2563.

## 第五章 南亚现代穆斯林政治家:穆罕默德·阿里·真纳

在行政方面,也继续沿用英国的文官制度。真纳积极推进制宪会议的组建工作,并被推举为立宪会议主席。这些决定,说明真纳要构建的是一个现代意义上的民族国家。

在1947年8月11日的巴基斯坦制宪会议上,真纳的主席发言更充分说明了这一点,他说:"你们是自由的;你们可以自由地到你们的庙宇去,到你们的清真寺去,或者到巴基斯坦这个国家其他任何做礼拜的地方去。你们可以属于任何宗教、种姓或教义——这与国家事务无关。如你们所知,历史告诉我们,过去的英国情况比现在的印度更糟。罗马天主教与新教徒彼此迫害。即使现在,一些国家还存在对特殊阶级的歧视和隔离。感谢真主;我们没有由此开始;我们以没有歧视、群体间没有差异的口子为开端;我们以一个基本原则为开端,即我们都是公民,都是一个国家的平等公民的基本原则。英国人民在那段时间不得不面对真实的状况,在他们的国家的政府下履行职责和承受负担,一步步地从苦难中走出。今天,你们可以公平地说,罗马天主教教徒与天主教教徒已不存在,现在存在的是每个人都是公民,英国的平等公民,他们都是这个国家的成员。现在,我认为我们应当把这一原则当作我们前进中的理想。最后,你们将会看到,印度教教徒将不再是印度教教徒,穆斯林也将不再是穆斯林了。这是就作为国家公民的政治意义说的,而不是从宗教意义上说,因为那是每个人的私人信仰。"①

真纳的这番讲话公布后,引起了强烈反响与争论。"英国报纸《政治家》认为该讲话是对一个世俗国家的呼唤。"②但也有人指出,真纳演讲中所反映的立国思想与巴基斯坦的整个理念是矛盾的。伊斯兰教民族主义是基于宗教的,真纳用伊斯兰教来证明国家的合理性,却强调世俗国家的道路,这与巴基斯坦的内涵是不相符的。③ 还有人辩解道,这是真纳在强调"宗教宽容"④,是"对巴基斯坦团结与巩固的要求"⑤,这是"用伊斯兰的

---

① "Presidential Address to the Constituent Assembly of Pakistan, Karachi, August 11, 1947", in *Speeches, Statements & Messages of the Quaid-e-Azam*, Vol. 4, pp. 2604—2605.

② Road to Pakistan: *The life and Times of Mohammad Ali Jinnah*, p. 325.

③ Istiaq Ahmad: *The Concept of an Islamic State*, Quoted from Sheshrao Chavan, *Mohammad Ali Jinnah: The Great Enigma*, Delhi: Authors Press, 2006, p. 289.

④ 《伟大领袖真纳——一个民族的经历》,第430页。

⑤ *Studies in Interpretation*, p. 249.

方法在解决伊斯兰国家中的少数群体问题"①。

我们认为,真纳在讲话中反复强调"公民"的概念并以英国历史为例,实质上就是要说明他想将巴基斯坦构建为一个世俗化的、现代的民族国家。因为只有在这样的国家中,公民才能享受到不受宗教、种姓、种族限制的真正平等。所以从这个意义上说,真纳期望在巴基斯坦,人民在政治生活能够不受宗教的限制,以平等、正义的观念来处理政治事务;在个人生活中,能够像西方国家的公民一样,自由地信奉自己的宗教。

真纳以伊斯兰教作为建国依据,却秉持着世俗化的治国理念,难免受到伊斯兰教传统派的诟病。传统派坚持认为,巴基斯坦应该是一个实行伊斯兰教法的"伊斯兰国家"。而显然,这与真纳最初的建国构想是不符的。在整个巴基斯坦运动中,真纳及穆盟从未提及"伊斯兰国家"这个概念,在宣传中他只用穆斯林的家园、穆斯林的国家来定义巴基斯坦。在1947年12月召开的穆盟委员会会议上,真纳再次强调:"需要明确的是巴基斯坦将是一个以伊斯兰教精神为基础的穆斯林国家。它将不是宗教国家。……全世界,乃至联合国,都认为巴基斯坦是穆斯林国家。"②

"宗教立国"与"世俗治国"间的矛盾,反映了印度穆斯林在追求现代化过程中的特殊境遇。以真纳为代表的现代穆斯林政治家认为,伊斯兰教帮助他们解决了生存问题,拥有了属于自己的家园,但伊斯兰教不能解决他们的发展问题,面对家园中的多种宗教,面对世界中的多元文化,只有坚持世俗化的政治道路,处理好宗教与政治的关系,才能使巴基斯坦这个新生的国家适应现代化的发展趋势。

2. 珍视伊斯兰教精神

如果将真纳称为世俗主义者,则又显得过于简单。因为作为一位国家领袖,他始终强调伊斯兰教对于巴基斯坦的重大意义。伊斯兰教精神是真纳治国理念中的重要组成部分。

首先,伊斯兰教是巴基斯坦人民前进的力量。巴基斯坦建国后的第一个开斋节,真纳向人民传达了这样的信息:"我希望,一个尔德(Eid)将引入繁荣的新境界,并标志着伊斯兰文化和理想复兴的向前发展。我衷

---

① Waheed-uz-Zaman, *Quaid-I-Azam Mohammda Ali Jinnah: Myth and Reality*, National Institute of Historical and Cultural Research, Third Edition, 2001, p. 41.

② "Speech at the meeting of the ALL-India Muslim League Council, Karachi, December 14—15, 1947", in *Speeches, Statements & Messages of the Quaid-e-Azam*, Vol. 4, p. 2656.

心地祈祷全能的真主让我们尊重我们的过去和古老的历史,并给予我们力量,使巴基斯坦成为世界中的一个伟大的国家。"①面对那些想把巴基斯坦扼杀在襁褓中的人,真纳说:"我们感谢真主赐予我们战胜这些邪恶势力的勇气和信心。如果我们继续从神圣的《古兰经》中得到指引和鼓舞,我再说一次,最后的胜利必将属于我们。"②

第二,国家巩固与发展需要伊斯兰教的牺牲精神。真纳崇尚伊斯兰教中的牺牲与奉献精神,他强调这种精神对于巴基斯坦的重要价值。他以先知易卜拉欣的牺牲精神为例,呼吁巴基斯坦人民为国家做出自己的贡献。他说:"今天,真主正在考验巴基斯坦和印度的穆斯林。他要求我们做出很大的牺牲。我们的新生国家遭受敌人的打击正在流血……此时,黑云笼罩着我们四周,但是我们不会气馁。因为我相信,如果我们拥有同易卜拉欣一样的牺牲精神,真主就会拨去乌云,像对待易卜拉欣那样为我们祝福。"③

第三,宪法精神要符合伊斯兰教的平等、公平、民主精神。尽管真纳认为宗教与政治应该分离,但是他并不否定值得弘扬的宗教精神对政治的有益影响。根据1948年真纳在圣纪日的讲话记录:"他说他不理解为什么有一部分人故意制造误解和谣言,说巴基斯坦宪法将不会以教法(Shariat)为基础。伟大领袖说,'伊斯兰原则今天与1300年前一样适用于生活。'"④有学者认为这是真纳在指责那些反对伊斯兰国家的人:"在这个讲话中他声明当人们拒绝伊斯兰国家的思想时,他们就制造流言蜚语。"⑤实际上,我们认为这是一种误解,是断章取义的结果。因为,在这段话之后,真纳还说:"伊斯兰教和它的理念已经教授了民主。伊斯兰已经教导了公平、公正与平等对待每个人。任何人有什么理由担心以平等对待每个人为基础并建立在正直最高标准的民主、公平和自由?让我们

---

① "Eid Message to the Nation, Karachi, August, 18, 1947", in *Speeches, Statements & Messages of the Quaid-e-Azam*, Vol. 4, p. 2612.

② "Speech at a Rally at the University Stadium, Lahore, October, 30, 1947", in *Speeches, Statements & Messages of the Quaid-e-Azam*, Vol. 4, p. 2642.

③ "Message to the Nation on Occasion of Eid-ul-Azha, Karachi, October 24, 1947", in *Speeches, Statements & Messages of the Quaid-e-Azam*, p. 2629.

④ "Address to Bar Association, Karachi, on the Occasion of the Holy Prophet's Birthday, Karachi, January 25, 1948," in *Speeches, Statements & Messages of the Quaid-e-Azam*, Vol. 4, p. 2669.

⑤ Road to Pakistan: *The life and Times of Mohammad Ali Jinnah*, p. 326.

未来的宪法成功。我们会成功并向世界展示。"①在同一篇讲话中,真纳对伊斯兰教的原则有着明确的界定:"平等、自由、兄弟情是伊斯兰教的基本原则。"②因此,可以判定真纳的本意应该是国家的宪法会以教法中的公正、平等、民主的精神为基础,并不是说宪法要以伊斯兰教法为基础。

3. 国家要保护全体人民利益

印巴分治,引起了历史上罕见的人口大规模迁移,据统计通过各种方式移民的总人数达到1.4亿③。而迁移中的教派冲突与屠杀更是骇人听闻。法蒂玛回忆说:"当他(真纳)在早餐桌上和我讨论这些屠杀时,他的眼睛里含着泪水。"④对于由印度迁移而来的难民他承诺:"我们决定给予他们所有的帮助,帮助他们撤离并给与安置,国家的资源将尽最大限度的可能用于此目的。"⑤他呼吁:"巴基斯坦应该完全地远离骚乱,因为在如此关键的时刻非法行为的爆发一定会动摇刚刚建立的基础,并且在今后引起不可修复的危险。"⑥1947年8月末,真纳不顾个人健康恶化,飞抵拉合尔,亲自指挥难民安置工作。9月,他发起设立"伟大领袖援助基金"(Quaid-i-Azam's Relief Fund),向社会各界募集资金与物资用于救助难民。

保护少数群体利益,是真纳一贯坚持的政治原则。巴基斯坦成立后,穆斯林成为多数群体,而印度教教徒等成为少数群体。作为曾经的少数群体一员,真纳对少数群体的恐慌与不安情绪深有体会,他首先要做的就是安抚他们,打消他们的疑虑。在巴基斯坦建国之初,真纳就发表了关于保护少数群体利益的声明。声明指出:"少数派,不管他们属于哪个群体,都将受到保护。他们的宗教信仰将受到保护。他们的信仰自由将不

---

① "Address to Bar Association, Karachi, on the Occasion of the Holy Prophet's Birthday, Karachi, January 25, 1948," in *Speeches, Statements & Messages of the Quaid-e-Azam*, Vol. 4, p. 2669.

② Ibid., p. 2670.

③ 参见[巴]伊夫提哈尔·H. 马里克:《巴基斯坦史》,张文涛译,北京:中国大百科全书出版社,2010年版,第135页。

④ *My Brother*, p. 11.

⑤ "Statement on the Situation in East Punjab, Karachi, August 24, 1947", in *Speeches, Statements & Messages of the Quaid-e-Azam*, Vol. 4, p. 2613.

⑥ Ibid., p. 2614.

受任何形式的干涉。"①在此后的演讲中,他多次清楚地表明:"巴基斯坦将奉行这一政策,尽其所能地在巴基斯坦的非穆斯林少数派中营造安全与信任的感受。"②

4. 崇尚法治与公正精神

法治精神同样是真纳不懈的追求。他深知对于一个新生国家,奠定依法治国的精神将对国家的巩固与发展具有重要的意义。真纳呼吁全社会的法治精神,下到普通民众,上到政府官员。他对民众说:"请记住严格地遵守和执行法律和命令是所有进步的先决条件。"③他对制宪会议成员说:"你们要毫不怀疑地同意我的看法,那就是政府的首要职责是保证法律和秩序,只有如此,生命、财产、宗教信仰才能受到国家的完全保护。"④

他清楚地认识到巴基斯坦可能面临的三大社会危害。一是腐败之风。印度深受行贿和贪污之害,因此他希望在巴基斯坦能够杜绝腐败之风。他说:"我们必须使用铁腕,并且我希望你们尽快地在会议上制定出得力的措施。"⑤二是黑市交易。"我认为他们应该受到严厉地惩罚,因为他们破坏了食品和生活必需品的整个控制系统,将会引发饥荒和供需荒,甚至会导致死亡。"⑥三是裙带关系。"我要明确地说我不容忍任何形式的假公济私、裙带关系和向我直接或间接地施加任何影响。"⑦

对于巴基斯坦的文官系统,真纳希望这些官员能够遵守法律原则,不畏惧外界任何压力,真诚地为人民服务。"你们不应受任何政治压力、任何政党和政治个人的影响。如果你们想提升巴基斯坦的威望,你们一定不能沦为任何压力的牺牲品,做人民和国家的公仆才是你们的职责。"⑧

---

① "Statement on Protection for Minorities in Pakistan, New Delhi, July 13, 1947", in *Speeches, Statements & Messages of the Quaid-e-Azam*, Vol. 4, p. 2587.

② "Interview to Duncan Hooper, Correspondent of Reuter, Karachi, October, 25,1947", in *Speeches, Statements & Messages of the Quaid-e-Azam*, Vol. 4, p. 2634.

③ "Speech at a Rally at the University Stadium, Lahore, October 30, 1947", in *Speeches, Statements & Messages of the Quaid-e-Azam*, Vol. 4, p. 2644.

④ "Presidential Address to the Constituent Assembly of Pakistan, Karachi, August 11, 1947", in *Speeches, Statements & Messages of the Quaid-e-Azam*, Vol. 4, p. 2602.

⑤ Ibid.

⑥ Ibid.

⑦ Ibid., p. 2603.

⑧ "Informal Talk to Civil Officers at Government House, Peshawar, April 14, 1948", in *Speeches, Statements & Messages of the Quaid-e-Azam*, Vol. 4, p. 2754.

"你们应该尽力创造一种让每一个人都得到公平对待的氛围,并在这种精神中工作。不仅要公平做事,还要让人民感觉到你们对他们的公平。"①

5. 反对地方主义与派系主义

巴基斯坦建立之初,由于宪法还处在起草阶段,中央与地方的关系还没有明确的法律约定。再加之在很多地区还保留着各自的政治与文化传统,地方保守主义势力表现得比较突出,尤其是在孟加拉和俾路支斯坦。真纳要求人们抛弃这种地方化思想,团结在巴基斯坦政府周围。在达卡,真纳对民众们说:"现在你们属于一个国家;你们已开拓出一片国土,广阔的国土,它是属于你们的;它不属于旁遮普人或信德人,或孟加拉人……地方主义已经成为了众害之一;什叶、逊尼等教派主义也是如此。"②他奉劝人们放弃地方主义,理由是:"只要你们允许这种立场存在于巴基斯坦的政治中,相信我,你们将永远不会得到一个强大的国家……"③。在俾路支斯坦的奎达,真纳说:"乡土观念是可贵的,但是作为一个部分,脱离了整体它还有什么价值和力量。然而这是个容易被遗忘的道理,人民开始崇尚地方的、派系的或省的利益而不管国家的利益。……你们坚持省自治和不受控制的地方行为自由,这是旧有管理的遗物,意味着英国人的统治。继续坚持这样的想法是愚蠢的,尤其是在你们的新生国家面临内忧外患之际。请支持你们的中央政府及它的力量。在这个关键时候,将省的、地方的或个人利益置于国家利益之上无异于自杀。"④

6. 尽快实现工业化,反对西方经济制度

印巴分治后,巴基斯坦面临极大的经济困难。真纳对国情有着清醒的认识。他认为,巴基斯坦作为一个制造业产品靠进口的国家,必须要发展属于自己的工业。在一家纺织工厂的奠基仪式上,他说:"如果巴基斯坦要在世界中发挥与它的面积、人力和资源相适的作用,就必须发展农业的同时发展工业潜力,给予经济以工业的支撑。通过国家的工业化,我们将降低日用品对国外的依赖,同时扩大国民的就业机会,并提高国家的资

---

① "Informal Talk to Civil Officers at Government House, Peshawar, April 14, 1948", in *Speeches, Statements & Messages of the Quaid-e-Azam*, p. 2756.

② "Speech at a Public Meeting, Dacca, March 21, 1948", in *Speeches, Statements & Messages of the Quaid-e-Azam*, Vol. 4, p. 2717.

③ Ibid., p. 2718.

④ "Speech in Reply to the Civic Address Presented by the Quetta, June 16, 1948", in *Speeches, Statements & Messages of the Quaid-e-Azam*, Vol. 4. pp. 2783—2784.

源储量。"①他断言:"我们巩固国家的方法就是尽快实现工业化。"②

真纳提倡走西方式的工业化道路,但是对于西方的经济制度,却是持否定态度。在1948年7月1日庆祝巴基斯坦国家银行的讲话中,他对西方经济制度提出了批评:"西方的经济制度为人类制造了不可解决的问题,我们大多数人认为,只有出现奇迹才能使人类免于遭受世界正在面临的灾难。它使人与人之间失去公平并且在国际领域制造摩擦。相应地,它要对上半个世纪的世界大战负大部分的责任。西方世界,尽管它们的制造业和工业效能是先进的,但是它却处在历史上前所未有的混乱状态中。选择西方的经济理论和实践不能帮助我们实现创造一个幸福与自足的民族的目标。我们必须用我们自己的方法创造自己的命运,并向世界展示一种以人类平等和社会正义的真正的伊斯兰教概念为基础的经济制度。"③

7. 外交立场

真纳为巴基斯坦的外交政策奠定了和平与友好的外交原则,致力于促进巴基斯坦与外部世界建立外交关系。在他的努力下,巴基斯坦在建国之初就与阿富汗、缅甸、斯里兰卡、澳大利亚、美国、法国、土耳其等国家建立了外交关系。但是真纳坚持奉行不结盟的外交政策,1948年他指出:"我们对邻国没有任何侵略意图。我们希望生活在和平与友好中,按照我们自己的方式发展,并且在世界事务中做出我们恰当的贡献。"④

真纳带领巴基斯坦加入联合国,使这个新生的穆斯林国家得到世界的承认并取得在国际事务上的话语权。在巴基斯坦同其他穆斯林国家的关系上,真纳反对泛伊斯兰主义,但是坚持和平友好的外交关系。他认为:"泛伊斯兰理论在很久前就被推翻了,但是我们一定要建立友好的关系,为了相互的利益与世界的和平而合作。巴基斯坦建立后会同近邻以

---

① "Speech on the Occasion of Laying the Foundation-Stone of the Valika Textile Mills Ltd, Karachi, September 27, 1947", in *Speeches, Statements & Messages of the Quaid-e-Azam*, Vol. 4, p. 2622.

② Ibid., p. 2623.

③ "Speech on the Occasion of the Opening Ceremony of State Bank of Pakistan, Karachi, July, 1948", in *Speeches, Statements & Messages of the Quaid-e-Azam*, Vol. 4, p. 2787.

④ "Broadcast Talk to the People of Australia, February 19, 1948", in *Speeches, Statements & Messages of the Quaid-e-Azam*, Vol. 4, p. 2686.

及中东与远东保持友谊。"①

在印巴关系上,真纳始终抱着两国能够友好相处的美好愿望。在回答记者提问时,他希望双方能够:"友好与互惠。这是我为什么强调让我们以友好地方式分开,并在今后继续做朋友。"②在另一场采访中,当记者问巴印间是否存在解决矛盾的希望时,真纳给了了肯定的回答:"希望是有的。假如印度政府能放弃优越感并且以平等的立场和充分认识现实的态度与巴基斯坦协商。"③在回答巴基斯坦和印度是否在国际事务中能有合作时,真纳说:"从我个人来讲,我相信我们的重要利益需要巴基斯坦与印度自治领的合作……但是这取决于双方能否解决他们之间的分歧……"④

### 三、影响与缺失

真纳为巴基斯坦描绘了美好的未来。然而遗憾的是,这些治国理念还未来得及贯彻与实施,他便永远地离开了为之奋斗的巴基斯坦事业。真纳的过早离世,给巴基斯坦带来了沉重的打击,失去了精神领袖的巴基斯坦,面对内忧与外患,仿佛一夜之间变成了孤儿,只得迈着踉跄的脚步前行。真纳的政治思想,经过六十余年巴基斯坦政治的发展变化的检验,其深远影响与缺失之处都已经可以得到充分证明。

1. 难解的政教矛盾

(1) 宪法的延宕

真纳对巴基斯坦的第一部宪法寄予了很大的希望。作为制宪会议主席,他在巴基斯坦成立之初就提出巴基斯坦绝对不是一个神权国家。但是,这一观点受到了传统派的挑战。现代伊斯兰主义思想家毛杜迪就坚持主张宪法要以伊斯兰教法为依据。1948年2月,他在拉合尔发表题为"如何在巴基斯坦倡导伊斯兰法律"的演讲,并提出制宪会议应当遵循"最

---

① "Interview with Mr. Doon Campbell, Retuer's Correspondent, New Delhi, May 21, 1947", in *Speeches, Statements & Messages of the Quaid-e-Azam*, Vol. 4, pp. 2562—2563.

② Ibid., p. 2561.

③ "Interview to Swiss Journalist, De Eric Streiff, Special Correspondent of the 'Neue Zurcher Zeitung', Aurimh, Karachi, March 11, 1948", in *Speeches, Statements & Messages of the Quaid-e-Azam*, Vol. 4, pp. 2698—2699.

④ "Interview to Swiss Journalist, De Eric Streiff, Special Correspondent of the 'Neue Zurcher Zeitung', Aurimh, Karachi, March 11, 1948", in *Speeches, Statements & Messages of the Quaid-e-Azam*, Vol. 4, p. 2699.

## 第五章 南亚现代穆斯林政治家:穆罕默德·阿里·真纳

高统治权属于真主,伊斯兰教法应当作为立法基础,政府权力必须受伊斯兰教法的严格限制"等原则。

在上述背景下,1949年3月巴基斯坦制宪会议通过了由时任总理利亚格特提出的关于宪法起草基本原则的《目标决议》。该决议主要确认了未来宪法的主要原则:1.巴基斯坦的主权归真主所有,真主通过神圣的信托方式,通过人民把权力赋予巴基斯坦政府;2.伊斯兰教宣扬的民主、自由、平等、宽容和社会正义必须得到遵守;3.穆斯林应按照《古兰经》和圣训规范个人生活;4.少数群体将获得平等的权力和宗教自由权,并发展其文化;5.巴基斯坦实行联邦制,司法独立。[1]

《目标决议》提出的宪法原则,体现了真纳生前的部分治国思路,尤其是在伊斯兰教精神的宣扬和少数群体利益的保护方面。但是,真纳的辞世,使世俗派的影响力受到了削减,虽然他的继任者们力图坚持真纳的主张,但也不得不在一定程度上向现实的阻力妥协。这体现在决议虽然没有满足传统派提出的巴基斯坦应成为伊斯兰教国家的要求,但是国家主权归真主所有的明确规定,实质上确立了伊斯兰教在国家政治中的绝对主导地位,也不可避免地将非伊斯兰教信仰群体置于伊斯兰教信徒之下。

决议对"世俗"避而不谈,为宗教对政治的渗入提供了机会;并且,《目标决议》仍留下许多关键问题没有解决。例如对于如何处理伊斯兰教教法与国家法律的关系问题没有明确说明;对伊斯兰教不同派别的地位也没有规定,为教派矛盾留下了隐患。

向传统派妥协的《目标决议》给了非穆斯林群体以沉重打击,让传统派看到了巴基斯坦成为伊斯兰国家的希望。迫于传统派的压力,制宪议会基本原则委员会任命了一个由知名宗教学者组成的"伊斯兰教义顾问委员会",其目的在于商讨制定出一部能反映正统派宗教学者观点的宪法。宗教学者参与国家宪法的制定,无疑助长了宗教势力干预政治的风气。1951年,31名由逊尼派和什叶派组成的著名乌里玛代表团提出巴基斯坦伊斯兰计划,要求巴基斯坦在政治、经济、文化等领域全面实行伊斯兰化。

1951年10月总理利亚格特遭阿富汗人暗杀,这使巴基斯坦的政局更加动荡。阿赫默迪亚教派问题在利亚格特时期还能得到控制,但在他

---

[1] "The Objective Resolution," the Annex, Article (2A), The Constitution of Pakistan, See http://www.pakistani.org/pakistan/constitution/annex_objres.html

去世后,教派之争由此还引起了总督与总理之争。总督与制宪会议的争端导致了成立7年之久的制宪会议在未制订出宪法前便遭解散。1955年,巴基斯坦才重新组成了第二届制宪委员会,1956年巴基斯坦首部宪法才正式生效。宪法确立了"巴基斯坦伊斯兰共和国"为国名,议会制为政体。并且再次重申了《目标决议》的主要原则,强化了伊斯兰教在政治生活中的主导地位,规定只有穆斯林才能担任国家元首或政府首脑。这再次证明了世俗派向传统派的妥协,并且依然没有明确阐明伊斯兰教在巴基斯坦政治中的地位和作用。

(2) 真纳宪政思想的缺失

在巴基斯坦建国之初,传统派在国家政治中并未占有重要地位,以巴基斯坦伊斯兰教促进会为代表的宗教势力参与政治选举也是在宪法实施之后。然而究竟是什么力量使世俗派不得不向传统派妥协呢?我们认为,与其说世俗派是向传统派妥协,不如说是受限于巴基斯坦的宗教立国思想。真纳虽然发展了"两个民族"理论,但是他的国家观念却基于西方的民族国家理论,伊斯兰教是他为印度穆斯林争取独立家园的理由,是塑造印度穆斯林对国家的认同基础。正如美籍巴裔学者阿素福·胡赛因的概括,真纳对伊斯兰教作用的理解主要基于三个层面:"1.作为一种宗教体系,其中心教义就是一视同仁地确认其信徒皆为穆斯林(信仰);2.作为一种文化体系,其生活方式可以使全体穆斯林统一于一个民族国家之中(统一);3.作为一种意识形态,其价值观念可以使穆斯林社会化,从而结成一个政治共同体(准则)。"[①]因此,实事求是地说,真纳及他领导的穆盟只是在独立运动中看到了伊斯兰教充满凝聚力的一面,却没有能预计到以政教合一为基本特征的伊斯兰教在巴基斯坦建国后会对国家政治产生重大影响,因而在建国之初也没有及时提出解决政治与宗教矛盾的具体与明确的方案,他的过早离世更使这种思想缺失成为无法补救的遗憾。

这种缺失为巴基斯坦政局的稳定埋下了很大的隐患。一方面,这种缺失为巴基斯坦的伊斯兰政治化与政治伊斯兰化提供了发展空间。1953年,旁遮普爆发的反对阿赫默迪亚教派的骚乱很快演变为政治斗争。阿赫默迪亚教派的创始人阿赫默迪因否认穆罕默德是"封印使者",因此遭到正统派的不满。在真纳和利亚格特时代,世俗派们对阿赫默迪教派采

---

[①] [美]阿素福·胡赛因:《从民族体到乌玛:伊斯兰教在巴基斯坦的斗争》,《南亚译丛》,1981年第4期,第22页。

取宽容态度,在政府工作中也并不排斥该教派信徒,有的还委以重任,如巴基斯坦的首任外长穆罕默德·扎法乌拉·汗(Muhammad Zafarullah Khan,1893—1985)就是该派信徒。但是利亚格特去世后,由于缺乏有力的领导,教派矛盾开始激化,传统派要求像扎法乌拉·汗这样的官员都应被清除出政府部门。双方的矛盾升级为暴力冲突,为了平息骚乱,联邦政府不得不在拉合尔实行军事管制。传统派在这次事件中,认识到了伊斯兰教作为政治武器的强大威力,这给了他们以新的斗争思路。阿里·布托时期,在1973年新修改的宪法中,首次将伊斯兰教立为国教,伊斯兰促进会和伊斯兰乌里玛协会等伊斯兰教组织的势力也在政治影响力上逐步增强。到了齐亚·哈克的军权政府时期,他否定西方民主,开始推行政治、经济、文化教育等领域的全面伊斯兰化。一场莫名的空难虽然结束了齐亚·哈克的生命,但却无法阻止巴基斯坦伊斯兰化的负面影响。其中,突出的表现为遍地的宗教学校,不仅使大批巴基斯坦青少年失去了学习现代科学知识的机会,还为宗教极端主义势力铺设了温床,不少宗教学生被训练成为恐怖主义者。另一方面,它使伊斯兰教逐渐沦为政治斗争的工具。以阿尤布·汗的军管时期为例,他曾试图推行伊斯兰现代化改革,要把巴基斯坦带向世俗化的发展道路。他取缔了"伊斯兰教促进会",在1962年颁布的宪法中将国名改为"巴基斯坦共和国",体现了"去伊斯兰化"精神。但他的一系列做法遭到了伊斯兰传统派的强烈反对,政府不得不对宪法进行修正,恢复了原有国名,并重申今后立法不得与《古兰经》和伊斯兰教教义相悖。1965年,阿尤布·汗为阻止真纳妹妹法蒂玛参加巴基斯坦总统选举,联合了伊斯兰教宗教组织以妇女参政违背伊斯兰原则反对她参加选举。

2. 曲折的民主之路

(1)"民主"政府与"军管"政府交替

真纳为巴基斯坦设计了一条议会民主制道路,但是独立后的六十多年历史证明,这条道路充满了荆棘与坎坷。1947年至1958年,巴基斯坦经历了总督指定和罢免总理的过程,十年间七易总理,政府第一部宪法难产和短命;1958年至1969年,陆军总司令阿尤布·汗、叶海亚·汗执掌国家大权;1969年至1978年阿里·布托实行"民主专制";1978年至1988年齐亚·哈克废除宪法,重新建立起军法统治;1988年至1999年谢里夫与贝·布托交替执政;1999年至2008年穆沙拉夫实行军管;2008年至今的几年间,贝·布托的丈夫扎尔达里几度面临执政危机。

巴基斯坦仿佛进入了一个历史怪圈,在所谓的"民主"政府与军管政府间十年一轮回。"民主"政府无法长期维系,军管政府也不断地在"民主"的呼声中下台。尽管政治民主化改革一直以来是巴基斯坦人民的追求,但是前景依然不容乐观。

(2) 真纳未完成的理想:国家认同

与近邻印度相比,巴基斯坦与印度同样接受了议会民主制这一英国的政治遗产,为何印度的民主能得以持续而巴基斯坦却不能呢?

前文中提到的由政教矛盾引起的国体之争是原因之一,它造成了巴基斯坦制宪的延宕,推迟了民主议会制的施行时间。而这延宕的十年,却是一个新生国家民主制度确立的黄金期,错过了这个时期,就像错过了一个儿童的成长期一样,一个年幼发育不良的儿童,很难实现日后的健壮。对比印度,虽然政教矛盾在印度也存在,但是尼赫鲁在治国之初就明确地为印度奠定了世俗主义和民主主义的基础,1949 年就通过了第一部宪法,并且通过尼赫鲁 20 余年的执政,这两大基础得到不断巩固,因此政教矛盾并不足以动摇印度的民主道路。

另一重要原因在于巴基斯坦人缺乏对国家的认同,这也正是真纳生前的忧虑之一。真纳和继任者利亚格特去世后,巴基斯坦迅速陷入了地方政治集团的争斗中。巴基斯坦东西两翼相距遥远,又有印度相间其中,这一特殊的政治地理本来就给国家的治理带来了很大的难度,需要东西双方的共同合作。然而西翼的旁遮普与东翼的孟加拉之间由于文化传统的差异,缺乏彼此的信任,始终无法实现合作,而是为了各自的集团利益在政治上相互打压。这种斗争最终酿成东翼在 1971 年正式脱离巴基斯坦,成立孟加拉国的局面。孟加拉独立后,以布托家族为代表的信德贵族与以谢里夫家族为代表的旁遮普贵族雄踞巴基斯坦政坛,虽然他们都鼓吹民主,但是受传统封建思想、家族利益的牵制,很难推行真正民主的政策。而巴基斯坦军队在面对政局不稳时,往往将自己视为国家的拯救者而出面干政。正如学者叶海林所说:"打着民主旗号的权贵要的是恢复社会等级,而'反民主'的军队将领却在推行社会平等,这是巴基斯坦民主的最大悖论,也是民主制度运行困难重重的关键原因……"[①]除了家族政治集团,地方自治主义在巴基斯坦更是盛行,俾路支人和帕坦人始终缺乏对巴基斯坦这个国家的认同。俾路支人在独立前并不属于英属印度,而是

---

① 叶海林:《吹过开伯尔的风——理解巴基斯坦》,山东大学出版社,2010 年版,第 25 页。

属于英属俾路支，但基本属于自治的状态，划入巴基斯坦后它的部落势力从未停止过分离主义活动。西北边境尚武好战的帕坦人，又称普什图人，也一直维持着部族的生活传统，国家的法律在这里基本不适用。

在建国运动中，伊斯兰教作为民族认同的唯一标准为印度穆斯林赢得了巴基斯坦，但是这种建立在宗教基础上的民族认同在世俗的权力争斗与利益分配中却失去了作用。真纳在建国之初就强调平等的公民观念正是试图将民众从这种建立在宗教民族主义基础上的认同引向对巴基斯坦民族的认同上，只有实现这种过渡，巴基斯坦才能真正走上民主政治的道路。然而，他却没有足够的时间来领导巴基斯坦完成这种国家认同的过渡。

3. 回归真纳精神

巴基斯坦自建国以来，命运多舛。印巴分治、印巴战争、孟加拉独立、十年一发作的"民主病"等严重影响了巴基斯坦政治、经济、文化的发展。但不可否认，巴基斯坦是一个顽强的国家，虽然屡遭打击，却依然昂首向前。与立国时相比，巴基斯坦的工业化进程取得了很大的进步，服务业发展迅速，经济有了明显的增长；同时，巴基斯坦的国民素质也获得了一定的提高。"1947年，巴基斯坦人的识字率只有10%，人均寿命只有三十出头。到21世纪初，虽然在西北边省和俾路支的部族地区，有大量女性未受过教育，不过一些地区的识字率已经达到五成。"①政治发展上，民主议会制道路依旧曲折，政教矛盾依旧存在，但巴基斯坦始终在朝向真纳开创的现代民主国家的目标迈进。

然而，取得的成就不能掩盖存在的问题。"9.11事件"后，时任总统穆沙拉夫在美国的压力下，与阿富汗塔利班政府决裂，支持美国打击阿富汗塔利班和"基地"组织，巴基斯坦进入了"反恐时代"。这使巴基斯坦面临更为复杂的国内与国际环境。很多巴基斯坦民众认为反恐战争是美国发动的反穆斯林战争。巴基斯坦的西北地区成为反恐的战场，恐怖主义丛生。穆沙拉夫辞职后，扎尔达里任总统，却受洗钱指控困扰至今。前总理吉拉尼因拒绝调查扎尔达里腐败案而被最高法院判处藐视法庭罪下台。新任总理阿什拉夫上任不久便收到最高法院的逮捕令，起因还是腐败。接二连三的腐败丑闻，加之经济发展缓慢、能源短缺严重、安全形势严峻使巴基斯坦民众对政府失去信心，示威游行活动时有发生。

---

① 《巴基斯坦史》，第16页。

巴基斯坦今后的道路该如何走？没有人能给出一个确切的答案。但是，如果巴基斯坦的政党领袖能回归真纳提出的"团结（Unity）、信念（Faith）、纪律（Discipline）"[①]的三字箴言精神，摒弃地方主义、集团主义、部族主义，真正站在国家立场上思考问题、解决问题，也许腐败现象、官僚主义作风等危害巴基斯坦发展的毒瘤就能够得到铲除。如果巴基斯坦的国民能够充分认同真纳一直强调的作为巴基斯坦人的光荣与使命，也许分离主义、恐怖主义、宗教极端主义的阴霾将不再笼罩在巴基斯坦的上空。

---

[①] "Speech in Reply to the Address Presnted by the Students of Islmia College, Peshawar, April 12,1948", in *Speeches, Statements & Messages of the Quaid-e-Azam*, Vol. 4, pp. 2747.

# 第六章　伊斯兰教对南亚现代政治的影响

## 第一节　印度民族独立运动中的伊斯兰教

英国对印度殖民统治的百年,是在政治上对印度压迫、经济上掠夺和文化上渗透的百年,也是印度文明同西方文明冲撞、激荡和交融的百年,从而孕育了印度的民族主义思想和民族独立运动。纵观印度民族独立运动的发展进程,伊斯兰教一直是穆斯林维护自身利益的有力思想武器。伊斯兰教唤醒了印度穆斯林的民族意识,动员穆斯林参与和支持民族独立运动发展,使包括广大穆斯林在内的印度人民最终摆脱英国对印度的殖民统治,赢得了国家独立和民族解放。但印度穆斯林与印度教两大群体的教派冲突在印度民族独立进程也同时增长,致使印度穆斯林群体最终走上了分离的道路。如何全面、客观地认识伊斯兰教在印度民族独立运动中的作用,是研究南亚伊斯兰现代进程必须面对的课题。

### 一、穆斯林分离运动

英国对印度的征服及其殖民统治,带来印度文化与西方文化的交融,印度民族意识不断增强,独立运动兴起。但穆斯林群体和印度教两大群体不同境遇,致使其相互矛盾也在发展,穆斯林分离思想开始萌发。

1. 印度民族意识的萌发

18世纪中叶开始,英国加紧对印度的殖民渗透和侵略。1757年,英国军队在普拉西战役中大获全胜,东印度公司开始控制孟加拉。在此后近100年的时间里,东印度公司通过军事手段和政治阴谋等方式,逐步征服了整个南亚次大陆,并在政治、经济、社会、文化教育等方面采取了多种措施,不断改造和西化印度,巩固对印度殖民统治。英印总督丙丁克在谈到其使命时曾说过"要在印度建立一个帝国,使其在亚洲立足,像欧洲国家敬仰英国那样受到亚洲各国的敬仰"①。殖民者采取的措施包括：建立和完善行政和司法机构、改革地税制、大力发展交通运输设施等。但最重要的还是在思想文化领域推行适应英国对印度殖民统治需要的教育、社会改革。

首先，推广英语教学和开办现代学校。出于培养为殖民服务人才的需要，英印殖民统治者提出，"我们必须努力造就一个阶层，沟通我们和我们统治的千百万印度人。这一阶层，尽管血统和肤色是印度人，但趣味、观点、道德和智能上却是英国人"②。对于在印度推广西式教育，英国国内也并非没有争议。特别是在刚刚经历了美国独立之后，许多人担心印度的"西化"也会最终导致其政治上要求独立。但在这一问题上，英国政府表现出了足够的"远见"："任何政策都不能防止当地人最终寻求政治上的独立。一个受我们训练并享受着幸福和独立、具有我们知识和实行我们政治制度的印度，将成为英国善意的丰碑。"③

第二，传播基督教。英印殖民统治早期，为了避免引起宗教对立，殖民统治者并不支持传教士在印度的传教活动。但从19世纪初开始，英国在印度的统治日趋巩固，英印殖民政权开始允许传教士的活动。基督教传教士怀着对改造印度的冲动，积极推行对印度的"基督教化"。不少英印殖民政权的官员也怀有一种"种族优越感"和使命感，希望通过传播基督教，能够把印度从"堕落和肮脏的偶像崇拜中拯救出来"。传教活动一般伴随着兴办学校和办报活动，对推动殖民当局实行西方教育发挥了积极作用。基督教在印度的传播，同时也帮助了一批信奉基督教的印度知识分子推行印度教改革运动，带动了不少印度下层人民，特别是南印度地区不少低种姓的印度教教徒改宗基督教。

第三，推动社会改革。英印殖民统治者长期以来对印度教传统的一些习俗十分不满，认为"萨蒂"（印度教的寡妇殉葬制度）、活人陪葬、溺杀女婴等印度教习俗是愚昧和落后的表现。因此，这些陋习一直受到基督教传教士的抨击，一些开明的印度教知识分子也不反对殖民当局采取措施，推行社会改革，予以禁止和消除这些习俗。1829年，总督丙丁克颁布

---

① Sir Penderal Moon, *The British Conquest and Dominion of India*, New Delhi, India Research Press, 1999, p. 450.
② Ibid., p. 466.
③ Ibid., p. 468.

## 第六章 伊斯兰教对南亚现代政治的影响

法令禁止在英印地区实施"萨蒂"。法令规定,任何违背寡妇个人意愿,以焚烧或活埋等方式强迫寡妇殉葬是犯罪行为,将受到刑事处罚,甚至极刑。此后,殖民当局还颁布相关法律,规定寡妇改嫁不受干涉。另外,还相继废除了奴隶制和溺杀女婴等各种陋习。

第四,放松对新闻的管制。随着英印殖民政权地位的逐步巩固,受英国国内新闻自由化的影响,在印英国人要求殖民当局给在印度英国媒体新闻自由、放松对其报道和活动控制的呼声越来越大。他们认为,"新闻检查实际上是不允许媒体批评印度教的丑陋,允许其随意宣扬迷信思想"[1]。他们的这些要求反映了英国自由派人士、商人和传教士的政治要求。英印殖民当局从19世纪初开始放松对媒体的控制,并逐步取消了对新闻的管制措施。

英国殖民当局的上述措施,其主要目的就是为了显示"西方制度和统治方式优于印度,就像西方武器威力比印度的更加强大",希望通过促进印度进行西方式的改革,巩固对印度的殖民统治。但这些社会改革措施,客观上促进了印度文化与西方文化的交融,对印度政治、社会、思想发展进程产生了深刻和长远的影响。

英国殖民统治者进入印度次大陆前,印度是一个民族意识相对淡漠的国家。对印度次大陆的居民而言,印度仅是一个地理概念。[2]印度历史上多次遭受外族入侵,多次被异族统治。对印度许多土邦王公和普通百姓而言,英国人可能只是一个新的入侵者。英国的殖民统治给他们带来的只是生活方式上的变化。[3]这也是当年印度上下面对东印度公司的武力征服和殖民统治,无法形成明确的抵御外侮观念,不能团结一致,共同对外的原因。

印度教教徒和穆斯林是生活在印度次大陆的两个最主要的群体。印度教教徒和穆斯林无论在意识形态,还是生活方式都有明显差异。他们的政治、经济、社会地位和处境也迥然不同,因此对英国的殖民统治的态度是有差异的。对印度教而言,英国殖民统治者只是取代了穆斯林统治。他们在政治上能接受英国的殖民统治,而且一直在努力适应。英国对印

---

[1] *The British Conquest and Dominion of India*, p.484.
[2] Ayesha Jalal, *Partisans of Alla: Jihad in South Asia*, Lahore: Sang-e-Meel Publications, 2008.
[3] Ibid., p.27.

度进行殖民统治之前,穆斯林是印度的统治阶层。他们对被英国殖民统治取代,失去了统治地位,抵触情绪十分强烈,不愿去适应形势变化,学习西方文化。

英国殖民统治当局支持传播基督教、推行社会改革的政策,使印度教教徒和穆斯林感受到了英国殖民统治给印度带来的宗教和文化冲击,他们担心英国要对印度进行"基督教化"。部分受西方文化影响的印度教知识分子积极开展印度教的启蒙运动,推行宗教改革,力图实现印度教文化的复兴。穆斯林群体则开展伊斯兰教纯洁运动,试图拯救伊斯兰教。这些活动都为印度教民族主义进行了思想准备。但是,印度民族意识的萌发和发展,是根植在宗教这一土壤之中的。印度是一个宗教感情强烈的国家,印度民族独立运动因此一开始就打上了宗教这一深深的烙印。印度政治社会的这一特性,特别是民族主义的强烈宗教性,贯穿了印度民族独立运动的始终,成为影响印度教和穆斯林两大群体关系的重要因素之一。

2. 1857—1859 年印度民族大起义

1857—1859 年,印度发生了持续两年的全国性的反英起义兵变。在这场反对英国殖民统治的民族战争中,印度教和穆斯林两大群体联手武装反抗英国对印度殖民统治。印度民族大起义有着复杂和深刻的政治、经济背景,是英国殖民统治者与印度人民民族矛盾激化的反映。但是,大起义最直接的诱因却是英国殖民统治文化影响,特别是社会改革措施引发宗教对立情绪加剧,伤害了宗教感情,印度教和穆斯林两大群体都视英国的殖民统治为宗教压迫,两大群体在反抗英国殖民统治的大旗下结成统一战线。①

印度民族大起义对英国殖民统治的沉重打击,也是对印度民族主义思想的进一步动员。英印殖民当局意识到,无论采取什么方式也无法真正西化印度;印度知识分子也认清了英国殖民统治的真面目。彼此开始重新思考和调整策略,1858 年 8 月,英国议会通过《印度政府法》,英国人决定完全取消东印度公司在印度的政治权力,改由英国政府直接统治。英国从此开始了 90 年的直接殖民统治。

英国政府直接对印度进行殖民统治后,开始改变统治策略。英国殖民当局一方面实行有限的放权,在政治上拉拢和安抚印度的上层阶级。

---

① *The British Conquest and Dominion of India*, pp. 665—676.

## 第六章 伊斯兰教对南亚现代政治的影响

英国殖民当局政策调整的重点是在印度推行宪政改革。1861年当局实行立法会议,第一次允许印度人参加立法会议。与此同时,英国殖民当局还不断建立和完善在印度的各级市政机构,推行地方政府地方化,由当地人管理地方公共事务。另外他们还推行法律体系的改革,包括引进了文官制度。在文化领域内,英国基本放弃推行基督教化,放慢社会改革步伐,手段更加隐密,主要通过推广西方教育,而不是推行基督教化等刺激性政策。

印度民族大起义中反抗最激烈的地区是北部和中部地区穆斯林聚居区。英国殖民统治者意识到,防止印度发生民族反抗和压迫,特别是为了强化对印度的统治,应有效利用印度教和穆斯林两大群体的矛盾,特别应通过重点打压穆斯林群体来实现。1884年,总督杜富林爵士就任伊始,便邀请印度教领导人成立一个全印政治组织,作为英国殖民当局和印度上层的联系渠道,加强对印度民族独立运动的引导和控制。

英国对印度殖民统治战略的转变,以及英国殖民统治者"分而治之"政策,对印度民族独立运动产生了重大影响,使印度教和穆斯林两大群体将可能面临不同的命运。英国殖民统治方式的改变,也让印度社会精英看到了通过和平与非暴力方式争取权力的可能性,暴力反抗也从此不再成为印度民族独立运动的主流。面对参政扩大权力的前景,特别是宪政改革后两大群体的不同命运,印度教教徒和印度穆斯林的分野加大。两大群体在积极参与的同时,开始考虑自身的命运。对穆斯林群体而言,更为迫切的问题是:印度教群体的优势在进一步扩大,如何在新的政体中维护自身的利益,避免被多数派统治,已迫切地摆在了自己面前。

3. 穆斯林分离思想的孕育

面对大起义失败后的形势以及印度教复兴势头的冲击,为了维护穆斯林利益,复兴伊斯兰教,弘扬伊斯兰文化,印度穆斯林知识分子中兴起了改良主义思潮,对印度穆斯林开展思想启蒙活动。他们成立各种社团和协会,就印度穆斯林的地位、印度社会改革等问题进行讨论,推动伊斯兰教改革。他们主张伊斯兰教各派应该相互尊重,平等相待;呼吁穆斯林与印度教教徒建立平等、和睦友好的关系。

赛义德·艾哈默德·汗是印度穆斯林启蒙运动的代表人物之一。艾哈默德·汗首先强调印度穆斯林应与英国殖民统治者加强合作,主张通过学习西方科学与文化思想,吸取西方的营养,使伊斯兰教适应现代化要求。艾哈默德·汗大力兴办现代教育,倡导穆斯林学习英语,同时提倡穆斯林用乌尔都语写作,加强同穆斯林下层群众的交流。艾哈默德·汗还认为,印度穆斯林应该在平等基础上加强同印度教教徒的团结。赛义德曾说,印度像一个美丽的新娘,印度穆斯林和印度教教徒是她的两只眼睛,但这两只眼睛必须发出同样明亮的光芒。①

印度穆斯林启蒙运动的主要目的是维护和改善广大穆斯林的政治和经济地位。但是,随着印度民族独立运动的深入,特别是印度国大党宪政改革等政治主张的提出,艾哈默德·汗意识到,印度穆斯林在人口和受教育程度等方面的差距,国大党的政治主张无法保障印度穆斯林利益。与此同时,印度教复兴运动中一些极端思潮也引起了穆斯林领导人的警觉和疑虑。印度教复兴运动把矛头对准穆斯林,有些领导人主张纯洁印度教,使改宗伊斯兰教或基督教的印度教教徒重新信奉印度教。印度教一些文学作品也宣扬反穆斯林思想。19世纪90年代穆斯林与印度教教徒因语言问题发生冲突,在此前后,一些城市穆斯林和印度教教徒之间又爆发大规模教派主义冲突,也加剧了印度教与穆斯林两大群体的对立。

在这种背景下,艾哈默德·汗等穆斯林领导人认为,印度穆斯林必须强化自我认同。他们提出,穆斯林与印度教教徒宗教信仰不同,语言文化各异,生活习俗对立。因此,印度穆斯林是一个不同于印度教的单独实体,与印度教构成两个不同民族的思想。"两个民族"理论标志着印度穆斯林开始把教派利益和民族利益并列,甚至置于民族利益之上的动向。此后,印度穆斯林开始成立自己的政治组织,不断强化其维护穆斯林利益代言人的政治目标和主张。1909年,英国殖民当局通过《印度立法会议法案》,接受了穆斯林群体为单独选区的要求。1919年通过的《印度政府法》把印度穆斯林、印度教等宗教群体单独列出选区,标志着印度穆斯林组织的政治主张被英国殖民当局接受,穆斯林分离运动开始成为印度民族独立运动中的一条支流。

## 二、建立穆斯林家园

在印度民族主义思潮兴盛和发展的同时,宗教民族主义,特别是教派主义也在发展,印度教和穆斯林两大群体矛盾不断激化。穆斯林联盟的

---

① Khalid bin Sayeed, *Pakistan, the Formative Phase*, 1857—1948, Oxford University Press, 1968, pp.17—18.

## 第六章 伊斯兰教对南亚现代政治的影响

成立以及巴基斯坦的诞生,致使印度穆斯林群体最终走上了分离的道路。

1. 全印穆斯林联盟和印度民族独立运动

1906年12月,穆斯林领导人利用在加尔各答举行全印教育会议之机,召开政治会议,成立了全印穆斯林联盟。翌年12月,穆斯林联盟通过章程,选出了中央理事会和领导人。穆斯林联盟是在印度国大党影响不断扩大、穆斯林群体要求整合力量,建立一个代表印度穆斯林利益的全国性政治组织的呼声高涨背景下建立起来的。穆斯林联盟宪章明确表示,其宗旨是维护印度穆斯林的利益,重点是争取单独选举制。"穆斯林联盟"成立大会通过的第一个决议提出了穆斯林联盟的三大宗旨:一是增强印度穆斯林对英国殖民当局的忠诚感,二是维护印度穆斯林的政治利益,三是推动穆斯林和其他群体间的了解。[1]穆斯林联盟成立后,拯救处于"处于危险之中的伊斯兰教"一直是其宣传和发动群众的主要口号。

穆斯林联盟成立正值"孟加拉分割"事件风起云涌之时。英国殖民当局企图通过"分而治之"的方式,维护对印度的殖民统治,缓解和穆斯林的矛盾遭受失败。穆斯林领导人从事件的整个过程得出结论,认为英国殖民当局不完全可靠,也不可信。部分温和派领导人提出,印度穆斯林不能完全依靠英国殖民统治者来保障自己的利益,他们开始把目光转向印度国大党,提出要加强同印度教团结的问题。

实际上穆斯林联盟自成立之日起,就始终面临着如何与国大党相处的问题。印度国大党成立于1885年,宪章规定是印度民族主义政党,不分宗教、种族、地域,其宗旨是推动民族团结,促进印度民族进步发展,是代表全印度民族利益的民族政治组织。不少穆斯林参加了国大党,一些穆斯林当初还在国大党担任了领导职务。然而,国大党内部印度教教派主义思想严重的势力忽视对穆斯林群体的利益,使广大穆斯林望而却步。

在穆斯林联盟领导人积极推动和国大党合作之时,第一次世界大战爆发了。意大利等西方帝国主义国家进攻奥斯曼土耳其,英国逼迫印度军队参与屠杀穆斯林的战争。面对西方帝国主义的威胁,穆斯林联盟同情奥斯曼帝国,发动"哈里发运动"和泛伊斯兰运动。穆斯林联盟内部温和派主张同国大党加强合作,共同争取民族独立。他们通过同国大党领导

---

[1] *Pakistan, the Formative Phase*, 1857—1948, p. 30.

人私下接触和交流,积极推动两个组织的团结合作。① 1915 年,两大组织同时在孟买举行年会。1916 年,双方经过谈判和妥协,终于达成了《勒克瑙协定》。协定提出了实现印度自治,扩大立法议会权限,增加民选代表名额等一系列政治要求。协定还接受了穆斯林联盟关于实行穆斯林单独选举制的政治主张。《勒克瑙协定》在一定程度扩大了穆斯林在立法会的代表数。而真纳因为在推动《勒克瑙协定》方面发挥的重要作用,赢得了印度穆斯林和印度教"大使"的美誉。②

穆斯林联盟和国大党第一次实现合作后不久,就迎来了重大考验。国大党在"哈里发运动"中与穆斯林合作,穆斯林联盟积极参与和支持甘地等国大党领导人发起非暴力"不合作运动"。两大组织的团结合作达到高潮。穆斯林还曾一度主动放弃宰杀母牛,并允许印度教领导进入德里的伽马清真寺演讲。"哈里发运动"和非暴力"不合作运动"是穆斯林和印度教两大群体继 1857—1859 年大起义后再次合作,说明受西方教育和影响的穆斯林和印度教上层人物和精英共同面对英国殖民统治,能够从维护印度民族利益和各自利益出发,进行合作,达成妥协。

但是,随着独立运动的发展,宗教问题与政治问题纠缠加深,宗教认同和文化分歧再次凸显。穆斯林联盟一方的群众运动在反对殖民统治的同时,也出现了反对印度教群体的苗头。特别是随着"哈里发运动"的深入,加上一些印度教地方势力帮助英国殖民当局镇压"哈里发运动",穆斯林群众中出现了反印度教倾向,甚至对印度教教徒进行迫害,强迫他们改宗伊斯兰教等事件,引起印度教教徒宗教对立情绪加剧,两大组织之间矛盾和分歧越来越大。

国大党领导人从"哈里发运动"中看到,穆斯林参与印度民族独立运动是为了维护伊斯兰教地位和穆斯林群体的利益;他们狂热的宗教情绪和强烈的泛伊斯兰情绪,使他们们担心,穆斯林的斗争矛头不仅仅指向英国殖民当局,还可能指向印度教群体。印度穆斯林也从"哈里发运动"的失败中得出结论,印度教也不可靠,与印度教教徒合作也没有出路,必须

---

① 穆斯林联盟和国大党两个组织领导人当时交往密切,甚至发生了 1915 年年会期间两个组织代表在赴会途中错拿对方发言稿的逸闻。参见 *Pakistan, the Formative Phase, 1857—1948*, p. 39.

② Sarojini Naidu, *Mohammad Ali, an Ambassador of Unity: His Speeches and Writing, 1912—1917*. With a biographical appreciation by the author, Madras, Ganesh, 1918 转引自 *Pakistan, the Formative Phase, 1857—1948*, p. 41.

## 第六章 伊斯兰教对南亚现代政治的影响

依靠自己。加上,国大党内部斗争加剧,印度教教派主义思潮抬头。部分国大党强硬派面对自己一方处于多数的优势,坚持印度独立主张。穆斯林联盟和国大党在立法委员会的议席分配问题上的矛盾也开始激化,动摇了合作基础。

1935年通过《印度政府法》后,英国殖民当局开始认真考虑进行权力移交。这一宪政变化,更加剧了印度教和穆斯林两个群体的矛盾,并导致两大群体在各地的教派矛盾尖锐化。涉及两大群体的任何矛盾和具体问题如饮食习惯、生活习俗等因素引发的冲突接连不断,宗教对立和冲突日益加剧。穆斯林联盟进一步强化了政治诉求,提出了任何宪政改革必须按群体(印度教和穆斯林),而不是按人口比例进行的主张。但国大党仍然坚持原来的主张,反对实行单独选举制。随着英国结束在印度殖民统治日期的临近,国大党和穆斯林联盟两大政治组织的分歧已经无法弥合了。

### 2. 建立穆斯林家园

19世纪80年代赛义德·艾哈默德·汗"两个民族"理论提出后,虽然印度穆斯林内部对是否应该争取建立单独的政治实体争论不休,但是,穆斯林单独立国的思想仍占上风。1930年,穆斯林思想家伊克巴尔在穆斯林联盟年会上发表讲话,系统、全面地阐述了对伊斯兰教和民族主义的看法。伊克巴尔在讲话中明确提出,印度穆斯林已经成为了一个界限清晰并具备自身道德意识的民族。伊克巴尔宣布,"我愿意看到旁遮普、西北边境省、信德、俾路支斯坦合并为一个单独的国家(state)"。伊克巴尔认为,这是印度穆斯林,至少是西北印度穆斯林"最后的归宿"①。伊克巴尔提出的印度穆斯林建国的思想,成为了巴基斯坦立国的指导思想。在这一思想的鼓舞下,1933年剑桥大学印度学生乔杜里·勒赫迈德·阿里等人提出取国名为"巴基斯坦"的建议。还有一些印度穆斯林领导人也对未来穆斯林的政体提出了不同的构想,不断影响着穆斯林联盟的政治纲领。

1936年真纳担任穆斯林联盟主席后,提出有条件地和国大党开展合作的思想。随着英国殖民统治在印度行将结束,穆斯林联盟和国大党加紧就印度的未来进行谈判,但终未达成协议。1940年3月,穆斯林联盟

---

① Latif Ahmed Sherwani, ed., *Speeches, Writings and Statements of Iqbal*, Iqbal Academy Pakistan,1995, pp.10—11.

在拉合尔通过《巴基斯坦决议》。决议确认了"两个民族"的理论,提出了建立巴基斯坦国的政治主张。决议表明,印度穆斯林政治斗争的目标开始发生根本变化,他们从抗议印度教教徒对穆斯林不公正的待遇,变成要求一个独立的政治实体。虽然此后穆斯林联盟和国大党仍然进行接触,就联邦制等问题讨价还价,但印度穆斯林独立建国的步伐已经迈开,再也不会止步了。一个以伊斯兰教立国的理想即将变成现实。

### 三、宗教的作用和产生的问题

伊克巴尔在全印穆斯林联盟年会上说过:"我从穆斯林历史中获得的一个教训是,在他们面临危机的关键时刻,是伊斯兰教拯救了穆斯林,而不是穆斯林拯救了伊斯兰教。"[①]纵观印度民族独立运动的发展进程,伊斯兰教在唤起印度穆斯林的民族意识,动员穆斯林参与和支持民族独立运动发展发挥了积极的作用,使包括广大穆斯林在内的印度人民最终摆脱英国对印度的殖民统治,赢得了国家独立和民族解放的思想武器。

伊斯兰教首先帮助印度广大穆斯林群众提高了对民族文化的自信心。英国对印度长期殖民统治带来的文化冲击,使包括印度穆斯林在内的印度人民对自己的文化和传统丧失了自尊和信心。穆斯林诗人哲学家伊克巴尔利用诗歌赞美伊斯兰历史文化,追溯阿拉伯帝国和奥斯曼帝国当年的强盛,试图为当代穆斯林找回自信。穆斯林联盟其他领导人也经常利用伊斯兰教思想和精神来积极宣传和教育穆斯林民众,引导他们为恢复伊斯兰文化的辉煌而奋斗。

伊斯兰教成为印度穆斯林民族主义思想和理论的源泉。从西方现代的民族观看,印度穆斯林缺乏明确的认同,很难成为一个严格意义上的民族。[②]这不仅是因为他们之间存在着教派、地区、阶级、语言差异,更重要的是印度穆斯林内部矛盾尖锐,无法形成认同。事实上,印度穆斯林内部的巨大差异性,并不小于印度教与穆斯林两大群体之间的差异。[③]要确立

---

① Latif Ahmed Sherwani, ed., *Speeches, Writings and Statements of Iqbal*, Iqbal Academy Pakistan, 1995, p. 29.

② Francis Robinson, *Separation among Indian Muslims: The Politics of the United Provinces's Muslims*, 1860—1923, Cambridge University Press, p. 345.

③ Mushirul Hasan, ed., *India's Partition: Process, Strategy and Mobilization*, Oxford University Press, 2001, p. 5.

## 第六章 伊斯兰教对南亚现代政治的影响

印度穆斯林构成民族的认同,除了借助伊斯兰教别无他途。伊斯兰教成为巴基斯坦建国理念的出发点。这种建立在宗教而不是领土基础上的民族主义,是对西方民族主义思想的挑战,也是南亚伊斯兰现代进程中出现的一个极具争议的重要思想。

从20世纪20—30年代开始,随着印度民族独立运动的高涨,英国对印度殖民统治已经时日不多。印度穆斯林担心,一旦英国殖民统治结束,他们有可能遭受人口占大多数的印度教群体统治。这是聚集在印度北部的穆斯林精英最担心的结果,因为穆斯林作为少数派,其未来的政治、经济、文化利益无法得到有效的保障。因此,他们高举捍卫伊斯兰文化和穆斯林利益的大旗,推动印度穆斯林不论阶级、职业、地位,还是地区与语言属性,广泛参与巴基斯坦运动,把穆斯林联盟视为穆斯林民族利益的唯一代表。他们宣称,只有建立穆斯林自己的家园——巴基斯坦,才能弘扬伊斯兰文化,维护穆斯林利益。这场运动凝聚和团结了印度穆斯林各个阶层民众,甚至某些乌里玛等保守的穆斯林宗教人士也积极响应和支持穆斯林联盟的政治纲领和要求。

如果说伊斯兰教拯救了印度穆斯林,那么伊斯兰教却未能解决穆斯林群体分离后面临的所有问题。而正是这些问题后来一直困扰着巴基斯坦的建国过程。

印度穆斯林首先遇到的问题是宗教与政治的矛盾。对伊斯兰教而言,政治和宗教是不可分离的。穆斯林联盟虽然高举拯救伊斯兰教的大旗,宣传巴基斯坦运动,但其主要目标不是要成立一个全面实施伊斯兰法的伊斯兰国家。真纳等穆斯林联盟领导人对未来的巴基斯坦的国体并没有明确的设计。真纳对待伊斯兰教采取实用主义的态度,与参加巴基斯坦运动的乌里玛等伊斯兰宗教人士的态度形成鲜明对比。乌里玛要建立的是一个伊斯兰国家。正是出于这个原因,他们对巴基斯坦并不热心,甚至持反对态度。他们因此攻击真纳不是虔诚的穆斯林,违背了伊斯兰教的教义和利益。

第二个问题是现代与传统的矛盾。伊斯兰文化如何应对西方强势文化的冲击,重振昔日辉煌困扰着穆斯林。现代派主张引入西方教育,学习借鉴西方现代文化,使伊斯兰教适应现代化发展进程的思想,显然是同乌里玛等伊斯兰传统派对立的。是否需要对伊斯兰教进行改革,如何改革,是一切回归原旨,还是根据现代化的要求,创造性地改革伊斯兰教是两种思想和理念斗争的焦点。虽然在20世纪40年代巴基斯坦运动前后,这两大阵营为了维护穆斯林群体的整体利益曾达成妥协,但相互斗争和矛盾始终贯穿伊斯兰现代进程。

还有一个重要的问题是,印度穆斯林如何处理同印度教的关系。长期以来,印度穆斯林和印度教两大群体关系复杂,既有交融合作,也有矛盾冲突。伊斯兰教文化和印度教文化在相互影响和交融中发展。穆斯林和印度教两大群体合作与竞争,是形成印度民族和印度多元文化的基本元素。穆斯林分离主义思想的产生以及巴基斯坦的建立,不仅完全割裂了两大文化和群体的联系,还产生了两个相互对立的民族主义思想及建国理念。

独立的印度对穆斯林分离运动和巴基斯坦立国一直耿耿于怀。对印度来说,印巴分治和巴基斯坦立国只是偶发事件。巴基斯坦是当时印度国大党人期盼早日获得独立,英国殖民者在二战后急于甩掉包袱,以及印度国大党策略上的失误等一系列偶然事件所造成的结果。印度认为,印巴分治是个历史错误,印度终将重新统一,一个统一的"大印度"必将建立起来。印度还相信,他们奉行的世俗主义思想与建立在宗教基础上的穆斯林分离主义思想势不两立。巴基斯坦的存在,在意识形态上对印度在独立后维系民族统一和国家稳定构成最大的威胁。

毫无疑问,印巴分治和巴基斯坦的诞生,是南亚伊斯兰现代进程的一个新的阶段。在印度争取民族独立和自由的进程中,伊斯兰教唤醒了印度穆斯林群体的民族意识,拯救了印度穆斯林,帮助建立了巴基斯坦这一穆斯林的家园。伊斯兰教将在这个国家的建设中发挥怎样的作用?伊斯兰教将会在何种程度上影响巴基斯坦和印度之间的关系?这些问题的答案,不仅关系到印度和巴基斯坦两个邻国自身的发展,也关系到南亚伊斯兰现代进程的趋势和方向。

## 第二节 伊斯兰教和南亚国家建构

印巴分治以及印度和巴基斯坦的独立,是南亚伊斯兰现代化进程中的重大事件。伊斯兰教在这一历史性事件的发展过程中发挥了至关重要的作用,南亚伊斯兰现代进程进入了新的阶段。在这一新的历史时期,南亚穆斯林将首次面对如何独立建设现代国家,如何使伊斯兰教在政治、经济、社会文化生活中发挥作用等问题。这些问题都构成了对巴基斯坦,也包括后来独立的孟加拉国的现实性挑战。对印度而言,则是面临如何在

第六章　伊斯兰教对南亚现代政治的影响

坚持世俗主义政策同时,处理好教派关系,鼓励穆斯林这一特殊的少数群体尽快融入社会主流的挑战。

**一、巴基斯坦建国进程**

巴基斯坦是作为印度穆斯林的家园建立起来的,伊斯兰教理应占据主导地位。但独立60多年来,巴基斯坦国内对伊斯兰教在其政治和社会中的作用和地位却是充满着矛盾和分歧。

1. 世俗派与传统派的不同构想

作为一个新生的国家,巴基斯坦首先面对的是历史的尴尬。巴基斯坦国家的领土疆域同其建国思想的发源地有差异。穆斯林联盟和巴基斯坦运动的发源地在印度北部地区,穆斯林在印度北部地区属少数群体。从疆域看,巴基斯坦分东西两大部分,中间是印度,两部分相隔千里。东巴基斯坦和西巴基斯坦除了共同的宗教和从殖民地到独立国家的共同经历外,在语言、饮食、历史、文化乃至民族心理等方面都不尽相同。另外,印度并不愿接受印巴分治的现实,不少人认为巴基斯坦维持不了多少时间,印度早晚会重归统一。所以,巴基斯坦对外还面临一个具有强烈敌对情绪的印度。

独立后的巴基斯坦虽然97%的人口信奉伊斯兰教,但民众之间存在教派、地区、民族、语言等分野,其中族群构成尤为复杂,旁遮普族、信德族、普什图族和俾路支族各占一方。此外,还有从印度北部迁入的穆斯林移民,他们同当地民众能否顺利融合是一个未知的因素。巴基斯坦的穆斯林中,77%属逊尼派,20%属什叶派。此外,还有少数人信奉印度教、基督教等宗教。

意识形态是巴基斯坦建国过程中面临的另一个挑战。作为印度穆斯林的家园,伊斯兰教理应占主导地位,但伊斯兰教究竟在国家政体中占据什么地位,如何在法律上确定,世俗派和传统派在这些问题上展开了激烈的辩论。

以国父真纳为代表的世俗派坚持认为,巴基斯坦应建立一个现代的民族国家,伊斯兰教的作用和地位需要在这一框架内定位。1947年8月11日,即巴基斯坦独立前三天,真纳在巴基斯坦立法议会首次大会上发表讲话,为伊斯兰教在新生的巴基斯坦政治和社会生活中地位定下基调。在说到巴基斯坦的未来及其公民的信仰问题时,真纳说:"你们可以去寺庙拜佛,可以去清真寺做礼拜,你们可以去巴基斯坦任何地方追求你们的信仰。你们可以信奉任何宗教、教派。这些问题国家不会过问。""我们应该把世俗化作为我们的理想。经过一段时间后,你们会发现印度教教徒不再是印度教教徒,穆斯林不再是穆斯林。当然这不是在宗教意义上讲,因为这是个人信仰问题。在政治上,印度教教徒和穆斯林都是一个国家的公民。"①

真纳的讲话表明,在新生的巴基斯坦,所有公民无论信仰什么宗教,在法律面前是人人平等的。巴基斯坦将是一个建立在西方现代民族国家政体框架上的现代民族国家。真纳当时并没有明确指出要在巴基斯坦建立一个伊斯兰国家。正是在这种思想指导下,真纳提出,制宪应考虑到伊斯兰教基本原则,但仍然强调巴基斯坦应实行民主代议制。

在印度民族独立运动中反对巴基斯坦运动的伊斯兰传统派对巴基斯坦有他们自己的构想。巴基斯坦最重要的宗教团体"伊斯兰促进会"创始人毛杜迪提出,巴基斯坦应奉行政教合一的体制。毛杜迪认为,伊斯兰教是以信仰为基础的道德标准、文明方式和社会制度。巴基斯坦的宪法应根据伊斯兰教法制定,使其成为一个伊斯兰教国家。毛杜迪认为,真纳等穆斯林民族主义领导人的思想受西方影响太深,唯有伊斯兰教才能拯救巴基斯坦。

应该看到,巴基斯坦建国之初世俗派和传统派关于巴基斯坦政体的争论中,世俗派是占绝对上风的。全印穆斯林联盟的主要领导人因为领导巴基斯坦运动而享有崇高威望,他们政治斗争经验丰富,坚信巴基斯坦虽然是伊斯兰国家,但只有坚持世俗主义,处理好宗教与政治关系,才能真正成为南亚穆斯林的家园。不过,巴基斯坦独立后的两件大事改变了巴基斯坦的现代政治进程,使伊斯兰教在巴基斯坦政治中变成了一个十分有争议的问题。一是真纳执政仅一年多就逝世了。真纳的逝世,是巴基斯坦国家和民族的巨大损失,也使世俗派失去了领袖。二是印巴两个新生的国家为克什米尔爆发了战争。

2. 巴基斯坦的制宪过程

世俗派和传统派的矛盾首先反映在巴基斯坦新宪法的制定过程中。1949年3月,巴基斯坦国民议会通过了关于宪法起草基本原则的《目标

---

① "Speech at the Pakistan Constitutional Assembly", August 11, 1947, Cf. M. Leifer, ed., "Peregrinations of Pakistani Nationalism", *Asian Nationalism*, Routledge, 2000, p. 145.

决议》。决议规定,真主是世界唯一主宰。真主通过人民把权力赋予巴基斯坦政府,使其在真主规定的范围内行使职权,这是一种神圣的信托。决议宣布,伊斯兰教宣扬的民主、自由、平等、宽容和社会正义等原则必须确实得到遵守。巴基斯坦是作为穆斯林的家园建立起来的,在巴基斯坦的穆斯林可以按照伊斯兰传统生活,但少数群体各项权利将得到充分尊重和保护,他们可以完全享有不同生活方式以及从事宗教和文化活动的自由。①

很显然,《目标决议》是世俗派向传统派妥协的产物。决议虽然没有明确宣布巴基斯坦是伊斯兰国家,但却把伊斯兰教提高到在巴基斯坦政治中具有绝对主导的地位。决议也没有解决巴基斯坦作为一个现代民族国家构建过程中,如何处理世俗化同宗教关系,伊斯兰教不同教派之间的矛盾等一系列政教关系问题。《目标决议》关于一切权力属于真主的表述,意味着少数群体必须接受在巴基斯坦处于从属的政治地位。这一原则引起了少数群体的不满。《目标决议》通过后不久,巴基斯坦印度教领导人和联邦政府劳工部长曼德尔随即辞职,并移居印度。曼德尔是穆斯林联盟主要领导人之一,曾任真纳的助手,在巴基斯坦印度教教徒中有重要的影响力。②东巴基斯坦的孟加拉人则对联邦政府为制宪成立的"基本原则委员会",并把乌尔都语定为国语十分不满,强烈要求增加在政治、经济、社会等方面与西巴基斯坦平等的权力,把孟加拉语也列为国语,与乌尔都语享有同等的地位。

伊斯兰传统派对《目标决议》并不满意。1951 年,"伊斯兰促进会"31 名乌里玛提出巴基斯坦伊斯兰化计划,要求把伊斯兰教作为巴基斯坦的国教,在国内政治、经济、文化等各方面全面实施伊斯兰化政策。他们还要求在涉及伊斯兰教义方面享有否决权,取消给妇女、少数群体特别选区的做法。他们还提出巴基斯坦国家领导必须由穆斯林来担任,就职时必须向《古兰经》宣誓,必须承认权力来自真主等要求。③面对出现的各种矛盾和来自各方的压力,巴基斯坦首任总理利亚格特·阿里·汗(Liaquat Ali Khan)强调,伊斯兰教是世界上最民主的宗教,一个建立在伊斯兰教

---

① "The Objectives Resolution", the Annex, Article (2A), *The Constitution of Pakistan*, www.pakistani.org/pakistan

② Lawrence Ziring, *Pakistan in the Twentieth Century: A Political History*, Oxford University Press, 1997, p.107.

③ 《伊斯兰教史》,第 500—501 页。

原则基础上的国家,将满足民主国家所有各方的要求。这些讲话表明,巴基斯坦政治家接受了巴基斯坦的宪法原则和宗旨必须符合《古兰经》和圣训的要求,首次试图利用伊斯兰教,强调伊斯兰教的属性来解决国内面临的矛盾和问题。随后联邦政府同意吸收传统派参与制宪过程,任命乌里玛为负责制宪的"基本原则委员会"成员,传统派终于开始影响巴基斯坦宪法制定的进程。

《目标决议》颁布不久,巴基斯坦爆发了阿赫默迪亚教派事件。阿赫默迪亚教派是活跃于旁遮普地区的一个穆斯林教派,其创始人阿赫默迪自称也是真主的使者,接受了真主的启示,但因不承认穆罕默德为"封印使者"而被传统派视为异端邪说。在巴基斯坦独立前,阿赫默迪亚教派已引起伊斯兰教传统派的不满和指责。但当时阿赫默迪亚教派问题只是作为一个宗教问题。巴基斯坦独立后,阿赫默迪亚教派便演变成为政治问题。一些伊斯兰教团体提出,联邦政府应宣布阿赫默迪亚教派为"非穆斯林少数群体",解除包括巴基斯坦首任外长、曾任全印穆斯林联盟主席的扎法乌拉·汗的职务,把在政府和军队中担任高级职务的该派信徒清除出去等要求。此后,伊斯兰教极端分子对阿赫默迪亚教派信徒的攻击和残害活动愈演愈烈,引发两派群体冲突逐步蔓延,造成大量人员伤亡和财产损失。由于旁遮普省政府未能及时采取有效措施,解决矛盾,联邦政府最后被迫宣布在拉合尔市实行军事管制,才平息了骚乱。阿赫默迪亚教派事件使传统派看到了伊斯兰教这一政治武器的威力,以及世俗派的妥协性,为日后巴基斯坦伊斯兰教政治化埋下了伏笔。

巴基斯坦政界与宗教界关于伊斯兰教的分歧使制宪工作一直拖延了8年多才完成。1956年2月巴基斯坦首部宪法终于通过,确立了巴基斯坦国名为"巴基斯坦伊斯兰共和国"。宪法还确认议会制是巴基斯坦的政体。宪法重申了《目标决议》的主要原则,决定成立伊斯兰教研究机构和法律监护委员会,协助国家重建伊斯兰传统,监督立法,按照经训修改现行法律的条款。宪法强化了伊斯兰教在巴基斯坦的政治生活中的主导地位,规定只有穆斯林才能担任国家元首或政府首脑。这些条款实际上把穆斯林和非穆斯林公民的权利进行了区分,赋予不同的公民权利。新宪法是世俗派与传统派妥协的产物,由于在宪法中对伊斯兰教在巴基斯坦政治中的地位和作用留下许多模糊之处,使伊斯兰教和政治的关系后来成为一直困扰着巴基斯坦政治和社会生活的一大难题。

### 3. 伊斯兰教的政治化

新宪法的制定一定程度上平息了伊斯兰教与政治的争论,但并没有根本解决巴基斯坦建国过程中面临的种种问题。伊斯兰教依然在巴基斯坦政局变幻和斗争中沦为政治工具。

1958年阿尤布·汗通过军事政变上台执政。这是巴基斯坦历史上首个军政府。阿尤布·汗上台后,推行伊斯兰现代化改革,试图减少伊斯兰教势力对政治的干预与影响。1961年,阿尤布·汗颁布《穆斯林家庭法令》,对穆斯林男子的一夫多妻制进行限制。1962年,阿尤布·汗又对巴基斯坦国名进行修改,去掉"伊斯兰"三字,改称"巴基斯坦共和国"。与此同时,他还加强了对伊斯兰政党和组织的打击力度,取缔了"伊斯兰教促进会",把其领导人毛杜迪投入了监狱。阿尤布·汗推动社会改革的做法引起伊斯兰传统派的强烈反弹。他们认为阿尤布·汗的政策违背了伊斯兰教义和穆斯林的习俗。阿尤布·汗被迫于1963年通过宪法修正案,恢复了"巴基斯坦伊斯兰共和国"的国名。随着统治阶层矛盾的增多,为争取伊斯兰教政党的支持,阿尤布·汗开始向伊斯兰传统派做出让步。他首先同意成立"伊斯兰思想顾问委员会",就《穆斯林家庭法令》、有息借贷问题、官方场合饮酒问题以及教育政策的调整、大中小学开设"伊斯兰研究"课程等方面向传统派妥协,加强伊斯兰化进程。1965年,阿尤布·汗为打击政敌,利用伊斯兰教政党组织以伊斯兰教不允许妇女担任总统为由,阻止真纳的妹妹法蒂玛参选巴基斯坦总统。

1971年,第三次印巴战争爆发。战争以巴基斯坦被肢解、东巴基斯坦独立并成立孟加拉国而告终。孟加拉国的独立,不仅使巴基斯坦失去将近一半的领土,更使巴基斯坦立国理念遭受毁灭性打击。东巴基斯坦是巴基斯坦运动的发源地之一,也是世俗主义思想的大本营。孟加拉国的独立,打破了巴基斯坦国内民族和宗教势力的平衡。西巴基斯坦人痛恨东巴基斯坦的孟加拉人背叛了伊斯兰教,不是真正的虔诚的穆斯林。

巴基斯坦被肢解和孟加拉国独立在一定程度上帮助了巴基斯坦人民党领导人阿里·布托的上台。为了巩固执政地位,阿里·布托顺应伊斯兰政治复兴的潮流,提出了"伊斯兰社会主义"的口号。布托把人民党的施政纲领确立为"民主体制,伊斯兰信仰,伊斯兰社会主义经济"。布托还提出了企业国有化和土地改革等政策。1973年,布托修改宪法,首次把伊斯兰教称为国教,接受伊斯兰促进会等组织的要求,把阿赫默迪亚教派宣布为"非穆斯林",对穆斯林和非穆斯林强制进行伊斯兰教教育,并推行军队伊斯兰化。对外关系方面,布托积极倡导伊斯兰国家的团结,并于1974年在拉合尔主办"伊斯兰国家会议组织"会议,加大同利比亚及其他中东阿拉伯伊斯兰国家关系。积极向中东靠拢,强化伊斯兰国家属性,逐步淡化南亚穆斯林家园的色彩。阿里·布托加强同中东国家的关系,主要原因是一方面中东在石油危机中显示了实力和影响,另一方面孟加拉国独立后,巴基斯坦失去了唯一代表南亚穆斯林的合法性,迫切需要寻求新的认同感。

布托力图把伊斯兰教思想、西方民主价值和社会主义理念结合起来,力图把伊斯兰教的平等、公正教义同社会主义的理论相结合,强化中央集权,解决国内经济社会问题。但这些政策受到了伊斯兰促进会和伊斯兰教乌里玛协会等伊斯兰教组织的反对。另外也得罪了既得利益集团。随着布托的执政地位削弱,他开始向伊斯兰教传统势力妥协。加强按照伊斯兰教义对民众生活的限制,严格禁止饮酒、赌博、赛马和夜总会等活动,把星期五作为休息日。至此,巴基斯坦伊斯兰教势力在政治上的影响力逐步上升,在社会文化领域不断强化,形成了伊斯兰复兴的浪潮。

4. 齐亚·哈克的伊斯兰化政策

1978年7月,巴基斯坦陆军参谋长齐亚·哈克发动军事政变,布托政府被推翻。同年9月,齐亚·哈克就任总统。齐亚·哈克上台执政后,为打击反对党的势力,寻求统治的理论基础,在巴基斯坦全面实施伊斯兰化政策。首先,推行"政治制度伊斯兰化"。齐亚·哈克认为,只有伊斯兰教才能把巴基斯坦民众凝聚在一起,防止巴基斯坦政治和社会走向分裂。巴基斯坦因此必须实行伊斯兰的政治和管理体系(Nizam-i-Mustafa)。哈克否定民主与伊斯兰教的匹配性,宣称伊斯兰教中从来就没有政党制度,也没有西方式的民主以及行政、立法和司法三权分立。民主不符合穆斯林的心理,穆斯林信奉一个真主,一个先知,一本《古兰经》,因此他们应该由一个人来统治。[①] 1981年12月,齐亚·哈克宣布按伊斯兰教相关法律,成立"议会"(Majlis-i-Shoora),议员由他任命,为扩大代表性,议员由乌里玛、伊斯兰学生、土地主、工业家、律师等社会各界人士组成,帮助军政府审议法律、预算和经济发展规划以及其他总统交办的事宜。

1979年,齐亚·哈克颁布法令,在伊斯兰堡设立伊斯兰联邦(最高)

---

① Veena Kukreja, *Contemporary Pakistan*, *Political Processes*, *Conflicts and Crises*, New Dehli, Sage Publications, 2003, pp. 169—170.

## 第六章 伊斯兰教对南亚现代政治的影响

法院,在拉合尔、白沙瓦、卡拉奇、奎塔设立伊斯兰法院。法令虽然宣称设立伊斯兰法院的目的不是为了取代司法体系,但伊斯兰法院有权审议巴基斯坦现行的法律是否符合伊斯兰教义和原则,为未来的立法工作提出建议。哈克政府还对刑法进行了修订,恢复了伊斯兰教的"固定刑"(Hudood),即对酗酒、赌博等娱乐方式以及偷盗、抢劫、谋杀、作伪证、卖淫、通奸等违反伊斯兰教义的犯罪行为按伊斯兰教法处置。

哈克在经济领域推行伊斯兰化政策,恢复了伊斯兰教的扎卡特税(zakat)。为此,哈克在各级政府成立了专门机构负责征收扎卡特税,并任命一名总局长,由他本人直接领导。另外,哈克还积极推行伊斯兰的无息制(ushr),禁止贷款收取利息。但是,哈克引入伊斯兰教税收制度的做法,受到巴基斯坦什叶派的强烈反抗和抵制。他们认为扎卡特税是逊尼派的教义,推行此法是多数教派对少数教派的经济掠夺。1981年,哈克修改法令,免去了什叶派的扎卡特税。

哈克还积极推动文化教育的伊斯兰化。哈克执政期间,巴基斯坦高校,包括工程和医学类高校,都开设"巴基斯坦研究"必修课。1981年,巴基斯坦"大学拨款委员会"对巴基斯坦课本编撰者提出,在课本编撰过程中要突出巴基斯坦不是建立在种族、语言或地理诸因素之上,而是建立在"同一宗教的共同体验"上的指导思想。课本的编撰应引导学生了解巴基斯坦的意识形态,即建立巴基斯坦最终目标是把巴基斯坦建成一个"完全伊斯兰化"的国家。①另外,政府还加强了对新闻媒体和广播电视的管制,审查其节目和报道是否符合伊斯兰教义和原则,鼓励宣传和传播伊斯兰思想。

巴基斯坦军队受英国殖民统治的影响较大,在独立初期同西方有着密切交往,总体上说是一支世俗主义思想占主导地位的军队。在齐亚·哈克伊斯兰化政策影响下,军队中伊斯兰势力开始增加,军营中伊斯兰教的口号随处可见,伊斯兰教义和思想成为军官培训和思想教育课程的一部分。哈克经常宣称,巴基斯坦军队不仅是一支职业化的军队,军人也应该是虔诚的穆斯林,只有这样才能可以抗衡印度。

此外,在对外关系中,进一步加强同伊斯兰国家的关系,积极支持美国抗苏联的斗争,支持阿富汗游击队对苏军发动"圣战",大量接受沙特等

---

① Stephen P. Cohen, *The Idea of Pakistan*, Washington D.C., Brookings Institution Press, 2004, p.171.

中东国家的资助,帮助培训各种反苏游击队和组织。这些政策也为巴基斯坦日后各种宗教极端组织和恐怖组织的泛滥种下了祸根。

齐亚·哈克伊斯兰化政策既有维持政权的现实考量,也不乏意识形态因素。他相信只有伊斯兰化才能拯救巴基斯坦,才能改变同印度对抗中所处的不利地位,拯救伊斯兰世界。齐亚·哈克的伊斯兰化政策把巴基斯坦独立以来伊斯兰教政党的主张具体化,使巴基斯坦伊斯兰化合法化。在一定程度上使巴基斯坦从"伊斯兰共和国"走向了"伊斯兰国家"。①齐亚·哈克的文化教育领域的伊斯兰化政策,对巴基斯坦历史的解读,冲击了世俗的教育体系,影响了青少年世界观的形成。再加上后来历届政府政策失误,造成了巴基斯坦教育的巨大损害。宗教学校逐步取代世俗学校。在齐亚·哈克统治时期,巴基斯坦国内伊斯兰教政党势力上升,影响加大。1985年,伊斯兰促进会两名议会向参议院提出议案,要求把伊斯兰教法作为巴基斯坦国家的根本大法,置于宪法和其他法律之上。提案还要求乌里玛参与伊斯兰法庭,最高法院不能推翻伊斯兰法庭的判决。该提案当时未能在议会通过,但1988年巴基斯坦总理被解职和议会被解散后,哈克用总统令的形式予以颁布实施。

1988年8月,齐亚·哈克因飞机失事而死,巴基斯坦结束了长达10年的军政府统治,民选政府上台。从1989年到1999年10年期间,贝·布托领导的巴基斯坦人民党政府和谢里夫领导的穆斯林联盟政府轮流执政。民选政府虽然具有合法性,但依旧面临着伊斯兰教传统派势力的压力。贝·布托作为穆斯林国家首位女性总理,为弥补先天不足,被迫在伊斯兰问题上多次让步。谢里夫政府两次执政期间,多次试图以实行"伊斯兰法"来争取伊斯兰教政党和势力的支持。1998年,谢里夫通过宪法第15修正案,宣布伊斯兰法为最高法律。伊斯兰教势力对巴基斯坦国内政治、经济和社会文化的影响仍在不断加深。

5. 反对恐怖主义和极端主义

2001年9月11日,美国纽约和华盛顿遭受重大恐怖袭击,举世震惊。美国迅速锁定恐怖袭击的主谋为盘踞在阿富汗的"基地"组织及其支持者塔利班政府,决定发动对阿富汗的反恐战争。巴基斯坦因为毗邻阿富汗以及同塔利班政府关系密切成为美国反恐战争的前线国家。美国逼

---

① Lawrence Ziring, "*From Islamic Republic to Islamic State in Pakistan*", *Asian Survey*, Vol. XXIV, No. 9 (September 1984), pp. 931—946.

迫巴基斯坦在支持或反对美国中间做出选择。①面临美国的巨大压力,巴基斯坦总统穆沙拉夫选择了与塔利班政府决裂,同意与美国进行全面合作,参加美国反恐战争,支持打击阿富汗塔利班政权和本·拉丹的"基地"组织。2001年9月13日,穆沙拉夫总统向巴基斯坦全国人民发表讲话,阐述巴基斯坦支持美国打击阿富汗塔利班和"基地"组织的原因主要是为了巴基斯坦的国家利益,特别是克什米尔问题和核武器的安全。②

为了加强对国际反恐斗争的支持,巴基斯坦政府开始采取各种措施,限制国内伊斯兰教组织的活动,加大对宗教极端势力和恐怖组织打击的力度。同年12月13日印度议会恐怖袭击事件后,穆沙拉夫总统下令冻结了"拉什卡民兵组织"和"穆哈默德军"的财产,软禁这两个极端组织的领导人和数百名骨干,关闭了它们在巴基斯坦境内的各个分支机构和组织。翌年1月12日,穆沙拉夫又在全国发表电视讲话,表示巴基斯坦坚决打击宗教极端主义和恐怖主义的活动,强调愿与印度通过对话解决争端的立场。与此同时,穆沙拉夫还采取了有效措施,扩大妇女在巴基斯坦国民议会的代表席位,废除了齐亚·哈克颁布的伊斯兰教刑法以及一系列相关的新闻和文化娱乐法令,使巴基斯坦新闻媒体享有空前的活跃和自由。2003年10月,在马来西亚召开的伊斯兰会议组织首脑会议上,穆沙拉夫提出了"温和文明论",呼吁重建伊斯兰世界与西方的关系。他主张伊斯兰世界不与西方对抗,放弃通过暴力解决问题,同时主张西方应当帮助伊斯兰世界加强教育,消除贫困,建立和谐的关系。穆沙拉夫"温和文明论"的思想,受到国际社会的普遍好评。此后,穆沙拉夫总统还采取一系列措施,推动同印度的和解,重启印巴和平进程。这些举措在一定程度上缓解了南亚地区紧张的局势,改善了巴基斯坦的国际形象和外部环境。

但是,穆沙拉夫政府支持美国对阿富汗的反恐战争,打击宗教极端主义和恐怖主义势力活动,在克什米尔问题上与印度实行和解的政策,并没有得到巴基斯坦民众的理解和支持。多数巴基斯坦民众把美国的反恐战争视为美国发动的反穆斯林战争,认为这是一场西方文明与穆斯林文明的冲突。巴基斯坦国内保守势力,特别是宗教极端势力利用媒体开放的

---

① 当时美国威胁巴基斯坦说,如果选择支持塔利班,美国就会把巴基斯坦"炸回石器时代"。参见穆沙拉夫:《在火线上》,世界知识出版社,2006年,第100页。

② 参见《在火线上》,第113页。

机会,把穆沙拉夫支持国际反恐斗争,打击极端主义和恐怖主义势力政策,宣扬为穆沙拉夫为维护统治和政权的合法性而出卖巴基斯坦主权的行为。与此同时,各种极端组织还多次发动包括针对穆沙拉夫本人在内的恐怖袭击,国内安全形势持续恶化。巴基斯坦支持美国在阿富汗的反恐战争,还造成部落地区大量平民伤亡,巴基斯坦军方为此付出了1000多名士兵生命的代价,巴基斯坦同阿富汗关系也出现了紧张。穆沙拉夫支持美国反恐战争的政策,受到巴基斯坦国内越来越多的批评和反对。

此外,穆沙拉夫为了维持政权,利用伊斯兰教政党势力,打击反对派的做法,也引发巴基斯坦国内中上层社会精英的不满,要求穆沙拉夫军政府退政还民的呼声不断。另外,穆沙拉夫执政期间,巴基斯坦宏观经济形势大有改观,但普通民众并未受益。进入2007年,巴基斯坦国内经济状况进一步恶化,年通货膨胀率高达25%。食品价格、能源价格飞涨,民众日常生活受到严重影响,穆沙拉夫支持率继续下降,巴基斯坦国内政局更加动荡。2008年2月,巴基斯坦国民议会和省议会举行选举,巴基斯坦人民党赢得大选,并联合穆斯林联盟(谢里夫派)组阁上台执政。同年8月18日,穆沙拉夫总统迫于内外压力,宣布辞去总统职务。穆沙拉夫的下台,宣告长达9年的军人执政最终结束。这也是巴基斯坦历史上军政府与民选政府实行权力的和平交接,巴基斯坦政治又开始了新的轮回。如何克服当前面临的种种困难,继续打击极端主义和恐怖主义,维护巴基斯坦的稳定与发展的重任落到了巴基斯坦民选政府的肩上。

纵观巴基斯坦独立以来的历史,伊斯兰教在巴基斯坦建立现代的民族国家过程中的困境是多方面造成的。

首先,真纳等巴基斯坦的创始人没有估计到建国过程中的面临的巨大困难。在真纳的构想中,巴基斯坦并不是一个伊斯兰国家,而是作为一个穆斯林的居住国建立起来的。巴基斯坦的未来是要建立一个现代的民族国家,使包括穆斯林在内的所有巴基斯坦民众安居乐业,不同宗教文化的群体实现和睦相处。但是实践证明,要把一个贫穷落后、穆斯林占绝大多数的国家建设成一个世俗的现代民族国家并不是轻而易举之事。真纳逝世后两年,巴基斯坦首任总理利亚格特·阿里·汗也被暗杀,使巴基斯坦过早失去了两个深孚众望的领导人,建国进程偏离了方向。

第二,巴基斯坦建国的历史表明,伊斯兰教本身也需要经过现代化的过程。巴基斯坦国内世俗派和传统派关于伊斯兰教在国家政体之中的地位与作用的分歧与争论,不仅是意识形态之争,更是反映了伊斯兰教如何

## 第六章　伊斯兰教对南亚现代政治的影响

适应现代化的发展变化的分歧。应该看到,巴基斯坦的世俗派和传统派,并没有为这一重大问题提供明确的答案。巴基斯坦独立60多年的历史,是伊斯兰教政治化的历史。军政府经常打着拯救伊斯兰教和巴基斯坦的口号推翻民选政府,并把伊斯兰教作为政治工具,分化和打击政敌,特别是政党势力;民选政府则出于生存需要,不断向宗教极端势力和伊斯兰教政党让步。其结果就是伊斯兰教极端势力和影响不断扩张,逐步侵蚀到巴基斯坦的政治和社会文化,甚至经济领域中。如何充分发挥伊斯兰教本身的机制作用,包括"创制"思想,实现现代化已成为包括巴基斯坦在内广大穆斯林国家迫切需要解决的现实问题。①

第三,巴基斯坦建国过程是一个受外部事件发展影响的进程。在一定程度上,外部事件发展甚至主导了巴基斯坦政治社会发展。巴基斯坦与印度的长期对抗,使两国的立国理念之争上升到民族生死存亡的高度,很大程度上影响了国内对宗教与政治关系的讨论。巴基斯坦穆斯林国家的属性也无法逃脱穆斯林世界与西方世界关系变幻以及伊斯兰复兴运动的影响。近年来,随着西方同穆斯林国家总体关系趋紧,巴基斯坦同中东地区的关系更加密切。这不仅表现在经济上更加依赖沙特、阿联酋等中东海湾国家,而且在意识形态上也更向中东靠拢,努力寻求在伊斯兰教特性与认同方面的趋同性。

应该看到,伊斯兰教过去、现在和将来仍是影响巴基斯坦国内政治的主导因素,但是巴基斯坦的穆斯林深受苏非主义的影响,总体上仍是虔诚与温和的穆斯林。伊斯兰教传统派势力在巴基斯坦政治中影响并不大,即使在齐亚·哈克执政时期的伊斯兰化运动中,伊斯兰教传统派也并非主流。巴基斯坦国内政治的主要议题并非宗教,而是民族、语言、经济问题。巴基斯坦地区分野并不与宗教教派分野相重叠。在历次大选中伊斯兰教政党得票率很低,很少超过10%。宗教党派的影响与世俗政党力量相比,仍处于相当弱势的地位。

巴基斯坦还是一个有抱负的穆斯林国家。巴基斯坦独立的历程,使巴基斯坦穆斯林精英一直希望在西方现代理念和制度与伊斯兰教义和思想之间找到一个契合点,把巴基斯坦建成一个现代伊斯兰国家的样板。

---

① 有巴基斯坦学者认为,伊克巴尔早就意识到这一问题,提出了通过"创制"进程,使伊斯兰教法实现"现代化"的设想。参见 Javid Iqbal, *Islam and Pakistan Identity*, New Delhi, Vanguard, 2003, p.360.

他们认为,通过巴基斯坦的建国实践,实现伊斯兰教倡导的社会平等、正义、公正,在国家政治体制,经济发展模式和社会文化发展等方面为伊斯兰教的现代化探索一条道路,最终实现伊斯兰教复兴,摆脱受西方文化的压迫。这一宏伟理想和抱负至今仍未放弃。①

最后,伊斯兰传统派,特别是伊斯兰极端组织提出的巴基斯坦伊斯兰化的构想,在巴基斯坦广大民众中并无很大市场。巴基斯坦国内宗教极端势力和影响的增长,主要还是巴基斯坦历届政府长期以来无法在经济和社会发展领域解决民众面临的各种问题。特别是由于巴基斯坦政局长期动荡,政府无法在经济、社会服务方面提供有效的公共服务和社会正义和平等,迫使越来越多的民众把伊斯兰传统派的主张作为另外一种选择。因此,尽快实现国内稳定和发展,使广大民众生活有较大改善,应该是巴基斯坦顺利完成建国进程,成为一个稳定繁荣的伊斯兰现代国家不可或缺的前提。

## 二、印度世俗主义政策

印度独立后,为了打破"两个民族"理念,维护国内稳定,确立了世俗主义政策。而印度穆斯林作为少数群体,出于自身的生存需要,努力适应印度的政治和社会现实,成为南亚伊斯兰现代进程中的重要组成部分。

### 1. 印度世俗主义政策的确立

印巴分治之前,印度教极端主义者包括国大党的右翼坚决反对两个民族理论和巴基斯坦的独立,希望维持一个统一的大印度。但是印度独立后,他们改变了想法。既然巴基斯坦是作为印度穆斯林家园建立起来的,那么分治后的印度也要建成印度教的国家。这一观点在国大党内部甚至高层也很有影响,曾经有人提出国大党应该考虑把"国民志愿服务团"等印度教极端组织收编的建议。只是后来圣雄甘地被"国民志愿服务团"分子刺杀而作罢。②

印度开国总理尼赫鲁根据印度国情,坚持认为印度必须实行世俗主义政策。印巴分治虽然打击了尼赫鲁在《印度的发现》中提出的印度民族

---

① "Islamic Concept of State", "Editorial", *Dawn*, December 28, 2007, http://www.dawn.com/2007/12/28/ed.htm

② Jaffrelot, *The Hindu Nationalist Movement and Indian Politics, 1925 to 1990s*, London, Hurst and Co., p.56.

## 第六章 伊斯兰教对南亚现代政治的影响

主义思想,但尼赫鲁看到,在印度这样一个宗教文化多元社会中,教派主义将给新生的印度民族和国家带来灾难。坚持世俗主义,也有利于打破巴基斯坦的两个民族立国理念,应对各种分离主义思想。

1949年11月,印度制宪会议通过印度宪法,明确宣布"印度将要建成一个世俗国家"。印度的世俗主义政策表明,政府将不把某一宗教定为国教,也不给任何教派特权,实行宗教信仰自由,各教派一律平等的宗教政策。为此,印度宪法对宗教政策作了一系列明确规定,维护教派和睦,民族团结,国家统一。首先,保障全体公民的平等权利,不受宗教信仰、语言或种姓影响;保护少数群体公共职业平等机会。第二,保障少数群体处理宗教事务的自由。政府不能通过税收等手段,推行和打压某一特定宗教。国立教育机构不能强迫学生参加宗教仪式,政府在财政拨款方面不能对少数群体主办的教育机构有所歧视。所有少数群体,不论宗教信仰、语言或文化背景都有权自主开办和管理教育机构。此外,印度政府还大力倡导宽容精神,特别是甘地的非暴力主义思想和各宗教与教派之间和睦相处的理念。

但是,世俗主义思想的确立并不意味着教派主义思想的终结。尼赫鲁执政期间,世俗主义与教派主义势力在印度历史编撰和解读,印地语与乌尔都语的地位等方面继续展开激烈的斗争。在印度穆斯林政治和权利问题上,印度教极端势力敌视印度穆斯林,怀疑他们对国家的忠诚,排斥他们的历史文化、宗教习俗和生活方式。这些都影响了印度教和穆斯林两大群体的关系。

### 2. 穆斯林与印度教的教派冲突

印度穆斯林和印度教教徒的教派冲突是印度世俗主义政策面临的最大挑战,也是长期困扰两大宗教群体和印度国内稳定的问题。印巴分治是伴随着血腥的教派冲突开始的。1947年5月,印巴分治的"蒙巴顿方案"公布后,印度教教徒和穆斯林之间的教派冲突急剧升级,印度教教徒和穆斯林在相互迁移过程中发生空前规模的大仇杀。据不完全统计,约有50多万人被杀,1200多万人无家可归。1948年9月,印度政府采取军事行动解决海得拉巴土邦并入印度联邦问题,再次引发全国范围内印度教教徒和穆斯林的大规模教派冲突。此后印度政府坚持世俗主义政策,采取了一系列有效措施,促进教派团结,一定程度上抑制了教派矛盾的激化,使20世纪50—60年代的教派关系处于相对平静状态。

进入20世纪70—80年代,随着印度国内政治形势的变化,特别是印度教和其他教派关系的紧张,印度教教徒与穆斯林的教派冲突开始增多,矛盾进一步激化。印度教教徒和穆斯林围绕阿约迪亚的"庙寺之争"引发大规模流血冲突,席卷全国20多个大中城市,造成至少1200多人死亡,数千人受伤。①骚乱给印度穆斯林群体造成巨大的创伤和损失,包括许多社会名流和企业家在内的穆斯林都未能幸免于难,印度穆斯林上层和精英对印度世俗主义政策和政治社会制度极度失望。2002年,古吉拉特邦再次爆发印度教和穆斯林的教派冲突。此次冲突是1992年阿约迪亚罗摩庙事件的继续,起因是一列载有300多名声援重建罗摩神庙印度教教徒的火车,在古吉拉特邦境内遇袭,致使50多名乘客死亡。印度教教徒和穆斯林冲突随即爆发,其中古吉拉特邦境内多处城镇发生教派仇杀和骚乱,并再次引发建庙争议。印度政府向古吉拉特邦派驻军警控制局势。在印度最高法院裁决禁止在阿约迪亚建庙后,局势逐步平息。此次教派冲突造成近千人伤亡,大量穆斯林的商铺和财产被毁,严重影响了印度政局稳定和经济发展,也损害了印度的国际形象。导致印度教教徒和穆斯林在印度独立后多次发生大规模教派冲突,有多方面的原因。

首先是两大群体在宗教教义、文化背景以及生活习俗方面迥然不同,甚至是对立的。伊斯兰教是一神教,印度教崇拜多神,是多种宗教教义的综合体。印度穆斯林和印度教教徒生活习俗不同。穆斯林以牛肉为肉食,印度教视牛为神。穆斯林和印度教教徒经常为宰牛而发生矛盾,引发冲突。加上两大教派历史上的恩怨与纠葛,伊斯兰教和印度教两大教派之间关系一直处于紧张状态,稍有风吹草动,两大群体便有可能爆发冲突。

第二,印度穆斯林和印度教两大群体都有强烈的危机感,相互之间存在着深刻的经济社会矛盾。由于历史原因,印度穆斯林中有一大部分是从印度教改宗过来的。伊斯兰教宣扬的平等、正义思想,对大量低下层印度教教徒来说颇有吸引力。印度教教徒改宗伊斯兰教现象在印度独立后并未停止,一度还有上升趋势。1981年,泰米尔纳杜邦出现了大批贱民改宗伊斯兰教事件,引起印度教教徒强烈的危机感,认为伊斯兰教已成为印度教面临的主要威胁。②印度穆斯林作为少数群体,对印度教复兴的势头也倍感恐惧。他们担心"印度教至上"(Hindutva)思想最终将危及印度穆斯林的政治地位、经济利益、文化习俗和生活方式。一些穆斯林极端组

---

① 朱明忠、尚会鹏:《印度教:宗教与社会》,世界知识出版社,2003年,第134—137页。
② 同上,第131页。

织因此呼吁加强联合甚至鼓吹分离主义,更刺激了印度教极端势力。随着印度经济的发展,两大群体的经济利益矛盾深化。双方在就业、教育等社会服务方面竞争激烈,为教派冲突提供了土壤。

第三,国内政治宗教化趋势的影响。印度独立之初,特别是尼赫鲁执政时期,国大党尽管内部有分歧,但总体上仍能坚持世俗主义政策。20世纪70—80年代后,国大党在印度国内主导地位受到冲击,世俗主义政策开始有所动摇。为了争取占人口80%印度教选民的支持,国大党开始向内部教派主义势力妥协,把世俗主义作为获取选票的招牌,采用实用主义的态度,根据竞选需要来实施。与此同时,印度教教派主义组织的策略有所改变。印度人民党利用国大党衰败之机打出了"一种文化、一个民族、一个国家"的印度教理念,宣扬"建庙(印度教大神罗摩庙)、修宪(废除宪法中有关赋予克什米尔特殊地位的370条款)和实施统一民法"的口号,鼓动教派主义思想,加重了穆斯林的不安全感以及同印度教的对立情绪。

第四,地区国家紧张关系与教派冲突相互影响的结果。印度和巴基斯坦、孟加拉国关系长期紧张,使印度教派冲突往往延伸到了巴基斯坦和孟加拉国,特别是巴基斯坦。印度的印穆教派冲突从某种意义上说是独立前印度穆斯林和印度教教派冲突的延续。印度出现教派冲突后,往往引起巴基斯坦和孟加拉甚至世界上其他穆斯林国家和民众的强烈反应,媒体和舆论纷纷予以谴责,引发这些地区印度教教徒与当地穆斯林的冲突。1992年,印度因阿约迪亚"庙寺之争"引发教派冲突后,巴基斯坦、孟加拉、阿富汗等国的多个印度教神庙被烧,印度教教徒的商店被毁,造成大量人员伤亡和财产受损。这些事件反过来又给印度国内印度教极端势力以口实,迫害穆斯林群体。

第五,伊斯兰教和印度教复兴运动国际背景影响。印度印穆教派冲突上升在一定程度上是伊斯兰复兴运动和印度教复兴运动的结果。伊斯兰复兴运动的兴起,强化了穆斯林群体意识,但同时也刺激了印度教复兴运动进入新的发展阶段。与此同时,随着印度现代化进程的加快和对外开放力度的不断加大,传统的印度教对现代化所造成的紧张状态和异质文化产生了强烈的反弹,印度教教派主义得到了主张捍卫印度教传统文化和经济民族主义思想人士的支持。印度商人、律师、工程师、文官和知识分子纷纷加入到印度教复兴主义者的行列中来了。两种复兴思潮都对自身生存空间的狭小感到恐慌,只好把对方作为斗争的矛头来强化自我意识,造成宗教矛盾的不断激化。

### 三、印度穆斯林的选择

根据最新的人口统计,印度穆斯林人口现已达 1.5 亿,仅此于印度尼西亚和巴基斯坦,成为世界上穆斯林人口第三大国。印度穆斯林具有"大分散、小集中"的地域分布特点。除印巴争议的查谟和克什米尔邦外,穆斯林在邦甚至区县一级都属少数群体。[①]印度的北方邦、西孟加拉邦和比哈尔邦是印度穆斯林人口相对集中的地区,但其他各邦也有散居的穆斯林。印度穆斯林在城镇居住人口比例要高于全国平均水平,在城市属中低阶层,在农村则是农民或雇农。印度穆斯林虽然都信奉伊斯兰教,但无论在语言、教派、地域分布上都有明显差异。他们半数以上把乌尔都语作为自己的母语,但其他的穆斯林则讲阿萨姆语、孟加拉语、马拉雅拉语、古吉拉特语、泰米尔语等语言。印度穆斯林绝大多数属逊尼派,其余的为什叶派及其他一些少数教派。

1947 年印巴分治后,印度穆斯林的状况十分困难。虽然大批穆斯林移居巴基斯坦,但仍有将近一半的穆斯林留了下来。由于独立前印度穆斯林中受过良好教育的大多集中在北方邦、孟买、古吉拉特和加尔各答等地的穆斯林企业家和资本家等移居去了巴基斯坦。留在印度的是贫困的农民、雇农、城市贫民,他们政治上没有良好的组织,经济上贫穷落后,社会地位低下。对印度穆斯林来说,印度宪法坚持世俗主义理念,保障少数群体宗教信仰自由,使他们平等和充分参与国家事务是法律保障。但宪法规定的国家致力于统一的民法使印度穆斯林感到认同性的威胁。印度宪法规定,政府将努力推行公民实行统一的民法,并将采取措施,禁止宰杀神牛或耕牛等。印度穆斯林感到,推行统一的民法,取代穆斯林通用的伊斯兰教法,是印度教教派分子试图利用国家权力,逼迫少数群体接受印度教文化习俗的做法,威胁了其文化认同。多年来,印度穆斯林内部各派尽管在如何维护自身利益的方式和方法上有分歧,但坚持伊斯兰民法,保障乌尔都语的合法地位,反对针对穆斯林的暴力活动以及改善穆斯林群体的教育和经济状况是一致的政治要求。

印度独立后,留在印度的穆斯林群体面临着是否要参与印度政治的

---

① 印度人口统计一般不对居民的宗教信仰作划分,目前尚无印度穆斯林人口准确的统计数字。

## 第六章　伊斯兰教对南亚现代政治的影响

艰难抉择。"伊斯兰促进会"领导人毛杜迪在独立前提出,不参与政治是印度穆斯林保护自己,免除宗教歧视的最好策略。一直到 20 世纪 80 年代,印度的"伊斯兰促进会"仍坚持这一立场,反对穆斯林投票参加印度选举。①全印穆斯林联盟在分治时也一分为二,留在印度的穆斯林联盟内部在是否支持印度国大党政府,积极参政方面也无法统一思想。印度独立 60 多年来,印度穆斯林长期支持国大党,是国大党选票库之一。这一方面是因为国大党在印度国内政治处于统治地位以及世俗主义政策受到穆斯林群体的欢迎。另一方面,国大党用保障穆斯林的信仰自由,生活习俗和文化传统不受影响,换取穆斯林的支持。从 1952 年到 1962 年 10 年内,穆斯林在三次大选以及在比哈尔邦、北方邦和西孟加拉邦议会选举中连续支持国大党。

随着国大党影响力的逐步下降,印度穆斯林开始考虑改换策略,希望通过寻求代言人的方式,维护穆斯林的利益。1967 年,印度穆斯林协商委员会(Mulsim Majlis-i-Mushawarat)发表有关穆斯林群体政治诉求的"人民纲领",表示将视各候选人对穆斯林的态度决定是否支持其竞选。但是受印度政治文化的影响,该策略却以失败而告终。许多议员在当选后违背诺言,并没有支持穆斯林。此后,穆斯林群体开始建立自己的政党,并在喀拉拉邦等地地方选举和政治中发挥积极作用。印度穆斯林还要求建立单独选区或根据穆斯林人口比例,单独划分议席。

在印度现行的政治体制下,越来越多的印度穆斯林意识到,除了在印度的政治体制内实现自己的政治、经济、社会文化诉求外,其他途径是不可能成功的。印度穆斯林面临的困境是如何利用印度政治体制,适应少数群体地位,在积极参与印度政治和经济社会现代化进程中维护自身权利,并保持宗教文化的特性。这实际上也是印度政治体制面临的最大挑战,因为这不仅要考验印度的政治制度和世俗化政策是否有足够的张力,是否能够调适教派矛盾,解决少数群体面临的经济社会问题。

印度分治前夕,英国殖民政府于 1946 年通过了"内阁使团"(Cabinet Mission)提出建议,把英属印度分成三个政治实体或省级集团,但当时国大党和穆斯林联盟都予以拒绝。②从 1947 年印巴分治到 1971 年孟加拉国

---

① Omar Khalid, *Indian Muslim since Independence*, New Delhi: Vikas Publishing House Pvt. Ltd, pp. 172—175.

② Michael Leifer, ed., *Asian Nationalism*, London, Routledge, 2000, p. 111.

独立,最终南亚次大陆还是分离为三个民族国家。独立 60 多年来,伊斯兰教作为影响这三个国家建构的重要的意识形态,其作用与影响是国家建构过程无法回避的因素。伊斯兰教的政治思想,教法原则,甚至经济理念也在这三个国家建国进程中经受着实践的检验,在地域化和现代化的进程中不断得到发展。由于穆斯林群体在三个国家所处的不同地位,三国之间存在复杂的历史文化渊源,伊斯兰教的作用与影响不可避免地影响到相互的国家关系,同时反过来又影响国内政治社会文化进程。这些问题集中表现在印度和巴基斯坦两国在克什米尔问题上的对抗。

## 第三节 伊斯兰教和南亚地区政治

毫无疑问,印度和巴基斯坦及其相互关系是影响南亚地区政治发展进程的最主要因素。印巴分治 60 年来,两国经历了三次战争。1998 年 5 月,印巴相继进行了核试验,两国从此进入了核对抗状态,并曾几次走到战争边缘,一度使成为"世界上最危险的地方"[①]。印巴两国关系恩恩怨怨 60 载,除了地缘政治因素外,最主要就是两国围绕克什米尔问题的斗争。而克什米尔问题集中反映了两国关系中牵涉的错综复杂的宗教和民族矛盾。

### 一、从王公统治到自决运动

伊斯兰教在克什米尔三百多年的传播与发展的历史,毫无疑问给克什米尔的社会文化打上了深深的烙印,是克什米尔文化认同的最主要元素,但克什米尔族群认同的最终形成和发展,却要从查谟和克什米尔邦的成立说起。

1. 道格拉王公治下的克什米尔[②]

1846 年 2 月,英国殖民统治者打败了锡克王公,夺得克什米尔。同

---

[①] 美国总统克林顿 2000 年 3 月访问南亚前曾称该地区可能是"世界上最危险的地方。参见"Pakistanis are Uneasy over Clinton's Visit", *The New York Times*, March 25, 2000.

[②] 道格拉人(Dogra)属印度雅利安人(Indo-Aryans)种族,18 世纪末 19 世纪初控制着锡克王国的查谟地区,故查谟王公亦称道格拉王公。参见 K. M. Panikkar, *The Founding of the Kashmir State: A Biography of Maharajah Gulab Singh*, George Allen and Unwin, 1930, repr. 1953.

年3月,为了巩固印度北部边防,奖赏查谟王公古拉布·辛格在英国与锡克战争中保持中立,英国以750万卢比的价格把克什米尔河谷卖给了辛格。这样查谟和克什米尔两个不同历史文化和宗教信仰的地区命运就连在了一起。加上辛格控制的拉达克、洪扎、那嘎和吉尔吉特组成了查谟和克什米尔邦,信奉伊斯兰教的克什米尔河谷开始受印度教王公的统治。[1]但是,根据英国与辛格王公签订的《阿姆利则条约》,辛格尽管得到了克什米尔,英国在查谟和克什米尔仍享有宗主权。[2]因此,克什米尔实际上处于英国和道格拉王公的双重统治之下。

道格拉王公接管克什米尔后,面临的最大问题是如何巩固对克什米尔的统治。查谟和克什米尔虽然接壤,经济社会上交往密切,但分属不同的文化宗教。克什米尔历史上一直处于独立状态,而且文化发达,穆斯林人口又占绝大多数。为了在宗教上加强对克什米尔控制,辛格及其继承者首先改变了锡克王公统治时期对克什米尔穆斯林相对宽容的宗教政策,强化对印度教认同宗教。辛格明确反对印度教教徒改宗伊斯兰教,取消了政府对清真寺的财政支持和各种补贴。辛格及其继承者还加重对宰杀神牛行为的量刑,从终身监禁改为极刑。辛格还拨巨资在查谟修建印度教神庙。[3]

为强化宗教合法性和正统性,道格拉历代王公都高度重视印度教的作用。1884年,兰比尔·辛格颁布敕令,成立"印度教达摩信托基金"(Ain-i-Dharmarth 或 Regulation for Dharmarth Trust Fund),对查谟和克什米尔邦宗教场所的宗教活动进行了详细的规定。该基金会开宗明义地提出,其宗旨就是为了推进印度教。兰比尔·辛格还规定,"印度教达摩信托基金"理事会成员主管指导和监督宗教机构和学校事务并协助王公个人与政治及宗教相关的活动以及资产的管理。通过"印度教达摩信托基金理事会"这一机构,兰比尔·辛格实际上完全控制了包括克什米尔的宗教事务,把查谟和克什米尔邦变成了一个印度教王公国,巩固了对其的宗教统治。[4]

与此同时,道格拉历代王公又在政治、经济、社会等方面采取了一系

---

[1] *Kashmir, a Disputed Legacy 1846—1990*, pp.17—19.
[2] Ibid.
[3] Mridu Rai, *Hindu Rulers, Muslim Subjects, Islam, Rights, and the History of Kashmir*, New Delhi, Permanent Black, 2004, pp.101—115.
[4] Ibid., pp.117—127.

列宗教歧视政策,加强对克什米尔穆斯林的统治。道格拉政府可以根据拉夫制度,亦称"贝加"(begar),强迫农民随时随地无偿服役,提供搬运服务。这一制度要么使大批穆斯林农民土地荒废,要么被迫贿赂地方官员,以逃避苦役。①道格拉王公还向穆斯林征收高于印度教教徒的税。穆斯林也被剥夺从军的机会,政府职位甚至连低级职位都被克什米尔印度教婆罗门占据。商业贸易被印度教婆罗门垄断。

道格拉政权的宗教歧视政策最突出地表现在教育方面。在西方国民教育思想影响克什米尔之前,克什米尔与印度其他土邦一样,教育主要是由相关宗教团体或宗教学校提供的,是印度教寺庙或伊斯兰清真寺职能的一部分。他们向学生家长象征性地收取一点学费,灌输一些基本的宗教思想,教授初级的数学知识。兰比尔·辛格统治时期,他利用"印度教达摩信托基金理事会"大肆推广印度教传统宗教思想。他把拉古纳塔寺庙(the Raghunath Temple)建成了学习古典梵语的中心。拉古纳塔寺庙招收了几百名婆罗门学生,对他们进行专门培训。该寺庙还设有翻译部,组织把阿拉伯和波斯语的哲学和历史书籍翻译成梵语和道格拉文,强化印度教教徒的宗教意识。道格拉王公强化印度教文化教育,忽视对克什米尔穆斯林教育的状况一直延续到19世纪末。随着英国殖民统治者对查谟与克什米尔邦事务干预的加深,特别是1889年英国在该邦派驻常任代表后,克什米尔穆斯林的教育问题才开始得到根本改观。这也为克什米尔穆斯林族群意识的萌发和强化,特别是穆斯林政治组织和领导人的成长提供了思想准备。②

随着克什米尔穆斯林教育的普及,穆斯林群体的自我意识不断强化,要求维护自身权利的声音继续增加。1903年,莫拉维尔教团(the Moravian Mission)在拉达克等地出版了一份小报,一期才发行150份,但未经政府批准。英国驻克什米尔邦代表发现后,随即要求哈里·辛格王公予以取缔。同样,克什米尔邦王公也严禁结社集会等活动,即便是社会和宗教性质的活动也不例外。③

---

① Chitralekha Zutshi, *Languages of Belonging, Islam, Regional Identity, and the Making of Kashmir*, New Delhi, Permanent Black, 2003, p. 66.
② *Languages of Belonging, Islam, Regional Identity, and the Making of Kashmir*, pp. 171—197.
③ *Languages of Belonging, Islam, Regional Identity, and the Making of Kashmir*, p. 66.

第六章　伊斯兰教对南亚现代政治的影响

道格拉王公在政治上对克什米尔穆斯林的压迫和歧视,在经济上剥削与掠夺,加深了克什米尔穆斯林的不满,激化了印度教教徒和穆斯林的矛盾,同时也引起了英国殖民统治者的担忧。19世纪末,克什米尔经济发展凋敝,百姓生活困苦,为了巩固其统治,英国殖民统治者开始直接干预克什米尔事务。克什米尔穆斯林也呼吁英国更多地关注克什米尔的情况。1924年,英国总督里丁勋爵访问克什米尔时,克什米尔穆斯林代表提交请愿书,提出了获得土地权,增加穆斯林在政府职位比例,改善伊斯兰教育,恢复政府对清真寺财政支持等要求。[①]对克什米尔穆斯林来说,道格拉王公的统治既是印度教对穆斯林的宗教统治,又是查谟地区对克什米尔河谷地区的民族压迫。要反抗这一双重统治和压迫,争取自己的权利,克什米尔穆斯林只有组织起来,加强团结。而这一历史使命就落在以谢赫·阿卜杜拉为代表的克什米尔新一代穆斯林领导人身上。

2. 克什米尔民族自决运动

20世纪20年代开始,克什米尔不少青年开始走出河谷到英属印度的旁遮普大学、阿里格尔大学等高等学府接受西方现代教育。30年代初,这些青年人逐步回到克什米尔,但因政府部门重要职位都被印度教教徒占据,他们要么处于失业状态,要么因谋不到满意的职位而对现状不满。谢赫·阿卜杜拉就是这样青年中的一个。阿卜杜拉出身贫寒,祖辈曾是克什米尔婆罗门,后改宗伊斯兰教。阿卜杜拉从阿里加大学获得化学硕士学位后回到克什米尔,但未能在政府内谋到一官半职,只好当了一个中学的校长。其他同期回到克什米尔并后来在克什米尔政治中发挥重要作用还有米尔扎·贝格和萨迪克等。深受当时风起云涌的印度民族独立解放运动的影响,以阿卜杜拉为代表的这些克什米尔青年穆斯林领导人,以斯利那加为中心,组织了"穆斯林读书社"。他们经常聚会,商讨如何扩大穆斯林受教育的范围、增加在政府就职机会、争取平等的经济政治权利等问题。[②]

1931年,克什米尔爆发了反对哈里·辛格王公为代表的印度教对穆斯林宗教压迫和统治的起义。起义以反抗宗教压迫,特别是以拯救伊斯兰教为名义动员群众,受到了克什米尔邦穆斯林的一致支持。英属印度

---

① *Culture and Political History of Kashmir*, Volume 2, Modern Kashmir, p. 724.

② Navnita Chadha Behera, *Demystifying Kashmir*, Washington, D. C., Brookings Institution Press, 2006, pp. 15—16.

旁遮普、孟加拉等地的穆斯林群众和组织对起义进行了各种形式的声援和支持,但克什米尔的印度教教徒却站在王公辛格一边。在英印殖民当局的帮助下,辛格王公最后把起义镇压了下去。1932年,"全查谟和克什米尔穆斯林会议"(All-Jammu and Kashmir Muslim Conference)正式成立并举行了第一届年会。谢赫·阿卜杜拉和克什米尔伊斯兰教团体首领穆罕默德·尤素福·沙成了该政党的当然领袖。穆斯林会议成立之时,正值克什米尔邦立法会议选举,邦政府提出了按宗教信仰划分议席的办法,给穆斯林会议在克什米尔穆斯林群体中扩大影响提供了良机。

与此同时,穆斯林起义被英印当局镇压,使阿卜杜拉等克什米尔领导人意识到,克什米尔穆斯林反对哈里王公的统治,争取解决的斗争必须要团结克什米尔全体人民,并把反对英国殖民统治也作为斗争的目标。为此,阿卜杜拉认为克什米尔穆斯林需要淡化宗教色彩,团结其他教派。但尤素福·沙并不赞同阿卜杜拉的观点,两人因而被迫分道扬镳。1939年6月,阿卜杜拉把克什米尔穆斯林联盟更名为"全查谟和克什米尔国民大会"(All Jammu and Kashmir National Conference),以争取克什米尔各教派、各地区更广泛的支持。此外,阿卜杜拉还提出了"新克什米尔"思想,发起了"退出克什米尔"运动,提出"国民大会"的主要任务就是在查谟和克什米尔成立负责任和有广泛代表性的政府,推翻道格拉王公的统治,由查谟和克什米尔邦人民自己来决定未来的地位。阿卜杜拉提出的自决要求是建立在克什米尔文化认同基础上的,并强调了该邦内包括穆斯林、印度教教徒和锡克教徒所有群体的利益。这在一定程度上是他本人受印度国大党特别是尼赫鲁世俗主义思想影响的结果,但却帮助阿卜杜拉奠定了克什米尔民族自决领导人的地位。

## 二、克什米尔问题的演变

印巴克什米尔争端实际上早在当南亚次大陆印度和巴基斯坦这两个新生的独立国家在孕育过程之时已经埋下了。20世纪30年代前后,当时印度国大党和穆斯林联盟正在为印度的未来争得不可开交,但都没有忘记克什米尔。当牛津大学的几个印度穆斯林留学生在为未来南亚穆斯林国家设计名字的时候,他们就特别地把克什米尔凸显出来。英文巴基斯坦(Pakistan)中的字母"K"就是代表克什米尔(Kashmir)。印度国大党和穆斯林联盟这两大政党把眼光都集中到了克什米尔,既有政治原因,又有个人因素。穆斯林联盟领导人、巴基斯坦国家孕育者之一伊克巴尔和印度国大党主要领导人尼赫鲁,其祖籍都是克什米尔。尼赫鲁个人更是对克什米尔怀有特殊的兴趣,并同阿卜杜拉建立了密切的个人关系。

1. 印巴关于印度土邦的归属

1946年,英国对印度殖民统治已经难以为继,印度穆斯林和印度教教徒这两大教派的矛盾无法调和,分治势在必行。1947年6月,英国提出了关于印巴分治的"蒙巴顿方案",并按此方案成立了划分边界的委员会。根据"蒙巴顿方案",英属印度按居民的宗教信仰分为印度和巴基斯坦两个自治领。但是,英属印度仅占印度次大陆面积的54%,对于包括克什米尔邦等占印度次大陆面积46%的564个土邦的归属却一时难以决断。

这些土邦大的像海得拉巴、查谟和克什米尔等,他们拥有自己的军队,发行货币,修建铁路等,俨然是独立的王国。小的面积仅为几万英亩,实际上是一块飞地而已。在英国殖民统治者统治期间,英印殖民政府通过各种条约,巧取豪夺,以各种方式对这些土邦进行控制。若根据英国通过"内阁行动计划",随着英国殖民统治的结束,它们也收回了主权。因此,这些土邦在印巴分治时,理论上享有独立的主权。[①]当然,它们在考虑地缘因素的同时,也可自由选择或加入印度,或加入巴基斯坦。印巴分治前后,双方都努力争取更多的土邦加入自己的行列。到印巴两个自治领正式成立之时,除朱纳格、海得拉巴、查谟—克什米尔三个土邦外,其余土邦的归属都已解决。在这三个土邦中,朱纳格和海德拉巴人口都是印度教教徒占多数,但王公为穆斯林。而查谟—克什米尔邦则正好相反,穆斯林占75%,王公是印度教教徒。

印巴独立后不久,印度就不顾巴基斯坦的反对,通过军事手段解决了朱纳格和海德拉巴并入印度的问题。但查谟—克什米尔邦的归属问题却一直未能解决。对巴基斯坦来说,如果按"蒙巴顿方案",那么克什米尔的归属已定。而且从各方面看,查谟和克什米尔地区应该加入巴基斯坦。不过从历史文化背景,地缘政治看也有独立的条件。克什米尔王公哈里·辛格的态度则模棱两可,实际上是倾向独立。这一态度甚至也是民

---

① *Demystifying Kashmir*, Washington, p. 4.

族运动领导人阿卜杜拉及其"国民大会"的态度。①

2. 印巴围绕克什米尔的三次战争

1947年10月,查谟地区爆发了印度教和穆斯林之间的冲突,巴基斯坦边界地区的部族武装进入查谟,并威胁克什米尔邦首府斯利那加。克什米尔土邦王公向印度求援,但印度表示,克什米尔只有归属印度才能派兵进驻克什米尔。哈里·辛格王公无奈只好同印度签署协议,表示自愿并入印度。印度迅速出兵,控制了克什米尔河谷。巴基斯坦也不甘示弱,增派部族武装和非正规军参战。②就这样,印巴两个刚刚独立的国家为争夺克什米尔爆发了第一次战争。经过一年多断断续续的战争,在联合国的调停下,印巴两国于1949年1月实行停火,并划定了停火线。印度控制了查谟大部、整个克什米尔河谷和拉达克地区,约占克什米尔邦五分之三的面积和四分之三的人口。庞奇、米尔普尔和穆扎夫拉巴德以及吉尔吉特和巴尔提斯坦地区归属巴基斯坦控制,占克什米尔邦五分之二的面积和四分之一的人口。克什米尔邦就这样被划分成印控区和巴控区。

印巴克什米尔虽然以停火而暂告结束,但两国就克什米尔归属的问题并未解决。印度以英属印度当然继承者自居,认为保护印度所有的土邦免受外国侵略,印度"责无旁贷"。为维护自身安全,印度必须出兵援助克什米尔。1952年8月7日,尼赫鲁在印度国会就印度与土邦的关系发表讲话。尼赫鲁说:"1947年英国殖民统治的结束,我们就回到了英国人来到印度之前。"更为重要的是,印度认为克什米尔是维持其世俗化和多元化的关键。印度视克什米尔为打败巴基斯坦"两个民族"理论的斗争,认为克什米尔必须留在印度联邦内,必要时甚至可以不惜使用武力。如果不是这样,印度国内印度教教徒和穆斯林关系会受到重大影响。1953年9月17日,尼赫鲁在议会辩论时说:"我们一直认为克什米尔问题对我们既有象征意义,对印度又有深远的后果。克什米尔问题的象征意义在于,我们是世俗国家……克什米尔对印度和巴基斯坦又至关重要,因为如果我们根据'两个民族'理论放弃克什米尔,显然印度和东巴基斯坦成千

---

① 1944年,谢赫·阿卜杜拉在《新克什米尔》一文中明确提出,要把查谟和克什米尔建成一个独立的国家,南亚的瑞士。参见 *Kashmir, a Disputed Legacy 1846—1990*, p.187.

② 种种迹象表明,印度早就做好了出兵的准备,这是为什么能在24小时内实施空运,占领斯利那加机场的原因。在印度派兵进驻斯利那加后,巴基斯坦决定派正规军反击,但因时任英属印度军总司令的英国元帅奥钦莱克(Sir Claude Auchinleck)的反对而未果。参见 *Demystifying Kashmir*, p.26.

## 第六章　伊斯兰教对南亚现代政治的影响

上万的人都将受到严重影响。许多愈合的伤口将被再次扯开。"①印度还担心,克什米尔争端可能会导致外部势力的干预,影响其建国进程和世俗主义理念,最终损害其主权独立和完整。

巴基斯坦认为,印度出兵克什米尔,是不接受巴基斯坦立国现实、不惜用武力改变现状的表现。克什米尔问题是涉及巴基斯坦立国理念和生存的根本性问题。印度乘人之危逼迫克什米尔王公加入印度,违背了印巴分治的原则,以及两国1947年8月签署的关于克什米尔的"搁置协议"(Standstill Agreement)。印度占领克什米尔并不具有合法性。可以看出,克什米尔争端已经从一个土邦的归属这样一个印巴分治的遗留问题,上升到两国意识形态和民族主义之争的高度。

印巴第一次战争后,为了巩固对其控制的克什米尔地区的统治,印度对克什米尔政策主要是以安抚为主。首先,按照印度宪法第370条款规定确认克什米尔的特殊地位。印度中央政府仅负责克什米尔的国防、外交和交通事务,其他事务由邦政府全权处理。第二,全力支持阿卜杜拉及其"国民大会"。尼赫鲁在逼迫辛格王公任命阿卜杜拉为克什米尔临时政府总理后不久,又迫使辛格王公退位。同时,印度政府还支持克什米尔邦政府成立内务部队,加强克什米尔河谷地区穆斯林的武装力量,反对印度教极端组织提出的把查谟和克什米尔邦完全并入印度的要求。1952年,印度中央政府同克什米尔签署《德里协定》。协定再次确认了克什米尔的特殊地位,规定克什米尔邦旗可以同印度国旗同时悬挂。协定还就克什米尔实施紧急状态、印度最高法院在克什米尔的司法管辖等问题作了特殊的规定。

印度的克什米尔政策收到较好的效果。阿卜杜拉表示,印度的政治体制比巴基斯坦更符合其"自由克什米尔"的思想,一个世俗和民主的印度更能保障克什米尔的自由和包括穆斯林在内所有克什米尔人的利益。②但是,印度中央政府同克什米尔邦政府之间的政治谅解并未消除双方关于克什米尔地位上的根本分歧。对尼赫鲁而言,克什米尔享有的特殊地位是出于控制克什米尔的需要,是一种临时性的安排。而阿卜杜拉

---

① *Speech to Lok Sabha*, September 17, 1953, *Parliamentary Debates*, 3:34, p. 3995, Cf. Ashutosh Varshney, "India, Pakistan, and Kashmir: Antinomies of Nationalism", *Asian Survey*, Vol. XXXI, No. 11, Nov. 1991.

② *Demystifying Kashmir*, pp. 38—39.

认为,克什米尔邦是印度特别地区,享有高度自治权力。矛盾首先在克什米尔邦军队并入印度军队问题上爆发,阿卜杜拉对尼赫鲁不同意克什米尔保留自己的军队感到十分失望。1951—1952年,双方在商谈有关印度宪法第370条款时,矛盾更加突出。尼赫鲁无法容忍阿卜杜拉坚持克什米尔邦议会是独立于印度宪法的立法机构的想法,更不能接受阿卜杜拉为了寻求美、英等的支持,频繁同西方接触的做法。尼赫鲁称,阿卜杜拉的克什米尔分离主义会刺激"印度教民族主义",最终严重威胁印度的国内凝聚力和世俗主义政策,损害印度主权和独立。1953年8月,阿卜杜拉被逮捕,印度中央政府随即对克什米尔邦政府进行改组。此后,印度还加快对克什米尔政治的干预力度,策划和操纵克什米尔邦政府召开立法会议,批准了克什米尔并入印度的协议,宣誓效忠中央政府。这些做法虽然达到了强化对印控克什米尔地区统治的目的,但却加剧了克什米尔民众反印的情绪,双方关系更加疏远。

1963年12月,克什米尔发生了"圣发失窃案"。存放在克什米尔邦首府斯利那加附近穆斯林圣地哈扎拉特巴尔(Hazratbal)据称是先知穆罕默德的头发发现被盗,但不久又失而复得。"圣发失窃案"引发了克什米尔穆斯林和印度教的矛盾,加剧了民众对印度中央政府克什米尔政策变化的不满。面对克什米尔反印情绪的上升,印度政府加紧对克什米尔地区控制,引起巴基斯坦对印控克什米尔地区的同情与支持。1965年6月,克什米尔巴基斯坦控制区穆斯林武装向印度控制区渗透,策动发动克什米尔武装起义,巴基斯坦政府也派兵增援。印巴围绕克什米尔问题爆发第二次战争。印度为了摆脱不利态势,在旁遮普国际边界开辟新战场,印巴爆发全面战争。在国际社会的调停下,双方实现停火。印巴第二次战争基本上打了个平手,两国在克什米尔的态势没有发生根本改变。但印巴双方的对立情绪加剧,两国都开始加紧利用各自国内宗教、民族矛盾,争取在克什米尔问题上的有利地位。1971年12月,印巴两国因东巴基斯坦脱离巴基斯坦而第三次爆发战争。这次战争虽不是由克什米尔引发的,但双方在克什米尔的军事对峙频频发生。其中印度在这场战争还多占了巴控克什米尔地区的部分土地。1972年7月,印巴签署了《西姆拉协定》,双方同意在克什米尔地区尊重1971年双方停火后形成的实际控制线。为了解决克什米尔问题,印巴两国领导人和部长级官员数次举行会谈,但一直没能达成协议。

20世纪80年代开始,印度国内分离主义活动进入高潮。英·甘地总理加强了对克什米尔地区的控制。国大党出于国内政治需要,在选举中打教派主义的牌,操纵克什米尔选举。克什米尔政党为了选票也利用教派主义,致使穆斯林和印度教以及克什米尔邦与中央政府的对立进一步升级。印度政府被迫采取军事手段,加紧打击克什米尔分离势力。但印度政府高压政策反而导致克什米尔地区民族分离活动和反对印度中央的势头更加活跃。

3. 克什米尔民族分离主义

1989年下半年开始,克什米尔地区民众因不满印度中央政府操纵邦议会选举的街头抗议示威活动,逐步变成各种武装组织的公开绑架、暗杀、袭击军警、政府机关的暴力活动。克什米尔地区分离组织公开发动反对印度统治的暴力活动,标志着克什米尔分离活动方式的重大变化。此后近20年内,克什米尔分离活动基本上以暴力活动为主,各派武装分子虽然在克什米尔的前途问题上有分歧,但坚持用暴力恐怖手段反对印度是他们共同的方针和战略。截至2007年,印度被迫在克什米尔地区部署了几十万军警,打击克什米尔武装分子的暴力恐怖活动,已造成克什米尔四万人死亡,地区经济社会发展受到毁灭性打击。

克什米尔地区分离活动的暴力化和极端化趋势,是多方面原因造成的。

第一,是印度克什米尔政策的结果。长期以来,印度为了巩固其对克什米尔的控制,多次干预克什米尔内部政治,特别是选举。与此同时,克什米尔地区安全形势恶化导致经济社会发展受到严重影响,大批青年,特别是受过教育的青年人失业,成为克什米尔分离活动和极端组织的支持者和参与者。克什米尔极端组织对克什米尔民众宣扬说,印度通过阿卜杜拉政府干涉、控制其内部事务,实际上就是印度教对穆斯林的统治。印度政府取代了英国殖民统治者,克什米尔阿卜杜拉政府取代了道格拉印度教政府,继续压迫穆斯林。克什米尔要真正获得独立和自由,必须要把民族自决的斗争转变为伊斯兰教同包括印度教在内的异教的"圣战"。

第二,伊斯兰复兴运动背景下,宗教极端主义和国际恐怖主义的影响。20世纪70年代末伊朗伊斯兰革命,以及随后的阿富汗抗击前苏联入侵的战争,是南亚地区政治极端化和宗教极端主义与国际恐怖主义思潮蔓延的最外部因素。阿富汗抗苏斗争的胜利,在一定程度上鼓舞了极端主义和恐怖主义的士气。冷战结束后大批国家的独立也刺激了克什米尔地区民族分离活动。印巴两国在克什米尔的长期对抗,两国内部的政治、经济、社会矛盾,以及印度在克什米尔的高压政策,为克什米尔极端组织的暴力恐怖活动提供了土壤。

第三,巴基斯坦对克什米尔政策的变化。第三次印巴战争后,印巴两国于1972年签署了关于克什米尔问题的《西姆拉协定》,确定以双边方式及和平途径是解决克什米尔的两大原则。印度认为,孟加拉国的独立,打破了巴基斯坦"两个民族"的立国理念,标志着巴基斯坦失去了争夺克什米尔的理论依据。巴基斯坦感到,孟加拉国的独立,是印度肢解巴基斯坦的结果,使巴基斯坦民族认同陷于空前危机之中,巴基斯坦生存受到严重威胁。巴基斯坦基本上失去了用战争方式解决克什米尔归属问题的能力。巴基斯坦开始考虑其他方式,支持克什米尔武装反抗印度的斗争。巴基斯坦国内伊斯兰化的倾向也使军方重新审视其克什米尔战略,力图从伊斯兰教教义中寻求其克什米尔问题"非常规"战争的理论依据。而印度控制克什米尔地区,特别是克什米尔河谷地区对印度中央政府的不满,特别是极端组织提出的反抗宗教压迫,发动"圣战"的方针,也为巴基斯坦克什米尔政策的调整提供了条件。

### 三、印巴关系和克什米尔前景

"9·11"后,克什米尔问题的外部环境发生重大变化,促使印巴两国开始认真思考和讨论改善两国关系,共同寻求解决克什米尔争端的方法与途径。

2004年1月,印巴两国同意恢复"全面对话",启动了和平进程。四年来,在双方的共同推动下,两国致力于建立互信措施,加强人员往来。至今印巴已恢复开通了公路、铁路交通联系,放宽了签证手续,体育、文化、媒体交往密切。在克什米尔问题上的官方和非官方对话各种渠道在进行沟通谈判,努力寻求解决方案。与此同时,印度中央政府也多次与克什米尔各派政治势力接触,以逐步满足克什米尔要求扩大自治权的愿望。

据媒体报道,迄今为止在克什米尔问题的几十种解决方案中,印巴两国在以下三个大原则方面逐步趋同:①

第一,双方都反对克什米尔的独立。巴基斯坦称认为克什米尔应该进行自我治理(self-governance);印度声称可以接受克什米尔最大限度的

---

① "*Kashmir—A Way Forward*", http//:www.kashmirstudygroup.org.

## 第六章 伊斯兰教对南亚现代政治的影响

自治。

第二,克什米尔印控和巴控两个地区形成一种非正式的邦联关系,两个地区在名义上分属印巴两国,其安全由两国军队共同维护。

第三,淡化克什米尔实际控制线的意义。由于印度不接受改变边界(实际控制线)的做法,更不愿意按克什米尔宗教群体划分次区域,巴基斯坦无法接受把实际控制线变成两国在克什米尔的国际边界的原则,双方同意就共同管理克什米尔的原则做出机制安排。①

但是,印巴双方在克什米尔分歧依然很大,其中在克什米尔地区区域的认定问题上,即是否要把查谟、拉达克、北部地区包含在内,以及印巴协调机构及克什米尔代表权、非军事化、安全等等具体问题上认知的差别还很大。有媒体报道,这些基本原则满足了印度95%的立场,只是因为印度国内反对派坚持认为,解决克什米尔问题的时间在印度一边。若2008年底克什米尔邦举行的议会选举中,印度能够劝说克什米尔反对党参加,那么印度谈判的地位将更加有利。巴基斯坦目前国际处境艰难,国内政局动荡,对克什米尔极端组织的控制和影响减少,没有必要急于同巴基斯坦达成协议。另外,印度国内反对派还担心,上述原则的落实涉及印度相关宪法规定,如果为克什米尔修改宪法,可能会对打击国内其他分离势力起到负面影响。印巴关系近年来不断改善,以及在解决克什米尔问题立场的趋近是有多方面的原因的:

第一,随着外部环境的变化,克什米尔在印巴两国安全战略中的地位逐渐相对下降。克什米尔问题爆发之初,印巴两国都视之为生命攸关的问题。克什米尔对印巴两个新生国家具有重要的地缘战略意义,也牵动着两国人民的民族和宗教感情。对两国领导人的个人情感而言,也是至关重要的。印度首任总理尼赫鲁认为,没有克什米尔,印度就不会在亚洲的政治舞台上占据一个重要位置。巴基斯坦首任总理阿里·汗则称,克什米尔就像巴基斯坦头顶上的帽子,如果容忍印度摘走这顶帽子,那就会永远受印度的摆布。失去克什米尔,巴基斯坦将是不完整的。②而克什米尔独特而复杂的历史、文化遭遇,也使克什米尔人希望掌控自己的命运。

但自1998年5月印巴核试验后,印巴之间出现了"恐怖平衡",特别

---

① *Demystifying Kashmir*, pp. 251—253.

② M. J. Akbar, *Kashmir behind the Vale*, New Delhi Robli Books Pvt. Ltd., 2002, pp. 63—135.

是巴基斯坦核能力的获得在一定程度上缓解了长期存在的生存危机感。与此同时，印巴两国共同认识到，军事手段无法根本解决相互的分歧。1999年卡尔吉尔冲突和2001—2002年的边境对峙使印巴两国充分认识到军事对抗的局限性。克什米尔问题的国际的大环境也有改善。国际社会因为担心南亚爆发核冲突也要求印巴通过非战争手段解决分歧，支持印巴两国改善关系的努力。加上美国等西方国家重新重视巴基斯坦的作用，也改善了南亚地缘政治格局失衡的局面。

第二，巴基斯坦的克什米尔政策难以为继，被迫再次进行调整。巴基斯坦逐步接受了已经不可能实行在联合国主持下的全民公决的现实，也基本上彻底放弃了通过武力把克什米尔夺过来的想法。巴基斯坦在一定程度上还意识到，打击国内极端主义和恐怖主义，可能还需要协调克什米尔的政策。1999年上台的穆沙拉夫总统执政期间，积极打击宗教极端势力，把建立一个温和、现代、进步的巴基斯坦作为巴基斯坦的理想。穆沙拉夫多次表示，巴基斯坦"必须抑制极端主义、黩武、暴力和原教旨主义的倾向"，并采取了许多措施，加大国内打击宗教极端主义和恐怖主义的力度。在克什米尔问题上，穆沙拉夫明确表示，巴基斯坦政府仍将在道义上、政治上和外交上支持克什米尔人民争取自决的斗争，但任何组织都不得以克什米尔问题为借口进行恐怖活动。穆沙拉夫在克什米尔问题的立场不仅受到国际社会的普遍欢迎，对推动巴基斯坦国内对克什米尔问题的反思起了重要作用。2008年巴基斯坦大选前后，克什米尔问题并未成为焦点，便是例证。

第三，印度国内各派从推行其大国战略和维护国内教派关系出发，重新审视印巴关系和对克什米尔问题的政策。2004年5月，印度人民党在大选中出人意料地败北，人们普遍认为其中一个重要原因就是其教派主义政策影响了广大穆斯林选民的支持。重新上台执政的印度国大党继续高举世俗主义大旗，印度国内主流思想也积极主张淡化宗教因素，打击极端的教派势力。印度对两国的宗教、民族问题特别是历史开始出现反思。2005年6月，印度人民党主席阿德瓦尼访问巴基斯坦。阿德瓦尼是印度民族主义强硬势力的代表，1992年他鼓动印度教民族主义极端势力捣毁了位于阿约迪亚的穆斯林清真寺，引发大规模教派冲突。此次访问巴基斯坦，他拜谒真纳陵墓时，称赞真纳是促进印度教和穆斯林团结的"大使"。阿德瓦尼还表示当时他组织拆毁巴布利清真寺是他一生中"最悲伤的一天"。此前，1999年印度人民党前主席瓦杰帕伊对巴基斯坦搞"巴士外交",也在参观拉合尔巴基斯坦独立纪念碑时题词称,印巴两国的统一和繁荣息息相关。阿德瓦尼访问巴基斯坦的谈话虽然不乏有做秀成分,但印度国内对此反响积极。多数舆论肯定阿德瓦尼相当温和的立场,尤其是公开承认印度和巴基斯坦已是"不可改变的历史现实",表示要放弃"大印度"(Akhand Bharat)的梦想,以及必须对少数族群表示宽容的表态,认为对淡化印巴两国在宗教和民族问题上的矛盾还是起了积极的作用。

印巴两国在打击国内宗教极端势力和恐怖主义活动方面加强合作,已取得了初步进展,为两国关系的正常化及克什米尔问题的最终解决积极创造条件,引起国际社会的广泛关注。但是,克什米尔问题近来再次出现了新的波折。2008年5月,克什米尔邦政府应印度教教徒的要求,把一块40公顷的土地拨给了克什米尔斯利·阿玛纳特圣地管理局(The Shri Amarnath Shrine Board),用于建造印度教神庙。但由于克什米尔河谷的穆斯林抗议而收回了该土地。克什米尔邦政府的出尔反尔,引发了查谟地区印度教教徒的不满和抗议活动,使克什米尔地区印度教和穆斯林之间的教派关系再次陷入紧张,部分穆斯林组织和民众又提出要求,呼吁克什米尔并入巴基斯坦。这一事件的发展再次提醒我们克什米尔问题的复杂性和不确定性。

应该看到,长期以来,解决克什米尔问题都是从外部环境着手,特别是把印巴两国的关系改善作为前提。解决克什米尔问题,不仅要继续推动印巴关系改善,加强两国在打击宗教极端主义和恐怖主义方面的对话,还要通过印巴双方的共同努力,推动构建一个多元、包容的克什米尔文化认同。而要做到这一点,最重要的可能还在于印巴两国需要放弃把自身的认同和民族主义建立在敌视对方的基础上,处理好宗教和政治的关系,推动构建一个正常、多元的民族认同,现代的民族主义理念,适应印度和巴基斯坦的现实。

印巴独立已经60多年了,应该说到了可以重新看待这些由宗教、民族问题引发的那些恩恩怨怨的时候了。从历史上看,南亚次大陆印度教与穆斯林两教派也不是没有和睦相处的时代。莫卧儿王朝时期的穆斯林国王阿克巴尔大帝就采取了宽容的宗教政策,促进了印度教与伊斯兰教的融合。从文化角度来看,印度教文化和南亚伊斯兰文化的相互交融,相互影响,共同创造了包含印度教、伊斯兰教及其他宗教文化的独特的南亚文明,具有宽容、多样性和兼收并蓄、超越狭隘的民族、宗教、文化分歧的特点。当前,印度教文化和伊斯兰文化都经受着全球化带来的西方的文化思潮和价值观的强烈冲击,面临着捍卫传统文化并在现代化进程中不断发展的巨大挑战。为了共同应对这些挑战,印度教文化和南亚伊斯兰文化更需要加强直接对话,为印巴两国最终和解,克什米尔问题的妥善解决创造条件和氛围。

# 参考文献

**中文文献：**

甘地：《甘地自传》,吴耀宗、杜危合译,商务印书馆,1959 年。

《古兰经》,马坚译,中国社会科学出版社,1981 年。

G. 阿拉纳：《伟大领袖真纳——一个民族的经历》,袁维学译,商务印书馆,1983 年。

林承节：《印度民族独立运动的兴起》,北京大学出版社,1984 年。

黄心川：《印度近现代哲学》,商务印书馆,1989 年。

金宜久主编：《伊斯兰教史》,中国社会科学出版社,1990 年。

马吉德·法赫里：《伊斯兰哲学史》,陈中耀译,上海外语教育出版社,1992 年。

林承节：《印度近现代史》,北京大学出版社,1995 年。

陈嘉厚主编：《现代伊斯兰主义》,经济日报出版社,1998 年。

J. L. 埃斯波西托：《伊斯兰威胁——神话还是现实?》,东方晓、曲洪、王建平、杜红译,社会科学文献出版社,1999 年。

吴云贵、周燮藩：《近现代伊斯兰思潮与运动》,社会科学文献出版社,2000 年。

蔡德贵主编：《当代伊斯兰阿拉伯哲学研究》,人民出版社,2001 年。

厄内斯特·查尔纳：《民族与民族主义》,韩红译,中央编译出版社,2002 年。

朱明忠、尚会鹏：《印度教：宗教与社会》,世界知识出版社,2003 年。

吴冰冰：《什叶派现代伊斯兰主义的兴起》,中国社会科学出版社,2004 年。

赫尔曼·库尔特、迪特玛尔·罗特蒙特：《印度史》,王立新、周红江译,中国青年出版社,2008 年。

伊夫提哈尔·马里克：《巴基斯坦史》,张文涛译,中国大百科全书出版社,2010 年。

**外文文献：**

Sarojini Naidu, ed., *Mohomed Ali Jinnah: An Ambassador of Unity; His Speeches and Writings, 1912—1917*, Madras: Ganesh & Co., 1918.

Sh. Muhammad Ashraf, ed., *Letters of Iqbal to Jinnah*, Lahore: Kashmir Bazar, 1942.

Francis Robinson, *Separatism among Indian Muslim*, Cambridge University Press, 1947.

Sayyid Abul A'la Maududi, *Islami Hukumat kis Tarah Qa'im hoti hay*, Islamic

Publications, Lahore, 1947.

Muhammad Ashraf, *Modern Muslim India and the Birth of Pakistan (1858—1951)*, Lahore, 1950.

Sayyid Abul A'la Maududi, *Islami Dastur ki Bunyddein*, Islamic Publications, Lahore, 1952.

Sayyid Abul A'la Maududi, *The Qadiani Mas' alah*, Islamic Publications, Lahore, 1953.

Sayyid Abul A'la Maududi, *Islami Riyasat*, Islamic Publications, Lahore, 1962.

Sayyid Abul A'la Maududi, *Jihad fi Sabilillah*, Islamic Publications, Lahore, 1962.

Muhammad Iqbal, *The Development of Metaphysics in Persia*, Bazm-i-Iqbal, Lahore, 1964.

Sayyid Abul A'la Maududi, *Tahrik-i-Azadi-i-Hind aur Muslaman*, Islamic Publications, Lahore, 1964.

Isma'il Panipati, ed., *Maqalat-i-Sir Sayyid*, 16 Vols., Lahore, Majlis-i-Taraqqi-i-Adab, 1962—1965.

M. M. Sharif, ed., *A History of Muslim Philosophy*, Vol. 2. Otto Harrassowitz, 1966.

Altaf Hasain Hali, *Hayat-i-Javid*, Lahore, Ainah-i-Adab, 1966.

M. Rafique Afzal, ed., *Selected Speeches and Statements of the Quaid-i-Azam Mohammad Ali Jinnah (1911—1934 and 1947—1948)*, Lahore: Research Society of Pakistan, University of the Punjab, 1966.

Khalid bin Sayeed, *Pakistan, the Formative Phase, 1857—1948*, Oxford University Press, 1968.

P. Haroy, *The Muslims of British India*, Cambridge Universitiy Press, 1972.

G. F. I. Granham, *The Life and Work of Syed Ahmad Khan*, Second Edition and Reprinted, Oxford University Press, 1974.

Christian W. Troll, *Sayyid Ahmad Khan A Reinterpretation of Muslim Theology*, Vikas Publishing House, New Delhi, 1976.

Mohannand I. Khan, *History of Srinagar, 1846—1947, A Study in Social-Cultural Change*, Srinagar, Aamir Publication, 1978.

Hafeez Malik, *Sir Sayyid Ahmad Khan and Muslim Modernization in India and Pakistan*, Columbia University Press, New York, 1980.

Fazru Rahman, *Islam and Modernity*, The University of Chicago Press, 1982.

Syed Sharifuddin Pirzada, ed., *Foundations of Pakistan: All-India Muslim League Documents: 1906—1947*, Vol. 1—2, New Delhi: Metropolitan Book CO. p.

LTD., 1982.

Masudul Hasan, *Sayyid Abul A'ala Maududi and His Thought*, Islamic Publications, Lahore, 1984.

Muhammad Iqbal, The *Reconstruction of Religious Thought in Islam*, Institute of Islamic Culture, Lahore, 1986.

Ikram Ali Malik, ed., *Muslim League Session 1940 and the Lahore Resolution*, Islamabad: National Institute of Historical and Culture Research, 1990.

Latif Ahmad Sherwani, compiled and edited, *Speeches, Writings and Statements of Iqbal*, Lahore, Iqbal Academy Pakistan, 1995.

Khurshid Ahmad Khan Yusufi, ed., *Speeches, Statements and Messages of the Quaid-e-Azam*, Vol. 1—4, Lahore: Bazm-e-Iqbal, 1996.

Sayyid Abul A'la Maududi, *First Principles of the Islamic State*, Islamic Publications, Lahore, 1997.

Lawrence Ziring, *Pakistan in the Twentieth Century: A Political History*, Oxford University Press, 1997.

Mohamed Abdulla Pasha, *Sir Syed Ahmed Khan, His Life and Time*, Lahore, 1998.

Reuven Firestone, *Jihād: The Origin of Holy War in Islam*, Oxford University Press, 1999.

John L. Esposito, ed., *Oxford Islamic History*, Oxford University Press, 1999.

Sir Penderal Moon, *The British Conquest and Dominion of India*, New Delhi, India Research Press, 1999.

John L. Esposito, ed., *Oxford Islamic History*, Oxford University Press, 1999.

Michael Leifer, ed., *Asian Nationalism*, London, Routledge, 2000.

Ayesha Jalal, *Self and Sovereignty: Individual and Community in South Asian Islam Since* 1850, Lahore, Sang-e-Meel Publications, 2001.

Mushirul Hasan, ed., *India's Partition: Process, Strategy and Mobilization*, Oxford University Press, 2001.

Javid Iqbal, *Islam and Pakistan Identity*, New Delhi, Vanguard, 2003.

Chitralekha Zutshi, *Languages of Belonging, Islam, Regional Identity, and the Making of Kashmir*, New Delhi, Permanent Black, 2003.

Veena Kukreja, *Contemporary Pakistan, Political Processes, Conflicts and Crises*, New Dehli, Sage Publications, 2003.

Annemarie Schimmel, *Islam in the Indian Subcontinent*, Lahore, Sang-e-Meel Publications, 2003.

Majid Fakhry, *A History of Islamic Philosophy*, Columbia University Press, New

York, 2004.

Mridu Rai, *Hindu Rulers, Muslim Subjects, Islam, Rights, and the History of Kashmir*, New Delhi, Permanent Black, 2004.

Stephen p. Cohen, *The Idea of Pakistan*, Washington D. C., Brookings Institution Press, 2004.

Muhannad Ashraf Wani, *Islam in Kashmir* (14$^{th}$ to 16$^{th}$ Century), Srinagar, Oriental Publishing House, 2004.

Muhammad Hameedullah, trans., *Selected Essays of Sir Syed Ahmad*, Vol. 1, Sir Syed Academy, Aligarh, 2004.

Riyaz Ahmad, *Islam & Modern Political Institutions in Pakistan*, Ferozsons, 2004.

Richard Bonney, *Jihād: From Qur'ān to Bin Lāden*, Palgrave Macmillam, New York, 2004.

Mohammad Abdul Mannan, trans., *Selected Lectures of Sir Syed Ahmad*, Vol. 1, Sir Syed Academy, Aligarh Muslim University, 2005.

Navnita Chadha Behera, *Demystifying Kashmir*, Washington, D. C., Brookings Institution Press, 2006.

Ayesha Jalal, *Partisans of Allah, Jihad in South Asia*, Lahore: Sang-e-Meel Publications, 2008.

# 后　记

现在奉献给读者的《南亚伊斯兰现代进程》一书是我们合作完成的国家社科基金项目的成果。

伊斯兰教在南亚地区的传播和发展已有一千多年的历史，南亚伊斯兰文化在形成过程中既受到源自阿拉伯半岛的文化浪潮的冲击，也曾受到波斯文化浪潮的冲击；伊斯兰文化传入南亚后不仅未能被本土文化同化，而且充分发挥它的再造功能，吸收异文化的养分，在文化更新方面迈出了坚实的步伐。在现代社会历史进程的驱动下，孕育于南亚伊斯兰文化之中的现代思想观念和社会变革理论显现了强劲的张力，在不同时期相继产生了著名的伊斯兰社会改革家、哲学家、宗教学者和政治家，他们的思想理论和社会实践既呼应伊斯兰世界其他地区兴起的现代伊斯兰思想文化运动和社会复兴运动，也体现了本地区穆斯林民众对宗教改革和社会发展的新要求。本书通过发掘他们各自思想的个性化内涵，透视他们的思想形成的时代因素、区域文化因素以及他们的个人因素，同时把他们的思想和理论与各个时期的社会矛盾、宗教文化冲突和政治对抗结合起来分析，力图勾画出南亚伊斯兰现代进程的脉络。

本项目于2010年结项。在出版此书前，第三章"南亚穆斯林宗教哲学家：穆罕默德·伊克巴尔"的撰稿人雷武铃出版了专著《自我·宿命与不朽——伊克巴尔研究》（中国社会科学出版社，2012年），他在书中使用了本人撰写的部分内容。为避免重复，又考虑到全书内容的系统性，本书的这一章做了大幅删节。其他部分也略有修改，增加"南亚现代穆斯林政治家：穆罕默德·阿里·真纳"一章。各部分的撰稿人为：刘曙雄（导言、第一章），晏琼英（第二章），雷武铃（第三章），王旭（第四章），王希（第五章），荣鹰（第六章）。

我国南亚学界在语言文学、历史文化和宗教哲学等领域一些成果在学术界享有盛誉。在伊斯兰教尤其是涉及南亚伊斯兰教研究方面，《伊斯兰教史》《伊斯兰教与世界政治》《历史与现实中的伊斯兰教》《近现代伊斯兰教思潮与运动》《伊斯兰宗教哲学史》和《伊斯兰与国际热点》等著作，既显示这一领域基础研究厚重的特点,又体现了研究与现实结合,反映和解答现当代国际问题的特色。我们期望,《南亚伊斯兰现代进程》能够更加丰富南亚的思想文化和社会发展的研究。

作者<br>
2013 年 6 月 20 日